教員採用試験対策

ステップアップ問題集❷

専門教科

中学 社会

基礎から実践へ段階的に得点力を付ける！
合格レベルまでステップアップできる！
教員採用試験必携の問題集

東京アカデミー｜編

東京アカデミー七賢出版

はじめに

教員採用試験は，自治体ごとに実施され，その出題傾向は多種多様です。そのため，受験生にとっては対策を立てる上で大変困難を極めます。また，近年の試験では，人物試験を重視する傾向にあり，その対策にも多くの時間が必要となります。これらの状況を考えると，筆記試験においては，限られた時間の中でより的確かつ効率よく学習を進めていくことが求められます。

このオープンセサミシリーズは，全国に拠点をもつ東京アカデミーのネットワークを最大限に活かして過去の教員採用試験を徹底的に分析し，より効率よく，かつ合理的に，合格に必要な知識を身に付けることができるよう編集されたものです。

多くの受験生が見事合格を勝ちとり，晴れて教師としてご活躍されますよう，ご健闘を心からお祈り申し上げます。

本書が，受験生の皆さまの合格の一助となりましたら幸いです。

東京アカデミー編集部スタッフ一同

■本書の特徴と構成

本書は，教員採用試験の出題傾向を子細に研究・分析したうえで，頻出項目ごとにテーマ別に編集し，基礎・基本の知識整理から，実践的・即応的な合格力まで，段階的に実力がステップアップできるように構成しています。

▶STEP　1

各章に，頻出テーマの基礎事項を整理するための“要点整理”と，その定着を図るための“例題”を掲載しています。

▶STEP　2

章末には，同章で学んだ知識を確認・反復するために“演習問題”を掲載しています。

▶STEP　3

巻末には，各章で学んだテーマを横断的に扱った問題や，発展的な論点をカバーした問題などを，総合問題形式で“実践問題”として掲載しています。

※　演習問題・実践問題は過去問題（及びその改題）を精選して掲載しています。

●表示説明：演習問題および実践問題に表示されている★印は，各問題の難度を示します。

★☆☆　普通　　★★☆　やや難しい　　★★★　難しい

Contents　中学 社会

第１編

学習指導要領

1 学習指導要領

傾向と対策

学習指導要領社会科の「目標」「各分野の目標」「内容」「内容の取扱い」「指導計画の作成と内容の取扱い」から，まんべんなく出題されている。特に，「教科目標」「各分野の目標」「指導計画の作成と内容の取扱い」については，空欄補充問題が圧倒的に多いため，すべて暗記するぐらいの気持ちで学習に臨む必要がある。また，自治体によっては，『学習指導要領解説—社会編—』からの出題の他，実際の授業を想定した板書計画，授業案・指導案の作成まで出題される場合があるので，受験する自治体の傾向をチェックしておこう。

例題1　教科目標

次の文章は，中学校学習指導要領（平成29年3月告示）「社会」（以下「学習指導要領　社会」とする）の「目標」である。文章中の空欄に当てはまる語句を答えよ。

社会的な（　A　）を働かせ，課題を追究したり解決したりする活動を通して，広い視野に立ち，（　B　）する国際社会に（　C　）に生きる平和で民主的な国家及び社会の（　D　）に必要な（　E　）としての資質・能力の基礎を次のとおり育成することを目指す。

⑴　我が国の国土と歴史，現代の政治，経済，国際関係等に関して理解するとともに，調査や諸資料から様々な情報を効果的に調べ（　F　）を身に付けるようにする。

⑵　社会的事象の意味や意義，特色や相互の関連を多面的・多角的に考察したり，社会に見られる課題の解決に向けて選択・判断したりする力，思考・判断したことを説明したり，それらを基に（　G　）したりする力を養う。

⑶　社会的事象について，よりよい社会の実現を視野に課題を（　C　）に解決しようとする態度を養うとともに，多面的・多角的な考察や深い理解を通して涵養される我が国の国土や歴史に対する愛情，国民主権を担う（　E　）として，自国を愛し，その平和と繁栄を図ることや，他国や他国の文化を尊重することの大切さについての自覚などを深める。

解答　A．見方・考え方　B．グローバル化　C．主体的　D．形成者
E．公民　F．まとめる技能　G．議論

解説　社会科が目指す目標は，広い視野に立ち，グローバル化する国際社会に主体的に生きる平和で民主的な国家及び社会の形成者に必要な「公民としての資質・能力」の基礎を育成することである。

「社会的な見方・考え方」については，社会科，地理歴史科，公民科の特質に応じた見方・考え方の総称であり，社会的事象等の意味や意義，特色や相互の関連を考えたり，社会に見られる課題を把握して，その解決に向けて構想したりする際の「視点や方法（考え方）」である。

そして，「社会的な見方・考え方を働かせ」るとは，そうした「視点や方法（考え方）」を用いて課題を追究したり解決したりする学び方を表すとともに，これを用いることにより生徒の「社会的な見方・考え方」が鍛えられていくことを併せて表現している。

次に，「課題を追究したり解決したりする活動」については，単元など内容や時間のまとまりを見通して学習課題を設定し，諸資料や調査活動などを通して調べたり，思考・判断・表現したりしながら，社会的事象の特色や意味などを理解したり社会への関心を高めたりする学習などを指している。

「広い視野に立ち」については，従前を引き継ぎ，社会科の学習が目指している多面的・多角的に事象を捉え，考察することに関わる意味と，国際的な視野という空間的な広がりに関わる意味の二つが含まれている。

「グローバル化する国際社会に主体的に生きる平和で民主的な国家及び社会の形成者に必要な公民としての資質・能力の基礎を次のとおり育成することを目指す」の部分は，目標の(1)から(3)までにそれぞれ示された資質・能力を育成することが，「グローバル化する国際社会に主体的に生きる平和で民主的な国家及び社会の形成者」に必要とされる「公民としての資質・能力の基礎」を育成することにつながることを示している。

例題２　各分野の目標

次の文章は，「学習指導要領　社会」における「第２　各分野の目標及び内容」の「各分野の目標」の一部である。文章中の空欄に当てはまる語句を答えよ。

〔地理的分野〕

⑴　我が国の国土及び世界の諸地域に関して，地域の諸事象や地域的特色を理解するとともに，調査や諸資料から地理に関する様々な情報を効果的に（　A　）技能を身に付けるようにする。

⑵　地理に関わる事象の意味や意義，特色や相互の関連を，（　B　）や分布，場所，人間と自然環境との相互依存関係，（　C　）相互依存作用，地域などに着目して，多面的・多角的に考察したり，地理的な課題の解決に向けて公正に選択・判断したりする力，思考・判断したことを説明したり，それらを基に（　D　）したりする力を養う。

〔歴史的分野〕

⑴　我が国の歴史の大きな流れを，（　E　）を背景に，各時代の特色を踏まえて理解するとともに，諸資料から歴史に関する様々な情報を効果的に（　A　）技能を身に付けるようにする。

⑶　歴史に関わる諸事象について，よりよい社会の実現を視野にそこで見られる課題を主体的に追究，解決しようとする態度を養うとともに，多面的・多角的な考察や深い理解を通して涵養される我が国の歴史に対する（　F　），国民としての自覚，国家及び社会並びに文化の発展や人々の生活の向上に尽くした歴史上の人物と現在に伝わる（　G　）を尊重しようとすることの大切さについての自覚などを深め，（　H　）の精神を養う。

〔公民的分野〕

⑴　個人の尊厳と人権の尊重の意義，特に自由・権利と責任・義務との関係を（　I　）から正しく認識し，民主主義，（　J　）の意義，国民の生活の向上と経済活動との関わり，現代の（　K　）及び国際関係などについて，個人と社会との関わりを中心に理解を深めるとともに，諸資料から現代の社会的事象に関する情報を効果的に（　A　）技能を身に付けるようにする。

⑵　社会的事象の意味や意義，特色や相互の関連を現代の（　K　）と関連付けて多面的・多角的に考察したり，（　L　）に見られる課題について公正に判断したりする力，思考・判断したことを説明したり，それらを基に（　D　）したりする力を養う。

解答　A．調べまとめる　B．位置　C．空間的　D．議論
E．世界の歴史　F．愛情　G．文化遺産　H．国際協調
I．広い視野　J．民主政治　K．社会生活　L．現代社会

解説　社会科の各分野の目標は，教科目標と並んで頻出度の高い事項である。「内容」とのつながりを意識して理解しておくことが大切である。

各分野の改訂の要点を整理すると，地理的分野における改訂の要点は，主に次の５点である。

ア　世界と日本の地域構成に関わる内容構成の見直し
イ　地域調査に関わる内容構成の見直し
ウ　世界の諸地域学習における地球的課題の視点の導入
エ　日本の諸地域学習における考察の仕方の柔軟化
オ　日本の様々な地域の学習における防災学習の重視

歴史的分野における改訂の要点は，主に次の５点である。

ア　歴史について考察する力や説明する力の育成の一層の重視
イ　歴史的分野の学習の構造化と焦点化
ウ　我が国の歴史の背景となる世界の歴史の扱いの一層の充実
エ　主権者の育成という観点から，民主政治の来歴や人権思想の広がりなどについての学習の充実
オ　様々な伝統や文化の学習内容の充実

公民的分野における改訂の要点は，主に次の６点である。

ア　現代社会の特色，文化の継承と創造の意義に関する学習の一層の重視
イ　現代社会を捉える枠組みを養う学習の一層の充実
ウ　現代社会の見方・考え方を働かせる学習の一層の充実
エ　社会に見られる課題を把握したり，その解決に向けて考察，構想したりする学習の重視
オ　国家間の相互の主権の尊重と協力，国家主権，国連における持続可能な開発のための取組に関する学習の重視
カ　課題の探究を通して社会の形成に参画する態度を養うことの一層の重視

例題３　内容

次の表は，「学習指導要領　社会」における「第２　各分野の目標及び内容」の各分野の内容（大項目や中項目）をまとめたものである。表中の空欄に当てはまる語句をア～タからそれぞれ選べ。

〔地理的分野の内容〕	〔歴史的分野の内容〕
A　世界と日本の地域構成 (1)　地域構成 ①　世界の地域構成 ②　日本の地域構成 B　世界の様々な地域 (1)　世界各地の人々の生活と（　A　） (2)　世界の諸地域 ①　（　B　） ②　ヨーロッパ ③　アフリカ ④　北アメリカ ⑤　南アメリカ ⑥　オセアニア C　日本の様々な地域 (1)　（　C　）の手法 (2)　日本の地域的特色と地域区分 ①　自然環境 ②　人口 ③　資源・エネルギーと産業 ④　交通・通信 (3)　日本の諸地域 (4)　地域の在り方	A　歴史との対話 (1)　私たちと歴史 (2)　身近な地域の歴史 B　近世までの日本と（　B　） (1)　古代までの日本 (2)　中世の日本 (3)　近世の日本 C　近現代の（　D　） (1)　近代の（　D　） (2)　現代の（　D　） 〔公民的分野の内容〕 A　私たちと現代社会 (1)　私たちが生きる現代社会と文化の特色 (2)　現代社会を捉える（　E　） B　私たちと経済 (1)　（　F　）と経済 (2)　国民の生活と政府の役割 C　私たちと政治 (1)　人間の尊重と日本国憲法の基本的原則 (2)　民主政治と政治参加 D　私たちと国際社会の諸課題 (1)　世界平和と人類の福祉の増大 (2)　よりよい（　G　）を目指して

ア．アジア　　イ．調査　　ウ．日本と世界　　エ．地域調査
オ．概要　　カ．環境　　キ．資本主義　　ク．市場の働き
ケ．日本　　コ．地形　　サ．地域社会　　シ．枠組み
ス．市町村　　セ．地方分権　　ソ．社会　　タ．国際協調

解答　A．カ　　B．ア　　C．エ　　D．ウ　　E．シ　　F．ク　　G．ソ

例題 4　内容の取扱い

次の文章は，「学習指導要領　社会」における「第2　各分野の目標及び内容」の「内容の取扱い」の一部である。文章中の空欄に当てはまる語句を答えよ。

〔地理的分野「B　世界の様々な地域」の内容の取扱い〕

ア　世界や日本の場所や地域の特色には，（　A　）と（　B　）があり，また，地域に見られる諸事象は，その地域の規模の違いによって現れ方が異なることに留意すること。

イ　地図の読図や作図，景観写真の読み取り，地域に関する情報の収集や処理などの（　C　）を身に付けるに当たっては，系統性に留意して計画的に指導すること。その際，教科用図書「地図」を十分に活用すること。

ウ　学習で取り上げる地域や国については，各項目間の調整を図り，（　D　）の地域に偏ることのないようにすること。

エ　地域の特色や変化を捉えるに当たっては，歴史的分野との連携を踏まえ，歴史的背景に留意して地域的特色を追究するよう工夫するとともに，（　E　）分野との関連にも配慮すること。

オ　地域的特色を追究する過程で生物や（　F　）な事象などを取り上げる際には，地域的特色を捉える上で必要な範囲にとどめること。

解答　A．一般的共通性　　B．地方的特殊性　　C．地理的技能　　D．一部
E．公民的　　F．地学的

解説　アの「**一般的共通性**」とは，他地域にも共通に見られる性質のことであり，「**地方的特殊性**」とは，端的に言えば，各地域のもつ独特の性質のことである。そして，この二つの性質は相互に関係し合っていることから，各地域の学習においては，この二つの性質を関連付けて扱うことが大切である。イについては，地理的技能を指導する際の留意点，ウについては，具体的に地域や国を取り上げて学習する際の留意点，エについては，分野間の関連を推進する観点からそれぞれ示したものである。オについては，他教科等の関連する学習内容を取り扱う際の留意点について示したものである。

例題5　指導計画の作成と内容の取扱い

次の文章は,「学習指導要領　社会」における「第3　指導計画の作成と内容の取扱い　1」の一部である。文章中の空欄に当てはまる語句・数字を答えよ。

・(　A　)など内容や時間のまとまりを見通して,その中で育む(　B　)の育成に向けて,生徒の主体的・対話的で(　C　)の実現を図るようにすること。その際,分野の特質に応じた(　D　)を働かせ,社会的事象の意味や意義などを考察し,(　E　)などに関する(　F　)を獲得したり,社会との関わりを意識した課題を追究したり解決したりする活動の充実を図ること。また,(　F　)に偏り過ぎた指導にならないようにするため,基本的な事柄を厳選して指導内容を構成するとともに,各分野において,第2の内容の範囲や程度に十分配慮しつつ事柄を再構成するなどの工夫をして,基本的な内容が確実に身に付くよう指導すること。

・各分野に配当する授業時数は,地理的分野(　G　)単位時間,歴史的分野(　H　)単位時間,公民的分野(　I　)単位時間とすること。これらの点に留意し,各学校で創意工夫して適切な指導計画を作成すること。

・障害のある生徒などについては,学習活動を行う場合に生じる困難さに応じた指導内容や指導方法の工夫を計画的,(　J　)に行うこと。

解答　A．単元　B．資質・能力　C．深い学び　D．見方・考え方
E．概念　F．知識　G．115　H．135
I．100　J．組織的

解説　社会の各分野の履修については,第1,第2学年を通じて地理的分野及び歴史的分野を並行して学習させることを原則とし,第3学年において歴史的分野及び公民的分野を学習させることとしている。したがって,地理的分野は第1,第2学年あわせて115単位時間履修させ,歴史的分野については第1,第2学年あわせて95単位時間,第3学年の最初に40単位時間履修させ,その上で公民的分野を100単位時間履修させることになる。

	配当時数	履修学年
地理的分野	115単位時間	第1～第2学年
歴史的分野	135単位時間	第1～第3学年
公民的分野	100単位時間	第3学年

例題 6　社会科改訂の趣旨及び要点

次の文章は，「中学校学習指導要領解説　社会編」(平成29年７月）の「第１章　総説　2　社会科改訂の趣旨及び要点　(1)改訂の趣旨　①社会科の成果と課題」の一部である。文章中の空欄に当てはまる語句を答えよ。

(1)　①　現行学習指導要領の成果と課題

○　社会科，地理歴史科，公民科においては，社会的事象に関心を持って多面的・多角的に考察し，公正に（　A　）する能力と態度を養い，社会的な見方や考え方を成長させること等に重点を置いて，改善が目指されてきた。一方で，主体的に社会の（　B　）に参画しようとする態度や，資料から読み取った情報を基にして社会的事象の特色や意味などについて（　C　）したり関連付けたり多面的・多角的に考察したりして（　D　）する力の育成が不十分であることが指摘されている。また，社会的な見方や考え方については，その全体像が不明確であり，それを養うための具体策が定着するには至っていないことや，（　E　）に関する学習の定着状況が低い傾向にあること，課題を（　F　）したり解決したりする活動を取り入れた授業が十分に行われていないこと等も指摘されている。

解答　A．判断　B．形成　C．比較　D．表現　E．近現代　F．追究

解説　中学校社会科の改訂に当たっては，平成20年改訂の学習指導要領における成果と課題を基に，今回の改訂において育成を目指す資質・能力が三つの柱として明確に整理されたことを踏まえ，その基本的な考え方を，次の３点に集約することができる。

(ア)　基礎的・基本的な「知識及び技能」の確実な習得

単に理解しているか，できるかだけでなく，それらを生きて働かせてどう使うか，どのように社会・世界と関わり，よりよい人生を送るかといった，三つの柱で示された資質・能力の育成全体を見通した上で，その確実な習得が求められる。

(イ)　「社会的な見方・考え方」を働かせた「思考力，判断力，表現力等」の育成

「社会的な見方・考え方」は課題を追究したり解決したりする活動において，社会的事象等の意味や意義，特色や相互の関連を考察したり，社会に見られる課題を把握して，その解決に向けて構想したりする際の「視点や方法（考え方)」であると考えられることを踏まえれば，「思考力，判断力，表現力等」の育成に当たって重要な役割を果たすものである。

(ウ)　主権者として，持続可能な社会づくりに向かう社会参画意識の涵養やよりよい社会の実現を視野に課題を主体的に解決しようとする態度の育成

公職選挙法の改正に伴い選挙権年齢が満20歳以上から満18歳以上に引き下げられたことなども踏まえ，選挙権をはじめとする政治に参加する権利を行使する良識ある主権者として，主体的に政治に参加することについての自覚を深めることなど，これからの社会を創り出していく子供たちが，社会や世界に向き合い関わり合い，自らの人生を切り拓いていくことが強く求められている。

演習問題

1　★☆☆

次の文章は，中学校学習指導要領（平成29年３月告示）「社会」（以下「学習指導要領　社会」とする）に示されている「第１　目標」，「第２　各分野の目標及び内容」の一部である。文章中の空欄に当てはまる語句を答えよ。

〔目標〕
　社会的事象の地理的な（　A　）を働かせ，課題を追究したり解決したりする活動を通して，広い視野に立ち，グローバル化する国際社会に主体的に生きる（　B　）で民主的な国家及び社会の（　C　）に必要な（　D　）としての資質・能力の基礎を次のとおり育成することを目指す。
〔地理的分野　内容　B　世界の様々な地域　(1)世界各地の人々の生活と環境　ア　(イ)〕
　世界各地における人々の生活やその（　E　）を基に，世界の人々の生活や環境の（　F　）を理解すること。その際，世界の主な宗教の分布についても理解すること。
〔歴史的分野　内容　A　歴史との対話　(2)身近な地域の歴史　ア　(ア)〕
　自らが生活する地域や受け継がれてきた（　G　）や文化への関心をもって，具体的な事柄との関わりの中で，地域の歴史について調べたり，収集した情報を年表などにまとめたりするなどの技能を身に付けること。
〔公民的分野　内容　D　私たちと国際社会の諸課題　(1)世界平和と人類の（　H　）の増大　ア　(ア)〕
　世界平和の実現と人類の（　H　）の増大のためには，国際協調の観点から，国家間の相互の（　I　）の尊重と協力，各国民の相互理解と協力及び国際連合をはじめとする国際機構などの役割が大切であることを理解すること。その際，領土（領海，領空を含む。），国家（　I　），国際連合の働きなど基本的な事項について理解すること。

2　★☆☆

「学習指導要領　社会」に関する各問いに答えよ。

(1)　歴史的分野の目標として正しいものをア～オから１つ選べ。

ア．歴史に見られる国際関係や文化交流のあらましを理解させ，我が国と諸外国の歴史や文化が相互に深くかかわっていることを考えさせるとともに，他民族の文化，生活などに関心をもたせ，国際協調の精神を養う。

イ．歴史に関わる事象の意味や意義，伝統と文化の特色などを，時期や年代，推移，比較，相互の関連や現在とのつながりなどに着目して多面的・多角的に考察したり，歴史に見られる課題を把握し複数の立場や意見を踏まえて公正に選択・判断したりする力，思考・判断したことを説明したり，それらを基に議論したりする力を養う。

ウ．我が国の歴史の展開を諸資料に基づき地理的条件や世界の歴史と関連付けて総合的に考察させ，我が国の伝統と文化の特色についての認識を深めさせることによって，歴史的思考力を培い，国際社会に主体的に生きる日本国民としての自覚と資質を養う。

エ．我が国の近現代の歴史の展開を諸資料に基づき地理的条件や世界の歴史と関連付け，現代の諸課題に着目して考察させることによって，歴史的思考力を培い，国際社会に主体的に生きる日本国民としての自覚と資質を養う。

オ．歴史的事象に対する関心を高め，我が国の歴史の大きな流れを，世界の歴史を背景に，各時代の特色を踏まえて理解させ，それを通して我が国の伝統と文化の特色を広い視野に立って考えさせるとともに，我が国の歴史に対する愛情を深め，国民としての自覚を育てる。

(2) 歴史的分野の「内容の取扱い」の配慮事項として，正しくないものをア～オから１つ選べ。

ア．生徒の発達の段階を考慮して，各時代の特色や時代の転換に関係する基礎的・基本的な歴史に関わる事象を重点的に選んで指導内容を構成すること。

イ．調査や諸資料から歴史に関わる事象についての様々な情報を効果的に収集し，読み取り，まとめる技能を身に付ける学習を重視すること。その際，年表を活用した読み取りやまとめ，文献，図版などの多様な資料，地図などの活用を十分に行うこと。

ウ．歴史に関わる事象の意味・意義や特色，事象間の関連を説明したり，課題を設けて追究したり，意見交換したりするなどの学習を重視して，思考力，判断力，表現力等を養うとともに，学習内容の確かな理解と定着を図ること。

エ．各時代の文化については，代表的な事例を取り上げてその特色を考察させるようにすること。

オ．歴史に見られる国際関係や文化交流のあらましを理解させ，我が国と諸外国の歴史や文化が相互に深く関わっていることを考察させるようにすること。その際，コンピュータ，情報通信ネットワークなどの情報手段を適切に活用し，学習の効果を高めること。

(3)　公民的分野の「内容の取扱い」の配慮事項として正しくないものをア～オから1つ選べ。

ア．分野全体を通して，課題の解決に向けて習得した知識を活用して，事実を基に多面的・多角的に考察，構想したことを説明したり，論拠を基に自分の意見を説明，論述させたりすることにより，思考力，判断力，表現力等を養うこと。また，考察，構想させる場合には，資料を読み取らせて解釈させたり，議論などを行って考えを深めさせたりするなどの工夫をすること。

イ．合意形成や社会参画を視野に入れながら，取り上げた課題について構想したことを，妥当性や効果，実現可能性などを踏まえて表現できるよう指導すること。

ウ．「天皇の地位」については，日本国憲法に定める天皇の国事に関する行為など生徒に理解しやすい事項を取り上げ，歴史に関する学習との関連も図りながら，天皇についての理解と敬愛の念を深めるようにすること。

エ．「情報化」については，人工知能の急速な進化などによる産業や社会の構造的な変化などと関連付けたり，災害時における防災情報の発信・活用などの具体的事例を取り上げたりすること。

オ．「財政及び租税の役割」については，財源の確保と配分という観点から，財政の現状や少子高齢社会など現代社会の特色を踏まえて財政の持続可能性と関連付けて考察し，表現させること。

3　★★☆

次の文章は，「学習指導要領　社会」の「第2　各分野の目標及び内容」における各分野の「目標」の一部である。文章中の空欄に当てはまる語句を答えよ。

〔地理的分野〕

(3)　日本や世界の地域に関わる諸事象について，よりよい社会の実現を視野にそこで見られる課題を（　A　）に追究，解決しようとする態度を養うとともに，多面的・多角的な考察や深い理解を通して涵養される我が国の国土に対する（　B　），世界の諸地域の多様な（　C　）を尊重しようとすることの大切さについての自覚などを深める。

〔歴史的分野〕
(2) 歴史に関わる事象の意味や意義，伝統と文化の特色などを，時期や年代，推移，（　D　），相互の関連や現在とのつながりなどに着目して多面的・多角的に考察したり，歴史に見られる課題を把握し複数の立場や意見を踏まえて公正に選択・判断したりする力，思考・判断したことを説明したり，それらを基に（　E　）したりする力を養う。
〔公民的分野〕
(3) 現代の社会的事象について，現代社会に見られる課題の解決を視野に（　A　）に社会に関わろうとする態度を養うとともに，多面的・多角的な考察や深い理解を通して涵養される，（　F　）を担う（　G　）として，自国を愛し，その平和と繁栄を図ることや，各国が相互に主権を尊重し，各国民が協力し合うことの大切さについての自覚などを深める。

4 ★☆☆

次の文章は，「学習指導要領　社会」の「第２　各分野の目標及び内容」における「内容」の一部である。文章中の空欄に当てはまる語句をア～オからそれぞれ選べ。

〔地理的分野　内容　A　世界と日本の地域構成　(1)地域構成　ア　(イ)〕
我が国の国土の位置，世界各地との時差，領域の範囲や変化とその特色などを基に，日本の地域構成を（　A　）し理解すること。

ア．分析　　イ．調査　　ウ．大観　　エ．考察　　オ．追究

〔歴史的分野　内容　C　近現代の日本と世界　(1)近代の日本と世界　ア　(ウ)〕
自由民権運動，大日本帝国憲法の制定，日清・日露戦争，条約改正などを基に，立憲制の国家が成立して（　B　）が始まるとともに，我が国の国際的な地位が向上したことを理解すること。

ア．議会政治　　イ．資本主義　　ウ．内閣制度
エ．帝国主義　　オ．藩閥政治

〔公民的分野　内容　C　私たちと政治　(2)民主政治と政治参加　イ〕
地方自治や我が国の民主政治の発展に寄与しようとする自覚や住民としての（　C　）の基礎を育成することに向けて，次のような思考力，判断力，表現力等を身に付けること。

ア．責任感　　イ．連帯意識　　ウ．協調の精神
エ．積極性　　オ．自治意識

5　★☆☆

次の文章は,「学習指導要領　社会」における公民的分野「2　内容　A　私たちと現代社会　(2)現代社会を捉える枠組み」において指導すべき内容である。文章中の空欄に当てはまる語句を答えよ。

ア　次のような知識を身に付けること。

(ア)　現代社会の見方・考え方の（　A　）となる枠組みとして,（　B　）と合意,効率と公正などについて理解すること。

(イ)　人間は本来社会的存在であることを基に,（　C　）と両性の本質的平等,（　D　）の重要性やそれを守ることの意義及び個人の（　E　）について理解すること。

6　★☆☆

次の文章は,「学習指導要領　社会」における「第3　指導計画の作成と内容の取扱い」の内容の取扱いについての配慮事項の一部である。文章中の空欄に当てはまる語句を答えよ。

(2)　情報の収集,処理や発表などに当たっては,（　A　）や地域の公共施設などを活用するとともに,（　B　）や情報通信ネットワークなどの（　C　）を積極的に活用し,指導に生かすことで,生徒が主体的に調べ分かろうとして学習に取り組めるようにすること。その際,課題の追究や解決の見通しをもって生徒が主体的に（　C　）を活用できるようにするとともに,（　D　）の指導にも留意すること。

7 ★★☆

「学習指導要領　社会」の「第３　指導計画の作成と内容の取扱い」において，指導計画の作成に当たっては，「小学校社会科の内容との関連及び各分野相互の有機的な関連を図る」と示されている。これについて，各問いに答えよ。

(1) 小学校社会科の内容をまとめた次の表の空欄に当てはまる語句を次からそれぞれ選べ。

ア．都道府県の様子
イ．我が国の政治の働き
ウ．身近な地域や市区町村の様子
エ．我が国の国土の様子と国民の生活

学年	身に付ける事項
第３学年	（　A　）
第４学年	（　B　）
第５学年	（　C　）
第６学年	（　D　）

(2) 「小学校学習指導要領　社会」においては，第６学年の学習で取り上げるにふさわしい人物を42名掲げている。その中に含まれない人物を次から選べ。

ア．卑弥呼　　イ．北条時宗　　ウ．徳川吉宗　　エ．小村寿太郎

8 ★☆☆

次の文章は，「学習指導要領　社会」の「第３　指導計画の作成と内容の取扱い」において示されている，第２の内容の指導に当たっての配慮事項である。空欄に当てはまる語句・数字を答えよ。

3　第２の内容の指導に当たっては，（　A　）法第（　B　）条及び第（　C　）条の規定に基づき，適切に行うよう特に慎重に配慮して，（　D　）及び（　E　）に関する教育を行うものとする。

9　★☆☆

次の表は，中学校社会科における評価の観点及びその趣旨である。空欄に当てはまる語句を答えよ。

観点	知識・技能	思考・（　C　）・表現	（　E　）に学習に取り組む態度
趣旨	我が国の国土と歴史，現代の政治，経済，国際関係等に関して（　A　）しているとともに，調査や諸資料から様々な情報を（　B　）に調べまとめている。	社会的事象の意味や（　D　），特色や相互の関連を多面的・多角的に考察したり，社会に見られる課題の解決に向けて選択・（　C　）したり，思考・（　C　）したことを説明したり，それらを基に議論したりしている。	社会的事象について，国家及び社会の担い手として，よりよい社会の実現を視野に課題を（　E　）に解決しようとしている。

演習問題　解答・解説

1

A．見方・考え方　B．平和
C．形成者　D．公民
E．変容　F．多様性
G．伝統　H．福祉
I．主権

2

(1) イ　(2) オ　(3) ウ

解説

(1) ア．中学校学習指導要領（平成20年3月告示）の歴史的分野の目標である。
ウ．高等学校学習指導要領（平成21年3月告示）の日本史Bの目標である。
エ．高等学校学習指導要領（平成21年3月告示）の日本史Aの目標である。
オ．中学校学習指導要領（平成20年3月告示）の歴史的分野の目標である。

(2) オ．「コンピュータ，情報通信ネットワークなどの情報手段を適切に活用し，学習の効果を高めること。」の部分が誤り。正しくは「その際，歴史に見られる文化や生活の多様性に気付かせること。」である。

(3) ウ．小学校学習指導要領（平成29年3月告示）の第6学年の「内容の取扱い」の配慮事項である。

3

A．主体的　B．愛情
C．生活文化　D．比較　E．議論
F．国民主権　G．公民

4

A．ウ　B．ア　C．オ

5

A．基礎　B．対立
C．個人の尊厳　D．契約
E．責任

6

A．学校図書館　B．コンピュータ
C．情報手段　D．情報モラル

7

(1) A．ウ　B．ア　C．エ
D．イ
(2) ウ

8

A．教育基本　B．14
C．15　D．政治　E．宗教

解説

E．国・公立学校においては特定の宗教のための宗教教育その他宗教的活動を行うことのないようにする必要がある。

9

A．理解　B．効果的　C．判断
D．意義　E．主体的

第 2 編

地理的分野

1 世界地図・地形図と地理情報

傾向と対策

「世界地図・地形図と地理情報」に関する問題は，地理の中でも出題数の多い分野である。世界地図の種類，時差，主な経緯線や大陸の位置・形，地形図の種類・読図，主な地形，地図記号，主題図に関する知識など，基本的な事項はしっかり押さえておきたい。世界地図の種類は実際に地図を見てその特徴を確認しておくと良い。また，時差に関しては多くの問題を解き，すぐに計算ができるようにしておきたい。地形図や主題図は，実際に読み取る作業を日頃から重ね，慣れておくことが望ましい。

要点 Check!

1 主な地図投影法

正積図法	モルワイデ図法	緯線は平行直線で，高緯度ほど間隔が狭い。経線は楕円曲線。高緯度地方のゆがみは比較的小さい。
正積図法	ホモロサイン(グード)図法	低緯度地方をサンソン図法，高緯度地方をモルワイデ図法で描き，緯度40度44分で接合した図法。海洋部分で断裂しており，分布図・密度図に適する。
正積図法	ボンヌ図法	円錐図法を改良したもので，緯線は等間隔の同心円，経線は中央経線のみ直線で，他は曲線となる。大陸図・地方図に用いられるが，世界全図には適さない。
正角図法	メルカトル図法	オランダ人メルカトルが考案した図法。任意の2点間を結ぶ直線は等角航路（等角コース）を示す。経緯線は平行な直線で互いに直交し，高緯度（赤道から離れる）ほど面積や距離が拡大される。航海図・低緯度地方図に用いられる。
正方位図法	正距方位図法	図の中心から任意の1点までの方位と距離が正しく，両地点を結ぶ直線は大圏航路（大圏コース）を示し，最短経路となる。正軸投影の場合，極を中心として経線は放射線，緯線は等間隔の同心円となる。主に航空図として利用される。

➤ 経線と緯線

経線は本初子午線を境に東西それぞれ180度に分け，東を東経，西を西経で示す。緯線は赤道を境に南北それぞれ90度に分け，北を北緯，南を南緯で示す。

2 時差

世界標準時（GMT，イギリスの旧グリニッジ天文台を通る本初子午線を基準とした時刻）を基準として，これより東西に経度が15度隔たるごとに1時間の時差が出る。日本は東経135度を日本標準時子午線としている。

3 地形図

2万5千分の1 地形図	国土地理院発行の実測図。統一した内容と精度で国土全体（北方領土は除く）をカバーしている基本的な地形図。計曲線（太い実線の等高線）は50m 間隔，主曲線（細い実線の等高線）は10m 間隔で示されている。
5万分の1 地形図	国土地理院発行の2万5千分の1の地形図4面分を1面にまとめた編集図。計曲線は100m 間隔，主曲線は20m 間隔で示されている。

▶ 等高線の読み方

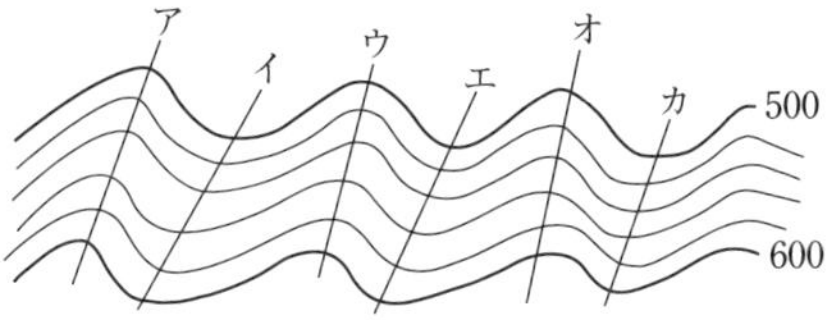

ア・ウ・オ：尾根線（標高の低い方に等高線が張り出す）

イ・エ・カ：谷線（標高の高い方に等高線が張り出す）

▶ 平均傾斜（tanθ）の求め方

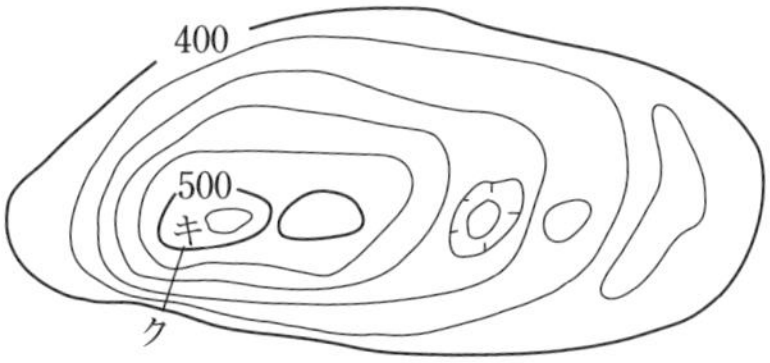

（キ～ク間は地図上では1cmとする）

キ～ク間の傾斜を求める場合

① キ～ク間の水平距離を求める。
地図上の長さ×縮尺の分母
＝1〔cm〕×50000＝500〔m〕

② キ～ク間の比高を求める。
キの標高－クの標高＝500－400＝100〔m〕

③ 勾配を求める。
高さ÷水平距離＝100÷500＝$\frac{1}{5}$　　$\tan\theta = \frac{1}{5}$

④ 三角関数表が示されていれば傾斜角を表より求める。

4 その他の地図

▶ 主題図

特定の事象を詳しく表現するための地図。土地利用図や気候図，海図などがある。

▶ 統計地図

主題図の1つで，統計値をもとに事象の分布や密度を表す。分布図は絶対分布図（ドットマップ，図形表現図，等値線図など）と相対分布図（階級区分図〔コロプレスマップ〕，メッシュマップなど）に分けることができる。他にも変形地図（カルトグラム）などが利用される。

例題１　地図

⑴　次の文章の空欄に当てはまる語句を答えよ。

地球は24時間で西から東へ一回転する。そこで，世界の各地域では，多くの場合，時間を経度（　A　）度ごとに，（　B　）時間ずつずらして標準時を決めている。日本は，兵庫県明石市などを通る東経（　C　）度の経線を標準時としている。２つの標準時のずれを（　D　）という。

⑵　日本が７月１日午後１時のとき，アンカレジ（西経150度）は何月何日の何時か答えよ。ただし，サマータイムは考慮しないものとする。

⑶　次のA～Cに当てはまる図法をア～オから選べ。

A．地図中心の同心円上で縮尺が正しく，地球儀を見る形になる。半球まで表すことができる。

B．円錐図法で中央経線以外を曲線に変更し，緯線すべてと中央経線上の縮尺を正しく表す。正積である。

C．経線が楕円弧で表され，中央経線上の中緯度の縮尺は正しく表されるが赤道上は縮小する。正積である。

ア．モルワイデ図法　　イ．サンソン図法　　ウ．心射図法
エ．ボンヌ図法　　　　オ．正射図法

⑷　地震や津波など様々な自然災害による被害の可能性や災害発生時の避難場所を示した地図を何というか答えよ。

〈岩手県/茨城県改題〉

解答　⑴　A．15　　B．１　　C．135　　D．時差
⑵　６月30日午後６時　　⑶　A．オ　　B．エ　　C．ア
⑷　ハザードマップ（防災マップ）

解説　⑵　日本の標準時子午線は東経135度。イギリスは本初子午線で経度０度。ロンドンと日本の時差は135÷15＝９時間。同様にアンカレジとロンドンの時差は150÷15＝10時間。よって，日本とアンカレジの時差は９＋10＝19時間となる。本初子午線よりも東に進む（東経）と時間は早まり，西に進む（西経）と時間は遅くなる。つまり，アンカレジは日本より19時間遅れていることになるので，６月30日午後６時となる。なお，サマータイムを考慮する場合，実施時は時間を１時間進めるので，６月30日午後７時となる。

⑶　イ．サンソン図法は，経線が中央経線を除いては正弦曲線で，緯線は等間隔の平行直線。低緯度地方のゆがみが少ない。正積図法。

ウ．心射図法は，視点を地球の中心におき，地球に接する平面を投影した方位図法の１つ。

例題 2　地形図を読む

自分たちの住む地域の特色を知るために，グループごとに調査をすることにした。各問いに答えよ。

(1)　Aグループは次の地形図の中に矢印 ← で示す地図記号（⊞）を見つけた。何を表すものか答えよ。

(2)　Bグループは次の地形図を使って読み取れることを発表し合った。次のア～エのうち，正しいものには○，誤っているものには×をつけよ。

ア．学校の北には住宅地の他，寺や神社があり，寺のそばには墓地がある。

イ．学校のすぐ東を通ってJR線をくぐっている道路は，南に向かって下っている。

ウ．学校の西には裁判所があり，その南には果樹園がある。

エ．学校の南西には発電所があり，その一帯には工場が集まっている。

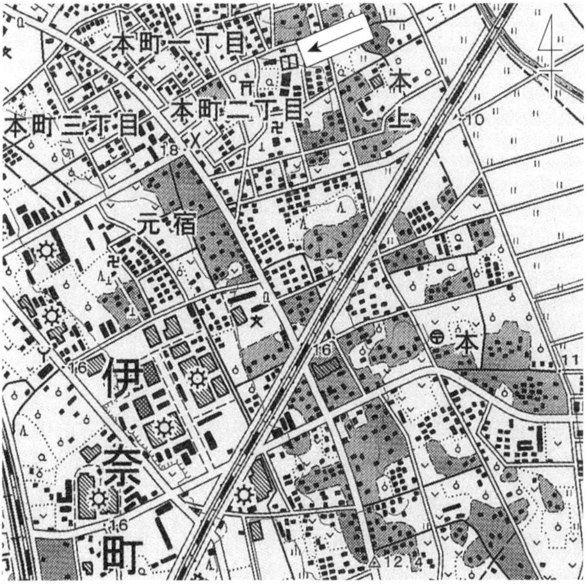

〈名古屋市〉

解答　(1)　図書館　　(2)　ア．○　　イ．○　　ウ．×　　エ．×

解説　(2)　ウ．学校の西にあるYは消防署であり，裁判所は⚲の地図記号である。

エ．工場（☼）は集まっているが，発電所（☼）はみられない。なお，国土地理院刊行の2万5千分の1地形図では，2013（平成25）年図式より工場など一部の地図記号が使われなくなった。

演習問題

1 ★★☆

次の地図を見て，各問いに答えよ。

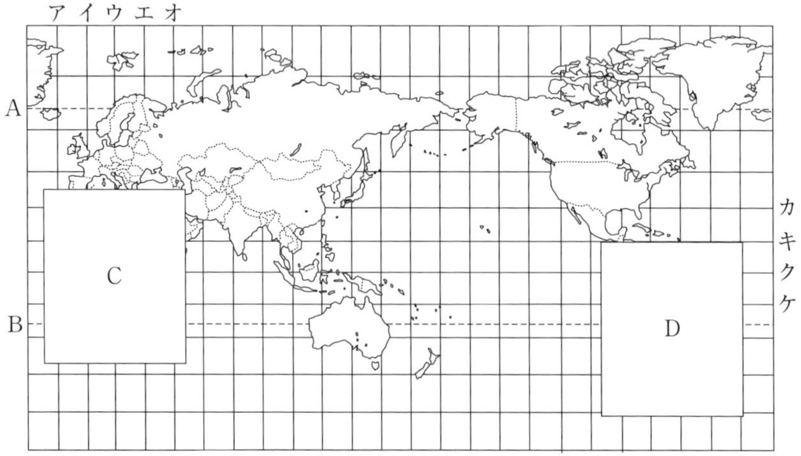

⑴　地図中Aで示した点線は，およそ北緯66度33分を表している。この緯線以北を何というか答えよ。

⑵　地図中Bで示した点線は，およそ南緯23度26分を示している。この線を何というか答えよ。

⑶　本初子午線を地図中ア～オから選べ。

⑷　赤道を地図中カ～ケから選べ。

⑸　地図中Cで隠れた部分の大陸の形を描き，アトラス山脈を二重線（═）で，都市カイロの位置を○で記入せよ。

⑹　地図中Dで隠れた部分の大陸の形を描き，アンデス山脈を太線（━）で，パナマ運河の位置を△で記入せよ。

〈岩手県/佐賀県改題〉

2 ★☆☆

世界像の変遷と様々な図法に関する次の各問いに答えよ。

(1) 19世紀初めに我が国最初の実測図『大日本沿海輿地全図』を作成した人物名を漢字で答えよ。

(2) 航海図として利用されてきたメルカトル図法において，任意の2点を結んだ直線は何という航路を示すか答えよ。また，面積についてはどのように表現されるか，簡潔に説明せよ。

(3) 代表的な正積図法である地図Aについて，何という図法か答えよ。また，この図法には2つの図法が接合されている。それぞれの図法名を答えよ。

〈地図A〉

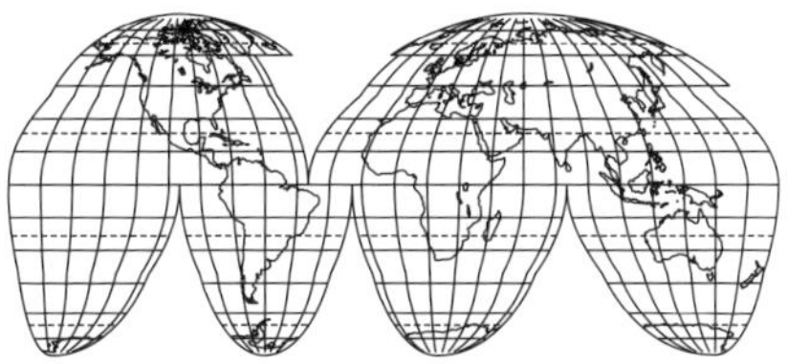

(4) 地図B中の東京とニューヨークを結ぶ直線は何を表しているのか，簡潔に答えよ。

(5) 東京（日本標準時の東経135度とする）が2月1日午前9時00分のとき，ニューヨークは1月31日の午後7時00分（ニューヨーク標準時）である。この時差からわかるニューヨークの経度を答えよ。

(6) 東京の対蹠点に最も近い国を次から選べ。

ア．イギリス　　　　イ．南アフリカ共和国
ウ．アルゼンチン　　エ．アメリカ合衆国

(7) 地図C中のマドリードは東京から見てどの方位にあたるか。地図A，Bも考慮し，8方位で答えよ。

〈地図B〉

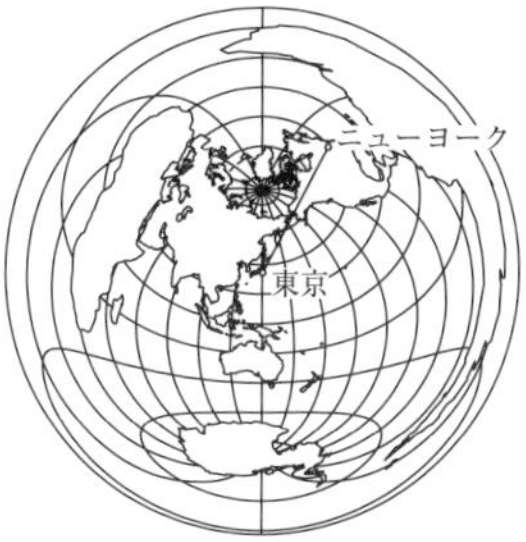

〈地図C〉

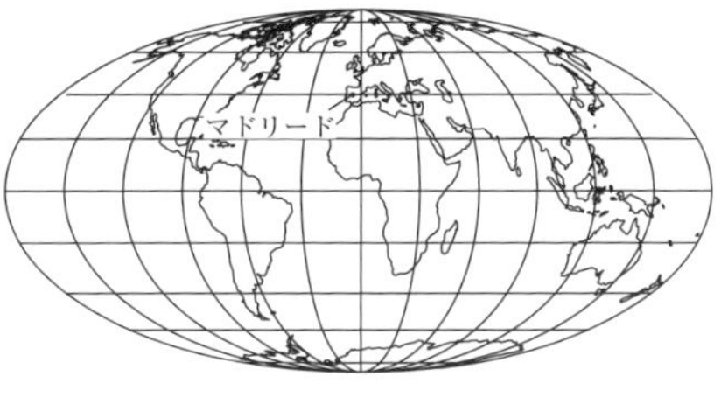

〈千葉県・千葉市/福井県改題〉

3 ★★☆

次の地形図を見て，各問いに答えよ。ただし地形図は縮小してある。

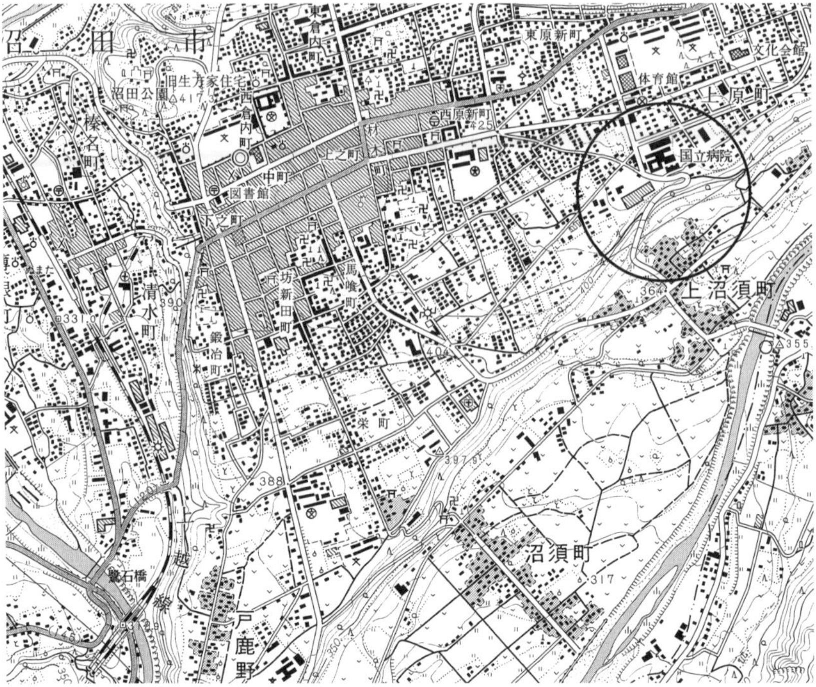

⑴　地形図が表している実際の広さは何 km^2か。なお，地形図の縦の長さは10 cm，横は12cm として計算せよ。

⑵　市役所付近の建物の密集地と沼須町とのおおよその高度差を次から選べ。

ア．50m　　イ．100m　　ウ．150m　　エ．200m

⑶　地図中に○で囲んだ範囲の道路は大きく迂回している。その理由を，地形用語を使って，簡潔に説明せよ。

⑷　地形図北部の沼田公園付近には，城下町特有の街路がみられる。どのような街路がみられるか。特徴を２つ挙げて，簡潔に説明せよ。

〈山口県〉

4　★★☆

次の表は，A市の業態別小売店数を町別にまとめたものである。この表を見て，各問いに答えよ。

		百貨店	総合スーパー	専門スーパー	コンビニエンスストア	専門店	全小売店数
A市	本町	2	3	5	12	173	195
	北町	0	2	2	15	42	61
	南町	0	0	2	10	30	42
	栄町	1	1	3	7	15	27

(1)　この表から，全小売店数に占めるコンビニエンスストアの町別の割合を，次の凡例の略地図を使用して統計地図で表現しようとしたときに，表現方法として適切なものは，次のア～オのうちのどれか。なお，ア～オの地図は，統計地図の表現方法を模式的に示したものであり，表に示した町別の小売店舗数の関係が正しく示されている訳ではない。

凡例

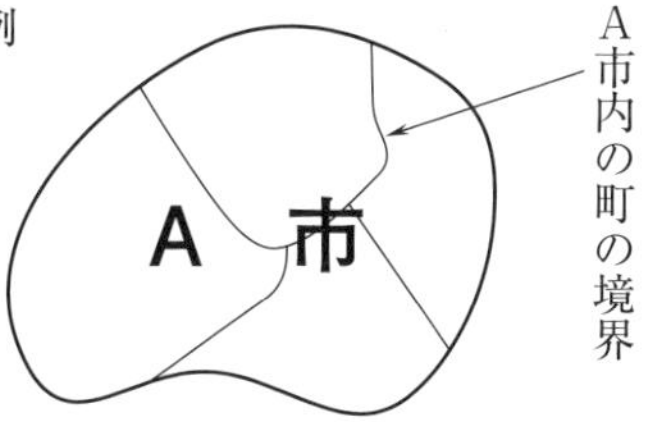

【統計地図】

ア

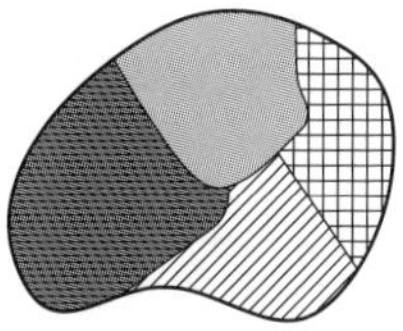

イ

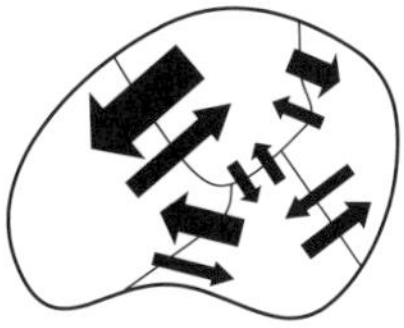

ウ

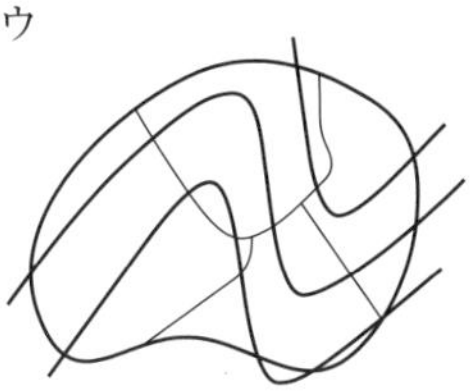

エ

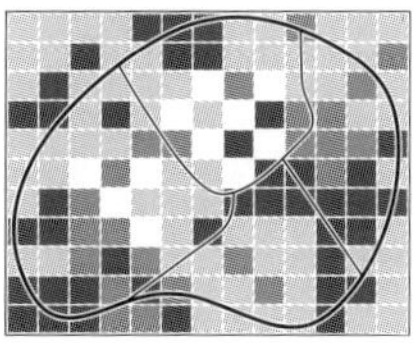

オ

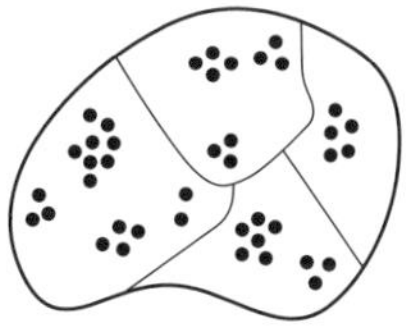

(2) (1)で選んだ地図表現の方法の説明として適切なものは，次の①～⑤のうちどれか。

① 絶対分布図であり，連続的に変化するデータを示すのに適している。

② 絶対分布図であり，その地点のデータを点で表現することで分布の状態を示している。

③ 相対分布図であり，データの移動経路と移動量を同時に示すことができる。

④ 相対分布図であり，面積の増減によって影響するデータを示すのには適さない。

⑤ 相対分布図であり，行政区画で区切ることができないデータを示す時に適している。

〈東京都改題〉

5 ★★☆

次の文を読んで，あとの問いに答えよ。

地域調査では，資料・統計・地図などを用いて，調査対象となる地域の基礎的な情報をまず知っておくことが大切である。国土交通省（　A　）により公的に作成されている<u>地形図</u>は，日本全土を細かく分けて網羅した地図である。地形図には等高線や縮尺，土地利用や建造物を表す地図記号など，一定の約束ごとがある。このうち２万５千分の１の地形図は，比較的ひずみの少ない（　B　）図法で描かれている。

問１　文章中の空欄にあてはまる語句を書け。

問２　下線部に関し，次の(1)～(3)に答えよ。

(1) ５万分の１の地形図において，計曲線は何ｍごとに引かれているか，書け。

(2) ２万５千分の１の地形図上で長さ３cmは，実際の距離で何ｍになるか，書け。

(3) 次の図は，2019年に新たに制定された地図記号である。この地図記号が表しているものを明らかにしたうえで，これを制定した目的を書け。

〈和歌山県改題〉

演習問題　解答・解説

1

(1)　北極圏　　(2)　南回帰線

(3)　イ　　(4)　ク

(5)

(6)

解 説

(2)　回帰線は南北それぞれおよそ23度26分の緯線をいう。これは地球の自転軸の傾きと同じである。北半球の夏至の日に北回帰線上で，冬至の日に南回帰線上で太陽の南中高度が90度となり，真上になる。

(4)　赤道のおおよその長さは4万kmである。

(5)　エジプトでは，民族の分布を考慮せずに緯度や経度に沿って決められた国境がみられ，エジプトとスーダンは北緯22度の緯線，エジプトとリビアは東経25度の経線を国境線にしている。

2

(1)　伊能忠敬

(2)　直線：等角航路（等角コース）
　　面積：高緯度ほど拡大される。

(3)　〈図法名〉
　　グード（ホモロサイン）図法
　〈接合された図法〉
　　低緯度側：サンソン図法
　　高緯度側：モルワイデ図法

(4)　最短距離（大圏コース・大圏航路・大円航路）

(5)　西経75度　　(6)　ウ

(7)　北西

解 説

(5)　東京とニューヨークの時差は14時間なので，

14(時間)×15(度)＝210(度)

東京とニューヨークは210度の開きがある。東京は本初子午線から東へ135度。よって，

210(度)－135(度)＝75(度)

ニューヨークは本初子午線から西へ75度の位置にあることがわかる。

(6)　対蹠点とは，地球上のある地点から，地球の中心を通って反対側にある地点のことである。

(7)　地図Cはモルワイデ図法であるため，方位を正しく表すことができない。地図Bの東京を中心とした正距方位図法を使用して考えるとよい。

3

(1) 7.5km^2　　(2) イ

(3) 河岸段丘の崖により，等高線の間隔が狭く，急斜面となっているため。

(4) 防衛上の理由から，カギ型に大きく屈曲させた道路や，細い道を入り組ませたT字路がみられる。

解説

(1) 等高線を見ると計曲線が50m 間隔（主曲線が10m 間隔）であることから，この地形図の縮尺は2万5千分の1なので，

縦　10(cm)×25,000＝2.5(km)

横　12(cm)×25,000＝ 3 (km)

3 (km)×2.5(km)＝7.5(km^2)

(2) 市役所（◎）の左上（北西）にある三角点（417.3）と沼須町表記の右下にある標高点（317）を参考にすればよい。

4

(1) ア

(2) ④

解説

(1) ア　階級区分図（コロプレスマップ）。統計数値をいくつかの階級に区分し，階級ごとに異なった色や模様を使って分布現象を表現した地図。

イ　流線図。ある物の移動量を流線の幅で，移動の方向を流線の軌跡と先端の矢印で表現した地図。

ウ　等値線図。ある現象の数量や分布を，等しい値の地点を結んで表現した地図。

エ　メッシュマップ。等しい形・面積からなる網をかけ，一つ一つの網目にあたる地域の情報を色や模様で示した地図。

オ　ドットマップ。ある事象の数量や分布を点で表現した地図。

(2) ①はウ，②はオ，③はイ，⑤はエの統計地図に関する説明である。

5

問1　A．国土地理院

B．ユニバーサル横メルカトル(UTM)

問2　(1) 100m

(2) 750m

(3) この地図記号は「自然災害伝承碑」を示したものである。過去に発生した津波災害，風水害，火山災害等の自然災害に関する石碑やモニュメントを示している。2018年の西日本豪雨災害で多くの犠牲者を出した地域では，過去に起きた水害を伝える石碑があったものの，過去からの貴重なメッセージが十分に活かされていなかった。そこで国土地理院は，過去の自然災害の教訓を地域住民に適切に伝え，教訓を踏まえた的確な防災行動による被害軽減をはかるためこの地図記号を制定した。

解説

問2　(1) 5万分の1の地形図では，計曲線が100m，主曲線が20m ごとに引かれている。

(2) 地図上の長さ×縮尺の分母で，実際の水平距離が求められる。3 cm × 25000 = 75000cm なので，750m となる。

2 自然環境

傾向と対策

自然環境に関する問題は「世界地図・地形図と地理情報」に次いで出題数の多い分野である。気候区，地形，環境問題に出題が集中しているのが特徴である。基本的な問題を中心に確実な知識の習得を目指したい。また地形などは，地誌分野との関連にも注意したい。大陸ごと，あるいは国ごとの特徴を確認しておくと良いだろう。環境問題では表や世界地図を使ってわかりやすくまとめ，条約や議定書，国際会議などの内容と結びつけて整理しておくと良い。

要点 Check!

1 気候区

➤ 主な気候区分と特徴

熱帯（A）	熱帯雨林気候（Af）	赤道付近に分布し，年間を通して高温多湿。ラトソルとよばれるやせた成帯土壌が分布し，常緑広葉樹が繁茂する。
	サバナ気候（Aw）	雨季と乾季の区別が明瞭で，熱帯雨林気候と乾燥気候の間に分布し，疎林と長草草原(サバナ・カンポ・リャノ)が卓越する。
	弱い乾季のある熱帯雨林気候（Am）	熱帯雨林気候とサバナ気候の間に分布する。雨季と弱い乾季があり，年間の総雨量が熱帯雨林気候を上回る地域もある。
乾燥帯（B）	砂漠気候（BW）	降水量が年間を通して極端に少なく，砂漠が発達する。気温の日較差が大きく，岩石の風化作用が激しい。
	ステップ気候（BS）	砂漠周辺に分布する乾燥気候。降水量が少なく，短草草原（ステップ）が広がる。比較的湿潤で成帯土壌の黒色土（チェルノーゼムなど）が広がる地域は世界的な穀倉地帯となる。
温帯（C）	温暖冬季少雨気候（Cw）	温帯夏雨気候とも。夏は高温湿潤な季節風（モンスーン）の流入により降水量が多く，蒸し暑い。冬の乾燥との差が大きい。
	地中海性気候（Cs）	中緯度の大陸西岸に分布する。夏は亜熱帯高圧帯（中緯度高圧帯）の影響で乾燥し，冬は偏西風帯に入り降水量が多くなる。
	温暖湿潤気候（Cfa）	中緯度地方の大陸東岸に分布する。季節風（モンスーン）の影響などで降水量に恵まれ，気温の年較差が比較的大きい。
	西岸海洋性気候（Cfb）	中・高緯度地方の大陸西岸に分布する。偏西風と暖流の影響により，気温の年較差が小さく，降水量も年間を通して安定。

亜寒帯（D）	亜寒帯湿潤気候（Df）	冷帯湿潤気候とも。スカンディナビア半島，ヨーロッパ，ロシア（タイガ），北海道，北アメリカ大陸などに分布する。一年を通じて降水がある。気温の年較差が大きい。
	亜寒帯冬季少雨気候（Dw）	冷帯冬季少雨気候，冷帯夏雨気候とも。夏は海からの季節風によって湿潤，冬は極高圧帯の圏内に入り乾燥。東シベリア，中国東北地方に分布する。気温の年較差が大きい。
寒帯（E）	ツンドラ気候（ET）	短い夏の間だけ永久凍土の表面がとけ，地衣類や蘚苔類が生育する。北極海沿岸やチリ南部に分布する。
	氷雪気候（EF）	年中氷雪に覆われ，最暖月でも月平均気温は0度未満である。グリーンランド・南極大陸に分布する。
高山気候（H）		山地気候のうち温帯で海抜2000m以上，熱帯で海抜3000m以上の高地にみられる。気温の年較差は小さく，日較差が大きい。

2 海岸地形

リアス（式）海岸	山地が海に沈んで，谷の部分に海水が入りこんでできた海岸。日本では，三陸海岸，志摩半島，若狭湾などでみられる。
フィヨルド	氷河の侵食によって生じたU字型の谷に，海水が入りこんでできた入り江となっている地形。ノルウェーやニュージーランド南島，チリ南部でみられる。

3 土壌

➤ **成帯土壌**…気候および植生の影響を強く受けて生成された土壌

土壌名	色	特色	分布地域
ラトソル(ラテライト)	赤褐色	鉄分が多く，やせた土壌	熱帯の高温多雨地域
チェルノーゼム	黒色	肥沃土。穀倉地帯を形成	ウクライナ～西シベリア
プレーリー土	黒褐色	肥沃土。	北アメリカ大陸中央部
ポドゾル	灰白色	酸性土。農耕不適	亜寒帯のタイガ地域

➤ **間帯土壌**…地形や母岩の影響を強く受けて生成された土壌

テラロッサ	赤褐色	石灰岩が風化。果樹栽培	地中海沿岸地域
レグール（土）	黒色	玄武岩が風化。綿花栽培	インドのデカン高原
テラローシャ	赤紫色	肥沃土。コーヒー栽培	ブラジル高原

➤ **その他**

レス（黄土）	黄色	氷河や砂漠から風により堆積	中国のホワンツー高原

4 環境問題

地球温暖化	石炭・石油などの化石燃料の大量消費により二酸化炭素などの温室効果ガスの濃度が増加し，地球の平均気温が上昇する現象。海面水位の上昇や異常気象，生態系への悪影響が懸念される。1997年の地球温暖化防止京都会議（気候変動枠組み条約第３回締約国会議　COP３）で京都議定書が締結され，2008年から2012年（第一次約束期間）に，1990年に比べて日本は６％，アメリカは７％，EUは８％（先進国全体で5.2％）の温室効果ガスの削減目標が設定された。その後，2015年に開催された気候変動枠組み条約第21回締約国会議（COP21）では京都議定書に代わるパリ協定が採択された。同協定では先進国のみならず途上国も含めたすべての国・地域が参加し，2020年以降の排出量削減の枠組み（平均気温の上昇を産業革命以前から２度未満に抑える）が合意された。
オゾン層破壊	冷蔵庫の冷媒などに使用されていたフロンによってオゾン層が破壊され，地表に届く有害な紫外線の量が増加する現象。皮膚がんの増加や農業収穫物の減少，生態系への悪影響を及ぼす。
酸性雨	自動車の排気ガスや工場の排煙に含まれる硫黄酸化物や窒素酸化物が，大気中で化学反応を起こし，pH5.6以下の酸性を示す雨や霧として降下する現象。湖沼や土壌の酸性化による魚類の死滅，森林の枯死，歴史的建造物の腐食などの悪影響を及ぼす。

5 国際的な取り組み

国連人間環境会議	1972年にスウェーデンのストックホルムで開かれ，環境問題が初めて国際的に検討された。「かけがえのない地球（only one earth）」をスローガンに掲げ，人間環境宣言を採択した。
国連環境開発会議（地球サミット）	1992年にブラジルのリオデジャネイロで開かれ，「持続可能な開発」を基本理念にリオ宣言のほか，アジェンダ21や気候変動枠組み条約，生物多様性条約を採択した。
国連持続可能な開発サミット	2015年に開かれ，「持続可能な開発のための2030アジェンダ」が採択され，17のゴール（目標）と169のターゲットからなる「持続可能な開発目標（SDGs）」が掲げられた。
ワシントン条約	絶滅の危機にある野生動植物の国際取引を規制することにより，それらの保護を図ることを目的とする条約。
ラムサール条約	湿地を保全することにより生態系を保護することを目的とする条約。我が国では2023年６月現在53ヵ所が登録されている。
バーゼル条約	有害廃棄物の輸出について，許可制・事前審査制のなどのルールを定める。

例題１　世界の気候

次のＡ～Ｄの４都市の気候表を見て，各問いに答えよ。

	1月	2月	3月	4月	5月	6月	7月	8月	9月	10月	11月	12月	全年
A	26.8	27.3	27.9	28.2	28.6	28.5	28.2	28.1	28.0	27.9	27.2	26.8	27.8
	221.0	104.9	151.1	164.0	164.3	136.5	144.9	148.8	133.4	166.5	254.2	333.1	2122.7
B	−24.0	−24.1	−20.6	−15.3	−7.0	1.1	5.8	6.0	2.5	−6.4	−16.4	−21.7	−10.0
	36.2	32.5	27.5	21.9	24.3	28.1	32.2	41.0	42.3	37.9	29.4	36.3	389.6
C	5.7	6.0	8.0	10.5	13.7	16.8	19.0	18.7	15.9	12.3	8.5	6.1	11.8
	59.7	46.6	41.7	42.6	46.9	49.7	47.2	57.7	46.1	66.3	69.3	59.6	633.4
D	24.7	24.8	22.9	19.7	16.2	13.9	13.0	13.4	14.6	17.1	20.1	22.8	18.6
	15.2	16.6	17.6	30.0	79.8	124.7	137.1	120.6	77.7	33.3	28.9	9.3	690.8

上段が月平均気温（℃），下段が月降水量（mm）　（『データブック オブ・ザ・ワールド2023』）

⑴　都市Ａについて，年間を通して降水量が多くなることを，風系の面から簡潔に説明せよ。

⑵　都市Ｂの気温の年較差を答えよ。

⑶　都市Ｃの気候区名を答えよ（ケッペンの気候記号でも可）。

⑷　都市Ｄが属する気候区にみられる植生の特徴について，例を挙げて説明せよ。

〈福井県改題〉

解答　⑴　熱帯収束帯（赤道低圧帯）の影響下にあり南北両側から貿易風が吹き込むため。

⑵　30.1度　　⑶　西岸海洋性気候（Cfb）

⑷　オリーブやコルクがしなど，夏の乾燥に耐える硬葉樹が中心である。

解説　Ａ．シンガポール（シンガポール）　Ｂ．ディクソン（ロシア）

Ｃ．ロンドン（イギリス）　Ｄ．パース（オーストラリア）

⑴・⑶　Ｃの西岸海洋性気候（Cfb）は，偏西風の影響を受ける。

⑵　気温の年較差とは，最暖月の月平均気温と最寒月の月平均気温の差である。したがってＢの年較差は，

８月の月平均気温－２月の月平均気温＝6.0－(－24.1)＝30.1

となる。

⑷　Ｄは地中海性気候（Cs）に属し，夏，亜熱帯高圧帯（中緯度高圧帯）の影響下に入り乾燥する。

Ａ．熱帯雨林気候（Af）は，常緑広葉樹が生育する。

Ｂ．ツンドラ気候（ET）は，夏の間だけ蘚苔類や地衣類が生育する。

Ｃ．西岸海洋性気候（Cfb）は，落葉広葉樹が分布する。

例題 2　地形

次の文章を読んで，各問いに答えよ。

褶曲山地は，横の圧力が継続した褶曲運動の後，隆起してできた山地で，a古生代に造山運動を受けた山地のほとんどがこれに属すると考えられる。比較的b新しい岩石の部分が多いので，鉱物資源的にはc特に優れているとは言い難い。d向斜部には，石油や天然ガスなどが貯留されていることが多い。断層山地は，断層運動によって高められ，断層線沿いに直線状の断層崖が連なる山地である。e日本の山地のほとんどがこれに属する。断層山地のうち，片方が急な断層崖，反対側が断層の影響を受けない非対称形をしているものを（　　　）とよぶ。火山は，その構造，形態，形成過程などから分類が行われている。

(1)　文章中の空欄に当てはまる語句を答えよ。

(2)　下線部 a ～ e には 2 ヵ所誤りがある。誤っている部分の記号を選び，訂正せよ。

(3)　次の①～③に示すア～エのうち，異質なものが 1 つある。その記号と，他の 3 つに共通する地理用語を語群からそれぞれ選べ。

① ［ア．富士山　　イ．開聞岳　　ウ．昭和新山　　エ．岩木山］
② ［ア．木曽山脈　イ．飛驒山脈　ウ．笠置山地　　エ．鈴鹿山脈］
③ ［ア．月山　　　イ．霧ケ峰　　ウ．八幡平　　　エ．大山］

【語群】

A．成層火山　　B．鐘状火山　　C．楯状火山　　D．火山岩尖
E．地塁山地（断層山地）　　F．洪積台地

〈富山県改題〉

解答　(1)　傾動地塊（傾動山地）　(2)　a．新生代　　d．背斜部
(3)　①　ウ，A　　②　イ，E　　③　エ，C

解説　(2)　a．古生代にできた褶曲山脈（古期造山帯）では，現在に至る造山活動は行われていない。

(3)　①　ウ．昭和新山はDの火山岩尖（溶岩ドーム）である。
②　イ．飛驒山脈は傾動地塊（傾動山地）である。
③　エ．大山はBの鐘状火山である。
F．洪積台地は更新世に堆積した地層の台地で，沖積平野よりもやや高位にある。武蔵野台地，下総台地などが好例である。

演習問題

1　★☆☆

次の文章を読んで，各問いに答えよ。

世界の気候は，$_{a}$海陸の分布や地形などの影響で複雑であり，従来多くの気候区分が考えられてきた。代表的な気候区分は，ドイツの気候学者の（　A　）のものがある。（　A　）は，[　b　]に着目し，気温や降水量の限界値などから，世界を（　B　）気候帯に区分し，さらに細かい気候区を設定している。その指標の取り方から，人間の諸活動にとって有益であるといえる。（　A　）の気候区分は，（　C　）のある気候と（　C　）のない気候の2つに大別され，（　C　）のある気候を，それぞれ$_{c}$熱帯，温帯，亜寒帯としている。熱帯は，（　D　）がない熱帯雨林気候区〔Af〕と（　D　）があるサバナ気候区〔Aw〕に分かれるが，熱帯雨林気候区の中でも，インドシナ半島のように，季節風の影響で弱い（　D　）がみられる地域〔(　E　)〕もある。

⑴　下線部aについて，気候の状態を作りだす原因となるものを「気候因子」という。それに当てはまらないものを次から選べ。

ア．日射量　　イ．緯度　　ウ．標高　　エ．海流　　オ．隔海度

⑵　文章中の空欄bに当てはまる文を次から選べ。

ア．植生の分布　　イ．動物の生息状況

ウ．気団の現れ方　　エ．大気の大循環

⑶　下線部cについて，この気候帯に属する地域の最寒月平均気温は何度以上か。次から選べ。

ア．16　　イ．18　　ウ．20　　エ．22　　オ．24

⑷　文章中の空欄A～Eに当てはまる語句の組み合わせとして正しいものを次から選べ。

	A	B	C	D	E
ア．	ケッペン	6	乾季	雨季	Am
イ．	フローン	4	樹木	雨季	BS
ウ．	ケッペン	5	樹木	乾季	Am
エ．	フローン	5	乾季	雨季	BS
オ．	ケッペン	4	雨季	乾季	Af

(5)　次の①～④のグラフは，ベルリン，ケープタウン，サンフランシスコ，ブエノスアイレスの各都市の雨温図です。グラフと都市の組み合わせとして正しいものを，ア～オから選べ。

①

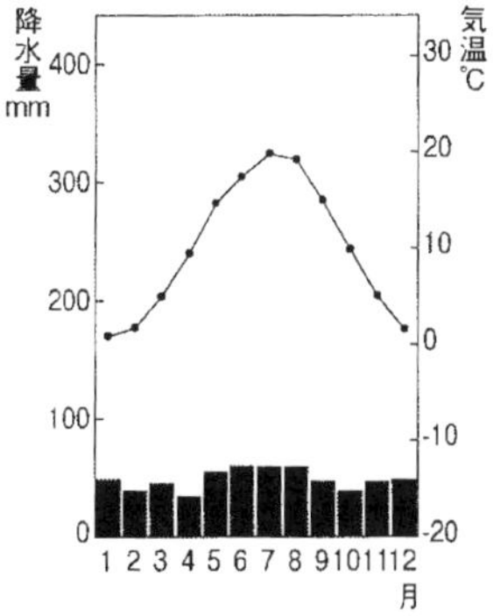

年平均気温　10.4℃
年降水量　570.2㎜

②

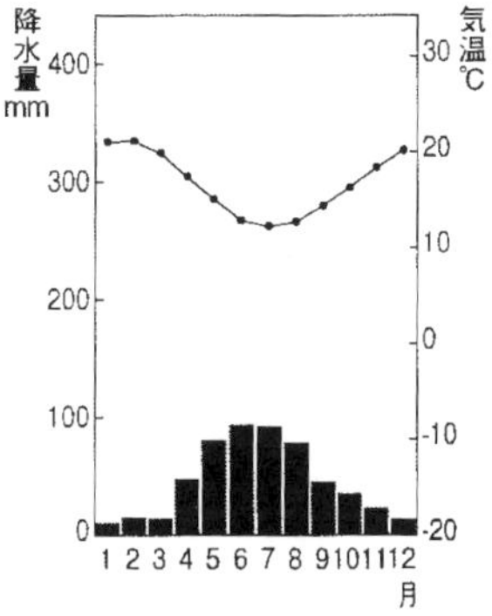

年平均気温　17.1℃
年降水量　492.6㎜

③

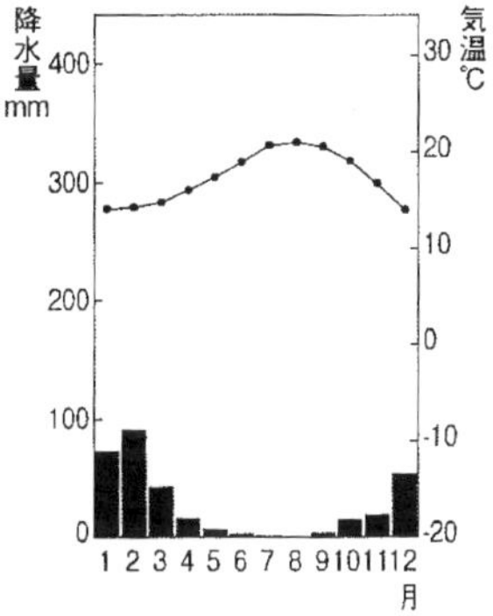

年平均気温　14.7℃
年降水量　499.8㎜

④

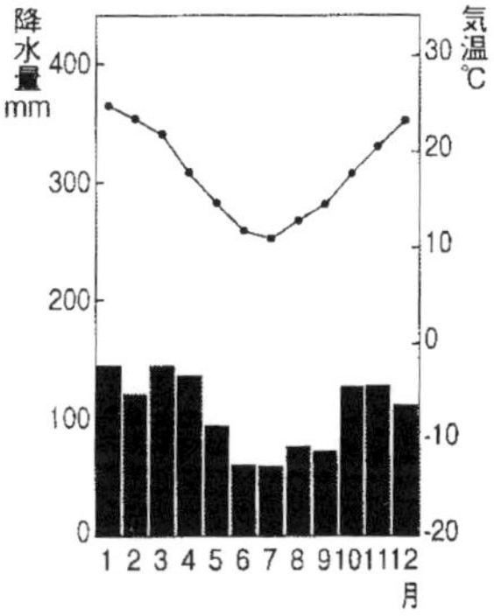

年平均気温　18.1℃
年降水量　1256.1㎜

	①	②	③	④
ア．	ベルリン	ケープタウン	サンフランシスコ	ブエノスアイレス
イ．	ベルリン	ブエノスアイレス	サンフランシスコ	ケープタウン
ウ．	サンフランシスコ	ベルリン	ケープタウン	ブエノスアイレス
エ．	サンフランシスコ	ブエノスアイレス	ベルリン	ケープタウン
オ．	ブエノスアイレス	ケープタウン	ベルリン	サンフランシスコ

〈福岡県・福岡市・北九州市改題〉

2 ★★☆

次の地形図やグラフを見て，各問いに答えよ。

A

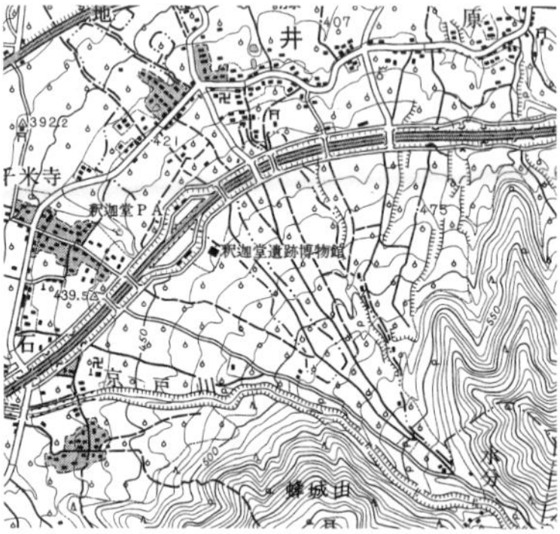

（国土地理院 「石和」）

B

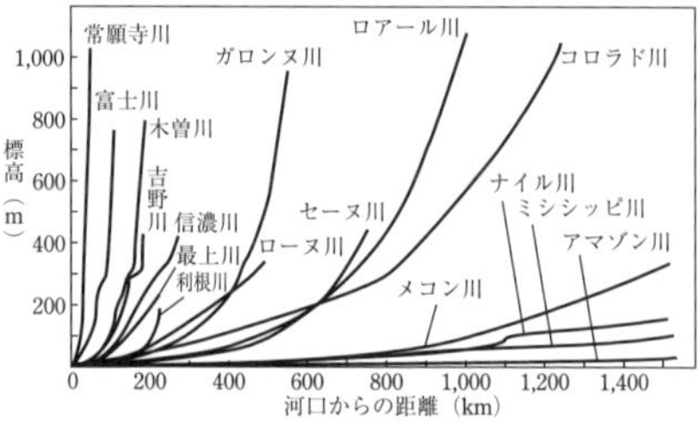

⑴　Aの地形図から，緩やかな斜面を利用し，果物が栽培されていることが読み取れる。このような地形を何というか漢字で答えよ。また，この地形がどのようにできたかを説明せよ。

⑵　Bのグラフは，世界と日本の川をグラフ化したものである。このグラフからわかる日本の川の特徴を簡潔に説明せよ。

⑶　Bのグラフにあるアマゾン川，メコン川のように，複数の国の領域を流れ，沿岸国が条約を結んだことにより，外国船が自由に航行できる河川を何というか答えよ。

⑷　Bのグラフにあるナイル川のように，流量の大部分を湿潤気候地域に依存し，砂漠地帯を貫流する河川を何というか答えよ。

〈千葉県・千葉市改題〉

3 ★★☆

地形に関する次の各問いに答えよ。

(1) 盆地とそこを流れる河川の組み合わせとして誤っているものを次から選べ。
ア．横手盆地－雄物川　イ．郡山盆地－阿武隈川
ウ．伊那盆地－木曽川　エ．福知山盆地－由良川
オ．三次盆地－江の川

(2) 河川の一部がそれぞれの都道府県境に利用されている組み合わせとして，誤っているものを次から選べ。
ア．筑後川－佐賀県と福岡県　イ．富士川－静岡県と山梨県
ウ．利根川－千葉県と茨城県　エ．多摩川－東京都と神奈川県
オ．熊野川－和歌山県と三重県

(3) 生徒に「メアンダー」・「三日月湖」・「自然堤防」地形を地形図で見せるには，どの河川流域の地形図を用意するのが最も適切か。次から選べ。
ア．太田川流域（広島県）　イ．武庫川流域（兵庫県）
ウ．大井川流域（静岡県）　エ．黒部川流域（富山県）
オ．石狩川流域（北海道）

(4) 「リアス海岸」地形が認められない地域を次から選べ。
ア．玄海灘周辺　イ．若狭湾周辺　ウ．三陸海岸周辺
エ．土佐湾周辺　オ．志摩半島周辺

(5) フランスのパリ盆地にみられる，硬軟がある地層が傾いて地表に露出し，不均一に侵食を受けて緩傾斜と急傾斜が繰り返す非対称な断面をもつ地形の名称を次から選べ。
ア．ケスタ　イ．メサ　ウ．ビュート
エ．扇状地　オ．残丘（モナドノック）

〈神戸市改題〉

4 ★★☆

環境問題に関する次の各問いに答えよ。

(1) 近年，世界の森林面積の半分を占める熱帯雨林が年々大幅に減少している。その原因を２つ答えよ。また，そのことは，どのような問題を引きおこしているか，簡潔に説明せよ。

(2) 次の表は，環境に関する主な国際会議を表したものである。表中の空欄Ａ～Ｊに当てはまる語句または数字をア～ソから選べ。

年	会議名	事項
1972年	（　A　）	「かけがえのない地球」をスローガンに開催され（　B　）や国連国際行動計画が採択された。これを実施する機関として，国連環境計画が設立された。
1992年	（　C　）	いわゆる地球サミットが開催され，リオデジャネイロ宣言や，それを実現するための行動指針である（　D　）が採択された。
1997年	（　E　）	先進国全体と国ごとの温室効果ガスの削減目標（先進国全体で5.2%）を盛り込んだ（　F　）が採択された。
2012年	（　G　）	通称は「リオ＋20」。グリーン経済の重要性や持続可能な開発目標の創設などを盛り込んだ合意文書「われわれが望む未来」が採択された。
2015年	COP21	正式名称は「気候変動枠組み条約第21回締約国会議」。（　F　）に代わる，2020年以降の新たな地球温暖化対策の枠組みとなるパリ協定が採択された。
	（　H　）	「持続可能な開発のための2030アジェンダ」が採択され，（　I　）の目標と169のターゲットからなる「持続可能な開発目標（　J　）」が掲げられた。

ア．IPCC
イ．持続可能な開発に関する世界首脳会議
ウ．アジェンダ21
エ．国連人間環境会議
オ．国連環境開発会議
カ．京都議定書
キ．地球温暖化防止京都会議
ク．モントリオール議定書
ケ．人間環境宣言
コ．15
サ．17
シ．20
ス．国連持続可能な開発会議
セ．国連持続可能な開発サミット
ソ．SDGs

〈愛媛県/高知県改題〉

演習問題　解答・解説

1

(1)　ア　(2)　ア　(3)　イ
(4)　ウ　(5)　ア

解説

(1)　ア．日射量は気候を構成する様々な大気循環である気候要素である。気候要素には他に，気温，降水量，風，日照時間，湿度などがある。

(2)　ウ．気団によって気候を区分したのはアリソフ（ロシア）である。
エ．大気の大循環によって区分したのはフローン（ドイツ）である。

(3)　温帯気候は最寒月平均気温18度未満～－３度以上。亜寒帯気候は最寒月平均気温－３度未満，最暖月平均気温10度以上である。

(4)　A．人名については(2)を参照。
E．Am（弱い乾季のある熱帯雨林気候）は熱帯モンスーン気候ともいう。

(5)　ベルリン（ドイツ）は西岸海洋性気候，ケープタウン（南アフリカ），サンフランシスコ（アメリカ合衆国）は地中海性気候，ブエノスアイレス（アルゼンチン）は温暖湿潤気候である。

2

(1)　〈地形〉
扇状地
〈形成過程〉
　河川が山地から平地に流れ出る際，平地では川の流れが急に弱くなるため，山地から運ばれてきた土砂が堆積する。河床が高くなると，河川はたえず傾斜の大きな場所を求めて流路を左右に変えるため，谷口を頂点とする扇形に土砂が堆積した地形ができる。

(2)　河川の流れる距離が短くて，流れが急である。

(3)　国際河川

(4)　外来河川

3

(1)　ウ　(2)　イ　(3)　オ
(4)　エ　(5)　ア

解説

(1)　ウ．伊那盆地－天竜川
木曽川－濃尾平野

(2)　イ．富士川は山梨県に源流をもち，山梨県中央部を流れ静岡県に入り，駿河湾に注ぐ。

(3)　「メアンダー」は河川の蛇行のことを指し，「三日月湖」は河川の蛇行によってできた河跡湖である。「自然堤防」は河川によって運搬された堆積物からなる微高地である。その背後には後背湿地（バックマーシュ）が形成される。選択肢の河川の中で蛇行が激しく，このような地形がみられるのはオの石狩川である。

(4)　エ．土佐湾には離水海岸の地形がみられる。

4

(1)　〈原因〉
・農地や放牧地の拡大のための焼畑
・先進国による商業木材の伐採
など
〈問題〉
・地球温暖化の一因となる。
・土壌流出を引きおこす。
・生物種の絶滅につながる。　など

(2)　A．エ　　B．ケ　　C．オ
　　D．ウ　　E．キ　　F．カ
　　G．ス　　H．セ　　I．サ
　　J．ソ

解 説

(2)　地中温暖化が進むと，北極圏や南極大陸の氷が解けることによって海水面が上昇し，海抜の低い島国が水没するなどの問題が指摘されている。

パリ協定では，世界の平均気温の上昇を産業革命前から2.0℃未満（現在は0.9～1℃）にすることをめざし，先進国のみならず途上国も含めて取り組む。

目標達成に向け，各国に温室効果ガス削減目標の国連への報告や国内対策の実施を義務づけているが，目標未達でも罰則はない。なお，日本の温室効果ガス削減目標は，当初は2030年度までに2013年度比で26％減とすることを決定していたが，2021年４月に46％減に引き上げることを表明した。また，2050年までに温室効果ガスの排出を全体としてゼロにする，カーボンニュートラルをめざすことを宣言した。

ア．IPCCは「気候変動に関する政府間パネル」のことである。

イ．持続可能な開発（経済の発展と環境の保護の両立という考え方）は，オの国連環境開発会議でも確認された，将来の世代が享受する経済的，社会的利益を損なわない範囲で環境を利用していこうとする考え方である。

ク．モントリオール議定書はオゾン層保護のため，フロンガスの規制を定めたものである。

〈二酸化炭素国別排出量（2020年）〉

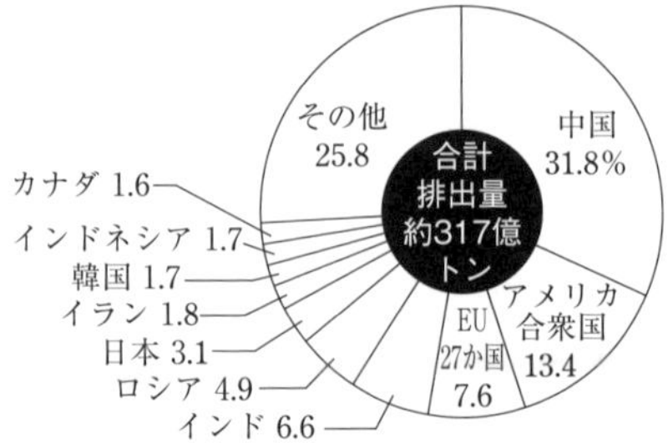

（『地理データファイル2023年度版』）

3 資源・エネルギー，産業

傾向と対策

統計資料を使用した問題が多く出題されている。『データブック　オブ･ザ･ワールド』や『世界国勢図会』，『日本国勢図会』などで最新の統計データをチェックし，資源や産業の世界的視野から見た特徴を押さえておきたい。エネルギーに関しては環境問題と関連付けて整理しても良いだろう。石油，石炭，天然ガスなどのエネルギー，主な鉱産資源，工業製品，農産物などの上位５ヵ国は必ず確認しておくこと。データは毎年変動するので，最新のデータのみならず過去２～３年のデータもチェックしておくことが重要である。

要点 Check!

1 資源とエネルギー

鉄鉱・石油・石炭は工業の中心原材料でもある。工業では鉄鉱の他に非鉄金属とよばれる地下資源を利用することも多い。

➤ 資源産出量　上位５ヵ国

鉄鉱石	オーストラリア・ブラジル・中国・インド・ロシア
金鉱	中国・オーストラリア・ロシア・アメリカ合衆国・カナダ
銀鉱	メキシコ・ペルー・中国・ロシア・ポーランド
銅鉱	チリ・ペルー・中国・コンゴ民主共和国・アメリカ合衆国
すず鉱	中国・インドネシア・ミャンマー・ペルー・ボリビア
ボーキサイト	オーストラリア・中国・ギニア・ブラジル・インドネシア

※銅鉱は2018年，ボーキサイトは2020年，他は2019年

（『世界国勢図会2022/23』）

➤ エネルギーの種類

１次エネルギー	自然の資源をそのまま利用する。石油，石炭，天然ガス，水力，風力など。
２次エネルギー	１次エネルギーを加工・変形して利用する。電力，都市ガス，ガソリンなど。
再生可能エネルギー	枯渇する心配がなく，永続的に利用できるエネルギー。太陽光や風力，地熱，バイオマスなど。

▶ エネルギー産出量　上位5ヵ国

原油	アメリカ合衆国・サウジアラビア・ロシア・カナダ・イラク
石炭	中国・インド・インドネシア・オーストラリア・ロシア
天然ガス	アメリカ合衆国・ロシア・イラン・中国・カナダ

※原油は2021年，石炭は2019年，天然ガスは2020年

（『世界国勢図会2022/23』）

2 産業の分類

第一次産業	農業，林業，漁業・水産業
第二次産業	製造業，建設業，鉱業
第三次産業	商業，金融業，運輸業，情報通信業，サービス業，医療・福祉
六次産業化	生産者（第一次産業）が，製造・加工（第二次産業）と流通・販売（第三次産業）も行い，経営の多角化を図ること。「第一次産業の１」×「第二次産業の２」×「第三次産業の３」のかけ算の６を意味する。

3 産業－農業

▶ 農業形態の分類

自給的農業	焼畑農業・オアシス農業・遊牧・アジア的稲作・アジア的畑作
商業的農業	混合農業・酪農・地中海式農業・園芸農業
企業的農業	企業的穀物農業・企業的牧畜業・プランテーション農業

※**アグロフォレストリー**…樹木を植栽し，樹間で家畜・農作物を飼育・栽培するなど農業と林業を複合的に経営することで，森林の再生をめざす方法のこと。

▶ 農産物生産量　上位5ヵ国（2020年，綿花とパーム油は2019年）

米	中国・インド・バングラデシュ・インドネシア・ベトナム
小麦	中国・インド・ロシア・アメリカ合衆国・カナダ
とうもろこし	アメリカ合衆国・中国・ブラジル・アルゼンチン・ウクライナ
大豆	ブラジル・アメリカ合衆国・アルゼンチン・中国・インド
ばれいしょ	中国・インド・ウクライナ・ロシア・アメリカ合衆国
綿花	インド・中国・アメリカ合衆国・ブラジル・パキスタン
コーヒー豆	ブラジル・ベトナム・コロンビア・インドネシア・エチオピア
オリーブ	スペイン・イタリア・チュニジア・モロッコ・トルコ
バナナ	インド・中国・インドネシア・ブラジル・エクアドル
パーム油	インドネシア・マレーシア・タイ・コロンビア・ナイジェリア

（『世界国勢図会2022/23』）

例題1　産業（農業）と資源

次の各問いに答えよ。

(1)　次の表は，それぞれの品目における世界の生産量などの上位7ヵ国を表している。空欄に当てはまる国名を答えよ。

大豆の生産（2020年）	万トン
ブラジル	12,180
（　A　）	11,255
アルゼンチン	4,880
（　B　）	1,960
（　C　）	1,123
パラグアイ	1,102
カナダ	636
世界計	35,346

茶の生産（2020年）	千トン
（　B　）	2,970
（　C　）	1,425
ケニア	570
アルゼンチン	335
スリランカ	278
トルコ	255
ベトナム	240
世界計	7,024

漁業生産量（2020年）	万トン
（　B　）	1,345
インドネシア	699
ペルー	568
（　C　）	552
（　D　）	508
（　A　）	425
ベトナム	342
世界計	9,142

小麦の生産（2020年）	万トン
（　B　）	13,425
（　C　）	10,759
（　D　）	8,590
（　A　）	4,969
カナダ	3,518
フランス	3,014
パキスタン	2,525
世界計	76,093

鉄鉱石の生産（2019年）	万トン
オーストラリア	56,897
ブラジル	25,800
（　B　）	21,900
（　C　）	14,800
（　D　）	6,429
南アフリカ共和国	4,120
ウクライナ	3,950
世界計	152,000

（『世界国勢図会2022/23』）

(2)　自国に存在する資源を自国で管理・開発するべきであるという考えを何というか答えよ。

(3)　1950～60年代にそれまでの石炭に代わって石油が主要なエネルギーに転換したことを何というか答えよ。

(4)　発展途上国の間で産油国や成長軌道に乗った国々と資源をもたない国々との格差が表面化した問題を何というか答えよ。

〈埼玉県・さいたま市改題〉

解答　(1)　A．アメリカ合衆国　　B．中国　　C．インド　　D．ロシア

(2)　資源ナショナリズム

(3)　エネルギー革命

(4)　南南問題

解説　(1)　その他の主要農産物や資源の上位5ヵ国は要点Checkを参照のこと。

例題2　産業（工業）

工業に関する次の各問いに答えよ。

(1) 次の文章の空欄に当てはまる語句を答えよ（空欄Aには国名が入る）。

（　A　）のユーロポートは臨海部の代表的な工業都市で，石油化学や鉄鋼業が盛んである。近年，世界の鉄鋼業の工業立地は，内陸部の原料指向型から$_{a}$臨海指向型へと移行している。また現在は$_{b}$半導体やコンピュータといった（　B　）産業，航空宇宙産業など先端技術産業の発展がめざましい。このような高い技術を必要とする（　C　）型工業が先進国での工業の中心となりつつある。

(2) 下線部aについて，鉄鋼業の中心が臨海部に移った理由を，簡潔に説明せよ。

(3) 下線部bについて，右の図は日本における半導体工場の分布（2022年）を表している。この分布図が示すように，半導体の工場は内陸部にも多く立地している。その理由を，半導体製品の特徴に触れながら説明せよ。

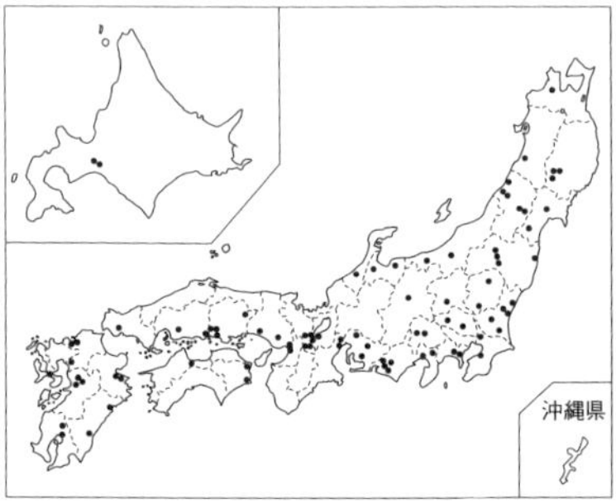

（『日本国勢図会2023/24』）

〈宮城県・仙台市/石川県改題〉

解答 (1) A．オランダ　B．エレクトロニクス（電子）
C．知識集約（技術集約）

(2) 原材料の輸入が容易で，製品の輸出にも有利なため。

(3) 半導体は小型軽量で付加価値が高く，生産費に占める輸送費の割合が小さい。そのため，トラックや飛行機での輸送が可能となり，内陸部の地方空港や高速道路の近くに工場が多く立地する。

解説 (3) 半導体（IC）の工業立地は，交通指向型（臨空港指向型）に分類される。

演習問題

1　★★☆

鉱産資源の生産量の上位国（⑤～⑦は2018年，①は2020年，他は2019年）を示した次の表を見て，各問いに答えよ。

①

国名	%
（　A　）	26.7
（　B　）	23.7
ギニア	22.0
（　C　）	7.9
インドネシア	5.3

②

国名	%
（　B　）	28.5
インドネシア	26.2
ミャンマー	14.2
ペルー	6.7
ボリビア	5.7

③

国名	%
（　B　）	11.5
（　A　）	9.9
（　D　）	9.2
（　E　）	6.1
カナダ	5.3

④

国名	%
（　D　）	32.8
ボツワナ	17.2
カナダ	13.5
コンゴ民主共和国	9.8
（　A　）	9.4

⑤

国名	%
チリ	28.6
ペルー	11.9
（　B　）	7.8
コンゴ民主共和国	6.0
（　E　）	6.0

⑥

国名	%
インドネシア	25.3
フィリピン	14.4
（　D　）	11.3
(ニューカレドニア)	9.0
カナダ	7.3

⑦

国名	%
（　B　）	46.1
（　A　）	9.5
ペルー	6.3
（　E　）	6.1
メキシコ	5.3

（『世界国勢図会2022/23』）

(1)　①～⑦の鉱産資源名をア～キから，その資源の説明をａ～ｇから選べ。

〈鉱産資源名〉

ア．金鉱　　イ．ニッケル鉱　　ウ．銅鉱　　エ．鉛鉱

オ．すず鉱　　カ．ダイヤモンド　　キ．ボーキサイト

〈説明〉

ａ．延性，展性，電導などに優れるため，電線として利用されるが，新素材の開発で需要は減少傾向にある。

ｂ．柔軟性に富み，融けやすい。自動車用のバッテリー，塗料などに利用される。亜鉛と共存することが多い。

ｃ．延性，展性，耐食性に優れ，融けやすい。メッキやハンダに利用される。

d．アルミニウムの原料である。アルミニウムは加工がしやすく，耐食性もあるので，現代では，鉄に次ぐ重要な金属となっており，建築用材，ジュラルミンなどの合金に利用される。

e．耐食，耐熱，耐酸性に優れ，ステンレスなどの特殊鋼，合金材料として利用される。

f．延性，展性に富み，水中・空気中でも腐食せず，酸・アルカリにも強い。装身具，電気接点での機械部品などに利用される。

g．炭素だけからなる鉱物で，硬度と光の屈折率は天然物質中では最も高い。装飾品として，また，工業用研磨，金属切削に利用される。

⑵　表中の空欄Ａ～Ｅに当てはまる国名を次からそれぞれ選べ。

ア．中国　　イ．ロシア　　ウ．ブラジル

エ．アメリカ合衆国　　オ．オーストラリア

⑶　ボリビアにおける②の産地を次から選べ。

ア．オルロ　　イ．ミールヌイ　　ウ．バンカ島

エ．サドバリ　　オ．トケパラ

⑷　チリにおける⑤の鉱山を次から選べ。

ア．ビンガム　　イ．ポトシ　　ウ．キルナ

エ．アンシャン　　オ．チュキカマタ

⑸　従来，排水管やバケツ，雨どいなどは，非鉄金属を利用することが多かった。現在，非鉄金属にかわって使われるようになった素材を答えよ。

⑹　発展途上国に多くみられる，１国の経済が特定の一次産品の生産や輸出に依存する経済体制を何というか答えよ。

⑺　次のグラフは発電方法別の発電量の割合（2019年）を示したものである。Ａ～Ｃに当てはまる発電方法の名称をそれぞれ答えよ。また，「その他」に当てはまる発電のうち，ニュージーランドにおいて最も発電量の割合の大きいものを答えよ。

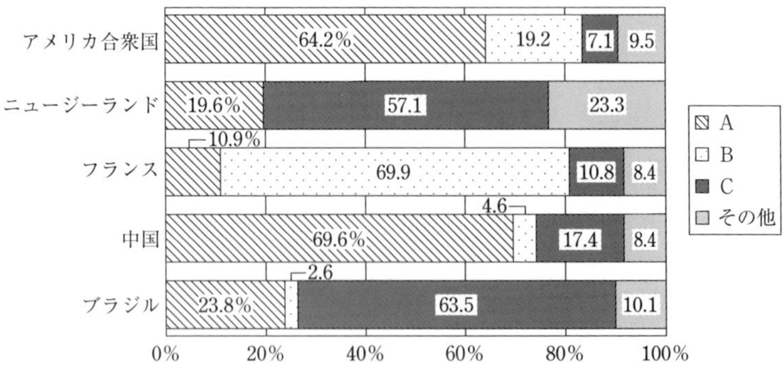

（『世界国勢図会2022/23』）

(8)　(7)のグラフのＡについて，我が国におけるＡの発電の主な問題点を具体的に２つ答えよ。

(9)　近年，さとうきびやとうもろこしなどから製造するバイオエタノールが輸送用燃料として普及している。バイオエタノールを使用する利点を，次から選べ。

ア．原料の植物が成長時に二酸化炭素を吸収するため，石油よりも二酸化炭素の排出量が少ないと考えられる。

イ．さとうきび，とうもろこしは日本国内で自給できるので，農産物の自給率向上に貢献できると考えられる。

ウ．石油と違って，燃焼しても全く二酸化炭素を排出しないので，地球温暖化の抑制につながると考えられる。

エ．ガソリンや軽油よりもはるかに燃費がよく，価格も安いので，自動車の普及やモータリゼーションの推進に役立つと考えられる。

〈富山県/岡山県改題〉

2 ★★☆

次の各問いに答えよ。

(1) 次のA～Dの都市をもつ国の組み合わせとして正しいものをア～オから選べ。

A．パダノ＝ヴェネタ平野の北部にある都市で，豊富な水力発電と湧水を利用し，繊維をはじめ機械・化学・食品などの工業が発達している。

B．クライド川河口にあるこの地方の中心的な工業都市で，鉄鋼業や機械工業が発達し，特に造船業は有名である。

C．地中海に面する港湾都市で，造船・鉄鋼・食品工業が盛んである。近年，石油専用港が併設され，石油関連の工業が発達した。

D．アイセル湖に臨む同国最大の都市で，ダイヤモンド加工業で有名である。造船・機械・化学などの工業も発達している。

	A	B	C	D
ア．	ドイツ	イギリス	フランス	ポルトガル
イ．	オランダ	ドイツ	イタリア	スペイン
ウ．	ドイツ	オランダ	スペイン	イタリア
エ．	イタリア	スペイン	ポルトガル	イギリス
オ．	イタリア	イギリス	フランス	オランダ

(2) 次の統計①～④は，４種類の農作物について，それぞれ生産量上位５ヵ国(2020年，③のみ2019年）を示したものである。これらの統計について，各問いに答えよ。

①

国名	千t	%
中国	2,970	42.3
（ A ）	1,425	20.3
ケニア	570	8.1
アルゼンチン	335	4.8
スリランカ	278	4.0
世界計	7,024	100.0

②

国名	千t	%
（ B ）	3,700	34.6
ベトナム	1,763	16.5
コロンビア	833	7.8
インドネシア	773	7.2
エチオピア	585	5.5
世界計	10,688	100.0

③

国名	千t	%
（ A ）	6,033	23.6
中国	4,892	19.2
アメリカ合衆国	4,335	17.0
（ B ）	2,688	10.5
パキスタン	1,556	6.1
世界計	25,515	100.0

④

国名	万t	%
中国	21,186	28.0
（ A ）	17,831	23.6
バングラデシュ	5,491	7.3
インドネシア	5,465	7.2
ベトナム	4,276	5.7
世界計	75,674	100.0

（『世界国勢図会2022/23』）

問1　統計①〜④は，次にスケッチで描かれた農作物のいずれかである。統計③の農作物に当てはまるものを次から選べ。

ア

イ

ウ

エ

問2　統計①〜④の空欄A・Bに当てはまる国名を答えよ。

問3　統計①の農作物の栽培条件について，簡潔に説明せよ。

〈愛知県/高知県改題〉

演習問題　解答・解説

1

(1) ① キ，d　② オ，c
③ ア，f　④ カ，g
⑤ ウ，a　⑥ イ，e
⑦ エ，b

(2) A．オ　B．ア
C．ウ　D．イ
E．エ

(3) ア　(4) オ

(5) 合成樹脂（プラスチック）

(6) モノカルチャー経済

(7) A．火力発電　B．原子力発電
C．水力発電
ニュージーランド：地熱発電

(8)
・原油などのエネルギー資源に恵まれず，そのほとんどを海外輸入に依存しているので，国際価格の変動によって経済に影響を受けやすいこと。
・エネルギーの燃焼により排出される二酸化炭素は，地球温暖化の原因になること。

(9) ア

解説

(1) ① ボーキサイトは熱帯・亜熱帯に分布するアルミニウムの原鉱石である。
③ 金は世界通貨として貿易の決済に用いられる。
⑦ 鉛は無機薬品，電線被覆，活字などにも用いられる。

(3) イ．ミールヌイはロシアのダイヤモンド鉱山である。
ウ．バンカ島はインドネシアのすず鉱山である。
エ．サドバリはカナダの銅，ニッケル，コバルト，プラチナなどを産出する鉱山である。
オ．トケパラはペルーの銅，モリブデンを産出する鉱山である。

(4) ア．ビンガムはアメリカ合衆国の銅，金，銀，モリブデンなどを産出する鉱山である。
イ．ポトシはボリビアの銀，すず，亜鉛，鉛などを産出する鉱山である。
ウ．キルナはスウェーデンの鉄（鉱）山である。
エ．アンシャン（鞍山）は中国の鉄（鉱）山である。

(9) イ．さとうきび，とうもろこしともに国内で自給できていない。
ウ．燃焼の過程で二酸化炭素を排出するが，原料が育つ過程の光合成で二酸化炭素を吸収しているため，二酸化炭素量は増加しないとされている。
エ．ガソリンと比べると燃費は悪いとされている。

2

(1) オ

(2) 問1　ウ
問2　A．インド
B．ブラジル
問3　高温多雨で排水良好な丘陵地に適する。

解説

(1) A．ミラノ　B．グラスゴー
C．マルセイユ
D．アムステルダム

(2) ① 茶・イ　② コーヒー豆・エ
③ 綿花・ウ　④ 米・ア

4 民族・生活文化・人口

傾向と対策

民族に関しては，世界の民族，領土問題が主な出題内容である。基本的な事項や最新の動きを押さえておこう。生活文化に関しては，都市の機能や都市に関わる様々な問題，衣食住の地域的な差異の出題が目立つ。都市問題やその他の基本的事項を復習しておこう。世界の人口に関しては，人口ピラミッドをはじめとするグラフや表の読み取り，人口増加・減少によって生じる問題，食糧問題とあわせた出題がみられる。重要な語句や世界的問題について説明を求める出題もみられるので，出題者の意図を押さえた解答ができるように問題をこなしておくと良いだろう。

要点 Check!

1 民族

➤ 世界の人種・民族問題

北アメリカ	人種差別問題・ケベック州分離独立運動
ヨーロッパ	北アイルランド紛争・バスク人独立運動・カタルーニャ独立運動・コソボ紛争・外国人労働者問題
旧ソ連	チェチェン紛争・ナゴルノ＝カラバフ紛争・南オセチア紛争
西アジア	パレスチナ問題・クルド人独立運動・キプロス紛争
アフリカ	西サハラ紛争・ダルフール（スーダン）紛争・ソマリア紛争・ルワンダ内戦・ビアフラ内戦
南アジア	カシミール紛争・パンジャブ紛争・スリランカ民族紛争
東・東南アジア	チベット独立運動・ミンダナオ紛争・ロヒンギャ問題

➤ 人種と民族

コーカソイド（ヨーロッパ系人種）・モンゴロイド（アジア系人種）・ネグロイド（アフリカ系人種）・オーストラロイド（アボリジニー，タスマニア人）

人種は身体的・生物学的な特徴（皮膚・毛髪・目の色，骨格や毛髪の状態など）によって区別される。民族は文化的特色（言語，宗教，風習など）によって区別される。

▶ 世界の都市問題

インナーシティ問題	インナーシティとは大都市の都心周辺に位置し，住宅や工場などが混在する低所得地域のことで，都市の空洞化に伴い，治安・衛生環境などが悪化する。
ジェントリフィケーション	インナーシティが再評価され，比較的裕福な人々が都心に回帰する現象。
ストロー効果	大都市と地方都市を結ぶ交通網が発達すると，大都市に人口が流出する現象。
スプロール現象	都心部から郊外に向けて，住宅や工場などが無秩序かつ無計画に広がっていく現象。
ドーナツ化現象	都市部の地価の高騰などで，居住人口が都心から郊外に流れてしまう現象。
ヒートアイランド現象	大都市部のアルファルト舗装やビルの増加，冷暖房による熱の放出などによって，気温が周辺地域よりも高くなる現象。

2 世界の人口

▶ 人口構成の型と特徴

人口転換による型	富士山型（ピラミッド型）	出生率・死亡率がともに高い。多産多死ならば人口漸増型，多産少死ならば人口急増型。発展途上国に多い型である。
	釣鐘型（ベル型）	出生率・死亡率ともに低い。少産少死型で人口漸増型か人口停滞型。先進国や新興工業国に多い型である。
	つぼ型（紡錘型）	出生率・死亡率がともに低いが，特に出生率が低下している。人口減少型。先進国に多い型である。

▶ 産業別人口構成

産業別人口構成は三角図表を用いると理解しやすい。第1次産業（農・林・水産業）を左辺で，第2次産業（鉱・製造・建設業）を右辺で，第3次産業（商・サービス・運輸通信業など）を下辺で読み取るのが一般的であり，各国・地域の産業構造や経済の状況を理解するのに役立つ。例は第1次20%，第2次45%，第3次35%の場合である。

〈各国の産業別人口構成図〉

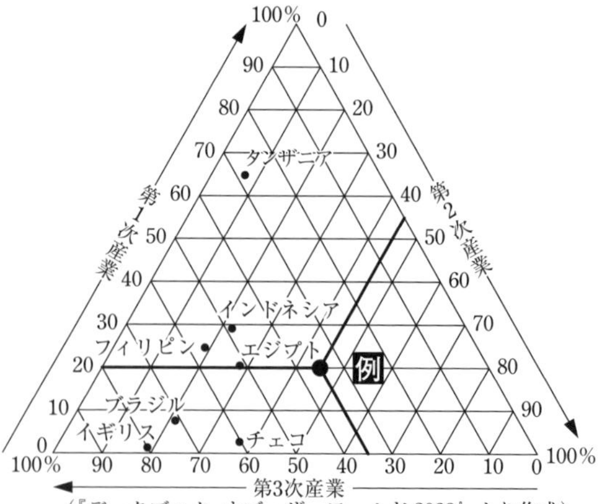

（『データブック オブ・ザ・ワールド 2023』より作成）

例題1　世界の民族問題・生活文化

(1)　次の文章の空欄に当てはまる語句を答えよ。

Ⅰ．南アフリカ共和国では長年にわたり，有色人種を差別し白人を優遇する人種隔離政策（　A　）を行ってきたが，1991年までに人種差別関連法を廃止した。

Ⅱ．西アジアのトルコ，イラク，イランなどにまたがる山岳地域には，（　B　）が暮らしている。彼らは今日に至るまで，独立国をもつことができず，そのため自治や独立を求める運動が続いている。総人口は約3,000万人と推定される。

Ⅲ．北アメリカの先住民の1つである（　C　）は，アジア系民族に属している。主にアラスカ・カナダ・グリーンランドなどの北極海沿岸に居住し，狩猟や漁労を行ってきたが，20世紀後半になると，賃金労働に従事するものも多くなった。

(2)　都市と生活に関する次の各問いに答えよ。

問1　国や地域の中で，政治や経済，文化・情報などの機能が極端に集中し，人口規模でも第2位の都市を大きく上回っている都市を何というか答えよ。

問2　都市化の急激な進展に伴い，都市計画とは無関係に，住宅や工場が地価の安い地域に無秩序に拡大していく現象を何というか答えよ。

〈神戸市/徳島県/高知県改題〉

解答　(1)　A．アパルトヘイト　　B．クルド人（クルド民族）
C．イヌイット（エスキモー）

(2)　問1　首位都市（プライメートシティ）　　問2　スプロール現象

解説　(1)　Ⅱ．「国家をもたない最大の民族」といわれ，クルド人が居住する山岳地域をクルディスタンともよぶ。長いクルド人迫害の歴史の中で，イラン・イラク戦争では百数十万人が難民となった。

Ⅲ．特にカナダでは「イヌイット」（人間の意）とよばれる。1999年にはイヌイットが多数派を占めるヌナブト準州が発足。

(2)　問1　首位都市（プライメートシティ）の例として，チリのサンティアゴ，韓国のソウル，コートジボワールのアビジャンなどがあげられる。

例題2　世界の人口

次のグラフは，フランス，メキシコ，エチオピア，日本の年齢別人口構成（日本は2022年，他は2020年）を表している。日本に当てはまるものを次から選べ。

①

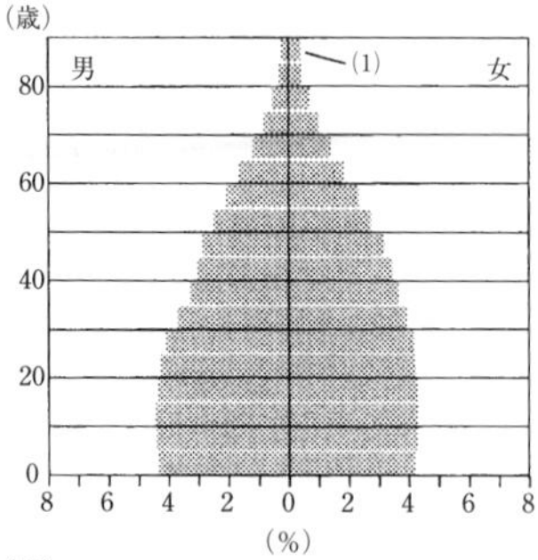

②

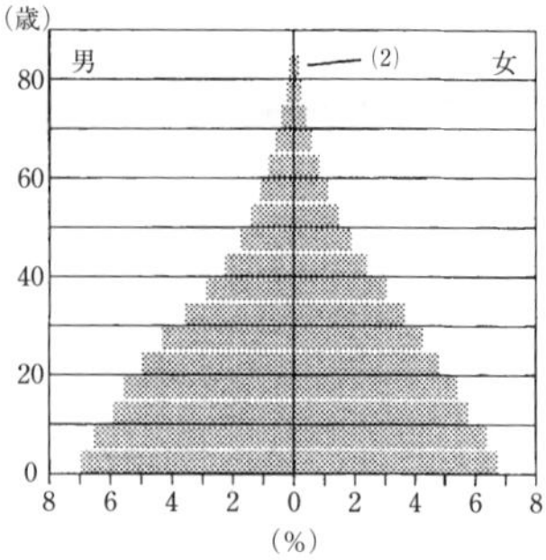

③

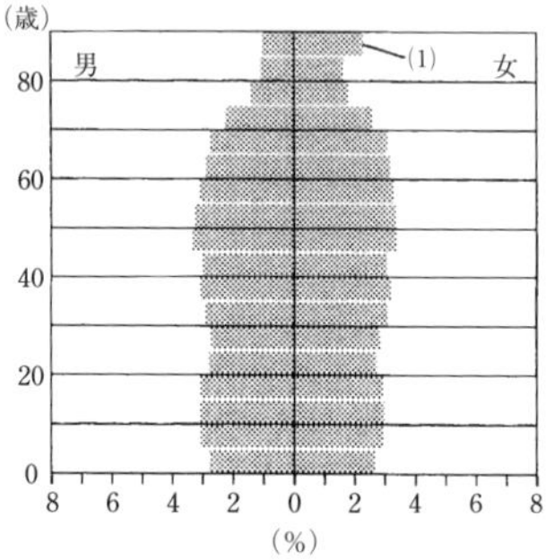

④

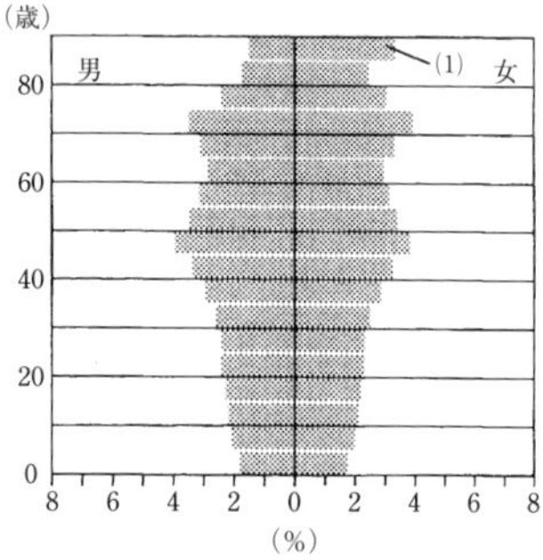

(1)85歳以上，(2)80歳以上

（『データブック　オブ・ザ・ワールド2023』）

〈茨城県改題〉

解答　④

解説　①　メキシコの人口ピラミッドである。多産少死を示すピラミッド型である。

②　エチオピアの人口ピラミッドである。多産多死を示す富士山型である。

③　フランスの人口ピラミッドである。少産少死を示す釣鐘（ベル）型である。

④　日本の人口ピラミッドである。少子高齢化が進み，釣鐘型よりさらにピラミッドの下部が狭くなったつぼ（紡錘）型である。また，第一次ベビーブーム（1947～49年），第二次ベビーブーム（1971～74年）の影響もみられる。

演習問題

1 ★★★

次の文章を読んで，各問いに答えよ。

多くの地域，民族に広まっている三大宗教は，仏教，イスラーム教，キリスト教であり，（　A　）宗教とよばれている。世界の宗教別人口の割合でみると，キリスト教が世界で最も信者が多く，次いでイスラーム教，（　B　）教，仏教の順となっている。三大宗教は，民族や衣食住，生活習慣など地域的な要素が結びついていくつかの分派に分けられる。仏教は大きく二分され，a日本は大乗（北伝）仏教，タイは上座（上座部・小乗・南伝）仏教となっている。他方，bイスラーム教は戒律による生活が規定されるものとして信仰を集めている。この宗教も大きく（　C　）派とシーア派に分かれ，長い間対立を続けている。cキリスト教は基本的に3派に分かれており，地域によって大きく異なっている。

(1)　文章中の空欄に当てはまる語句を答えよ。

(2)　下線部aについて，

問1　タイと同じく，国民の多くが上座仏教を信仰する国を1つ答えよ。

問2　この2派において，生活の中の宗教という観点から違いを説明せよ。

(3)　下線部bについて，

問1　六信五行の1つで，貧しい巡礼者や，借金返済不能者などの救済を行う行為を何というか答えよ。

問2　サウジアラビアに位置し，イスラーム教の巡礼の目的地である聖地を答えよ。

(4)　下線部cについて，

問1　カトリック教会の本山となる首席大聖堂の名称を答えよ。

問2　ドイツはプロテスタントを信仰する国民が多い。そのプロテスタントの信仰がドイツ発展の要因といわれている理由について，プロテスタントの信仰をもとに，簡潔に説明せよ。

〈福島県改題〉

2 ★★☆

(1) 次の図を見て，各問いに答えよ。

〈図１ 各国の産業別人口構成〉

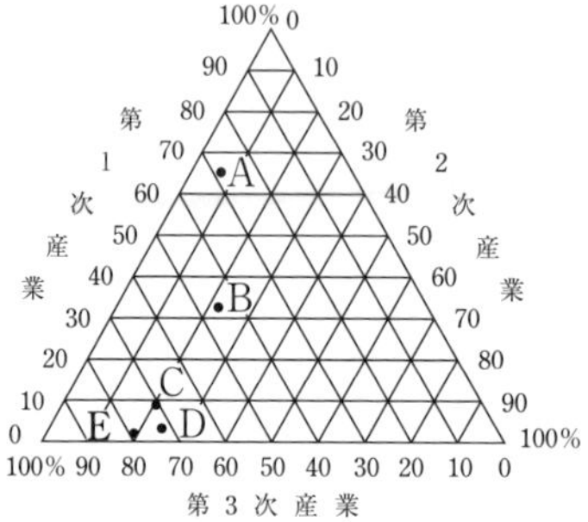

（2020年，『データブック オブ・ザ・ワールド2023』より作成）

〈図２ 各国の合計特殊出生率の推移〉

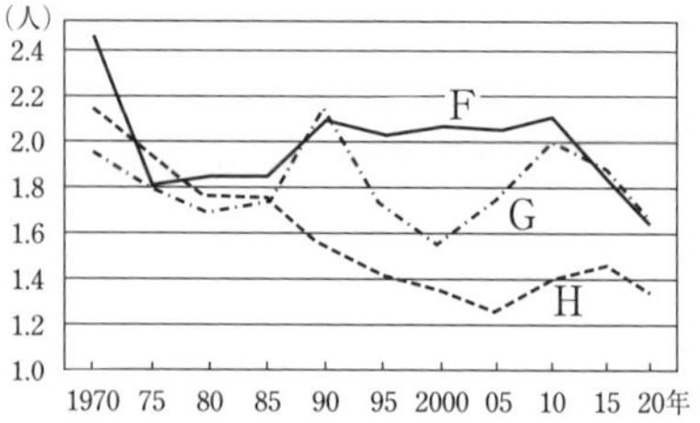

（『データブック オブ・ザ・ワールド2023』等より作成）

問１　図１のＣ国の第２次産業と第３次産業のおおよその割合（％）を答えよ。

問２　図１のＡ～Ｅに当てはまる国を次からそれぞれ選べ。

ア．日本　　イ．アメリカ合衆国　　ウ．タイ
エ．タンザニア　　オ．ブラジル

問３　図２のＦ～Ｈに当てはまる国を次からそれぞれ選べ。

ア．日本　　イ．アメリカ合衆国　　ウ．スウェーデン

(2) 次の地図を見て，各問いに答えよ。

問１　次の①～③の人口ピラミッドは，エチオピア，イギリス，ブラジルのいずれかを示している。当てはまる国を地図中のＡ～Ｈからそれぞれ選べ。

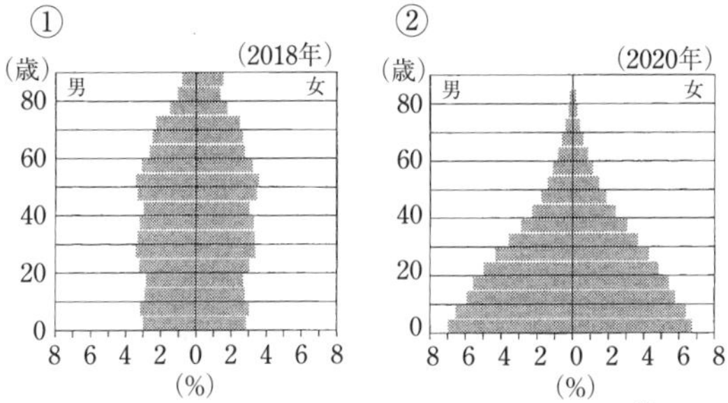

(『データブック オブ・ザ・ワールド2023』)

問２　社会の発展に伴う人口転換の様子について，右の人口動態転換モデルと問１の人口ピラミッドを例に，それぞれ説明せよ。その際，人口動態転換モデルに関してはⅠの語句を，問１の人口ピラミッドに関してはⅠとⅡの語句を使うこと。

〈人口動態転換モデル〉

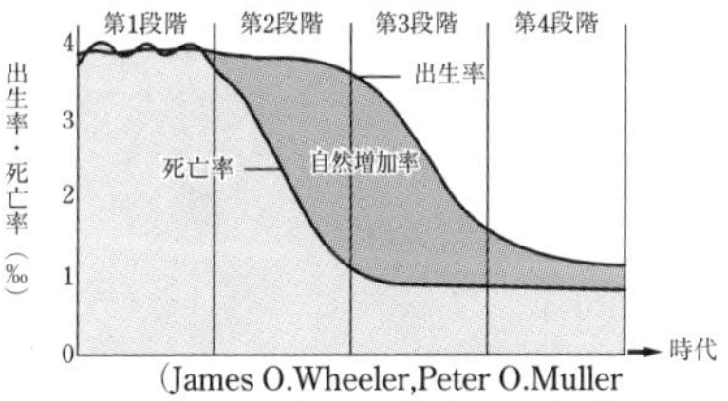

(James O.Wheeler,Peter O.Muller『Economic Geography』)

Ⅰ【少産少死型　多産多死型　多産少死型】

Ⅱ【釣鐘型　　富士山型　　つぼ型】

問３　人口増加の著しいＨ国では，どのような人口の流れがおきているか，簡潔に説明せよ。

問４　＊＊＊で示された地域では，1960年代後半からの干ばつと人口爆発により，土壌と植生の荒廃が進んだ。この地域名と，このような環境破壊を何とよぶか答えよ。

問５　発展途上国における人口急増に伴う問題について，簡潔に説明せよ。

問６　先進国における出生率の減少に伴う問題について，簡潔に説明せよ。

問７　1972年に国連人間環境会議が「人間環境」をテーマとして開かれた。これ以降，人口増加や環境・資源問題が世界的な課題として論議されるようになった。この会議が開かれた国名を答えよ。また，その国を地図中のＡ～Ｈから選べ。

問８　ＸやＹのように，その国の中で人口規模が突出している都市を何というか答えよ。また，ＸとＹでは，過度の人口流入によって，スラムや交通渋滞などの都市問題が生じている。このような人口流入がおこる要因を，次の語句を使って説明せよ。

【経済格差　　人口支持力】　　〈宮城県・仙台市/富山県/名古屋市改題〉

演習問題　解答・解説

1

(1)　A．世界　　B．ヒンドゥー
　　C．スンナ（スンニ）

(2)　問１　ミャンマー，スリランカ，ラオス，カンボジア　　から１つ

問２　上座（上座部・小乗・南伝）仏教では，世間から隔絶した環境の中で修行し，悟りを開く。これに対し，大乗（北伝）仏教では，社会の中で人々の苦悩を受け止め，その救済に努める。

(3)　問１　喜捨（ザカート）

問２　メッカ

(4)　問１　サン＝ピエトロ（大）寺院（聖堂）

問２　カトリックやイスラーム教は貧者の救済に重点がおかれるのに対し，プロテスタントでは勤労によって他者よりも豊かになることが是認されるため。

解説

宗教別人口

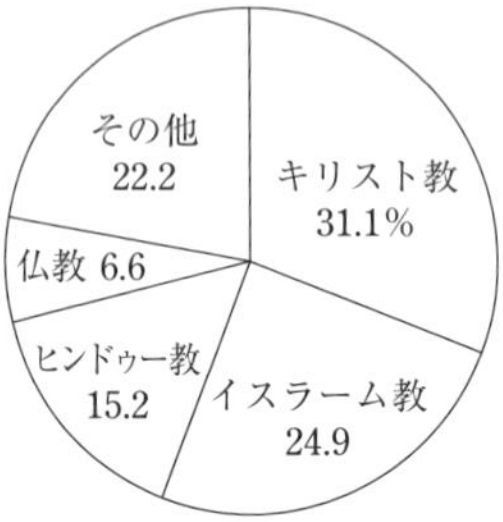

（『世界国勢図会2022/23』）

(3)　問１　六信：神・天使・啓示・預言者・来世・天命

五行：信仰告白（シャハーダ）・礼拝（サラート）・断食（サウム）・巡礼（ハッジ）・喜捨

(4)　問１　バチカン市国（世界最小の独立国）にある。

2

(1)　問１　第２次産業：約20%
　　　　　第３次産業：約70%

問２　A．エ　　B．ウ
　　　C．オ　　D．ア
　　　E．イ

問３　F．イ　　G．ウ
　　　H．ア

(2)　問１　①　A　　②　C　　③　E

問２　〈人口動態転換モデル〉

第１段階から第２段階初期までは多産多死型だが，医療の発達・生活環境の改善により死亡率が減少し，第２段階中盤から第３段階初期までが示す多産少死型の社会となり，人口は爆発的に増加する。しかし，第３段階中盤から第４段階では，家族計画の普及などに伴い出生率が低下し，少産少死型の社会となり，人口の増加は停滞する。

〈人口ピラミッド〉

経済発展が進んでいない地域では出生率は高いものの，生活環境の悪さや医療の遅れなどにより多産多死型の②のような富士山型を示す。この状態から，医療や衛生面の改善によって死亡率が低下し，多産少死型となり，その後経済発展に伴う高学歴化や女性の社会進出により，出生率が

低下し，富士山型から少産少死型の釣鐘型へシフトしていく。その様子がみられるのが③であり，その後は多くの先進国のように人口減少型を示す①のようなつぼ型となる。

問3　人口の増加により職を求めてメキシコシティなどの都市部に人口が集中し，さらに隣接するアメリカ合衆国への移民や不法労働者も増加している。

問4　地域名：サヘル（地域）
環境破壊：砂漠化

問5　発展途上国で人口の急増がおこると，食糧問題や雇用問題などが発生し，国の経済状況が悪化する。

問6　先進国での出生率の減少は，高齢化社会を招き，老人福祉の問題や労働力不足，若年層にかかる老人扶養の負担増加など，経済的・社会的な問題がおこる。

問7　国名：スウェーデン
記号：D

問8　〈都市名〉
プライメートシティ（首位都市）
〈要因〉
第二次世界大戦後，発展途上国では高い出生率と医療の発展により人口が急増する人口爆発がおこった。さらに，大都市では海外からの援助や投資が集中して産業が発達するのに対して，周辺村落が取り残され，都市との間で大きな経済格差が生じるようになった。そのため，農村地域から余剰労働力があふれて人口支持力を超える多くの人間が都市に流入し，都市問題が発生している。

解説

(1)　問2　Aは第1次産業の割合が高いことから，途上国のタンザニアと判断できる。タイとブラジルでは，ブラジルの方が工業化が進んでいるので，Bがタイ，Cがブラジルと判断できる。DとEは第1次産業の割合が低く，第3次産業の割合が高いことから，先進国の日本かアメリカ合衆国のどちらかである。アメリカ合衆国は先進国の中でも特に第3次産業の割合が高い国なので，Dが日本，Eがアメリカ合衆国と判断できる。

一般的に発展途上国は第1次産業の割合が高く，先進国では第2次，第3次産業の割合が高い。特に資本主義が発達している先進国では，第3次産業に従事する人口が多い。

問3　合計特殊出生率とは，1人の女性が平均して生涯に出産する子どもの数を示している。

(2)　問8　X：バンコク　Y：ジャカルタ

5 世界の中の日本

傾向と対策

この分野は単独・複合問題問わず出題されている。出題されるのは基本的な事項が多い。受験する自治体やその周辺地方の特徴的な事項（いわゆるご当地問題）が出題されることもある。受験する自治体の傾向を調べておくと学習の計画が立てやすいだろう。また『日本国勢図会』などで代表的な産業・農産物の割合を理解しておきたい。国内の世界自然遺産・世界文化遺産やラムサール条約登録地，ナショナルトラストや各産業の分布などを，日本地図を有効利用して確認しておくことが望ましい。

要点 Check!

1 日本の地形・気候・海流

- **気団**…シベリア気団・小笠原気団・オホーツク海気団・赤道気団など。
- **気候区分**…太平洋気候区・日本海気候区・瀬戸内気候区・内陸性の気候区・九州気候区など。四季の区別が明瞭である。

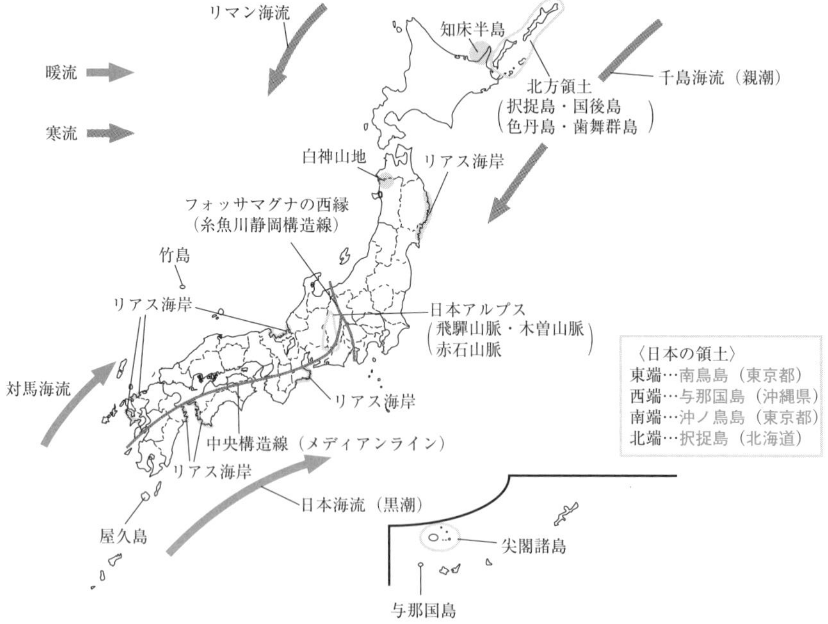

2 日本の産業

➤ **農業**…稲作が中心。大都市では近郊農業（都市の消費者向けに，都市から距離の近い地域で行われる農業）が発達し，近年では，出荷時期に合わせて作物の生育を調整する促成栽培（野菜など通常の収穫・出荷よりも早める工夫をした栽培法）や抑制栽培（通常の収穫・出荷よりも遅らせる工夫をした栽培法）が行われている。

➤ **工業**…加工貿易（原材料を輸入し，高度な技術力によって優れた工業製品を輸出する貿易形態）が発展。関東から九州北部にかけて太平洋ベルトとよばれる工業地域を形成。

例題 1　世界の中の日本

(1)　食料の輸入量に生産地から食卓までの距離を乗じて算出され，輸送に伴うエネルギーによる環境負荷の指標となる数値を何というか答えよ。

(2)　1980年代に外国製品との競争の中で貿易摩擦が生じると，「産業の空洞化」とよばれる現象がみられるようになったが，「産業の空洞化」について簡潔に説明せよ。

(3)　三陸海岸に代表される海岸地形の名称を答えよ。またその地形によって引きおこされる災害を答えよ。

(4)　日本最長の河川と，流域面積が日本最大の河川をそれぞれ答えよ。

(5)　北緯40度の線と同緯度付近の都市を次から選べ。

ア．ロンドン　　　イ．デリー　　ウ．モスクワ

エ．ペキン（北京）　オ．ミラノ

〈福島県改題〉

解答　(1)　フードマイレージ

(2)　国内の企業が生産拠点を海外に移転することで，国内の生産・雇用が減り，国内産業が衰退すること。

(3)　地形：リアス(式)海岸　　災害：津波

(4)　最長の河川：信濃川　　流域面積が最大の河川：利根川　　(5)　エ

解説　(1)　食料の約６割を輸入に頼る日本のフードマイレージは，世界的に見ても突出している。

(3)　リアス海岸は狭い入り江になっているので，津波の被害が大きくなる。

(5)　ア．ロンドン：北緯50度付近　　イ．デリー：北緯30度付近

ウ．モスクワ：北緯55度付近　　オ．ミラノ：北緯45度付近

演習問題

1 ★★☆

次の地図を見て，各問いに答えよ。

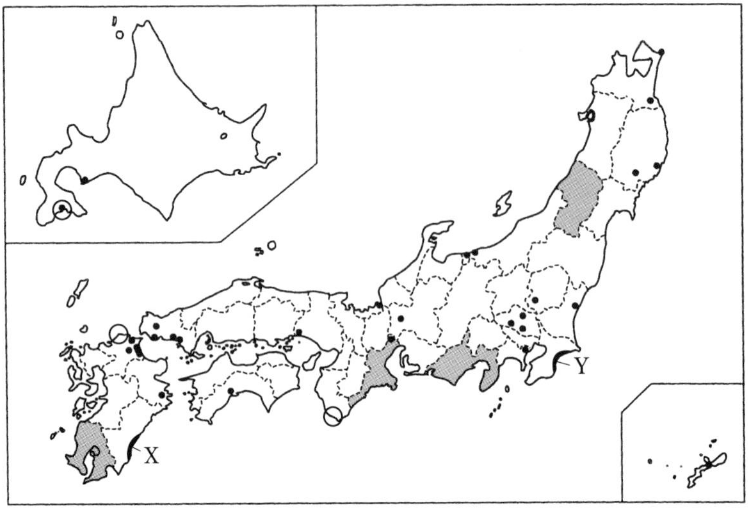

（『日本国勢図会2023/24』）

⑴　地図中の●は，ある工業製品を生産している主な工場の分布（2021年）を示している。この工場で生産しているものを次から選べ。

ア．パルプ　　イ．ゴム　　ウ．ガラス　　エ．セメント

⑵　次の表は地図中の▒▒で示される県の人口密度（2021年）と果実，畜産の生産額（2020年）を示している。イに当てはまる県名を答えよ。

県	人口密度（人／km^2）	果実の生産額（億円）	畜産の生産額（億円）
ア	172	98	3,120
イ	304	70	419
ウ	464	254	451
エ	113	729	376

（『県勢2023』）

(3)　地図中X，Yには，海底の堆積物が地盤の隆起または海面の低下により海面上に現れて形成された平野がみられる。このような地形を答えよ。

(4)　地図中の○には，砂州によって陸地と連結した島がある。このような地形を何というか答えよ。

〈秋田県改題〉

2　★★☆

次の地図を見て，各問いに答えよ。

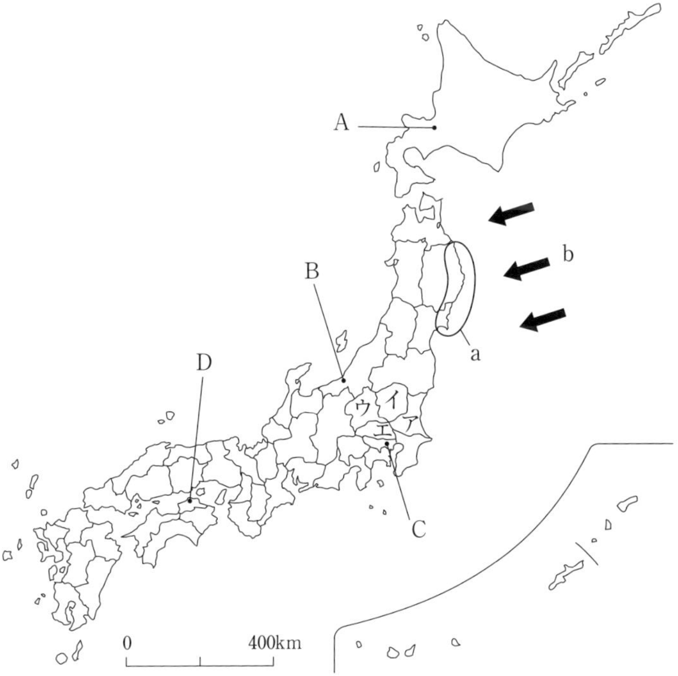

(1)　次の文章は，地図中aの海岸を説明したものである。空欄に当てはまる語句を答えよ。

　青森・岩手・宮城の3県にまたがる（　あ　）海岸は代表的なリアス海岸で，海岸線の出入りは変化に富んでいる。天然の良港にめぐまれ，日本国内では他に若狭湾や（　い　）半島の英虞湾などにみられる。

(2)　地図中bは初夏にみられる北東風で，東北地方の稲作などに冷害を及ぼしてきた。この北東風を何というか答えよ。

(3) 次の文章は，地図中ア～エのどの県に当てはまるものか。その記号と県名をそれぞれ答えよ。

① 南東部は利根川とその支流が造った台地と平野が広がる。那須火山帯が北部を横切り，火山の堆積物で覆われている。冬には，低地では晴天が多く，山地から吹き下ろす季節風はからっ風として知られている。

② 北東部に山地が並び，東部の台地は関東ロームに覆われているが，利根川流域は広い平野となっている。耕地は広く米作が盛んであるが，野菜・果実の生産も多い。

③ 関東平野を区切る北部の山地の山麓に当たり，県中央部は低地であるが，北西部は火山を含む山地に囲まれている。平野部は海の影響が少なく，寒暖の差が大きい。麦類をはじめ畑作が多く，乳牛の飼育も盛んである。

④ 西部の山地から東部の低地へと，次第に高度を下げていく。山地では降水量の少ない気候がみられるが，全体的には太平洋気候である。耕地は減少を続けているが，野菜栽培が山地の畜産とともに盛んに行われている。

(4) 次のグラフは，地図中A～Dのどの都市・地区のものかそれぞれ答えよ。

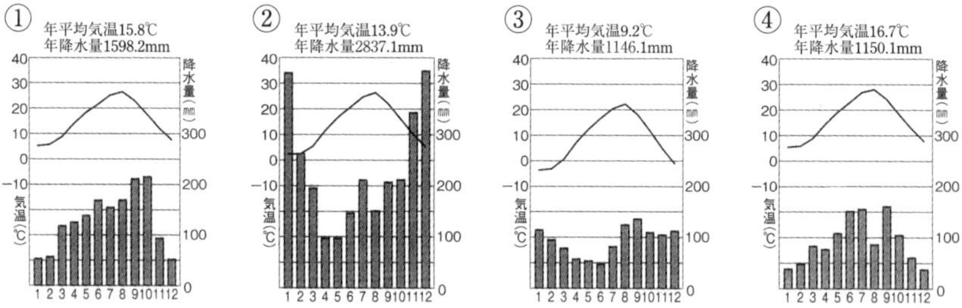

(『日本国勢図会2023/24』)

(5) 自然環境や歴史文化を対象とし，それらを体験し，学ぶとともに，対象となる地域の自然環境や歴史文化の保全に責任を持つ観光のありかたを何というか答えよ。

(6) 輸送手段の発達に伴って大都市から離れた地域で行われている園芸農業を何というかカタカナで答えよ。

(7) 1970年代に日本政府は，米の生産量を減らす減反政策（生産調整政策）を始め，2018年に廃止した。減反政策（生産調整政策）を開始した理由と廃止した理由をそれぞれ説明せよ。

〈茨城県改題〉

演習問題　解答・解説

1

(1)　エ　　(2)　三重県
(3)　海岸平野　　(4)　陸繋島

解説

(1)　山口県秋吉台や北九州平尾台付近に工場が多いことから，セメントと判断できる。セメント工場の立地は，製品コストに占める原料の輸送費が大きいため，原料産地に立地しやすい。カルスト地形が発達している山口県秋吉台付近などはセメントの原料となる石灰石が得やすい。他に埼玉県秩父地方でもセメント工場が多くみられる。

(2)　ア．鹿児島県　　ウ．静岡県
エ．山形県

(4)　地図が示す陸繋島は北海道函館山，和歌山県潮岬，福岡県志賀島である。他に秋田県男鹿半島などが有名である。

2

(1)　あ．三陸　　い．志摩
(2)　やませ
(3)　①　ウ，群馬県
②　ア，茨城県
③　イ，栃木県
④　エ，埼玉県
(4)　①　C　　②　B
③　A　　④　D
(5)　エコツーリズム
(6)　トラックファーミング
(7)　〈減反政策を開始した理由〉
稲作技術の向上による生産性の上昇や，日本人の食生活の多様化による米の消費量が減少したため。
〈減反政策を廃止した理由〉
海外から安い米が大量に輸入されることを見込み，輸入米に対する国産米の競争力を高める必要性がでてきたため。

解説

(4)　①　太平洋側（東京都）の気候
②　日本海側（高田市（現上越市））の気候
③　北海道（札幌市）の気候
④　瀬戸内（高松市）の気候

6 アジア・アフリカ

傾向と対策

アジアに関しては，アジア全体の特色と各国別の特色を整理して理解することが大切である。系統地理分野で学習したこともあわせて復習しておくと良いだろう。アフリカに関しては基本的な事項（旧宗主国・気候）を押さえておけば対応できる問題が多い。気候，民族の分布などを大まかに整理した上で，代表的な国の農業，工業の特色や際立った政策や問題を把握すると覚えやすい。『世界国勢図会』などの統計資料も利用すると良い。

要点 Check!

1 東アジア

➤ **気候**…温帯気候，亜寒帯気候，乾燥気候など。

➤ **中国**　農業…人民公社制から生産責任（請負）制へ。郷鎮企業の出現。降水量と平均気温による農業地域区分→南稲作北畑作。チンリン（秦嶺）山脈とホワイ川（淮河）を結ぶ線が境界。**農村部と都市部の格差問題**。

工業…石炭や鉄鉱石などの地下資源が豊富。税金を優遇して海外企業を誘致する**経済特区**や**経済技術開発区**の設置。中国の経済特区は輸出加工区の１つ。**沿岸部と内陸部の格差問題**，西部大開発など。

➤ **韓国**　農業…稲作中心。日本とよく似た傾向にある。

工業…電気・電子機器の他，自動車，造船などが盛ん。

2 東南アジア・南アジア

➤ **気候**…大部分が熱帯気候。シンガポール（シンガポール），クアラルンプール（マレーシア）などは熱帯雨林気候，バンコク（タイ），ホーチミン（ベトナム）などはサバナ気候。一部に温帯気候，乾燥気候がみられる。

➤ **農業**…**米・各種プランテーション作物**（**天然ゴム・パーム油**〔油やし〕・**茶・綿花・果実**）**が中心**。**緑の革命**やプランテーション農業の変遷などについても注意が必要である。

▶ **工業**…すず・原油・天然ガスなどの地下資源が豊富（特にマレーシア・インドネシア）。日本への輸出も多い。

※ASEAN（東南アジア諸国連合）…域内の経済や文化の発展，安全確保などを目的とする地域協力機関。1967年発足。2023年6月現在，10ヵ国が加盟。2015年末にはASEAN10ヵ国でASEAN経済共同体（AEC）が発足。

※アジアNIES（**新興工業経済地域**）…韓国，台湾，ホンコン（香港），シンガポール

3 西アジア・アフリカ

▶ **気候**…西アジア，アフリカ北部，アフリカ南西部は乾燥気候，赤道付近のアフリカ中央部は熱帯気候に属する。アフリカ南部や地中海沿岸の一部には温帯気候もみられる。

▶ **農業**…乾燥地域ではカナート（フォガラ）など，灌漑施設を利用したオアシス農業や遊牧が中心。カカオ・コーヒーなどのプランテーション農業。伝統的な農業である焼畑は環境への影響が大きい。サヘル（サハラ砂漠南縁部に東西に広がる半乾燥地域）の砂漠化など人口と農業と自然環境に関する問題が深刻。

▶ **工業**…西アジアは石油が中心。OPEC（石油輸出国機構），OAPEC（アラブ石油輸出国機構）加盟国について把握しておくこと。アフリカでは金・ダイヤモンド・銅・石油など地下資源が豊富である（南アフリカ共和国・コンゴ民主共和国・ナイジェリアなど）。

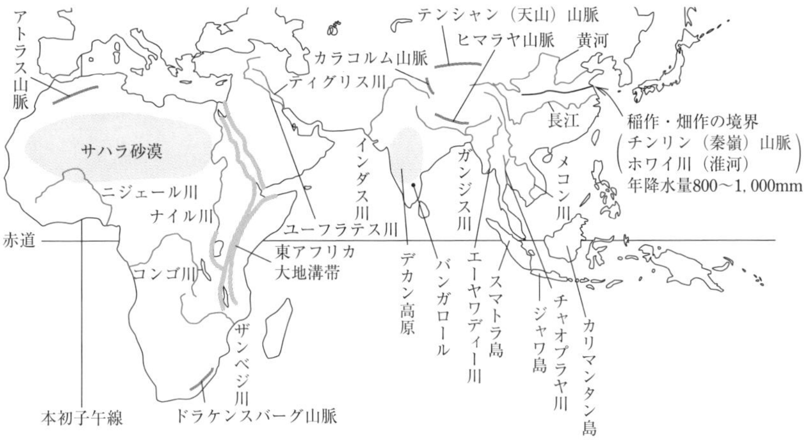

例題1　中国

次の文章を読んで，各問いに答えよ。

中国は世界一の人口と日本の約25倍にも及ぶ広大な領土を有しており，その国土では多様な気候がみられ，気候を生かした${}_a$農業が行われている。1949年の建国後は農業の集団化が図られたが，経済面での不平等や混乱に伴い，1980年代からは改革が進み，（　　　）が取り入れられ，人民公社の解体などがなされた。その一方で，農村に蓄積された余剰労働力への対策として，政府は1980年代半ばから農村に農業以外の就業機会をつくる政策をとった。これにより，農村地域には新たに多くの${}_b$郷鎮企業が設立され，農家所得の向上に寄与した。

(1)　文章中の空欄に当てはまる語句を答えよ。

(2)　下線部aについて，中国の農業の特徴を次の語句を使用して説明せよ。

【チンリン（秦嶺）山脈　　ホワイ川（淮河）　　東北地方　　華北　　華中　　華南】

(3)　下線部bについて，この企業はどのような企業か，簡潔に説明せよ。

(4)　中国では1980年代頃から５つの経済特区を設置し，外国企業を誘致することによって就業人口を増加させ，更に外貨を獲得して経済を発展させた。この経済特区に当てはまらないものを次から選べ。

ア．シェンチェン（深圳）　　イ．ハイナン（海南）島

ウ．チューハイ（珠海）　　エ．シャンハイ（上海）

〈香川県改題〉

解答

(1)　生産責任制

(2)　チンリン（秦嶺）山脈とホワイ川（淮河）を結ぶ線が，年降水量800mm～1,000mm の境界となる。中国の農業はこの境界よりも北の東北地方，華北では降水量が少なく畑作が盛んで，とうもろこし，大豆，こうりゃん，小麦などが栽培される。南の華中，華南地域は降水量が多く稲作が盛んで，特に華南地域では米の二期作が行われている。

(3)　中国の地方行政組織や個人が経営する中小企業。

(4)　エ

解説

(3)　郷鎮企業は，1980年代頃から農村の余剰労働力を吸収して急増した。国営企業の対語である。

(4)　経済特区は，他にスワトウ（汕頭），アモイ（厦門）。シャンハイ（上海）は経済技術開発区である。2013年には中央アジアからヨーロッパにいたる内陸の交易ルート（「一帯」とよばれる）と，東南アジアからインドを経て中東，アフリカにいたる海の交易ルート（「一路」とよばれる）を構築しようとする**一帯一路構想**を提唱した。

例題 2　東南アジア

次の各文章について，それぞれに当てはまる国名を答えよ。

A．この国は，長くオランダの支配下におかれていた。そして19世紀前半に，オランダは強制栽培制度を導入して，さとうきび・コーヒー・藍などを強制的に栽培させ，大きな利益をあげた。現在もプランテーション農業として続いている。

B．スペインは，16世紀後半にこの国の大部分の住民をカトリックに改宗させるとともに，メキシコ銀による中国貿易で大きな利益をあげ，19世紀にはさとうきび・タバコなどの商品作物の栽培を住民に強制した。現在，イスラーム教徒も少数存在する。

C．イギリスは，1825年にこの国を海峡植民地とした。19世紀末には半島一帯に支配を広げ，すずや天然ゴムの開発を進めた。雇用や教育の面で住民の多数派を占めるマレー系住民を優遇するブミプトラ政策を実施し，他民族との経済格差是正をめざした。

D．この国は，1802年に阮福映がフランス人宣教師などの援助を受けて，阮朝を建てた。しかし，19世紀後半になるとフランスの軍事介入を招き，植民地とされた。米，コーヒーの生産が盛んである。

E．この国のチャクリ朝は，ヨーロッパ諸国によるアジア侵略が激しさを増す中，イギリス・フランスとの緩衝国として独立を維持し続けた。国民の大部分が上座仏教徒である。

〈高知県改題〉

解答　A．インドネシア　B．フィリピン　C．マレーシア
D．ベトナム　E．タイ

解説　A．インドネシアは1945年にオランダから独立を宣言。農業の他，原油，すず，ボーキサイトなどの鉱業が盛ん。イスラーム教徒が多い。

B．フィリピンは1898年の米西戦争以後はアメリカ合衆国領。1946年独立。近年は輸出指向型の工業化に努め，世界第１位のパイナップルの生産国（2020年）。

C．マレーシアは1957年にイギリスより独立。クアラルンプールやペナンなどに輸出加工区を設立。シンガポールは1965年マレーシアより分離独立。

D．ベトナムは1945年にフランスより独立。内戦が続いたが1976年に南北統一。**ドイモイ（刷新）政策**（社会主義体制を維持しながら，市場経済を導入する政策）をもとに国政を運営している。石炭，原油などの資源も豊富である。

E．タイは東南アジアの中で唯一，欧米の植民地化を免れた。また，世界第１位の天然ゴムの生産国（2020年）である。

演習問題

1　★★☆

次の地図を見て，各問いに答えよ。

(1)　地図中Pの都市の気候に関する記述として正しいものを選べ。

①　明確な乾季をもたず，午後はスコールが頻発する。気温の年較差は小さいが日較差は比較的大きい。

②　気温の年較差はやや大きく，樹木が成長し森林を構成している。年間を通して降水量は多い。

③　明確な雨季と乾季がある。乾季には大地は乾燥し，丈の長い草は枯れ，樹木は落葉する。

④　降水量が蒸発量より少ないため，水が不足して樹木が生育しない。降水量の多少によって丈の短い草が生える。

(2)　地図中Q川の流域に関する記述として正しいものを選べ。

①　流域一帯は農業地帯が広がり，上流域では小麦，中流域ではさとうきび，下流域では米・ジュートの生産が多い。

②　河口付近は広大なデルタが広がり，流域は世界有数の米作地帯である。下流域には浮稲が栽培され商業的米作もみられる。

③　流域には多くの湖沼があり，古くから河川交通の大動脈として利用された。中流域から下流域には米作地帯が広がる。

④　中・下流域は古代文明が栄えた地である。中流域では小麦・綿花，下流域では綿花を栽培している。

(3)　ASEAN（東南アジア諸国連合）に加盟する農業国で，世界遺産のアンコール遺跡群が有名な国はどこか。国名と，その位置を正しく組み合わせたものをア～クから選べ。

ア．カンボジア・I　　イ．カンボジア・G　　ウ．フィリピン・D
エ．フィリピン・I　　オ．ラオス・G　　カ．ラオス・F
キ．ベトナム・H　　ク．ベトナム・E

(4)　次のグラフは地図中のある２ヵ国の輸出品の変化を示したものである。①と②の国名を答えよ。またその位置を地図中の記号で答えよ。

①
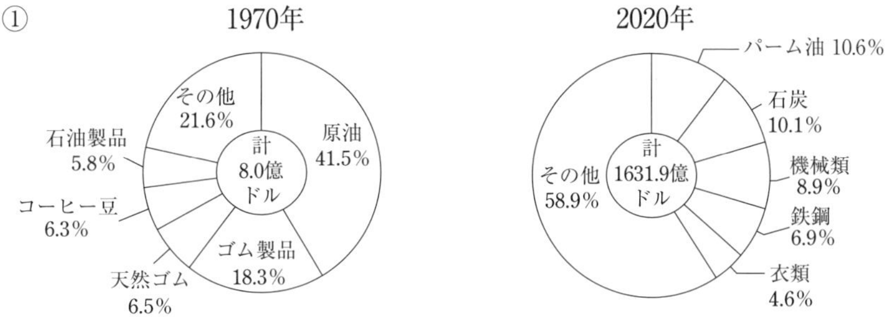

②
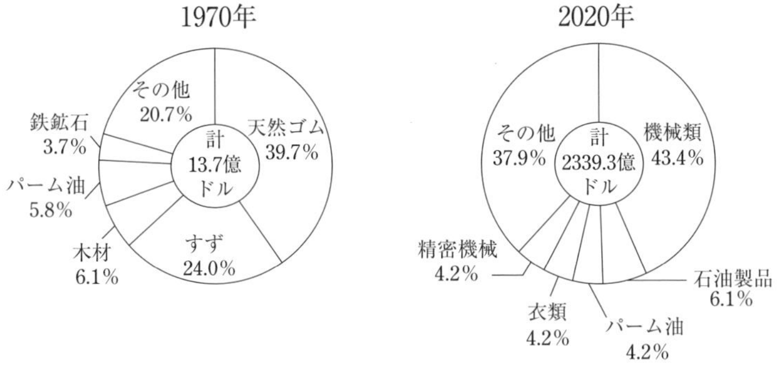

（『国連貿易統計年鑑』『世界国勢図会2022/23』）

(5)　次の文章はそれぞれ地図中のどの国に関するものか。国名を答え，その位置を地図中の記号から選べ。

①　イギリスの植民地だったことから英語に堪能な人材が多く，時差を生かして，アメリカ合衆国が夜の間に，アメリカの企業の仕事を請け負っていることから，ICT 産業が発展している。

②　第二次世界大戦後，独立を回復。北の隣接国との境は軍事境界線となっている。製鉄や造船，自動車など重工業の他，半導体や電子工業なども発達している。

(6)　1960年代以降，東南アジアや南アジアで行われた高収量品種を導入して収穫を増やす農業の技術革新を何というか答えよ。

〈神奈川県・横浜市・川崎市改題〉

2　★☆☆

次の地図を見て，各問いに答えよ。

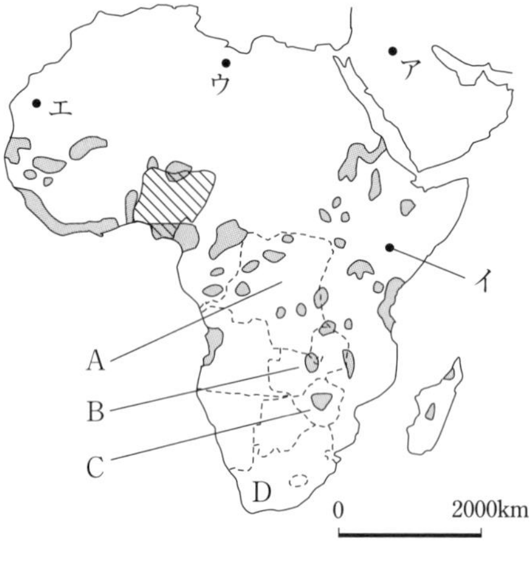

(1)　地図中斜線部の国の民族や言語などに関する記述として正しいものを選べ。

①　この国の民族はアラブ人とベルベル人（トゥアレグ人）などが多く，言語は主にアラビア語・フランス語・ベルベル語が使われている。

②　この国はアフリカでは最も人口が多く（2021年），民族はハウサ人・ヨルバ人・イボ人など100以上あり，英語が公用語で，部族語も使われている。

③　この国の民族はフツ人とツチ人で，部族間の対立抗争が激しく，同じような状況の隣国とともに内戦が激化した。公用語はフランス語とルンディ語である。

④　この国で多数を占める民族はオロモ人とアムハラ人である。公用語はアムハラ語で，英語も使われている。

⑵　次の模式図と説明文に当てはまる地点を，地図中ア～エから選べ。

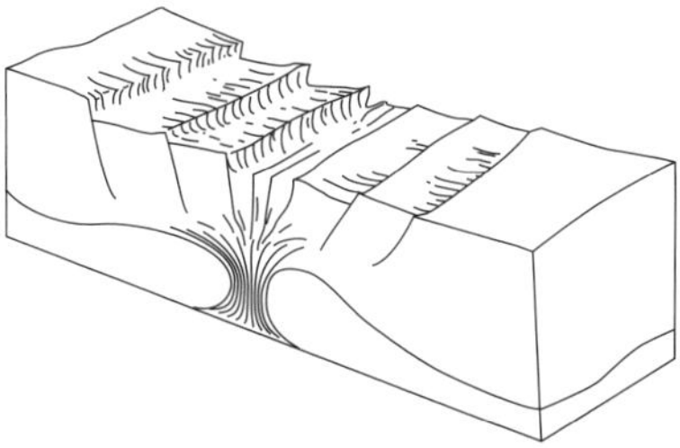

この地点では30～60km に及ぶ断層が形成され，その幅は現在も拡大している。この断層に沿って，約30の火山が活動し，有数の火山地帯となっている。

⑶　次のグラフは，それぞれマンガン鉱，クロム鉱，バナジウム鉱の国別産出割合（2019年，バナジウム鉱は2020年）を示している（空欄には同じ国が入る）。空欄に当てはまる国を，地図中Ａ～Ｄから選べ。

〈マンガン鉱〉

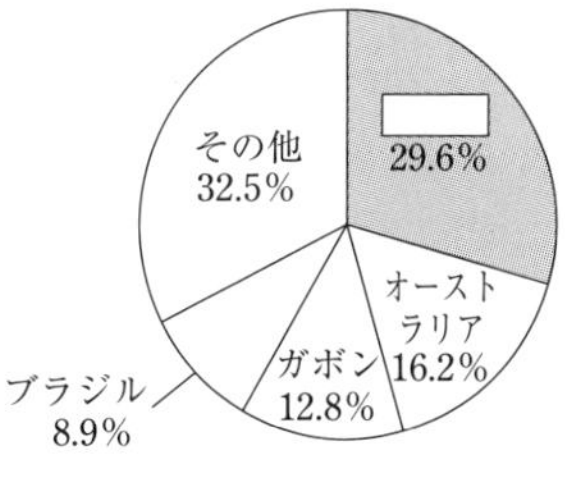

〈クロム鉱〉

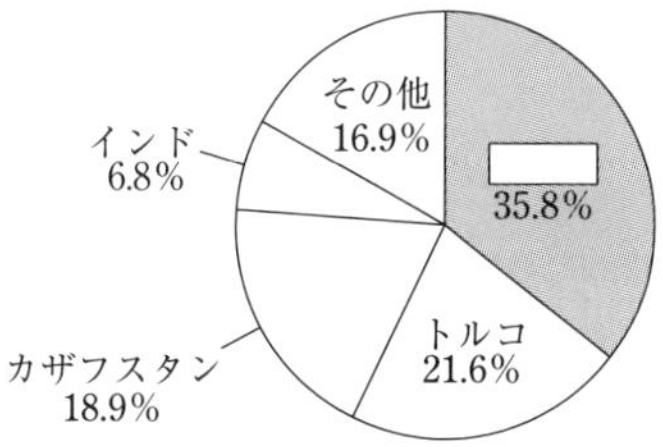

〈バナジウム鉱〉

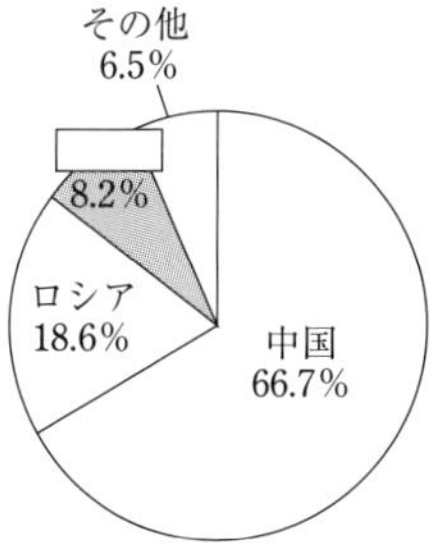

（『世界国勢図会2022/23』）

(4)　地図中　　　の地域における農牧業の主たる形態の記述として正しいものを選べ。

① 地下水や外来河川などの水で灌漑し，穀物や綿花，なつめやしなどの果実を集約的に栽培する。

② 山林や原野を乾燥させて焼き，草木灰を肥料としてひえやキャッサバ，タロいも，ヤムいもなどを栽培する。

③ 大規模な商業的農園農業で，豊富で安価な労働力を利用して，カカオやコーヒーなどの商品作物を単一耕作する。

④ 家畜とともに自然の草と水を求め，一定の地域を移動する牧畜で，羊やヤギなどを主要な家畜とし，自給自足を行う。

(5)　アフリカ大陸で多くの紛争がおこっている背景の一つとして，民族対立がある。民族対立がおこる原因として考えられることを，次の２つの語句を用いて簡潔に答えよ。

国境線　　民族

〈東京都改題〉

演習問題　解答・解説

1

(1) ①　(2) ④　(3) イ

(4) ① インドネシア　位置：I

② マレーシア　位置：H

(5) ① インド　位置：K

② 大韓民国（韓国）　位置：A

(6) 緑の革命

解説

B．モンゴル　C．中国
D．フィリピン　E．ベトナム
F．ラオス　G．カンボジア
J．ミャンマー　L．アフガニスタン

(1) Pはシンガポールで熱帯雨林気候（Af）。②は温暖湿潤気候（Cfa），③はサバナ気候（Aw），④は砂漠気候（BW）。

(2) Q川のインダス川はパキスタンを流れる外来河川（湿潤地域に水源をもち，乾燥地域を貫流する河川）。インダス文明発祥の地でもある。

① ガンジス川に関する記述である。流域のヒンドスタン平原は肥沃で人口密度も多い。また，ガンジス川はヒンドゥー教の聖なる川とされている。

② エーヤワディー川に関する記述である。河口付近のデルタは円弧状三角州でエーヤワディーデルタとよばれる。中流域のマンダレー盆地でも稲作が盛んである。

③ メコン川に関する記述である。中国，ミャンマー，ラオス，タイ，カンボジア，ベトナムを通過する国際河川でもある。

(3) ASEANは1967年に結成。マレーシア，タイ，シンガポール，インドネシア，フィリピンが原加盟国。1984年にブルネイ，1995年にベトナム，1997年にミャンマー，ラオスが加盟。1999年にカンボジアが加盟し10ヵ国で構成（2023年6月現在）。

(5) ① インドはアメリカ合衆国と標準時が約半日ずれた位置にある。

2

(1) ②　(2) イ　(3) D　(4) ③

(5) アフリカ諸国の国境線は，植民地時代のものを引き継いだ人為的（数理的）国境が多く，民族の分布の境界と一致しないことが多いため。

解説

(1) ① アルジェリア

② ナイジェリア

③ ブルンジ（隣国はルワンダ）

④ エチオピア

(2) イ．東アフリカ大地溝帯に関する図と説明である。アフリカ南東部を6,000kmにわたって走り，紅海に至る。

(3) A．コンゴ民主共和国

B．ザンビア共和国

C．ジンバブエ共和国

D．南アフリカ共和国はこれらのレアメタルが非常に豊富である。

(4) ① 乾燥地域で行われるオアシス農業である。ナイル川流域，サハラ砂漠でみられる。

② 焼畑農業である。アフリカ中央部のジャングルでみられる。

③ 熱帯・亜熱帯地方にみられるプランテーション農業である。

④ 遊牧である。アフリカ北部にみられる。

7 ヨーロッパ

傾向と対策

ヨーロッパに関する基本的な事項をまんべんなく問う問題と，EU やその他産業，民族問題などについて細かく問う問題とに分かれる。受験する自治体の過去問題などをチェックする必要がある。代表的な国や特徴のある事項についてもしっかり把握しておくこと。EU に関しては，新たに加盟した国やユーロの流通国など最新の情報はおさえておこう。各都市の気候農業の特徴，工業地域の特色などについて問う問題が目立つ。出題分野は幅広いが，効率よくまとめられるようにしておきたい。

要点 Check!

1 気候

西・南ヨーロッパ：西岸海洋性気候（Cfb）…ロンドン，パリ，ベルリンなど
地中海性気候（Cs）…ローマ，アテネなど
北・東ヨーロッパ，高山地域：亜寒帯湿潤気候（Df）…モスクワなど
東シベリア：亜寒帯冬季少雨気候（Dw）…ウラジオストクなど
北極海沿岸：ツンドラ気候（ET）

2 産業

➤ 農業

三圃式農業から発達した輪作式の混合農業が盛んで，西ヨーロッパでは商業的混合農業，東ヨーロッパやロシアでは自給的混合農業がみられる。気候や地形によって，地中海式農業や酪農（アルプス地方では移牧），園芸農業が行われている。フランス・ドイツ・デンマークなどは食糧自給率が高い。特にフランスはEU 内最大の農業国である。また，ウクライナ～ロシア南部の黒土（チェルノーゼム）地帯では小麦の生産が盛んである。

➤ 主な国の工業

イギリス	産業革命発祥の地。石炭・鉄鉱石などの地下資源を利用しつつ，その他の原料を海外に依存したため加工貿易が発達。北海油田を開発。
フランス	内陸部に原料指向型の工業が発達した。繊維・衣服・ワインなどの軽工業が伝統的に受け継がれているのも特徴である。
ドイツ	ルール工業地域（地帯）は近年，その地位が低下したとはいえ，ヨーロッパ最大級の工業地帯である。石炭と鉄鉱石，ライン川の水運が工業発展の要因である。自動車工業や医薬品の生産などに特色がある。
イタリア	ミラノ・トリノ・ジェノヴァを結ぶ北部の三角地帯が工業の中心。重工業の他，繊維部門が盛んである。南部との格差が大きい。
スイス	時計などの精密工業，IC 関連の機械工業，薬品・化学工業が発達。全体に高付加価値産業が盛んである。
オランダ	ユーロポートを中心に石油関連企業が立地している。造船業も盛んである。
ロシア	石油をはじめとする豊富な地下資源を利用して重工業が発達。近年は軍需産業を縮小し，民生部門へと転換。外資も積極的に導入。

3 EU（ヨーロッパ連合）

1958年の EEC，1967年の EC を経て，1993年のマーストリヒト条約発効に伴い EU となった。2002年には EU 内の共通通貨ユーロが流通を開始。2004年と2007年，2013年に東欧諸国を含む国々が加盟し，28ヵ国の拡大 EU となった。2020年 1 月末にイギリスが正式に離脱したことで，EU 加盟国は，2023年 6 月現在27ヵ国となっている。

EU の本部はベルギーのブリュッセル，議会はフランスのストラスブール，欧州中央銀行はドイツのフランクフルトにある。

例題1　産業

ヨーロッパの産業に関する次の各問いに答えよ。

(1)　ミラノ，ジェノヴァ，トリノを結ぶ三角地帯は，イタリアの工業の中心となっている。このうち，トリノの緯度に最も近い日本の都市を次から選べ。

ア．鹿児島　　イ．秋田　　ウ．高松　　エ．稚内

(2)　次の文章はフランスの農業について説明したものである。文章中の空欄に当てはまる語句の組み合わせとして正しいものをア〜カから選べ。

フランスはヨーロッパ随一の農業国であり，（　A　）の生産量は約3,000万トンを誇る（2020年）。また，シャンパーニュ地方では（　B　）地形の緩斜面を利用して，ぶどうの栽培が行われている。

	A	B
ア．	小麦	ケスタ
イ．	小麦	カルスト
ウ．	ライ麦	ケスタ
エ．	ライ麦	カルスト
オ．	大豆	ケスタ
カ．	大豆	カルスト

(3)　フランスなどで行われている混合農業について，簡潔に説明せよ。

〈香川県改題〉

解答　(1)　エ　　(2)　ア

(3)　小麦，ライ麦などの食用穀物と大麦，とうもろこし，根菜類などの飼料作物を栽培し，牛，豚などの肉用家畜や鶏などの家禽の飼育・販売も同時にめざす農業。

解説　(1)　トリノは北緯45度付近に位置する。アは北緯31度付近，イは北緯40度付近，ウは北緯34度付近，エは北緯45度付近である。

(2)　フランスの小麦生産量は中国，インド，ロシア，アメリカ合衆国，カナダに次いで世界第6位。しかし，ライ麦の生産はそれほど多くない。ドイツ，ポーランド，ロシアがライ麦の主産国で，この3ヵ国が世界の生産量の約6割を占めている。大豆も同様にフランスでの生産量は多くなく，ブラジル，アメリカ合衆国，アルゼンチンの3ヵ国で世界生産の約8割を占めている（2020年）。

(3)　北西ヨーロッパでは，西岸海洋性気候のもとで年間を通して降水があるため，じゃがいもや小麦，ライ麦などの食料と，大麦やとうもろこし，てんさいなどの飼料作物の栽培に，牛や豚などの家畜の飼育を組み合わせた混合農業が発達している。

例題 2　EU

次の地図を見て，各問いに答えよ。

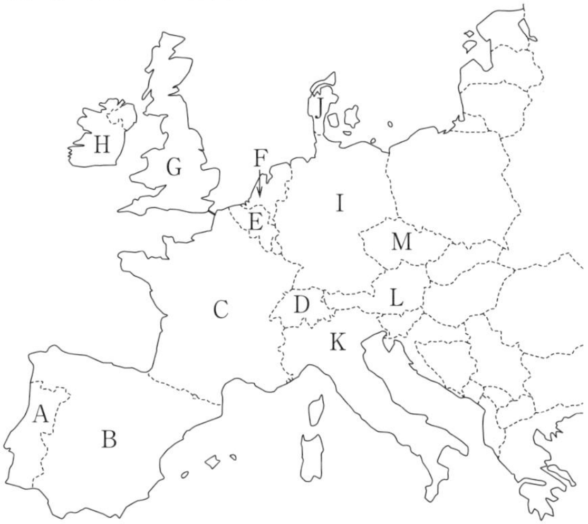

⑴　2023年６月現在，地図中Ａ～Ｍの国の中で一度も EU に加盟したことがない国を選び，記号と国名を答えよ。

⑵　イギリス南部からイタリア北部にかけての工業が集積した地域を何というか答えよ。

⑶　EU 共通の通貨をカタカナで答えよ。

⑷　EU の今日的課題を経済・産業の面から１つ答えよ。　〈佐賀県改題〉

解答　⑴　記号：Ｄ　　国名：スイス　　⑵　青いバナナ（ブルーバナナ）

⑶　ユーロ

⑷　EU 域内における経済格差の是正・共通農業政策の見直し・EU 域内の通貨統合　などから１つ

解説　Ａ．ポルトガル　Ｂ．スペイン　Ｃ．フランス　Ｅ．ベルギー
Ｆ．オランダ　Ｇ．イギリス　Ｈ．アイルランド　Ｉ．ドイツ
Ｊ．デンマーク　Ｋ．イタリア　Ｌ．オーストリア　Ｍ．チェコ

⑴　Ｃ，Ｅ，Ｆ，Ｉ，Ｋ，ルクセンブルクが原加盟国。1973年にＧ，Ｈ，Ｊが加盟。81年にギリシャ，86年にＡ，Ｂが加盟。95年にＬ，スウェーデン，フィンランドが加盟。2004年と2007年にはＭをはじめとする東欧諸国が加盟し，また，2013年にクロアチアが加盟したことにより，28ヵ国体制となった。しかし，イギリスが2020年１月末に離脱して，現在は27ヵ国で構成されている。

⑶　共通通貨ユーロはEU 加盟国中，20ヵ国が導入している（2023年６月現在）。EU に加盟していなくてもユーロが流通している国もある。

演習問題

1 ★★☆

次の各問いに答えよ。

(1) ヨーロッパ各国に関する記述として誤っているものを２つ選べ。

① スペインの北西部の海岸には，リアス海岸の名称の発祥となる侵食海岸がある。

② ドイツのエルベ川河口付近には，デルタとよばれる地形があり，低平な土地が広がり，穀倉地帯となっている。

③ ノルウェーの海岸には，世界最大級のソグネフィヨルドが発達し，そこに位置するナルヴィク港は，鉄鉱石の積出港として有名である。

④ スロベニアには，カルスト地形の語源となった，石灰岩が溶食を受けた台地がみられ，世界自然遺産にも指定されている。

⑤ スイス，イタリアの国境にあるマッターホルン山は，氷河に削られたホーン（尖峰）の典型である。

(2) アイルランド島の都市ダブリンは，札幌市より高緯度に位置するにもかかわらず，冬は札幌市よりも温暖である。その理由を簡潔に説明せよ。

(3) 次の表中のア～オには，スペイン，イギリス，イタリア，フランス，ドイツのいずれかの国が当てはまる。イに当てはまる国名を答えよ。

	国内総生産（億ドル）2020年	1次エネルギー自給率（%）2019年	発電量（億 kWh）2019年	穀類自給率（%）2019年	粗鋼生産（千 t）2021年
ア	27,642	71.3	3,228	98	7,222
イ	26,303	54.1	5,708	187	13,947
ウ	38,464	35.5	6,091	101	40,066
エ	18,887	23.1	2,939	60	24,426
オ	12,815	28.1	2,733	57	14,185

（『世界国勢図会2022/23』）

(4) 北大西洋と北極海の間にある世界最大の島グリーンランドは，どの国の自治領か，国名を答えよ。

〈鳥取県改題〉

2 ★★☆

次の地図を見て，各問いに答えよ。

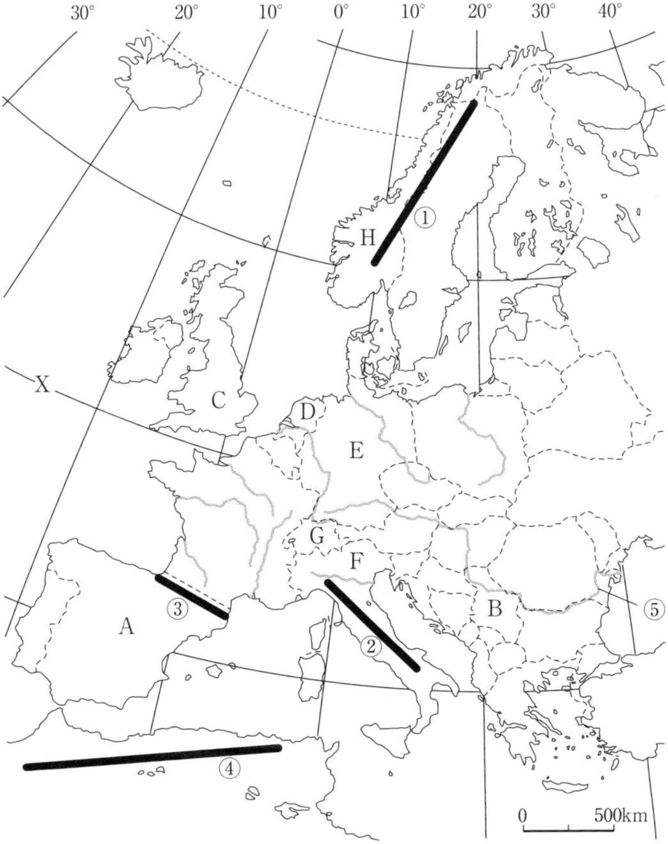

(注) A～Hは国，①～④は山脈，⑤は河川，Xは緯線を示している。

(1) 地図中Xの緯線の緯度を答えよ。

(2) 地図中①～④の山脈の中で，新期造山帯に属さないものを選べ。

(3) A国の乾燥高原メセタが原産で，オーストラリアで広く飼育されている羊の品種を答えよ。

(4) B国を流れる河川⑤は国際河川である。その河川名を答え，国際河川について説明せよ。

(5) アメリカ合衆国のシリコンバレーに対して，C国で電子産業が発達したスコットランド地域の名称を次から選べ。

ア．シリコンデザート　　イ．シリコンロード

ウ．シリコンプレーン　　エ．シリコングレン

(6) 次の表を見ると，西ヨーロッパ諸国は日本に比べ全体的に食料自給率が高く，また，国によっては肉類や野菜類の自給率が高くなっている。これらの理由としてEUの共通農業政策が挙げられるが，この政策やその結果生じたことに関する記述として誤っているものを①～④から選べ。

表　日本と西ヨーロッパ諸国の食料自給率の比較

国名	穀類	野菜類	果実類	肉類	魚介類
日本	28	80	38	53	55
フランス	176	72	65	103	29
ドイツ	101	42	37	122	27
イタリア	63	149	109	74	17
オランダ	10	347	39	253	129
スペイン	71	210	129	152	59
イギリス	82	43	13	77	65

注）単位％　日本のみ2020年，他は2018年

（『データブック オブ・ザ・ワールド2023』）

① 農作物の介入価格を定め，市場価格が介入価格を下回った場合政府が買い支える。

② 農作物の輸出価格が国際市場価格と同水準になったため，輸出補助金が不要になった。

③ 特定農作物の生産性の高い国では，利潤を高めるため，その農作物の栽培が増加した。

④ EU域内の自給率は高まったが，この政策によるEU予算の圧迫が大きな課題になっている。

(7) 地図中A～H国の中で，2023年6月現在EUに加盟していない国を2つ選び，記号とその国の首都名を答えよ。

〈長崎県改題〉

演習問題　解答・解説

1

(1)　②，③

(2)　暖流である北大西洋海流上の暖かい空気が，偏西風によって運ばれるため。

(3)　フランス

(4)　デンマーク

解説

(1)　①　リアス海岸とは，山地が海に沈んで，谷の部分に海水が入りこんでできた海岸のことである。

②　デルタ（三角州）ではなくエスチュアリー（三角江）である。水深が深く，良港が発達する。

③　フィヨルドとは，氷河の侵食によって生じたU字型の谷に，海水が入りこんでできた入り江のことである。ナルヴィク港はソグネフィヨルドよりも北のヴェストフィヨルドにある不凍港である。

(3)　ア．1次エネルギーの自給率が高いことから，北海油田を有するイギリスと判断できる。

イ．穀類自給率が高いことから，ヨーロッパ最大の農業国であるフランスと判断できる。

ウ．国内総生産，粗鋼生産が高いことから，工業国のドイツであると判断できる。

エ．オと比較して国内総生産と粗鋼生産が高いことからイタリアと判断できる。

オ．5ヵ国中，国内総生産が最も低いことからスペインと判断できる。

2

(1)　北緯50度

(2)　①　　(3)　メリノ種

(4)　名称：ドナウ川

説明：各国の船舶の航行の自由が条約によって国際的に認められている河川のこと。

(5)　エ　　(6)　②

(7)　B．ベオグラード，C．ロンドン，G．ベルン，H．オスロ，　から2つ

解説

A．スペイン　　B．セルビア

C．イギリス　　D．オランダ

E．ドイツ　　F．イタリア

G．スイス　　H．ノルウェー

(2)　①　スカンディナビア山脈は古期造山帯である。

②　アペニン山脈

③　ピレネー山脈

④　アトラス山脈

(3)　メリノ種は毛用種の羊で，良質で産毛量も多い。

(5)　アはアメリカ合衆国・アリゾナ州のフェニックスを中心とする地域，イは日本の東北地方，ウはアメリカ合衆国・テキサス州のダラスやフォートワース，ヒューストンを中心とする地域である。

(6)　輸出補助金がEUの財政を圧迫しており，制度改革が進められている。

8 南北アメリカ

傾向と対策

基本的な事項さえ理解しておけば，問題のない分野である。基本的事項の中でも，特色のあるものから整理しておけば覚えやすいだろう。アメリカ合衆国は日本とのつながりも深いことから，日米関係について問う問題もみられる。政治・経済などは日本の他に南北アメリカ全地域での動きについてまとめておくことも必要である。各国の地形や気候，農業，工業の特色を地図や『世界国勢図会』などの統計資料を使って理解しておこう。出題傾向はパターン化しているので，問題をこなしながら効率的に理解しておきたい。

要点 Check!

1 南北アメリカの産業

➤ 主な国の農林水産業

カナダ	プレーリー北部の春小麦地帯での農業と五大湖沿岸からセントローレンス川流域で酪農が盛んである。国土の多くが森林であるため林業が盛んな上，水力発電も多い。
アメリカ合衆国	世界最大の農産物輸出国。大規模経営と機械化によって労働生産性が高い。適地適作の農業に特徴がある。資本力のあるアグリビジネスが影響力をもち，中でも穀物の流通や加工に関しては穀物メジャー（巨大穀物商社）が支配している。
メキシコ	1910年代のメキシコ革命で大地主の所有地（アシエンダ）が解体。土地（エヒード）が分配される。
キューバ	1959年のキューバ革命に伴い，土地は国有化。砂糖やたばこの生産・輸出が多い。
ペルー	世界有数の漁業国。ペルー沖はアンチョビーの大漁場。1970年代は乱獲やエルニーニョ現象で漁獲高は減少したが，現在は回復している。
ブラジル	ファゼンダ（大農園）で収穫されるコーヒー豆の生産量世界第１位(2020年)。他に，大豆，砂糖きびの生産量も世界第１位（2020年)。
アルゼンチン	エスタンシア（大土地所有制に基づく大農園）で小麦・とうもろこし・大豆の栽培や羊・肉牛の放牧（パンパとよばれる草原での企業的牧畜)。19世紀後半の冷凍船就航によりヨーロッパに市場を開拓し，世界有数の農牧業国となる。

▶ 主な国の工業・資源

カナダ	五大湖周辺からセントローレンス川流域に集中。自動車・鉄鋼・機械など。地下資源は多様で豊富。金・原油・天然ガス・ウラン，レアメタルのニッケルも多い。
アメリカ合衆国	世界有数の生産力と労働力，豊富な地下資源を背景に発展した。先端技術産業は国家の軍需予算と結合して生産を独占する（軍産複合体）企業に発展。原油（2021年）・天然ガス（2020年）の生産量世界第1位。
メキシコ	銀の生産量世界第1位（2019年）。
キューバ	ニッケルは重要な輸出産品である。
ベネズエラ	OPEC原加盟国。マラカイボ湖を中心に原油の生産が盛んである。ギアナ高地北部に鉄鉱床がある。
チリ	銅の生産量世界第1位（2018年）。チュキカマタは露天掘りの銅山として有名である。
ブラジル	鉄鉱石・ボーキサイト・すずなどの地下資源が豊富である。カラジャス，イタビラ鉄山，日本との合弁会社であるウジミナス製鉄所を中心に外資誘致政策で重化学工業が発展している。

例題1　アメリカ合衆国

次の地図を見て，各問いに答えよ。

〈アメリカ合衆国の気候区分〉

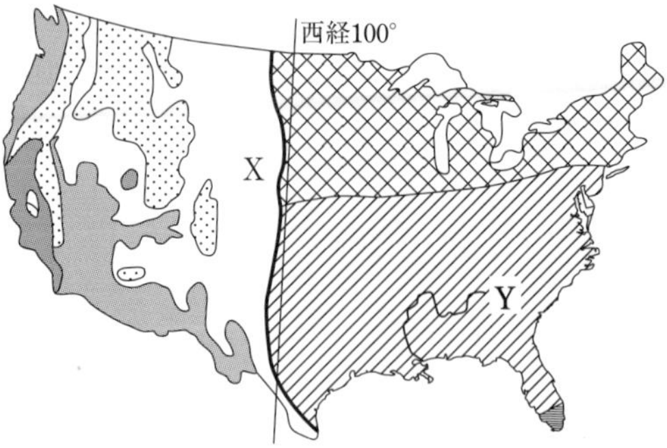

(1)　地図中Xが示す地域の気候を，ケッペンの気候区分の記号で答えよ。

(2)　アメリカ合衆国の農牧業地域の分布は，西経100度線を境におおよそどのようになっているか。降水量と関連付けて説明せよ。

(3)　地図中の河川YはTVAの開発の対象となった。この河川名を答えよ。

(4)　アメリカ合衆国の北緯37度以南の南部地域では，航空宇宙産業やコンピュータ関連産業などの先端技術産業が盛んである。この地域は何とよばれるか答えよ。

〈秋田県/香川県改題〉

解答　(1)　BS

(2)　アメリカ合衆国において西経100度線は，年降水量500mmの等降水量線とほぼ一致し，雨の多い東側が農業地帯，雨の少ない西側が牧畜地帯となっている。

(3)　テネシー川　　　(4)　サンベルト

解説　(1)，(2)　内陸部は年降水量500mmの等降水量線とほぼ一致する西経100度の経線を境に，東側に温暖湿潤気候（Cfa）と亜寒帯湿潤気候（Df），西側にステップ気候（BS）や砂漠気候（BW）が広がる。

(3)　TVA（テネシー河谷開発公社　Tennessee Valley Authority）はミシシッピ川の支流であるテネシー川の治水，流域開発，水力発電などを目的に，ニューディール政策の一環として1933年から行われたものである。

(4)　サンベルト発達の要因は，地価が安く広い土地が得やすいこと，低賃金労働力を確保しやすいこと，温暖な気候などが挙げられる。1970年代以降，先端技術産業を中心に発展した。

例題 2　南アメリカ

次の地図を見て，各問いに答えよ。

⑴　地図中A国にみられる大土地所有制に基づく大牧場，または大農園を何というか答えよ。

⑵　次のグラフは，地図中Xで生産されている鉱産資源の国別生産割合を示している。この鉱産資源名を答えよ。

（『世界国勢図会2022/23』）

⑶　地図中Yは，1967年に発見された良質の鉄鉱石を産する鉱山である。この鉱山名を答えよ。

⑷　地図中 で示される海域で多く採られ，フィッシュミールの原料にされる魚を答えよ。

〈秋田県改題〉

解答　⑴　エスタンシア　⑵　亜鉛（鉱）　⑶　カラジャス（鉱山）
⑷　アンチョビー（かたくちいわし）

解説　⑴　Aのアルゼンチンでは**エスタンシア**，メキシコやペルーなどではアシエンダ，ブラジルではファゼンダとよばれる。
⑶　かつては，南東部（ミナスジェライス州）のイタビラ鉱山が中心であった。

演習問題

1 ★★☆

次の地図を見て，各問いに答えよ。

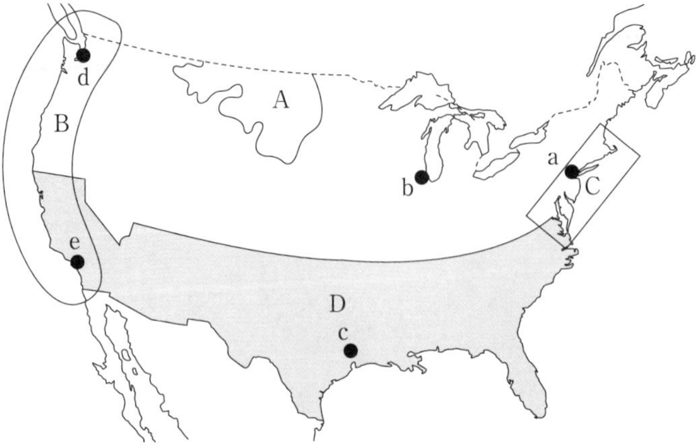

⑴ 地図中Aの地域の農業について，簡潔に説明せよ。

⑵ 地図中Bの地域と関連が深いものとして，当てはまらないものを次から選べ。

ア．航空機工業　　　イ．地中海式農業

ウ．シリコンバレー　　エ．コーンベルト

⑶ 地図中Cのメガロポリスとよばれる地域に含まれる都市を次から選べ。

ア．シカゴ　　イ．アトランタ　　ウ．ボストン　　エ．シアトル

⑷ 地図中Dで示されるサンベルトとよばれる地域に関する記述として正しいものを選べ。

① この地域は，地価が安くて広い土地が得やすく，北部に比べて温暖な気候のため，工場の進出が著しい。

② この地域は北部に比べて日照量が多く乾燥しており，その特性を利用して地中海式農業が全域で広く行われている。

③ この地域の北限が降水量1,000mmの線とほぼ重なり，この地域は農耕中心，これより北の地域は牧畜中心となっている。

④ この地域には黒人が多く住んでいるが，この地域より北部ではヒスパニックとよばれるスペイン語圏からの移住者が多い。

(5)　次の文章に当てはまる都市を地図中ａ～ｅから選び，都市名もあわせて答えよ。

①　ここは宇宙産業が盛んなだけでなく，近くの油田を生かした石油化学工業も重要であり，綿花・石油の積み出し港となっている。

②　ここは水陸交通の要地で，穀物や家畜の取引所があり，農畜産物の集散地である。食品工業だけでなく，農業機械・鉄鋼などの重工業も発達している。

(6)　小麦などの穀物の流通にかかわる，巨大な多国籍企業の穀物商社を何というか答えよ。

(7)　ラティーノともよばれるスペイン語を話すラテンアメリカ系の移民とその子孫を何とよぶか答えよ。

〈神奈川県・横浜市・川崎市改題〉

2　★★☆

次の文章を読んで，各問いに答えよ。

①　この国は，1982年マルビナス諸島の領有をめぐってイギリスとの間で（　1　）紛争が勃発し，結局イギリスに敗北した。ラプラタ川流域のパンパは広大な平原で，農牧業が盛んである。輸出に占める食料品の割合が約3分の2で，ブラジルとの貿易が一番多い（2021年）。言語はスペイン語を公用語としている。

②　この国の中央部は高山気候で，平均気温が1年中14～16度と温和で，降雨も平均しており，しのぎやすい。コーヒー・バナナ・カカオなどの農業と漁業，原油が主要な産業である。人口100万を超える都市は，グアヤキルと首都（　2　）である（2016年）。また，スペイン領となった歴史があり，公用語はスペイン語である。

③　この国は，国土のほとんどが熱帯気候で年中高温が続き，北部は肥えた低地，中部はサバナ，南部は密林で高温多雨である。東部はフランス領ギアナと接し，1600年代にオランダの植民地となったが，1975年に独立した。金や（　3　）が主な鉱産品で，（　3　）を原料とするアルミニウムやアルミナの輸出も多い。

④　この国の東部は熱帯気候の低地であるが，西部の乾燥した地方は6,000m級の火山群がそびえる山岳地帯である。隣国との国境となる（　4　）湖周辺には，紀元前から人々が定住し，13世紀頃インカ帝国に征服され，16世紀にはスペインに征服された歴史をもつ。主要産業は鉱業と農業で，天然ガス・金・亜鉛鉱が主要輸出品である。また，高所に首都があることでも知ら

れている。

⑤　この国は，国土の大部分が平原で，温帯気候である。産業の中心は農牧業で，牛肉・羊毛・小麦・米などが主産品である。19世紀前半に独立し，1903年から社会福祉政策を推進，ラテンアメリカ最初の議会制民主主義国となった時期がある。人口の約９割をスペイン系・イタリア系の白人が占め，スペイン語が公用語である。

⑥　この国は，高山地域を除くほとんどの地域が熱帯で四季がない。東部には（　5　）とよばれる大平原が広がっている。ラテンアメリカではブラジルに次ぐコーヒー豆生産国（2020年）である。また，鉱産資源も豊富で石炭などの埋蔵量が多く，資源産出国として有望視されている。人口の１割以上が首都に集中している。

（『データブック・オブ・ザ・ワールド2023』）

⑴　①〜⑥の国名をそれぞれ答え，その位置を下の地図中から選び，記号で答えよ。

⑵　文章中の空欄に当てはまる語句を答えよ。

〈京都府改題〉

演習問題　解答・解説

1

(1) ステップ気候と肥沃な土壌を利用し，大陸横断鉄道の開通によって発達した春小麦地帯である。経営規模が大きく，機械化された粗放的経営の農家が多い。

(2) エ　(3) ウ　(4) ①

(5) ①　c，ヒューストン
②　b，シカゴ

(6) 穀物メジャー

(7) ヒスパニック

解説

a．ニューヨーク　d．シアトル
e．ロサンゼルス

(1) アメリカ合衆国では，各地の環境に合った農作物が大規模に栽培される適地適作の農業が発達してきた。

(2) エ．コーンベルトはプレーリー土に恵まれた中西部のアイオワ州・オハイオ州・インディアナ州・イリノイ州・ミズーリ州が中心。

(3) メガロポリスとは連続する多くの都市が高速交通・通信機関で結合され，密接な相互関係をもって活動している巨大都市化地帯のことである。

(4) ②　地中海式農業はカリフォルニア州を中心とした地域で行われている。
③　サンベルトは北緯37度以南の地域を指すが，これより北の地域でも農耕は行われている。
④　黒人は南部，ヒスパニックは南西部に多く居住している。なお，「民族のサラダボウル」ともよばれる多民族社会のアメリカ合衆国では，ワスプ（WASP）とよばれる白人・アングロサクソン系・プロテスタントの人々が多数を占める。

(5) a．ニューヨークは被服，出版・印刷，食品，機械，造船，化学などの工業が盛ん。世界の政治・経済の中心地でもあり，大貿易港としても有名。
d．シアトルは製紙・パルプ，製材，アルミニウム工業が盛ん。航空産業も発達している。
e．ロサンゼルスはカリフォルニア油田を背景とした石油関連産業，自動車，航空機，電子工業などが盛ん。ハリウッドを中心とする映画産業も有名。

2

(1) ①　アルゼンチン，S
②　エクアドル，M
③　スリナム，K
④　ボリビア，P
⑤　ウルグアイ，T
⑥　コロンビア，H

(2) 1．フォークランド
2．キト
3．ボーキサイト
4．チチカカ
5．リャノ

解説

①　アルゼンチンの輸出に占める食料品の割合は，とうもろこし（10.8%），大豆油かす（9.4%），大豆油（6.7%），肉類（3.5%）など（2021年）。首都ブエノスアイレスを中心としたパンパとよばれる草原で，大豆やとうもろこしが栽培されている。

②　エクアドルの都市グアヤキルの人口は約253万人。首都キトは約178万人（2016

年)。また，赤道直下の国である。

③　スリナムはスペイン語を公用語とする国が大半の南米では唯一，オランダ語を公用語としている。他にスペイン語以外を公用語としている国はブラジル（ポルトガル語），ガイアナ（英語）などである。

④　ボリビアの主要輸出品割合は金（非貨幣用）(23.0%)，天然ガス（20.3%），亜鉛鉱（12.5%），銀鉱（7.9%）などである（2021年）。首都ラパスは標高約3,700mの高地にある（憲法上の首都はスクレである）。

⑤　ウルグアイは1917～73年まで議会民主政であったが，クーデターにより1973～84年は軍政となった。1984年には大統領選挙を実施し，翌年に民政移管となった。国土の大部分を占める平原はパンパとよばれる。

⑥　コロンビアのコーヒー豆生産は世界第3位である（2020年）。東北部のオリノコ川支流（メタ川）流域にはリャノとよばれるサバナ型の草原が広がる。首都ボゴタの人口は約798万人（2016年）。

A．メキシコ　B．キューバ
C．ジャマイカ　D．ハイチ
E．ドミニカ　F．ニカラグア
G．パナマ　I．ベネズエラ
J．ガイアナ　L．ギアナ（フランス領）
N．ペルー　O．ブラジル
Q．パラグアイ　R．チリ

Oのブラジルは，ロシア連邦，インド，中国，南アフリカ共和国とともに，近年経済成長が著しい新興国として注目されており，これらの国々は**BRICS（ブリックス）**とよばれる。

また，ブラジルではさとうきびやとうもろこしを原料とする**バイオ燃料**で走る自動車が普及しているが，バイオ燃料の原料の生産量を増やすため，結果として森林破壊が進むなど，環境と開発の面で矛盾が生じている。

9 オセアニア

傾向と対策

この分野は，主な地形と代表的な産業を押さえておけば対応できる。日本とオーストラリアは貿易をはじめとして交流が盛んな国でもあるので，日本との関係に着目して理解しておきたい。また，オーストラリア，ニュージーランドは東・東南アジアの地域協力，地域統合の参加に積極的である。新しい動きにも注目しておく必要がある。その他の島しょ国，地域も東アジア地域との関係を強め，政治的，経済的に協調しながら，地域としての自立を図る一方で，先進国からの開発援助の多い現状を理解しておきたい。

要点 Check!

1 オセアニアの主な国

オーストラリア	農牧業は小麦，綿花，牧羊，牧牛が主である。降水量の少ない内陸部(グレートアーテジアン盆地)では，掘り抜き井戸を利用して羊や牛を放牧。企業的農牧業を行っている。鉱業は鉄鉱石（ピルバラ地区）・石炭・ボーキサイト(ウェイパ・ゴヴ)・ウランなどの生産が盛ん。先住民族はアボリジニ。白豪主義政策から多民族・多文化主義（マルチカルチャリズム）へ移行した。
ニュージーランド	世界的な牧畜国。輸出の約半分を農産物が占める。北島は酪農や牧羊が盛ん。南島は比較的乾燥した東側で牧羊や小麦の栽培を行っている。地下資源に乏しく，工業は盛んではない。 先住民族はマオリ。

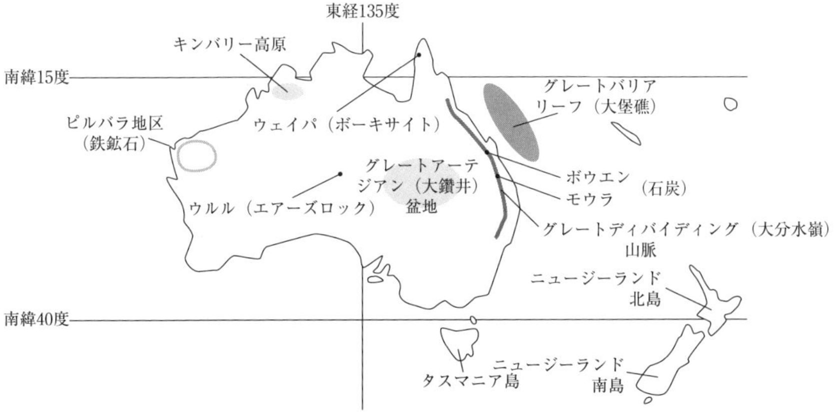

例題1　オセアニア

オーストラリアとニュージーランドに関する記述として正しいものを2つ選べ。

① オーストラリアでは，1850年代のゴールドラッシュ以降，有色人種の移民を制限してきたが，この政策は1970年代に廃止され，現在では，英語以外を第一言語とする人々の割合は増加している。政府は，多元的な文化の創造を政策として進めるようになった。

② オーストラリアでは，1970年代から移民を積極的に受け入れ，アジア・太平洋地域との結びつきを強めることにより，資源や労働力，市場を確保し，工業化のための基盤整備を行ってきた。現在では自動車工業を中心に国際競争力が強い。

③ かつてニュージーランドのマオリとオーストラリアのアボリジニは，ともに狩猟採集生活を送っていた。イギリス人が入植すると，どちらの民族の人口も激減し，現在では政府が保護するようになっている。就業の機会に恵まれず，人種偏見を残している。

④ オーストラリアの内陸部では，5万 ha 以上の粗放的な企業的大農場がみられる。人口が希薄なため，中高校生が寄宿舎のある学校に通うほど，隣家からの距離が離れている地域もあり，医療の面では，フライングドクターが用意されている。

⑤ ニュージーランド南島の西側は，東側に比べ降水量が少ないので，毛用種の羊の飼育に適している。東側の湿潤地域では，毛肉種の羊の飼育，林業が行われている。

〈富山県改題〉

解答　①，④

解説　② オーストラリアでは自動車工業は盛んではなく，国際競争力も強くない。

③ マオリの社会生活上の差別は比較的少なく，一時，減少した人口も回復している。アボリジニは迫害によって人口が激減したが，現在は政府によって保護され，復権運動も進み人口は増加傾向にある。

⑤ ニュージーランド南島の西側は降水量が多く，湿潤地域であるため牧羊には適さない。東側では降水量が少なく，果樹栽培を中心とした園芸，混合農業，牧羊が行われている。

演習問題

1　★★☆

次の地図を見て，各問いに答えよ。

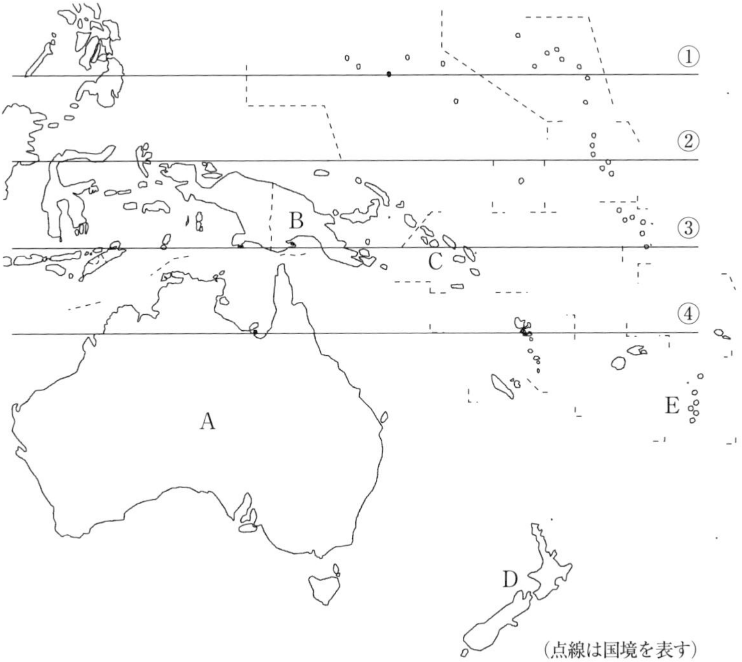

（点線は国境を表す）

⑴　赤道のおよその位置を地図中①～④から選べ。

⑵　A国の最大の貿易相手国はかつてイギリスであった。しかし，近年は中国や日本が重要な貿易相手国となっている。その理由を説明せよ。

⑶　地図中A国の提唱で，1989年に経済協力のための公式協議体が設立された。太平洋をとり囲む20以上の国や地域が参加しているこの協議体の略称を，アルファベットで答えよ。

⑷　次の表は，地図中Ａ～Ｅ国について示したものである。このうち，表中オに当てはまる国をＡ～Ｅから選び，その国名を答えよ。

記号	多数を占める人種	旧宗主国	日本への主な輸出品
ア	アングロサクソン系	イギリス	石炭，液化天然ガス，鉄鉱石
イ	メラネシア系	イギリス	まぐろ，魚粉
ウ	ポリネシア系	イギリス	まぐろ，海草
エ	アングロサクソン系	イギリス	キウイフルーツ，アルミニウム
オ	メラネシア系	オーストラリア	液化天然ガス，銅鉱

（『データブック オブ・ザ・ワールド2023』）

〈北海道・札幌市改題〉

2 ★★☆

⑴　オーストラリアに関する次の文章の空欄に当てはまる語句を答えよ。ただし空欄Ｂ・Ｃはケッペンの気候区分の記号で答えよ。

オーストラリアは日本の約（　Ａ　）倍という広大な国土をもつ。気候区では（　Ｂ　）気候・（　Ｃ　）気候が最も広い。被圧地下水を大量に帯水している（　Ｄ　）盆地では，掘り抜き井戸を利用して牧畜が盛んである。オーストラリア南東部の年間降水量500mmの付近では，（　Ｅ　）の栽培が盛んで，サウスオーストラリア州の州都（　Ｆ　）は（　Ｅ　）の集散地であり農畜産物の代表的な輸出港でもある。

⑵　オーストラリアの北東海岸にみられる大規模なさんご礁は，何とよばれているか。その名称を答えよ。

⑶　オーストラリアでは，1970年代まで，白人以外の有色人種の移民が規制されてきた。この人種差別政策の名称を答えよ。

〈神戸市/鳥取県改題〉

演習問題　解答・解説

1

(1)　②

(2)　A国のオーストラリアは英（イギリス）連邦の加盟国であるが，イギリスの衰退とEC（EU）加盟で特恵がなくなったことや，欧州との距離が遠く不利なことなどから，距離的に近く，経済発展が進むアジア，特に日本や中国との関係が密接となった。

(3)　APEC

(4)　記号：B
　　国名：パプアニューギニア

解説

A．オーストラリア
C．ソロモン諸島
D．ニュージーランド
E．トンガ

(2)　2020年の最大の貿易相手国は輸出・輸入とも中国である。

(3)　アジア太平洋経済協力（会議）の略。オーストラリアのホーク首相の提唱で始まった。2023年6月現在の加盟国は日本，アメリカ合衆国，中国，ロシア，韓国，シンガポール，タイ，オーストラリア，カナダ，ニュージーランド，インドネシア，フィリピン，マレーシア，ブルネイ，メキシコ，パプアニューギニア，チリ，ベトナム，ペルーの19ヵ国，台湾，香港の2地域。

(4)　ア．A　　イ．C
　　ウ．E　　エ．D

ア．オーストラリアは日本にとって重要な貿易相手国である。日本が輸入する石炭や鉄鉱石の半分以上はオーストラリアからのものである。また液化天然ガスや肉類の輸入も多い（2021年）。

イ．ソロモン諸島やBのパプアニューギニアの主な人種であるメラネシア系の住民は，オーストラリア先住民のアボリジニと同じオーストラロイドに属し，肌の色が濃い。「メラネシア」は「黒い島々」という意味である。

ウ．トンガの主な人種であるポリネシア系の住民は，ミクロネシア系の人種と同様，モンゴロイドに属する。「ポリネシア」は「たくさんの島々」，ミクロネシアは「小さな島々」の意味である。Dのニュージーランドの先住民，マオリもポリネシア系に属する。

エ．ニュージーランドからは，チーズや肉類，木製品なども多く輸入している。

オ．パプアニューギニアのブーゲンヴィル島は，銅の産地として有名である。

2

(1)　A．20
　　B・C．BW，BS（順不同）
　　D．グレートアーテジアン（大鑽井）
　　E．小麦
　　F．アデレード

(2)　グレートバリアリーフ（大堡礁）

(3)　白豪主義政策

解説

(1)　B・C．BWは砂漠気候，BSはステップ気候で，ともに乾燥帯の気候である。オーストラリアの気候の特徴は，年間降水量500mm以下の地域が約3分の2を占めている。

　　D．掘り抜き井戸で自噴するものを自噴井，または鑽井という。被圧地下水はオーストラリアの大鑽井盆地やフランスのパリ盆地にみられる。

(2)　グレートバリアリーフの他にシャーク

湾，フレーザー島などが世界自然遺産に，エアーズロック（ウルル・カタジュタ国立公園），カカドゥ国立公園などが世界複合遺産に登録されている。

(3) 1970年代に撤廃され，多文化主義へ移行した。

第3編

歴史的分野

1 日本史－原始・古代

傾向と対策

原始・古墳時代は，その自治体にある遺跡の関連出題が多い。受験する自治体の郷土史にも配慮が必要である。一般的な原始・古墳時代の問題は，弥生以降のものが多くみられ，中国の歴史書に残されている日本の記述については必ず整理しておかねばならない。律令制の発展と崩壊についても，史料問題が多くみられるので，『続日本紀』などからの引用に注意しておくこと。文化史については，仏教文化の変遷を軸に，彫刻・建築・文学の時代的特徴を捉えておくこと。

要点 Check!

1 日本文化のあけぼの

➤ 原始時代

時代	年代	道具	特徴	主な遺跡
旧石器時代	数万年前～約１万年前	打製石器	狩猟・採取の生活	群馬：岩宿遺跡
縄文時代	約１万3000年前～前４世紀頃	磨製石器 縄文土器	狩猟・漁労・採取の生活，竪穴住居，呪術的風習	青森：三内丸山遺跡
弥生時代	前４世紀頃～後３世紀	青銅器，鉄器 弥生土器	水稲耕作，高床倉庫 環濠集落，貧富の差	静岡：登呂遺跡 佐賀：吉野ヶ里遺跡
古墳時代	３世紀中頃～７世紀	須恵器，埴輪 土師器	前方後円墳，大和朝廷，氏姓制度	大阪：大仙陵古墳（仁徳天皇陵）

➤ 中国史書にみられる日本

史書	内容
『漢書』地理志	「倭人（日本）」の社会は百余国に分かれ，楽浪郡に定期的に使者を送っていた。
『後漢書』東夷伝	倭の奴国の王の使者が光武帝から印綬を受けた。福岡県志賀島で「漢委奴国王」と刻まれた金印が発見された。
「魏志」倭人伝	邪馬台国の女王卑弥呼が魏の皇帝から「親魏倭王」の称号と金印を授かった。

2 律令国家の形成

➤ 律令国家の進展

(1) 聖徳太子（廐戸王）の政治（7世紀初め）

・推古天皇（女性）の摂政として，役人の位を12の冠の色に分け，個人の才能や功績に応じて冠位を与える冠位十二階（の制）や国家の官僚としての自覚を求める十七条の憲法を制定。遣隋使として小野妹子らを派遣。中国皇帝に臣属しない形式をとり，隋の煬帝に無礼とされた。

(2) 大化の改新（645年～）

・645年，中大兄皇子（天智天皇）らが蘇我氏を打倒（乙巳の変）し，天皇中心の政治を企図。乙巳の変の後の一連の改革を大化の改新という。

・646年，「改新の詔」が出され，豪族の田荘・部曲を廃止して，すべての土地と人民は国家（天皇）に帰属する公地公民制への移行をめざす政策方針を示した。

・斉明天皇は百済復興を支援するため大軍を送ったが，663年に白村江の戦いで唐・新羅連合軍に敗れた。

・670年，天智天皇が最初の戸籍である庚午年籍を作成した。

・天智天皇の死後，子の大友皇子と弟の大海人皇子が皇位をめぐる戦い（壬申の乱）がおこり（672年），大海人皇子（天武天皇）が勝利。

・天武天皇の時代に富本銭，708年に和同開珎を鋳造。

(3) 律令国家の成立（7世紀末～8世紀初め）

・701年に刑部親王や藤原不比等らによって大宝律令（律は今日の刑法に当たり，令は行政組織・官吏の勤務規定や人民の租税・労役などの規定）が完成し，律令制度による政治のしくみが整った。

・中央行政組織には，神祇官と太政官の二官があり，太政官のもとで八省が政務を担当した。地方組織としては，全国は畿内・七道の行政区に分けられ，国・郡・里が設けられた。これらは，それぞれ国司・郡司・里長が管理した。国司には中央から貴族が派遣され，役所である国府（国衙）を拠点に国内を統治した。

・戸籍・計帳による班田収授が行われ，租（口分田の面積に応じて稲を納める）・調（一般の成人男子が布や特産物を都まで運び納める）・庸（労役のかわりに布（麻布）を納める）の税制が確立した。

(4) 奈良時代の政治（710～784年）

・710年，元明天皇は唐の都長安にならい，藤原京から平城京へ遷都した。

・元正天皇は人口増加による口分田の不足を補い，税収の増加を図るため，722年に百万町歩の開墾計画を立て，翌年に三世一身法を施行した。

・聖武天皇とその妻光明皇后は，政治情勢や飢饉・疫病などの社会的不安を，仏教のもつ鎮護国家の思想によって国家の安定を図ろうと，都に東大寺，地方に国分寺・国分尼寺をつくらせた。

・政府の掌握する田地を増加することで土地支配の強化を図るため，新しく開墾した土地は，税を納めることを条件に永年にわたって私有地として認める**墾田永年私財法**を発した（743年)。この法により，貴族・寺院や地方豪族たちの私有地拡大を進めることになった。

⑸　**平安初期の政治**（8世紀末～9世紀末）

・**桓武天皇**は仏教政治の弊害を改め，天皇権力を強化するために，784年に平城京から**長岡京**に遷都した。しかし，藤原種継暗殺事件などがおこり，794年には**平安京**に再遷都した。

・蝦夷を制圧するため，征夷大将軍に任命された**坂上田村麻呂**は，北上川の中流域に**胆沢城**を築いて，そこに鎮守府を移した。

・国司の交替を滞りなく行わせるため，**勘解由使**を設置するとともに，東北や九州などの地域を除き軍団と兵士とを廃止し，かわりに郡司の子弟や有力農民の志願による少数精鋭の**健児**を採用した。

・唐の衰退により，**菅原道真**の建議で**遣唐使の派遣中止**（894年)。

⑹　**摂関政治**（10世紀後半～11世紀）

・藤原氏（北家）は天皇の**外戚**となり，天皇が幼いときには摂政，成長すると関白という天皇を補佐する職を独占し，政治の実権を掌握。**藤原道長**とその子頼通の頃が全盛期。

・全国に**寄進地系荘園**が発達し，律令体制下の土地制度は荘園制へと移行。

・地方の豪族や有力農民は勢力拡大と自衛のため武装し，**武士が誕生**。

➤　古代の文化

文化	特徴	作品
飛鳥文化	法隆寺を中心とした仏教文化 朝鮮半島・中国南北朝の影響	法隆寺金堂・五重塔，法隆寺金堂釈迦三尊像，法隆寺玉虫厨子，中宮寺半跏思惟像
白鳳文化	初唐文化の影響	興福寺仏頭，薬師寺東塔，高松塚古墳壁画
天平文化	盛唐文化の影響 仏教による鎮護国家	『万葉集』『古事記』『日本書紀』『風土記』 唐招提寺鑑真和上像，興福寺阿修羅像 正倉院宝庫（校倉造）
弘仁・貞観文化	密教と密教芸術の発展 漢文学の隆盛	室生寺金堂・五重塔，観心寺如意輪観音像 教王護国寺両界曼荼羅『凌雲集』『風信帖』
国風文化	遣唐使の派遣を中止することで，唐の影響が弱まり，日本の風土や生活に合った文化 かな文字の発達，浄土信仰	『古今和歌集』『源氏物語』（中宮彰子（藤原道長の娘）に仕えた紫式部)，『枕草子』（皇后定子（藤原道隆の娘）に仕えた清少納言)，平等院鳳凰堂，平等院鳳凰堂阿弥陀如来像

例題 1　聖徳太子の政治・大化改新

次の史料を読んで，各問いに答えよ。

Ⅰ：$_{\text{a}}$大業三年、其の王多利思比孤、$_{\text{b}}$使を遣して朝貢す。…（中略）…其の国書に曰く、$_{\text{c}}$「日出づる処の天子、書を日没する処の天子に致す。恙無きや、云云」と。

Ⅱ：其の二に曰く、「初めて京師を修め、畿内・国司・郡司…を置き…山河を定めよ。」其の三に曰く、「初めて戸籍・計帳・$_{\text{d}}$班田収授の法を造れ。」

⑴　下線部 a を西暦で答えよ。

⑵　下線部 b をつとめた人物名を答えよ。

⑶　下線部 c の後に「帝、之を覧て悦ばず」と続くが，なぜ相手国の皇帝はよろこばなかったのか，その理由を説明せよ。また，その皇帝名を答えよ。

⑷　史料Ⅱは改新の詔の一部である。「其の一」と「其の四」の内容をそれぞれ簡潔に説明せよ。

⑸　下線部 d について，701年の大宝律令の定めによると，右図のような良民家族の場合，支給されている口分田の広さはいくらになるか求めよ。

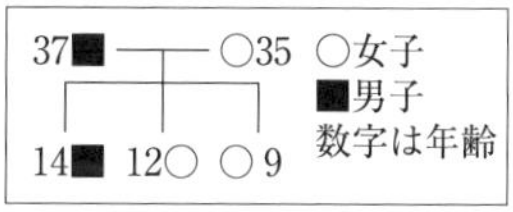

〈徳島県〉

解答　⑴　607年　　⑵　小野妹子

⑶　理由：日本の政府が中国の王朝に対し，対等の立場を主張しようとしていたため。

皇帝名：煬帝

⑷　其の一：皇族や豪族の私有地・私有民を廃止し，国家の所有とする。

其の四：調・庸など新しい税制を施行する。

⑸　8段

解説　史料Ⅰは『隋書』倭国伝からの出典である。聖徳太子（厩戸王, 574～622年）は推古天皇の**摂政**（天皇が幼少だったり，女性だったりする場合に，天皇に代わって政務を行う役職）を務めた。隋の進んだ政治のしくみや文化を取り入れるため，小野妹子（生没年不詳）を607年・608年の2度遣隋使として派遣した。この史料にみられるように，日本は隋に対して対等の立場をとろうとしていることが重要である。当時隋は**高句麗**と交戦中で，日本が高句麗と結ぶことをおそれたため，皇帝**煬帝**は「之を覧て悦ば」なかったにもかかわらず，答礼使として**裴世清**を日本に派遣した。

なお，遣唐使は630年から894年に菅原道真が，唐はすでに衰退しており，危険を冒してまで派遣する必要がないという理由から遣唐使の派遣を中止するまで続いた。遣唐使は当初陸伝いの北路をとったが，関係が悪化した新羅を避けて危険な南路をとった。唐から帰国した吉備真備や玄昉は，のち聖武天皇に重用された。

史料Ⅱは『日本書紀』からの出典である。乙巳の変（645年）で蘇我氏を滅亡させた中大兄皇子（626～671年）と中臣鎌足（614～669年）は，難波宮（難波長柄豊碕宮）で孝徳天皇を即位させ，史料の改新の詔を宣布した。内容はその（一）公地公民制，その（二）地方制度，その（三）班田収授，その（四）税制であった。口分田は６年ごとに作成される戸籍に基づき６歳以上の男女に班給され，死亡すると収公された。良男には２段，良女にはその３分の２の１段120歩，家人・私奴婢は良民の３分の１と定められた。よって，この設問の良民家族は全員が６歳以上なので，口分田の広さは

男子：２段×２人＝４段

女子：２段×$\frac{2}{3}$×３人＝４段

４段＋４段＝８段

となる。これらは唐の均田制に倣った制度で，徴税対象を確保して国家の収入を安定させ，農民の生活も保障して安定させるものであった。しかし実際には農民は重税に苦しむこととなった。

土地制度の変遷（４～８世紀）

646年	改新の詔	公地公民制…王族や豪族による土地・人民の所有を禁止

⇩

701年	大宝律令	班田収授法…６歳以上の男女に口分田を支給し，税をとる

⇩

723年	三世一身法	新しく灌漑施設を設けて未開地を開墾した場合は三世（子・孫・曽孫）にわたり私有を認め，旧来の灌漑施設を利用して開墾した場合は本人一代の間私有を認める

⇩

743年	墾田永年私財法	開墾した田地も収公の期限が近づくと再び荒廃することが起こったため，開墾した田地の私有を永年にわたって保障

⇩　これ以降

荘園の成立

例題２　平安時代初期の政治

次の文章を読んで，各問いに答えよ。

桓武天皇は律令制再建のために，様々な政策を行った。地方政治を引き締め国司の不正を取り締まるため，（　A　）を設置した。また班田収授法を励行するため，$_{a}$12年に一班とした。さらに軍制は，農民の負担を軽減するとともに軍事力を強化するため，$_{b}$従来の制に代えて（　B　）の制を採用した。また仏教は（　C　）や（　D　）に積極的な援助を与えた。

⑴　文章中の空欄に当てはまる語句を答えよ。

⑵　下線部ａについて，修正前の規定はどのような内容であったか答えよ。

⑶　下線部ｂについて，従来の制を答えよ。

解答　⑴　A．勘解由使　　B．健児　　C，D．最澄(伝教大師)，空海(弘法大師)(順不同)　　⑵　６年に一班　　⑶　軍団制

解説　桓武天皇（在位781～806年）はそれまでの仏教政治の弊害を排除するため，784年に平城京から長岡京に遷都した。しかし，長岡京の造営を中心となって行っていた藤原種継が暗殺される事件がおき，都の建設が遅々として進まなくなったため，天皇は長岡京をあきらめ，794年に平安京に再遷都した。桓武天皇は積極的に政治の改革を進め，勘解由使の設置・健児の制の実施・蝦夷の征討などを行った。

⑴　A．「国司の不正」という文章から勘解由使と判断できる。国司交替に際し，後任者は国司在任中の事務引継を完了した旨の文書（解由状）を前任者に与えたが，この授受を厳重に検査して交替の不正を防止した。

B．桓武天皇は東北と九州を除き，軍団を廃止して郡司の子弟や有力農民からの志願によって少数精鋭の軍を編成し，60日交替で国府の警備や国内の治安維持に当たらせた。

C，D．最澄（767～822年）は近江出身で，804年に入唐し天台宗を学んで翌年帰国した後，比叡山延暦寺を創立した。諡号は伝教大師。

空海（774～835年）は讃岐の出身で，最澄と同じく804年に入唐し正統の密教を学び806年に帰国した。高野山金剛峰寺・教王護国寺を創立し，真言宗を布教した。漢詩文・書にも優れ，三筆の１人であった。漢詩文では『性霊集』が，書では『風信帖』が著名。諡号は弘法大師。

⑵　例題１の解説を参照。桓武天皇は班田の励行をはかるため，801年にそれまでの六年一班から一紀一班に改めた。

⑶　正丁（21～60才）３～４人に１人の割合（成人男子全員ではない）で，農民から徴発し軍団で訓練させるものであったが，農民には大きな負担となり，実際には兵士の質が低く，役に立たない状態であった。

演習問題

1 ★★☆

次の史料を読んで，各問いに答えよ。

Ⅰ.（天平十五年五月）乙丑、詔して曰く、「聞くならく、墾田は養老七年の格に依りて、限満つる後、例に依りて収授す。是に由りて農夫怠倦して、開ける地復た荒る、と。今より以後、任に私財と為し、（　A　）を論ずること無く、咸悉くに永年取る莫れ。…」と。…

Ⅱ. 一　当寺の相承は、開発領主沙弥、寿妙嫡々相伝の次第なり。

一　寿妙の末流高方の時、権威を借らむがために、実政卿を以て（　B　）と号し、年貢四百石を以て割き分ち、高方は庄家領掌進退の預所職となる。

一　実政の末流願西微力の間、国衙の乱妨を防がず、この故に願西、（　B　）の得分二百石を以て、高陽院内親王に寄進す。…（中略）…勝功徳院を立てられ、かの二百石を寄せらる。…（中略）…御室に進付せらる。これ則ち（　C　）の始めなり。…

Ⅲ. …日本秋津嶋は纔に六十六箇国、平家知行の国卅余箇国、既に半国にこえたり。…

(1)　史料中の空欄に当てはまる語句を答えよ。

(2)　Ⅰの法令が出された目的について，簡潔に説明せよ。

(3)　下線部の知行国の制度について簡潔に説明せよ。　〈香川県改題〉

2 ★★★

次の文章を読んで，各問いに答えよ。

7世紀の朝鮮半島では，百済と高句麗が唐・新羅連合軍によって滅亡し，新羅は唐へも戦いを挑んだ。この間$_a$日本は百済救援のため軍を派遣したが，白村江の戦いで連合軍に大敗した。そのため日本国内では国家体制の整備が急務となり，667年に都を（　A　）宮に移すと，中大兄皇子が$_b$（　B　）天皇として即位し，豪族の身分的再編成・$_c$最初の全国的戸籍の作成などの政策を打ち出した。（　B　）天皇の死後，672年に$_d$壬申の乱がおこり，勝利した大海人皇子は$_e$（　C　）天皇として即位した。

(1)　文章中の空欄に当てはまる語句を答えよ。

(2)　下線部aについて，救援のために九州まで赴いて没した天皇名を答えよ。

(3)　新羅は朝鮮半島を統一したが，それは西暦何年のことか答えよ。

⑷　下線部ｂの天皇について，

問１　中大兄皇子らによる蘇我氏打倒の政変後，一連の改革として大化改新が行われるが，この政変名を答えよ。

問２　公地公民制の実施により，下級官人に支給されたものを答えよ。

問３　中大兄皇子は即位せず皇太子として執政をしたが，このようなことを何というか答えよ。

⑸　下線部ｃの戸籍を何というか答えよ。

⑹　下線部ｄの乱の意義を説明せよ。

⑺　下線部ｅの天皇について，

問１　公地公民制の徹底をはかるために行ったことを具体的に述べよ。

問２　この天皇が創建した薬師寺東塔の相輪の中で，天女や飛雲の透かし彫りを施した部分を何というか答えよ。〈福島県〉

3　★★☆

次の地図と年表を見て，各問いに答えよ。

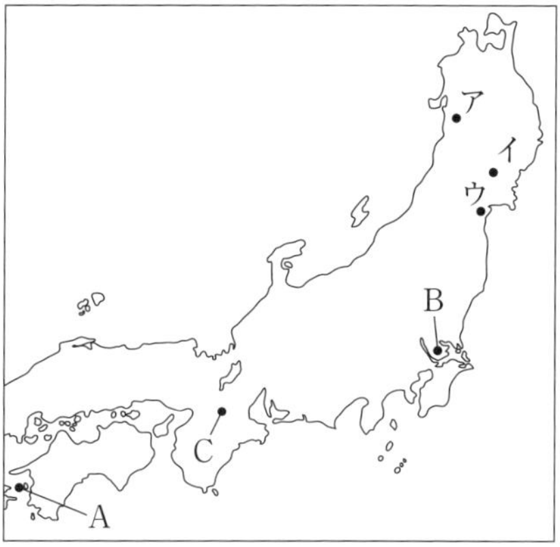

世紀	できごと
10世紀	a 承平・天慶の乱
11世紀	平忠常の乱 b 前九年合戦 c 後三年合戦
12世紀	保元の乱 d 平治の乱 源平の争乱

⑴　地図中Ａ，Ｂは下線部ａに関する地点を示しているが，Ａの地点から反乱をおこした人物名を答えよ。

⑵　下線部ｂがおこった頃，藤原頼通が地図中Ｃに建立したものを答えよ。

⑶　下線部ｃについて，

問１　当時の陸奥守で，これを鎮めた人物名を答えよ。

問２　この後栄華を極めた奥州藤原氏の本拠地を地図中ア～ウから選び，その地名を答えよ。

⑷　下線部ｄについて，この乱で勝利した平清盛は武士の棟梁として初めて政権を握ったが，平氏政権の貴族的性格を，簡潔に説明せよ。〈石川県〉

演習問題　解答・解説

1

(1)　A．三世一身　　B．領家
　C．本家

(2)　口分田の不足から，墾田開発を奨励して輸租田を増やし，税収を増加させるとともに土地に対する政府の支配を強めるため。

(3)　上級貴族や寺社を知行国主として一国の支配権を与え，その国からの収益を国主に取得させる制度。

解説

(1)　A．723年に開墾奨励の目的で発せられた。新たに灌漑施設を造って開墾した者は，本人・子・孫の3代に渡って土地を私有できるという格。
　B．開発領主が土地の領有権を寄進した中央の貴族などをいう。
　C．領家がさらに土地の領有権を寄進した場合の上級の有力者をいう。

(2)　Ⅰの法令は墾田永年私財法である。

(3)　知行国の制度は頻出なのでしっかりと把握しておくこと。

2

(1)　A．近江大津　　B．天智
　C．天武

(2)　斉明天皇　　(3)　676年

(4)　問1　乙巳の変　　問2　布帛
　問3　称制

(5)　庚午年籍

(6)　近江朝廷側についた有力な豪族が没落したことで天武天皇に権力が集中した。この強大な権力のもとで天皇一族を重用する皇親政治が展開され，中央集権的な律令国家体制の建設が推進された。

(7)　問1　天智天皇が定めた氏族単位の民部を廃止し，官人個人には食封を支給する制度を定めた。
　問2　水煙

解説

(1)　A．壬申の乱後，大海人皇子が飛鳥浄御原宮に遷都（672年）するまで都であったが，この後荒廃した。
　B．在位668～671年。
　C．在位673～686年。

(2)　在位655～661年。天智・天武両天皇の母，皇極天皇の重祚。

(5)　670年の庚午（かのえうま）の年に作られた。現存せず。

3

(1)　藤原純友　　(2)　平等院鳳凰堂

(3)　問1　源義家
　問2　記号：イ　　地名：平泉

(4)　天皇の外戚としてその地位を強化し，太政大臣という律令体制の役職に就任したこと，及び経済的基盤は数多くの知行国と荘園にあったこと。

解説

(1)　Aは伊予の日振島で，藤原純友（？～941年）はここを本拠地とした。Bは下総の猿島で，平将門（？～940年）は新皇と称し，ここを内裏とした。

(2)　藤原頼通（992～1074年）は3代の天皇の摂政・関白を50余年にわたって務め，宇治関白とよばれた。

(3)　問1　源義家（1039～1106年）は八幡太郎と称され，源氏の東国支配の基礎を築いた。
　問2　奥州藤原氏の根拠地は平泉である。

2 日本史－中世

傾向と対策

鎌倉時代では幕府の機構や守護・地頭設置についての問題が多くみられ，史料問題としては御成敗式目や永仁の徳政令が非常に重要である。鎌倉文化では建築における新様式，彫刻における慶派の活躍を押さえておきたい。鎌倉新仏教はほぼ出しつくされた感があるが，重要さは変わらない。室町時代では，幕府と守護大名との関係，農民の自治と一揆についての問題が頻出している。室町文化は東山文化を中心に，禅宗をキーワードに美術・文学を整理しておく必要がある。

要点 Check!

1 武家社会の成立

➤ 院政と平氏政権

・白河天皇は幼少の堀河天皇に位をゆずった後も上皇として，天皇に代わり政務を行う院政を始めた（1086年）。白河上皇・鳥羽上皇・後白河上皇と約100年続いた院政においては，上皇の周囲に富裕な受領や后妃・乳母の一族など院近臣とよばれる一団が形成され，上皇は仏教を厚く信仰し，出家して法皇となり，六勝寺などの大寺院を造営した。

・保元の乱（1156年）・平治の乱（1159年）後，武士として初めて太政大臣に任命された平清盛は娘の徳子を高倉天皇の中宮に入れ，その子の安徳天皇を即位させて外戚として権勢をふるった。また，摂津の大輪田泊（神戸市）を修築して瀬戸内海航路を整え，日宋貿易を推進した。平氏政権は摂関政治に似て，貴族的性格が強かった。

➤ 執権政治と御成敗式目

・征夷大将軍に任ぜられた源頼朝は武家政権としての鎌倉幕府を確立し，御家人を支配。しかし源氏は3代で絶え，以後は執権の職にあった北条氏が幕府の実権を掌握。

・後鳥羽上皇が承久の乱（1221年）をおこしたが失敗し，幕府は朝廷の監視，京都内外の警備および西国の統轄のため，京都に六波羅探題を設置。

・執権北条泰時は，源頼朝以来の先例や，道理とよばれた武士社会の慣習・道徳に基づいて，紛争を公平に裁く基準を明らかにしたもので，武家社会における最初の体系的法典である御成敗式目（貞永式目）を制定した（1232年）。

▶ 守護と地頭

	設置場所	任務
守護	諸国	大番催促・謀叛人の逮捕・殺害人の逮捕（大犯三カ条）
地頭	荘園・公領	年貢の徴収・納入，治安維持など

▶ 武士の生活

・宗家の首長（惣領・家督）を中心に一門として団結し，分割相続が原則。

▶ 元寇（モンゴル帝国の襲来）と幕府の衰退

・元のフビライ＝ハンは日本に朝貢を求めるが，執権北条時宗がこれを拒否。元は文永の役（1274年），弘安の役（1281年）の２度にわたって九州北部に来襲した。元軍は「てつはう」とよばれる火薬を利用した武器と集団戦法により日本軍を苦しめたが，暴風雨にも助けられ，これを撃退した。

・元寇で御家人たちは多大な出費を強いられた上に十分な恩賞をもらえなかったことや，領地の分割相続を繰り返したことで，御家人の生活が苦しくなり，御家人救済を目的に執権北条貞時が永仁の徳政令（1297年）を発したが，効果はなかった。

・有力御家人足利高氏（尊氏）は幕府に背いて六波羅探題を攻め落とし，新田義貞も鎌倉を攻めて得宗の北条高時以下を滅ぼし，1333年，鎌倉幕府は滅亡した。

▶ 鎌倉文化

〈鎌倉新仏教〉

宗派	開祖	内容	主要著書
浄土宗	法然（源空）	専修念仏	『選択本願念仏集』
浄土真宗（一向宗）	親鸞	悪人正機（説）	『教行信証』
時宗	一遍	踊念仏 全国遊行	（『一遍上人語録』）
日蓮宗（法華宗）	日蓮	題目唱和 他宗排斥	『立正安国論』
臨済宗	栄西	公案による悟り	『興禅護国論』
曹洞宗	道元	只管打坐	『正法眼蔵』

〈鎌倉文化〉

	作品	作者・特徴
和歌	『新古今和歌集』	後鳥羽上皇の命で藤原定家らが編纂
随筆	『徒然草』 『方丈記』	兼好法師 鴨長明
軍記物語	『平家物語』	琵琶法師が語り伝える
建築	東大寺南大門	重源が再興，大仏様
彫刻	東大寺南大門金剛力士像	運慶・快慶
絵画	伝源頼朝像 蒙古襲来絵巻	似絵 絵巻物

2 武家社会の成長

▶ 建武の新政

・後醍醐天皇は幕府も院政も摂政・関白すべてを否定し，天皇への権限集中を図る建武の新政を開始（1334年）。中央には記録所や雑訴決断所などを設置し，諸国には国司と守護を併置。東北・関東地方には，それぞれ陸奥将軍府・

鎌倉将軍府を置いて，皇子を派遣した。

・天皇中心の政策は，武士社会における慣習などを無視するものであったため，武士の不満と抵抗を引きおこし，足利尊氏が挙兵して京都を制圧した。

▶ 南北朝の動乱と室町幕府

・入京を果たした尊氏は北朝（**持明院統**）の光明天皇を立てて，当面の政治方針である**建武式目**を発表（1336年）。吉野に逃れた南朝（**大覚寺統**）の後醍醐天皇はこれに対抗し，約半世紀にわたる南北朝の動乱がおこった。

・北朝側で尊氏の執事高師直と尊氏の弟の足利直義との対立から**観応の擾乱**がおこった。

・３代将軍**足利義満**は，京都の室町に壮麗な邸宅（花の御所）をつくり，ここで政治を行った。1392年には**南北朝の合体**が実現した。

・中央には将軍を補佐し，中央の諸機関を統轄する**管領**を設置し，三管領とよばれる細川・斯波・畠山の３氏から交代で任命した。

・交通の要所に**関所**が設けられたが，これは江戸時代では治安維持のためにつくられたものであるが，中世では関銭・津料などの通行税を徴収する目的で置かれた。

・義満は，**明徳の乱**で山名氏清らを，**応永の乱**で大内義弘を討伐するなど外様の有力守護を滅ぼした。

▶ 武士の世界

・武士の世界では惣領制の解体が進み，一族による所領の分割相続は嫡子による単独相続が一般化した。これにより，従来の血縁的結合を重視していた地方武士団は，利害を重視する**地縁的結合**へ変質した。

▶ 守護大名

	就任した守護	役目
管領（三管領）	細川，畠山，斯波	将軍の補佐役
侍所所司（四職）	赤松，一色，京極，山名	京都の警備や刑事裁判をつかさどる

・南北朝の動乱の中で，幕府は守護の権限を大幅に拡大したので，守護は一国全体の支配権を確立し，**守護大名**とよばれた。

▶ 日明貿易（勘合貿易）

・中国の明からのよびかけにより，義満は1401年，明に側近の僧侶祖阿と肥富を派遣して国交を開いた。形式上は朝貢貿易。倭寇と正式な貿易船を区別するため，明から交付された**勘合**とよばれる証票を持参することが義務付けられたことから，**勘合貿易**ともいう。

・幕府はこの貿易で大きな利益を得たが，幕府の衰退とともに，貿易の実権は次第に堺商人と結んだ細川氏や博多商人と結んだ大内氏に移った。

▶ 日朝貿易

・南北朝の動乱の頃，海賊集団の倭寇が出現。倭寇に悩まされた朝鮮の高麗は日本に使者を送って倭寇の禁止を求めたが，南北朝の動乱のさなかであったため，失敗に終わった。

・幕府だけでなく，守護・国人・商人なども参加。対馬の宗氏が通交の制度を定めた。日本からの輸出品は銅・硫黄などの鉱産物や工芸品などであり，朝鮮からの輸入品は織物類で，特に木綿が大量に輸入された。

▶ 琉球と蝦夷ヶ島

・北山・中山・南山の３地方勢力が分立していたが，中山王の尚巴志が三山を統一し，琉球王国が成立した。

・和人と略奪的な交易を行っていたアイヌは，1457年に大首長コシャマインを中心に蜂起したが，制圧された。

▶ 室町文化

	作品	作者・特徴
連歌	『菟玖波集』 『新撰菟玖波集』	二条良基，連歌の地位を築く 宗祇，正風連歌を確立
御伽草子 史書	『一寸法師』など 『神皇正統記』	絵入り物語 北畠親房，南朝の正統性を説く
建築	鹿苑寺金閣 慈照寺銀閣	足利義満が建立，寝殿造と禅宗様 足利義政が建立，書院造と禅宗様
絵画	秋冬山水図	雪舟，水墨画

・芸能…将軍足利義満の保護を受け，観阿弥・世阿弥（『風姿花伝』を著す）父子が能楽を大成。

・庭園…西芳寺庭園・大徳寺大仙院庭園・龍安寺石庭。河原者の活躍。

・農村部では，有力な農民を中心に村ごとに惣（惣村）とよばれる自治組織がつくられ，惣掟を定めたり，警察権（地下検断）を行使したりした。

▶ 戦国時代

・正長の徳政一揆（土一揆）(1428年)，嘉吉の徳政一揆（1441年），山城の国一揆（1485～93年），加賀の一向一揆（1488～1580年）などがおこった。

・８代将軍足利義政の弟義視と，子の義尚を推す妻の日野富子の間に後継者争いがおこった。この争いに細川勝元と山名持豊が介入し，畠山・斯波家の家督争いも加わり，全国の守護大名が東西に分かれて10年以上戦乱をくり広げた（応仁の乱，1467～77年）。

・主戦場となった京都は焼け野原になり，幕府や朝廷の権威は地に落ちた。以後下剋上の風潮が強まり，さまざまな出自の戦国大名が出現。

・戦国大名は領国支配や家臣団統制のために分国法（家法）を制定。

例題1　鎌倉幕府の組織

次の文章を読んで，各問いに答えよ。

鎌倉幕府の初期の政治体制は，鎌倉殿源頼朝が，公文所（後の政所）・a侍所・（　A　）などの機関を指揮して，諸事を裁決するものであった。

公文所（政所）は，政務一般を司る機関で，初代別当には（　B　）が就任した。彼の家系は代々（　C　）博士に就任するものを輩出しており，頼朝も彼の実務官吏としての手腕を認めて，鎌倉に招いたのであった。一方，（　A　）は訴訟事務を処理する機関で，その長官は（　D　）とよばれ，初代長官には（　E　）が就任した。鎌倉殿（将軍）は，b相模国をはじめいくつかの知行国を直接掌握し，また，c直轄する荘園を持っていた。鎌倉殿が家臣である（　F　）に命令を伝えるときは，主として（　G　）という文書形式が用いられた。

⑴　文章中の空欄に当てはまる語句または人名を答えよ。

⑵　下線部aの初代別当の姓名を答えよ。

⑶　下線部b，cはそれぞれ総称して何というか答えよ。

解答　⑴　A．問注所　　B．大江広元　　C．文章　　D．執事
E．三善康信　　F．御家人　　G．下文

⑵　和田義盛　　⑶　b．関東知行国（関東御分国）　　c．関東御領

解説　初期の鎌倉幕府機構は非常に簡素なものであった。鎌倉には中央機関として3つの役所がおかれ，頼朝の政務を補佐していた。頼朝の死後は頼朝側近の貴族と，有力御家人13名の合議制によって政務が行われた。しかし北条氏は次々と有力御家人を滅ぼし，幕府の実権を握った。以後北条氏が執権職を世襲し，さらに義時の長子泰時の家系が得宗とよばれ，北条氏本家として専制を強めていった。

⑴　A．侍所は1180年，公文所（政所）・問注所は1184年に設置された。

B．守護・地頭の設置は大江広元（1148～1225年）の献策による。

E．三善康信（1140～1221年）も京から招かれた1人である。

F．御家人は将軍から本領を安堵され，その御恩（将軍が武士に対して，領地を保護したり新しい領地を与えたりすること）に対して軍役・京都大番役・鎌倉番役などの奉公（京都や鎌倉を警護し，戦いがおこったときは命をかけて軍役を果たすこと）の義務を負っていた。

⑵　頼朝の死後，北条氏と対立して義時に滅ぼされた（和田合戦，1213年）。

⑶　b．頼朝が朝廷から与えられた知行国は，最大で9ヵ国あった。

c．平家没官領や承久の乱後の京方の没収地が主体で，関東知行国とあわせて幕府の経済的基盤であった。

例題２　武士の生活

次の史料に関する各問いに答えよ。

この史料は，時宗の創始者の生涯を描いた『（　A　）絵伝』に出てくる武士の館の様子である。武士の家では，開発した所領や地頭職を a 兄弟の間で分割相続していったために，一族の代表である（　B　）と，それ以外の兄弟たちである庶子に分かれていった。しかし，先祖を同じくする一族一門という意識は強く，戦闘や番役において（　B　）は自らの従者の他，庶子を率いて参加した。

⑴　文章中の空欄に当てはまる語句を漢字で答えよ。

⑵　下線部 a について，当時の武士の家では女性に対してどのような相続が行われていたか，簡潔に説明せよ。　〈徳島県改題〉

解答　⑴　A．一遍上人　　B．惣領（家督）

⑵　女性も男性と同様に所領や地頭職を相続していた。

解説　⑴　A．一遍（1239～89年）は，日常のいずれのときも臨終と心得て念仏せよと説いた時宗の開祖。上記の『一遍上人絵伝』にみられるように各地を遊行し，念仏を唱えながら踊る「踊念仏」を広めて布教に努めた。また，法然の浄土宗は念仏（南無阿弥陀仏）を唱えれば救われるというわかりやすく，実行しやすい教義のため，武士や民衆にまで広がった。

B．惣領（家督）は一族を束ね，氏神・氏寺をまつった。幕府との主従関係も，庶子を率いた惣領が中心となって結んでいた。

⑵　当時の女性の地位は高く，女性が地頭・御家人になる例もあった。しかし鎌倉時代後期になると御家人が窮乏し，女性の地位もそれに伴って低下した。女性に与えられた財産は少なくなり，本人一代限りで死後惣領に返還する一期分とよばれる相続が多くなった。

例題 3　農民の土一揆

次の史料を読んで，各問いに答えよ。

Ⅰ．$_a$一天下の土民蜂起す。（　A　）と号し、酒屋・（　B　）・寺院等を破却せしめ、雑物等恣にこれを取り、借銭等悉くこれを破る。管領これを成敗す。凡そ亡国の基、これに過ぐべからず。　（『大乗院日記目録』）

Ⅱ．今日山城国人集会す。……同じく一国中の土民等群集す。今度$_b$両陣の時宜を申し定めんがための故と云々。しかるべきか、但し又下極上のいたりなり。両陣の返事問答の様如何、未だ聞かず。……今日山城国人、平等院に会合す。国中の掟法なお以てこれを定むべしと云々。およそ神妙。但し$_c$興成せしめば、天下のため、しかるべからざる事か。

（『大乗院寺社雑事記』）

(1)　史料Ⅰ・Ⅱは，それぞれ何という事件について書かれたものか。また，その事件がおきた西暦年を答えよ。

(2)　史料中の空欄に当てはまる語句を答えよ。

(3)　下線部 a の発端となった事件がおきた国名を答えよ。

(4)　下線部 b は義兄弟同士で争った両陣営を意味するが，それは何氏か。また，この事件の以前に，両氏が分裂して争ったことがきっかけとなっておこった内乱を答えよ。

(5)　下線部 c について，この支配が続いた年数を答えよ。

(6)　史料Ⅱからこの時代の世相を象徴する語句を抜き出せ。

解答　(1)　Ⅰ．正長の徳政一揆（土一揆），1428年　　Ⅱ．山城の国一揆，1485年
(2)　A．徳政　　B．土倉　　(3)　近江
(4)　畠山氏，応仁の乱　　(5)　8年　　(6)　下極上

解説　(1)　正長の徳政一揆と山城の国一揆は，史料問題として出されることが多い。その他，加賀の一向一揆についても史料に目を通しておきたい。

(2)　徳政とは，貸借・質入れなどの契約を無効にすること。金融業者である土倉以外に，酒屋や寺院が襲撃対象となったのは，それらが高利貸業を営んでいたためである。

(3)　近江の馬借が徳政を要求して蜂起したのをきっかけに，一揆はまたたく間に畿内一帯へ波及した。馬借は馬で荷物を運搬した運送業者で，一揆の中心となって村々を結合させる役目を担った。

(4)　応仁の乱の終息後も，畠山氏の家督相続争いが続いていた山城国では，国人・土民が両軍の国外退去，新関撤廃などを要求した。

(5)　1493年までの8年間，山城国では国人たちの協議による自治が行われた。

(6)　南北朝時代から戦国時代にかけ，下剋上（身分の低い者が身分の上位の者を実力で倒すこと。史料では下極上）の風潮が世を覆った。

演習問題

1　★★☆

次の史料を読んで，各問いに答えよ。

Ⅰ．善人なをもちて往生をとぐ、いはんや悪人をや。しかるを、世のひとつねにいはく、「悪人なを往生す、いかにいはんや善人をや」と。

Ⅱ．若し先づ国土を安んじて、現当を祈らんと欲せば、速かに情慮を廻らし、いそいで対治を加へよ。所以は何ん。薬師経の七難の内、五難忽ちに起り二難猶残せり。

　所以「他国侵逼の難、自界叛逆の難」なり。

Ⅲ．一日奘問云、叢林ノ勤学ノ行履ト云ハ如何。

　示云、只管打坐也。或ハ閣上、或楼下ニシテ、常坐ヲイトナム。

(1)　史料Ⅰについて，

問1　この史料の出典を答えよ。

問2　この史料に示された考え方を答えよ。

(2)　史料Ⅱについて，この史料の出典を答えよ。また，その書物が献上された北条氏の得宗を答えよ。

(3)　史料Ⅲを参考にして，鎌倉時代に新しくおこった禅宗の2つの宗派の悟りに達する考えの違いについて，簡潔に説明せよ。

〈宮城県・仙台市改題〉

2　★★☆

次の年表を見て，各問いに答えよ。

年	日中関係
12世紀	$_{\text{a}}$平氏が日宋貿易に力を入れる
1281年	（　A　）を滅ぼした元が日本を襲う
1325年	鎌倉幕府が元に（　B　）を派遣する
1342年	$_{\text{b}}$足利尊氏が元に天龍寺船を派遣する
1401年	$_{\text{c}}$（　C　）が明と国交を結ぶ
1523年	$_{\text{d}}$寧波の乱おこる

(1)　年表中の空欄に当てはまる語句を答えよ。

(2)　下線部ａに関する記述として誤っているものを選べ。

①　平清盛が大輪田泊を修築して瀬戸内海航路の安全を図った。

②　日本からの輸出品は，金，水銀，硫黄，刀剣などであった。

③　宋から木綿が大量に輸入され衣料など生活様式に大きな影響を与えた。

(3)　下線部ｂについて，尊氏に派遣をすすめた人物を答えよ。

(4)　下線部ｃの貿易形式を答えよ。

(5)　下線部ｄのできごとが日中間の貿易に与えた影響について，簡潔に説明せよ。

〈石川県〉

3　★★☆

次の文章を読んで，各問いに答えよ。

律令体制が確立すると，中国にならって自国の歴史を編纂しようとする気運が高まり，『古事記』や『日本書紀』にまとめられた。平安末期には，時代の転換期に，過去の歴史を振り返ろうとする貴族の思想が顕著に表れ，歴史物語が発達した。ａ鎌倉時代に入ると，哲学的な歴史著述であるｂ『愚管抄』が成立した他，軍記物であるｃ『平家物語』が作られ，平曲として語られることで，文字を読めない人々にも広く親しまれた。南北朝期には，激しい動乱が続く中，自分たちの正統性を主張する歴史書や，優れた軍記物などが生み出された。前者にはｄ『神皇正統記』，『梅松論』などが，後者には『太平記』がある。

(1)　下線部ａの時代に建てられた東大寺南大門の建築様式は何とよばれるか。そのよび名を答えよ。

(2)　下線部ｂの『愚管抄』を著した人物名を答えよ。

(3)　下線部ｃの『平家物語』を一般の人々に広めた語り手は何とよばれるか。そのよび名を答えよ。

(4)　下線部ｄの『神皇正統記』が書かれた頃の社会の変化に関する記述として誤っているものを選べ。

①　武士の相続方法が分割相続から単独相続へと変化し，武士は血縁よりも地縁を重んじるようになった。

②　名主を中心として惣が形成され，祭礼や農業の共同作業，戦乱に対する自衛などを通し，結合を強めていった。

③　地方で市場の発展が進んで六斎市が一般化し，また，連雀商人や振売とよばれた行商人の数も増加していった。

④　一部の武士たちの間では，天皇などの伝統的な権威を無視した，華美で人目を驚かす風俗が流行していた。

〈香川県改題〉

演習問題　解答・解説

1

(1)　問1　『歎異抄（鈔）』
　　問2　悪人正機（説）

(2)　出典：『立正安国論』
　　得宗：北条時頼

(3)　臨済宗は，坐禅時に公案とよばれる普遍的な真理を体得できるように設定された課題を坐禅者に与え，考える手がかりとさせて悟りに到達させた。一方，曹洞宗は，坐禅そのものが仏法であるとして，公案を用いず，雑念を排してひたすら坐禅を行うという只管打坐を説いた。

解説

(1)　『歎異抄』は親鸞（1173〜1262年）の弟子唯円が師親鸞の教えを著したもの。「悪人正機（説）」は『歎異抄』に述べられた親鸞の救済思想で，阿弥陀仏が救おうと願っているのは，多くの悩みをかかえ悪人との自覚を持っている人々であるという考えである。

(2)　『立正安国論』は日蓮（1222〜82年）が，前執権北条時頼（1227〜63年）に提出した建白書で，天変地異の続発は法華経の正法に背き，念仏の邪法を禁じないためであると述べた。北条時頼は引付衆を設置して，裁判の迅速化を図るなどの幕政改革に努めた。

2

(1)　A．南宋　　B．建長寺船
　　C．足利義満

(2)　③　　(3)　夢窓疎石

(4)　朝貢貿易

(5)　一時期勘合貿易は途絶えたが，その後大内氏の独占となった。

解説

(1)　B．1325年から翌年にかけて元に派遣された幕府公許の貿易船。
　　C．足利義満（1358〜1408年）の事績は重要事項が多いので要注意。

(2)　③　宋からの輸入品は宋銭・陶磁器・香料・薬品・書籍などで，最も重要なのは宋銭である。木綿は室町期の日朝貿易で大量に輸入された。

(3)　夢窓疎石（1275〜1351年）は臨済宗の禅僧で，後醍醐天皇の冥福を祈るため，足利尊氏に天龍（竜）寺の建設と天龍（竜）寺船の元への派遣を勧めた。

(4)　日明貿易は朝貢貿易の形式をとったので，滞在・運搬費は中国もちで日本の利益が非常に大きかった。

(5)　寧波の乱（1523年）は，博多商人と結ぶ大内氏と堺商人と結ぶ細川氏が貿易の主導権をめぐって争った事件である。

3

(1)　大仏様

(2)　慈円

(3)　琵琶法師　　(4)　③

解説

(1)　中国宋代の建築様式で，おおらかで豪放，力強い様式の美しさをもつ。

(2)　慈円（1155〜1225年）は関白九条兼実の弟で，天台座主・大僧正となった。対幕府協調派で後鳥羽上皇の討幕の非を主張し，『愚管抄』を著した。

(3)　平安中期から現れた，琵琶を弾きながら語り物を語る盲目で僧形の芸能者。

(4)　③　北畠親房（1293〜1354年）が『神皇正統記』を著したのは1339年頃で，南北朝期に当たる。六斎市は応仁の乱頃から各地で始まった。

3 日本史－近世

傾向と対策

織豊政権では，信長の楽市・楽座や秀吉の諸政策は史料問題として多く出題されているので注意しておきたい。江戸時代は日本史全体の中でも最も出題が多い時代である。すべての分野に注意を払わねばならないが，出しつくされているとはいえ，三大改革を中心とした政治史は必須である。近年の傾向として，新井白石の政治に関する問題が散見される。桃山・元禄・化政などの文化史は重要であるが，江戸時代の文化に関しては，思想・学問についての整理に相当の時間を割くことが必要である。

要点 Check!

1 幕藩体制の確立

➤ 織豊政権

・1543年にポルトガル人を乗せた中国人倭寇の船が**種子島**に漂着したことをきっかけに鉄砲が伝わり，1549年には**イエズス会**のスペイン人宣教師**フランシスコ＝ザビエル**が鹿児島に到着し，大内義隆・大友義鎮らの保護を受けてキリスト教を伝えた。これは，日本など海外でキリスト教を布教することで，宗教改革でゆらいだカトリックの体制を立て直そうとしたからである。

・織田信長は仏教勢力に対抗するためキリスト教を保護したり，**楽市·楽座**（**楽市令**）を行い閉鎖的·特権的な市や座を廃したりして，旧来勢力の一掃を企図。

・豊臣秀吉は信長のあとを受け全国を統一。**太閤検地**を行って新しい土地制度を確立。刀狩令を出し農民の武器を没収して一揆を防止，**兵農分離**を推進した。

➤ 桃山文化

	作品	作者・特徴
建築	姫路城	天守閣が現存する
障壁画	唐獅子図屛風	**狩野永徳**

・芸能…**出雲阿国**が阿国歌舞伎を始める。

・茶道…**千利休**が茶の湯（侘〔び〕茶）を完成。

➤ 江戸幕府の成立

・徳川家康は**関ヶ原の戦い**で豊臣政権の石田三成に勝利して江戸幕府を開き，

大坂の役（陣）で豊臣氏を滅ぼした。

・将軍の下で老中が政務を統轄し，その補佐には若年寄が当たった。また寺社奉行・勘定奉行・町奉行が職掌を分担。これら幕府の役職には大名・旗本がついた。

・全国には親藩・譜代・外様（関ヶ原の戦い以後に徳川氏に従った）の大名が配置され，主要地は幕府直轄地とした。

・大名を統制するため武家諸法度を制定し，3代将軍徳川家光のときに参勤交代の制度が追加。また朝廷・公家の統制のため禁中並公家諸法度を制定。

▶ 農民と身分統制

・幕府は農民の生活を細かく規定し，また年貢の徴収を確実にするため各種の法令で厳しく統制。

・農民以外に職人や商人などの諸身分がおかれ，その身分を世襲・固定。

▶ 江戸時代初期の外交

・幕府は，キリスト教の布教はスペイン・ポルトガルの侵略を招く恐れがあるとともに，貿易に関係している西国の大名が富強になることを恐れて，1612年にキリスト教禁止令（禁教令）を発した。1637年の島原・天草一揆の鎮圧後，1639年にはポルトガル人の来航を禁止して鎖国体制をとった。

〈鎖国体制下の外交窓口〉

長崎	オランダ 中国	平戸の商館を出島に移し，オランダ風説書を提出させた。 長崎での居留地を唐人屋敷として区画制限した。
対馬藩	朝鮮王朝	朝鮮からは通信使が幕府に派遣された。
薩摩藩	琉球王国	琉球からは謝恩使・慶賀使が幕府に派遣された。

▶ 寛永期（江戸初期）の文化

	作品	作者・特徴
建築	桂離宮 日光東照宮	数寄屋造 権現造
絵画	風神雷神図屏風	俵屋宗達

2 幕藩体制の展開

▶ 幕政の安定

・4代将軍徳川家綱のころから武断政治を文治政治に転換，由井（比）正雪の乱（慶安の変）後に末期養子の禁止を緩和し，牢人の増加を防いだ。

・1669年，アイヌ集団はシャクシャインを中心に松前藩と対立し（シャクシャインの戦い），松前藩が津軽藩の協力を得て勝利した。以後，18世紀前半頃まで多くの商場が和人商人の請負となった（場所請負制度）。

・5代将軍徳川綱吉は大老の堀田正俊や側用人の柳沢吉保らを側近とし，湯島聖堂を建てて林鳳岡（信篤）を大学頭に任じて儒教を重視。勘定吟味役（後に勘定奉行）の荻原重秀が幕府の財政収入増の方策として，貨幣の改鋳を上申し，これを採用。幕府は増収をあげたが，貨幣価値の下落と物価の騰貴を引きおこした。
・綱吉の死後，幕政を担当した新井白石は，金の含有率を下げた元禄小判を改め，以前の慶長小判と同率の正徳小判を鋳造させ，物価の騰貴を抑えようとしたが，かえって混乱を招いた。
・新井白石は長崎貿易での金銀の海外流出を防ぐため，海舶互市新例（長崎新令〔例〕・正徳新令〔例〕）を発令。

➤ 経済の発展

・農業技術の発展はめざましく，備中鍬（耕地を深く耕す），千歯扱（脱穀），唐箕・千石簁（選別）・踏車（灌漑）などの農具も考案され，農業の生産力が向上した。
・京都の豪商角倉了以は富士川・高瀬川などの開削を行い，新たな水路を開拓。
・大坂から江戸間の海上では，17世紀前半に菱垣廻船が運送し始め，17世紀後半になると江戸の商人河村瑞賢が東廻り航路・西廻り航路を整備した。18世紀前半には樽廻船が新たに運航を始めた。

➤ 元禄文化

	作品	作者・特徴
文学	『日本永代蔵』 『曽根崎心中』 『奥の細道』	井原西鶴，浮世草子 近松門左衛門，世話物 松尾芭蕉，俳諧紀行文
絵画	見返り美人図 燕子花図屏風	菱川師宣，浮世絵 尾形光琳，装飾画
学問	『農業全書』 『発微算法』	宮崎安貞，農書 関孝和，和算書

3 幕藩体制の動揺

➤ 幕政改革

名称・改革者	施策	
享保の改革 （1716～45年） 徳川吉宗	公事方御定書 相対済し令 上げ米 定免法 目安箱	法令・判例を整理して裁判・刑罰の基準とした。 金銭貸借関係の訴訟は当事者間で解決させた。 参勤交代を緩和するかわりに米を上納させた。 検見法を改め，年貢の増徴をめざした。 庶民の意見を聞くため，評定所に設置。この意見をもとに小石川養生所を設置。

田沼意次の政治 （1767〜86年）	株仲間の積極公認 新田開発	運上・冥加などの営業税の増収。 印旛沼・手賀沼の干拓工事。
寛政の改革 （1787〜93年） 松平定信	囲米，七分積金 棄捐令 寛政異学の禁 旧里帰農令	飢饉への備え。 札差に貸金を放棄させ，旗本・御家人を救済。 湯島聖堂の学問所で朱子学以外の講義禁止。 資金を与えて農村に帰ることを奨励。
天保の改革 （1841〜43年） 水野忠邦	株仲間の解散 人返しの法 上知令	物価の騰貴を抑えるため実施。 江戸に流入した貧民の帰郷を強制。 江戸・大坂周辺を直轄地にしようとして失敗。

▶ 列強の接近

・ロシア皇帝エカチェリーナ２世は日本との通商を求めてラクスマンを根室に派遣した（1792年）。1804年にはレザノフが長崎に来航したが，幕府は冷淡な対応をしたので，ロシア船は樺太や択捉島を攻撃。

・イギリスのフェートン号がオランダ船を追って長崎港に侵入（1808年）。この後アメリカ・イギリス船が頻繁に出没したため，幕府（11代将軍徳川家斉）は1825年に異国船打払令（無二念打払令）を発令。

・アメリカ船モリソン号が漂流民の返還と通商を求めて来航（1837年）したが，幕府はこれを撃退（モリソン号事件）。この事件に対し，渡辺崋山・高野長英らが幕府を批判したため，処罰された（蛮社の獄，1839年）。

▶ 化政文化

	作品	作者・特徴
文学	『東海道中膝栗毛』 『南総里見八犬伝』	十返舎一九，滑稽本 曲亭（滝沢）馬琴，読本
美術	ポッピンを吹く女 富嶽三十六景 市川鰕蔵 東海道五十三次	喜多川歌麿，美人画（錦絵） 葛飾北斎，風景画（錦絵） 東洲斎写楽，役者絵（錦絵） 歌川（安藤）広重，風景画（錦絵）
洋学	『解体新書』 『大日本沿海輿地全図』 『ハルマ和解』	前野良沢・杉田玄白，オランダ語の解剖書『ターヘル＝アナトミア』を翻訳。 伊能忠敬，全国の沿岸を実測。 稲村三伯，最初の蘭日辞書
国学	『古事記伝』 『群書類従』	本居宣長，日本古来の精神に返ることを主張。 塙保己一，古代からの国書を分類・刊行。
思想	『自然真営道』 『海国兵談』	安藤昌益，封建社会を厳しく批判。 林子平，海防論を展開するが罰せられる。

・藩校（藩学）…弘道館（水戸藩），明倫館（長州藩），時習館（熊本藩）

・私塾…芝蘭堂（大槻玄沢・江戸），適々斎塾（適塾，緒方洪庵・大坂），鳴滝塾（シーボルト・長崎），花畠教場（熊沢蕃山・岡山）

例題1　豊臣秀吉の全国統一

次の文章を読んで，各問いに答えよ。

> 豊臣秀吉は，土地の面積表示を新しい基準のもとに定めた町・段・畝・歩に統一するとともに，それまでまちまちであった枡の容量も京枡に統一し，土地一区画ごとに田畑の面積・等級を調査してその（　　　）を定めた。

(1)　上の文章は，豊臣秀吉が行った代表的な政策の一つである。何という政策か漢字4文字で答えよ。

(2)　（　　　）に当てはまる語句を答えよ。

(3)　上の文章の政策により，一つの土地に何人もの権利が重なり合っていた状態を整理し，実際に耕作している農民の田畑と屋敷地を登録するようになった。このことを何というか答えよ。

(4)　次の豊臣秀吉の全国統一にかかわる事柄のうち，全国統一の完成を示す事柄を，ア～エから一つ選び，記号で答えよ。

ア　明智光秀をやぶった山崎の戦い
イ　北条氏政・氏直をやぶった小田原攻め
ウ　長宗我部元親をやぶった四国平定
エ　柴田勝家をやぶった賤ヶ岳の戦い

〈徳島県〉

解答　(1)　太閤検地　(2)　石高（村高）　(3)　一地一作人　(4)　イ

解説　(1)　1582年から始まった太閤検地では，6尺3寸（約191cm）四方を1歩とし，300歩を1段とした。太閤検地や刀狩令（1588年）などの政策により，武士と農民との身分の区別が明確になった。これを**兵農分離**という。

(2)　旧来の検地は指出検地であった。

(3)　土地の生産高を米の量で換算する石高（村高）で表示し，耕作者を**一地一作人**の原則に基づいて検地帳に登録した。

(4)　アは1582年。イは1590年。ウは1585年。エは1583年。その他，秀吉の対外政策として，初めはキリスト教を認めていたが，キリシタン大名の大村純忠が長崎をイエズス会の教会に寄付していることを知って，1587年に宣教師を国外へ追放した（**バテレン追放令**）。また，中国の明の征服をめざし，**文禄の役**（1592年）と**慶長の役**（1597年）の2度にわたり朝鮮に出兵したが，失敗した。

例題2　幕藩体制の展開

(1) 江戸時代のできごとに関する次の文章と，最も関係のある人物をア～クから選べ。

① 江戸の治安を安定させるため，石川島に人足寄場を設けた。
② 上げ米を実施し，かわりに参勤交代の負担をゆるめた。
③ オランダ商館を出島に移し，鎖国を完成させた。
④ 金，銀の海外流出を防ぐため，貿易を制限した。
⑤ 物価の引き下げを図るため，株仲間を解散させた。

ア．新井白石　イ．徳川吉宗　ウ．田沼意次　エ．島津斉彬
オ．徳川家光　カ．松平定信　キ．水野忠邦　ク．徳川綱吉

(2) ④を行うため，どのような法令を出したか答えよ。

(3) ⑤で株仲間の解散が物価引き下げになると考えたのはなぜか答えよ。

〈山口県改題〉

解答 (1) ① カ　② イ　③ オ　④ ア　⑤ キ

(2) 海舶互市新例（長崎新令〔例〕，正徳新令〔例〕）

(3) 株仲間が流通を独占していると判断したため，株仲間以外の商人が自由な取引を行うことで，独占的な価格が崩れると期待したから。

解説 (1) ① 老中松平定信（1758～1829年）が寛政の改革で行った事業である。無宿者を強制的に収容して技術を身に付けさせ，職業をもたせようとした。

② 8代将軍徳川吉宗（在職1716～45年）が享保の改革で行った政策である。財政逼迫のため1万石につき100石の米を上納させ，そのかわりに大名の江戸在府を半年にした。

③ 3代将軍徳川家光（在職1623～51年）の在職中の政策で，出島は最初ポルトガル人を収容するために造られたが，1639年にポルトガル人の来航が禁じられたので，41年にオランダ商館が平戸から移された。

④ 儒学者新井白石（1657～1725年）が正徳の政治（治）で行った政策である。

⑤ 老中水野忠邦（在職1834～43，44～45年）が天保の改革で行った政策である。

(2) 新井白石は日本の金銀が長崎貿易で相当量海外に流出したと考え，海舶互市新例を1715年に発して，長崎貿易を年間で中国（清）船30隻・銀6000貫，オランダ船2隻・銀3000貫に制限した。

(3) 株仲間とは幕府に運上や冥加などの営業税を納めて市場を独占した同業者の組合のことである。

例題 3　列強の接近

次の史料を読んで，各問いに答えよ。

当世の俗習にて、異国船の入津ハ長崎に限たる事にて、別の浦江船を寄ル事ハ決して成らざる事ト思リ。実に太平に鼓腹する人ト云べし。…（中略）…当時長崎に厳重に石火矢の備有て、却て安房、相模の海港に其備なし。此事甚不審。細カに思へば江戸の日本橋より唐、阿蘭陀迄境なしの水路也。然ルを此に備へずして長崎にのミ備ルは何ぞや。

⑴　この史料はある著作の一部である。その著作名を答えよ。

⑵　この著作において警戒の対象とされた国を答えよ。

⑶　この著作者はある人物によって処罰された。その人物を次から選べ。

ア．徳川吉宗　　イ．松平定信　　ウ．田沼意次

エ．井伊直弼　　オ．水野忠邦

⑷　次のＡ～Ｃの事項と関連の深い人物を⑶のア～オから選べ。

Ａ．囲米　　Ｂ．上知令　　Ｃ．足高の制

⑸　1808年，イギリス軍艦がオランダ船捕獲の目的で長崎湾内に侵入し，薪水・食料を強奪して退去した事件を答えよ。

〈富山県改題〉

解答　⑴『海国兵談』　⑵ ロシア　⑶ イ

⑷ Ａ．イ　Ｂ．オ　Ｃ．ア　⑸ フェートン号事件

解説　⑵ 著作者の林子平（1738～93年）はロシアの南下を警告して，江戸湾防備の必要性を説いた。

⑶ 1791年，出版統制令違反として幕府に召喚され，翌年版木が没収された。

⑷ Ａ．松平定信が寛政の改革で行った政策で，飢饉に備え籾米を蓄えさせた。

Ｂ．水野忠邦が天保の改革で行った政策で，江戸・大坂周辺の50万石の地を幕府直轄領として，財政の安定や対外防備の強化をはかろうとしたが，領地替を求められた大名・旗本に反対され実現できず，忠邦は失脚した。

Ｃ．徳川吉宗が享保の改革で行った政策で，人材登用に当たって禄高の低い者が役職に就任する場合，在職期間中のみ不足の役料を補う制度。

⑸ 欧州のナポレオン戦争の余波による事件で，幕府は事件後オランダ商館長を江戸によび，欧州の情報などを知った。これによってオランダ風説書への疑念が生じ，1825年の**異国船打払令**（無二念打払令）の一因となった。

演習問題

1 ★★☆

鎖国下の国際関係を説明した次の文章の空欄に当てはまる語句を答え，各問いに答えよ。ただし，空欄A～Eは図中のそれと一致している。

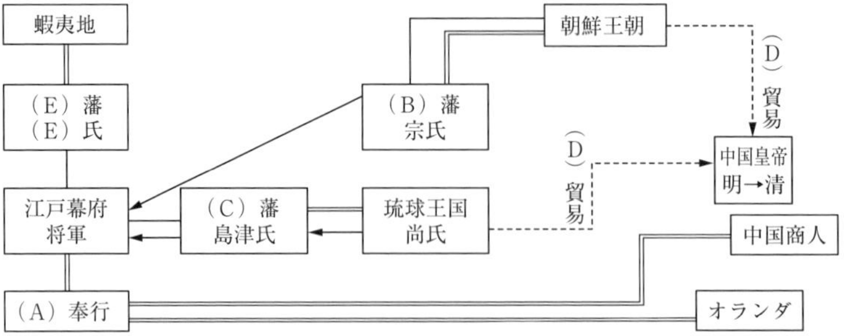

$_a$鎖国という言葉は，江戸時代の日本の対外関係を象徴する言葉として，しばしば用いられている。しかし，この間においても外国との交わりはあった。オランダ・中国との貿易は（　A　）で幕府が統轄していた。オランダは$_b$出島に商館をおいた。中国に対しては，その居住地を$_c$ある一定区画内に限定した。朝鮮との交渉は（　B　）藩の宗氏が1609年に己酉約条を結び，幕府の承認のもとで担当した。この条約で釜山に倭館が設置されることや，宗氏の対朝鮮外交上の特権的な地位が両国によって認められた。琉球王国は，1609年，（　C　）藩に征服され，その支配下に入った。島津氏は中国との（　D　）貿易を継続させた。また琉球王国は，$_d$慶賀使や謝恩使を江戸の将軍のもとへ送ったりした。蝦夷地のアイヌとの交渉は，（　E　）氏が1604年に徳川家康から交易独占権を保障されていた。（　E　）氏とその家臣団との主従関係は，この$_e$アイヌとの交易権を知行として与えることで結ばれていた。以上のように，江戸時代の日本は，周辺諸国と様々な関係をもっていたわけである。

(1) 下線部aについて，ドイツ人医師ケンペルの著述した『日本誌』の一部を『鎖国論』の題で翻訳し，鎖国という言葉を最初に使った人物名を答えよ。

(2) 下線部bについて，オランダ船の来航ごとに，商館長が幕府に提出した海外事情の報告書名を答えよ。

(3) 下線部cについて，この一定区画内の居住地のことを何というか答えよ。

(4) 下線部dについて，慶賀使はどのような機会に琉球から派遣されたか。15字程度で答えよ。

(5) 下線部eについて，この制度名を答えよ。

〈神戸市改題〉

2 ★★☆

次の年表を見て，各問いに答えよ。

年	主なできごと
1603年	江戸幕府が開かれる
	↕ A
1694年	a 十組問屋仲間が成立する
	↕ B
1721年	商人仲間結成が命じられる
	↕ C
1841年	b 株仲間解散令が出される
	↕ D
1867年	大政奉還が行われる

(1)　下線部aは主として上方からの荷受けを行った問屋仲間である。これに対し，大坂で後に生まれ，主に上方の積み荷を行った問屋仲間を答えよ。

(2)　下線部bが出されたときの老中首座を答えよ。

(3)　年表中Aの期間のできごととして誤っているものを選べ。

　①　河村瑞賢（軒）が幕命により，東廻り・西廻り航路（海運）を整備した。

　②　幕府は日本人の海外渡航と海外からの帰国を全面的に禁止した。

　③　朝鮮との間に己酉約条が締結され，初めて朝鮮通信使が来日した。

　④　伊能忠敬が全国の沿岸を測量し，『大日本沿海輿地全図』が作成された。

(4)　年表中Bの期間に活躍した人物とその著作の組み合わせとして誤っているものを次から選べ。

　ア．貝原益軒－『解体新書』　　イ．新井白石－『読史余論』

　ウ．宮崎安貞－『農業全書』　　エ．近松門左衛門－『国性（姓）爺合戦』

(5)　年表中Cの期間に，専売制度を拡充し商業資本の利用と統制を行うため，株仲間を公認して冥加や運上の増徴をはかった老中名を答えよ。

(6)　年表中Dの期間の社会の様子として誤っているものを選べ。

　①　開国後の物価高騰などもあって百姓一揆や打ちこわしが頻発し，中には「世直し」を掲げるものもあった。

　②　幕末の社会不安が広がる中，天理教，金光教といった新興の民衆宗教が発展し，多くの信者を獲得していった。

　③　欧米文化が急速に流入し，大都市には煉瓦造りの建物が建ち並び，ガス灯が設置され，新橋・横浜間に鉄道が開通した。

　④　東海・近畿などの地方で，伊勢神宮の御札が降るなどして，「ええじゃないか」の民衆の乱舞が広がった。

〈長崎県改題〉

3 ★☆☆

次の各文章は，江戸時代の思想家について述べたものである。それぞれの文章を読んで，各問いに答えよ。

A．朱子学の尊王斥覇の思想に基づいて，1758年に京都で公家に尊王論を説き，a追放刑になった。

B．北方海域におけるbロシアの進出に対して『三国通覧図説』，『海国兵談』を著し，海岸防備を説いた。幕府はこれを幕政への批判ととらえ弾圧した。

C．高野長英，小関三英らと尚歯会を結成し，蘭学の研究をして内外事情の知識を吸収した。1837年のモリソン号事件に対して翌年『慎機論』を著し，幕府の鎖国政策を批判した。

(1)　A～Cに当てはまる人物名を答えよ。

(2)　下線部aについて，この事件名を答えよ。

(3)　下線部bについて，1792年，エカチェリーナ2世の命を受け，大黒屋光太夫らを伴い根室に来航した人物名を答えよ。　〈福岡県・福岡市・北九州市〉

4 ★★☆

次のグラフを見て，各問いに答えよ。

〈百姓一揆の推移〉

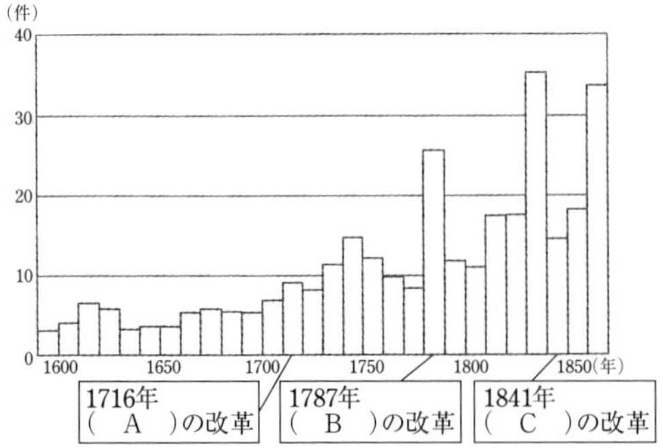

＊件数は10年ごとの平均（青木虹二『百姓一揆総合年表』より作成）

(1)　グラフ中の空欄に当てはまる語句と中心になって改革を推進した人物名を答えよ。

(2)　空欄Bの改革の直前に百姓一揆が増加した原因を「年貢」の語句を使って40字以内で説明せよ。

(3)　空欄Cの改革の外交政策について，簡潔に説明せよ。

〈北海道・札幌市改題〉

演習問題　解答・解説

1

A．長崎　B．対馬　C．薩摩
D．朝貢　E．松前
(1)　志筑忠雄
(2)　オランダ風説書
(3)　唐人屋敷
(4)　徳川将軍の代替りごとに派遣された
(5)　商場知行制

解説

江戸時代における海外の窓口については近年の頻出事項となっている。4つの窓口をこの問題の表でよく理解しておくこと。

(1)　1760～1806年。長崎生まれで和蘭陀通詞志筑家の養子となったが，蘭書の研究に集中し，多くの訳書を著す。

(2)　1641～1859年の間，毎年オランダ商館長から長崎奉行を通じて幕府に提出された。

(3)　幕府は抜け荷防止のため，1688年にそれまで長崎市内に雑居していた中国人を1ヵ所に集めて住まわせた。

(4)　琉球使節は将軍代替りを祝う慶賀使と，琉球国王の即位を感謝する謝恩使とがあった。200余年の間で約20回遣わされた。

(5)　江戸後期には，商場を内地商人に請け負わせる場所請負制になり，運上金を上納させた。

2

(1)　二十四組問屋　(2)　水野忠邦
(3)　④　(4)　ア
(5)　田沼意次　(6)　③

解説

(1)　大坂の二十四組問屋も，江戸の十組問屋と同じく17世紀末から18世紀初頭に組織され，最初は十組で結成されたが，後に二十四組になった。組とは綿店組・酒店組など商品別の仲間をいう。

(3)　④　伊能忠敬（1745～1818年）が日本沿岸を測量したのは1800～16年で，『大日本沿海輿地全図』が完成したのは死後3年経った1821年である。

(4)　ア．『解体新書』は前野良沢・杉田玄白が翻訳した解剖書で，1774年に刊行された。貝原益軒（1630～1714年）は筑前福岡藩の儒者・本草学者で，著作は膨大であるが，初の本格的本草学書『大和本草』が著名である。

(5)　田沼意次（1720～88年）は10代将軍家治の側用人から老中になって幕政を独占し，田沼時代とよばれる一時代を築いた。この時代は以前には賄賂が横行して政治腐敗がおこったという見方をされていたが，近年は経済政策重視の時代という見方に変化している。

(6)　③　明治に関する記述である。

3

(1)　A．竹内式部　B．林子平
C．渡辺崋山
(2)　宝暦事件
(3)　ラクスマン

解説

(1)　A．竹内式部（1712～67年）は越後出身の神道家。垂加神道を学んで京都の公家に神書・儒書を講義し，尊王思想を説いた。
B．例題3参照。

C．渡辺崋山（1793～1841年）は三河田原藩の家老で，藩の海防問題から蘭学に関心をもち，高野長英らと交わった。幕政を批判したとして，蛮社の獄で弾圧され，田原に蟄居となったが自刃した。画にも優れ『一掃百態』『鷹見泉石像』などが著名である。

(2) 竹内式部の説は邪説であると訴えられ，摂家により処分された事件。さらに式部に講義を受けた桃園天皇の近習公家もあわせて処罰された。

(3) ラクスマン（1766～？年）はロシアの陸軍中尉であったが，彼の父が漂流民の大黒屋光（幸）太夫らの帰国に尽力したため，遣日使節に推挙され，根室に来航した。幕府の指示により箱館に回航したが通商は拒否され，長崎入港を許可する証明書である信牌を受け取り帰国した。

4

(1) A．語句：享保
　　人物名：徳川吉宗
　B．語句：寛政
　　人物名：松平定信
　C．語句：天保
　　人物名：水野忠邦

(2) 天明の飢饉が起こったため，年貢減免などを求めて百姓一揆が急増した。

(3) 異国船打払令（無二念打払令）を緩和して薪水給与令を出した。

解説

(1) いわゆる江戸時代の三大改革で，共通しているのは倹約令である。正徳の治（政治）や田沼時代もあわせて，個々の政策についても整理しておかねばならない。

(2) 百姓一揆・打ちこわしと飢饉とは密接な関係があるので，享保・天明・天保の3大飢饉についても，時期と改革との関わりについて押さえておく必要がある。

(3) 清がアヘン戦争でイギリスに敗れたことから，打ち払いを続けていると外国と戦争になる可能性があるので，漂着した外国船にも薪水や食料を与えるよう緩和した。また，江戸湾防備のため川越藩と忍藩に警備を命じたり，江戸・大坂周辺の支配を強化するため上知（地）令を出したりした。

4 日本史－近代・現代

傾向と対策

近代では明治維新から新政府が確立する過程や，憲法の制定や議会の開設など，日本が近代国家としての体裁を整えていく過程を押さえておくことが重要である。大正デモクラシー，アジアへの外交政策に関する問題も従来から出題されている。各内閣とその政策についても整理しておくこと。現代では戦後処理の諸政策，冷戦の中における日本の外交政策などが重要である。高度経済成長時の社会経済問題も多くみられ，教科書に掲載されている程度の表・グラフにはよく目を通しておかねばならない。

要点 Check!

1 近代国家の成立

➤ 開国と幕府の滅亡

・1853年にアメリカの東インド艦隊司令長官**ペリー**が浦賀に来航，翌年に**日米和親条約**を締結。1858年には大老の井伊直弼が朝廷の許可なく**日米修好通商条約**を締結し，反対する尊王攘夷論者を**安政の大獄**で弾圧したため，1860年に暗殺された（**桜田門外の変**）。

・開国後の外国貿易は物価騰貴をよび，庶民の生活を圧迫して攘夷運動が激化。

・15代将軍徳川慶喜は**大政奉還**を行って政権を朝廷に返上し，薩長を中心とした倒幕側も，**王政復古の大号令**（詔）を発して新政府の樹立を宣言（1867年）。

➤ 新政府の政策

・１年半に及ぶ戊辰戦争（戊辰の内乱）の間に新政府は体制を整え，**五箇条の（御）誓文**・五榜の掲示・政体書を相次いで発した。

版籍奉還（1869年）	朝廷に土地・人民を返還，藩主は知藩事として藩政を執った。
廃藩置県（1871年）	藩を廃し，政府が派遣した府知事・県令が地方行政に当たった。
地租改正（1873年）	課税の基準を**地価**とし，地券所有者に**金納**させた。
殖産興業	**官営模範工場**を設立して外国の先進技術を取り入れ，鉱山を官営事業とした。貨幣・金融・郵便の諸制度も近代化。
徴兵令（1873年）	国民皆兵が原則，満20歳以上の男子を選抜して兵役につかせた。

▶ 自由民権運動と憲法制定

自由民権運動		政府の動き	
1874年	民撰議院設立の建白書を提出		
1875年	愛国社の設立	1875年	新聞紙条例，讒謗律
1880年	国会期成同盟の結成	1880年	集会条例
1881年	板垣退助，自由党を結成	1881年	国会開設の勅諭
1882年	大隈重信，立憲改進党を結成	1882年	伊藤博文，憲法研究のため渡欧
		1885年	内閣制度を制定
1887年	三大事件建白運動	1887年	保安条例
		1889年	大日本帝国憲法の発布
		1890年	第一回帝国議会選挙

▶ 条約改正

・1886年にノルマントン号事件（イギリス船ノルマントン号が暴風雨で沈没した際に，日本人全員が溺死したにもかかわらず，イギリスに領事裁判権が認められていたため，イギリス人船長の過失を問うことができなかった事件）がおこり，不平等条約に対する世論の反感が強まる。

・旧幕府が欧米諸国と締結した不平等条約の改正は，新政府にとって重要な課題で，岩倉具視・寺島宗則・井上馨・大隈重信・青木周蔵の各外交担当者は果たせなかった。

・1894年に陸奥宗光が日英通商航海条約で領事裁判権が撤廃され，1911年には小村寿太郎が日米通商航海条約で関税自主権の完全な回復に成功した。

▶ 日清・日露戦争

・甲午農民戦争（1894年）をきっかけに日清戦争が勃発，日本が勝利。下関条約（1895年）により，清は朝鮮の独立を認め，賠償金２億両と遼東半島・台湾などを得た。しかし，ロシアがドイツ・フランスを誘い，遼東半島を清に返還する要求をしてきたので受け入れた（三国干渉）。

・日本はロシアの南下政策を阻止するため，イギリスはロシアの東アジアへの進出に対抗するため，日英同盟を締結（1902年）。

・日露戦争が勃発（1904年）し，日本は有利に戦いを進めたが，翌年セオドア＝ローズヴェルト米大統領の斡旋を受け入れ，ポーツマス条約を結んで講和。ロシアは韓国に対する日本の優越権を認め，旅順・大連の租借権など中国における各種利権を日本に譲渡した。しかし，日本では国民が期待していた賠償金を得ることができず，日比谷焼き打ち事件がおこった。

・日露戦争以降，日本は韓国の植民地化を進め，1910年に併合（韓国併合）し，朝鮮総督府を設置。

2 近代日本とアジア

▶ 第一次世界大戦（1914～1918年）

・日本は日英同盟を理由に連合国側で参戦し，中国におけるドイツの権益などを接収。
・袁世凱政府に二十一カ条の要求をつきつけ（1915年），大部分を承認させた。
・大戦中に欧米列強がアジア市場より後退したため，日本商品の輸出が増大。
・また，世界的な船舶不足のため，海運業や造船業が好況となり大戦景気となったが，戦後は不況へと陥った。

▶ シベリア出兵と米騒動

・ロシア革命への干渉のため，1918年に列国と共同出兵したが，日本は最後の1922年まで撤兵せず国際的な非難をあびた。
・シベリア出兵に絡んだ米の買占めから米価が上昇したため，富山県の漁村婦人の行動から全国的な米騒動へと波及し（1918年），寺内内閣は総辞職。

▶ 大正デモクラシー

・第一次護憲運動がおこり（1912年），翌年桂太郎内閣を退陣させた。
・原敬が日本最初の本格的政党内閣を組閣（1918年）。
・超然主義をとる清浦奎吾内閣に対して，護憲三派（憲政会・立憲政友会・革新倶楽部）が第二次護憲運動をおこして（1924年）総選挙で圧勝し，加藤高明が3党の連立内閣を組閣。
・加藤高明内閣は普通選挙法（満25歳以上の男性。これにより，納税による制限がなくなり，有権者は一挙に4倍増）と治安維持法を成立（1925年）。
・東大教授吉野作造の唱えた民本主義は，政党内閣制と普選の実現を主張し，大正デモクラシーを思想的に支えた。

▶ ワシントン体制と協調外交

・国際連盟の発足（1920年）と同時に日本は常任理事国の1つとなった。
・アメリカの提唱でワシントン会議（1921～22年）が開催され，四カ国条約・九カ国条約・ワシントン海軍軍縮条約が締結された。この新しい世界秩序はワシントン体制とよばれた。

四カ国条約	太平洋の平和に関する条約。これにより日英同盟協約終了
九カ国条約	中国問題に関する条約（中国の主権尊重，門戸開放，機会均等），日米間の石井・ランシング協定の破棄
海軍軍縮条約	主力艦保有量の制限，今後10年間，主力艦の建造禁止

・護憲三派・憲政会・立憲民政党各内閣の外相を務めた幣原喜重郎は協調外交を推し進め，中国をめぐる英米との武力対立を回避。

▶ 恐慌の時代

恐慌名	年	内容
戦後恐慌	1920年	大戦景気の反動で株式相場が暴落。繊維・米の相場も暴落。
震災恐慌	1923年	関東大震災による京浜工業地帯の壊滅が原因。震災手形が問題化。
金融恐慌	1927年	蔵相の失言から取付け騒ぎがおこった。政府はモラトリアム（支払猶予令）で収拾。
昭和恐慌	1930年	世界恐慌時に金輸出解禁を行ったことが原因。正貨が大量流出。

▶ 軍部の台頭

- 1931年，関東軍は，柳条湖で南満州鉄道の線路を爆破し（柳条湖事件），これを中国軍のしわざとして満州事変が始まった。1932年に清朝最後の皇帝（宣統帝）溥儀を執政として満州国を建国。これに対し，国際連盟はリットン調査団の報告に基づき，満州国の不承認を決議したことから，日本は直ちに国際連盟を脱退。
- 1932年５月15日，犬養毅首相が海軍青年将校らのクーデターによって射殺され，政党内閣は終止符を打った（五・一五事件）。
- 東大教授美濃部達吉の天皇機関説（国家法人説）が反国体的であると政治問題化し，政府は国体明徴声明を出してこれを排撃。
- 1936年２月26日，陸軍青年将校らがクーデターをおこし，斎藤実内大臣，高橋是清蔵相らを殺害（二・二六事件）。これ以降，軍部は政治介入を強化。
- 1937年，盧溝橋付近で日中両国軍が衝突（盧溝橋事件），日中戦争に発展。

▶ 第二次世界大戦

- 日中戦争の長期化により，戦争を遂行するために必要な物資や労働力などを確保するため，国家総動員法を制定（1938年）。
- ドイツがポーランドに侵入（1939年），第二次世界大戦が勃発。日本は「大東亜共栄圏」の建設をスローガンとし，日独伊三国同盟（1940年）や日ソ中立条約（1941年）を結んで英米仏との対立を深めた。
- 日本は対米宣戦布告して太平洋戦争が勃発（1941年）。当初は日本軍の勝利にわいたが，ミッドウェー海戦で大敗北を喫し，次第に戦況は悪化。
- 広島・長崎に原子爆弾が投下され，日ソ中立条約を破棄したソ連の参戦によって日本はポツダム宣言を受諾し降伏（1945年）。

3 現代の世界と日本

▶ 占領下の政策と日本国憲法の制定

- 日本はマッカーサー元帥を最高司令官とする連合国軍最高司令官総司令部（GHQ）によって間接統治されることになった。

施策	年	内容
財閥解体	1945年	三井・三菱・住友・安田などの15財閥を解体
独占禁止法	1947年	持株会社やカルテル・トラストを禁止
農地改革	1946～50年	寄生地主を除去し，自作農を創設
労働三法	1945～47年	労働組合法・労働関係調整法・労働基準法
教育基本法	1947年	教育の機会均等，男女共学の原則
女性参政権	1945年	満20歳以上の成人男女に選挙資格，翌年総選挙
ドッジ=ライン	1949年	超均衡予算，１ドル＝360円の単一為替レート
シャウプ勧告	1949年	税制の改革，所得税中心主義・地方税の独立

・日本国憲法が制定され（1946年），翌年施行。主権在民（国民主権）・平和主義（戦争放棄）・基本的人権の尊重の３原則が明記され，天皇は日本国民統合の象徴となった。

➤ 講和と安保条約

・吉田茂内閣がサンフランシスコ平和条約に調印(1951年)，日本の独立が回復。
・同時に日米安全保障条約が調印され，アメリカ軍の国内駐留継続が決定。
・1952年にはこの条約に基づいて日米行政協定を締結。

➤ 高度成長と戦後外交

・1950年に始まった朝鮮戦争でGHQの指令により警察予備隊が設置された。また，特需がおこり，鉱工業生産は戦前の水準に回復。
・1955～73年の間，日本経済の成長率は年平均10%を超える成長を続け（高度経済成長），1968年には国民総生産がアメリカに次ぎ世界第２位となった。
・1971年のニクソン=ショックと1973年の石油危機（石油ショック）で高度経済成長が終焉。

内　閣	主な外交成果
鳩山一郎内閣	1956年に日ソ共同宣言に調印し，ソ連との国交回復。同年国際連合加盟
岸信介内閣	1960年に日米相互協力及び安全保障条約（新安保条約）を調印
池田勇人内閣	「所得倍増」をスローガンに掲げ，高度経済成長政策の推進
佐藤栄作内閣	1965年に日韓基本条約を締結。1967年に公害対策基本法の制定，核兵器を「もたず，つくらず，もち込ませず」の非核三原則を表明。1971年に沖縄返還協定に調印し，翌年本土復帰が実現
田中角栄内閣	1972年，「日本列島改造論」を掲げ，日中共同声明を発表，日中国交正常化を実現
福田赳夫内閣	1978年，日中平和友好条約を締結

例題１　近代国家の形成

明治政府が行った諸改革に関する次の文章を読んで，各問いに答えよ。

政府はこれまでの藩制度の解体をねらい，1869年には（　A　）を行ったが旧藩主がそのまま藩政に当たったため効果はあまり上がらなかった。そこで1871年に（　B　）を行った。この年（　C　）国とは対等な条約を結んだが，（　D　）の帰属問題で対立していた。明治政府は1872年に（　D　）は日本領土であるとして（　D　）藩をおいた。しかし（　C　）国はこれを認めなかったので，明治政府は，台湾でおこった（　D　）の漁民の殺害に対応するために台湾に出兵し，（　C　）国から賠償金を受け取り，兵を引きあげた。この件で（　D　）領有が認められたとして，軍隊の力を背景に，（　E　）県を設置した。明治政府は，江戸時代の身分制度を改める意味で（　F　）を唱えた。また西洋的な近代的な軍隊を目指し，1873年に（　G　）を発布した。これにより20歳以上の男子は身分にかかわりなく兵役を義務付けられた。税制も大きく変わり1873年に（　H　）を行い，地租を現金で納めることとした。このように近代的な国家の建設を急いだ明治政府は，その基盤の人材作りとして，1872年にフランスの学校教育制度を取り入れて（　I　）を公布した。

(1)　文章中の空欄に当てはまる語句を答えよ。

(2)　明治政府が行ったB，F，G，H，Iの改革の目的を簡潔に説明せよ。

(3)　この時代の日本が領土の画定のために樺太・千島交換条約を結んだ相手国を答えよ。

〈沖縄県改題〉

解答　(1)　A．版籍奉還　B．廃藩置県　C．清　D．琉球　E．沖縄　F．四民平等　G．徴兵令　H．地租改正　I．学制

(2)　中央集権化と富国強兵政策を推進するため。　(3)　ロシア

解説　(1)　版籍奉還から**廃藩置県**への流れ，台湾出兵から**琉球処分**への流れなどもしっかり把握しておくこと。

(2)　**富国強兵政策**とは資本主義による経済力の養成と，**国民皆兵主義**による軍事力の強大化を意味していた。欧米諸国からの外圧による政府の誕生という状況下で，欧米諸国の植民地にならないようにするため，明治政府は対外的独立を維持することを最大の目標とし，それには**殖産興業**による国内産業の振興と，**徴兵制**による近代軍事力の創設が必要不可欠であった。

(3)　1854年の**日露和親条約**では千島の択捉水道を両国の国境としており，樺太は両国の雑居地としていた。1875年のこの条約では日本が千島全島を領有するかわりに，樺太はロシアが領有することとなった。

例題2　近代日本とアジア

大正から昭和の初めにおける我が国の経済について，次の各問いに答えよ。

(1)　右図を参考にして，第一次世界大戦時の我が国の経済について簡潔に説明せよ。

(2)　関東大震災は我が国の経済にどのような影響を与えたか，簡潔に説明せよ。

(3)　昭和初期の金融恐慌の過程で，三井・三菱・住友などの大銀行が支配的な地位を占めるようになった原因を，簡潔に説明せよ。

(4)　1930年代前半の高橋是清蔵相の景気対策として正しいものをすべて選べ。

①　高金利政策により銀行への預金の集中を図った。

②　農村救済のため公共土木工事に予算を支出した。

③　円安を利用して輸出の増大を図った。

④　積極的な財政により軍需産業を保護した。

〈岡山県〉

解答　(1)　戦争によって疲弊したヨーロッパ列強にかわって日本がアジア市場に進出し，空前の好況となり，中でも海運・造船業の躍進はめざましく，いわゆる船成金が大量に発生した。

(2)　銀行手持ちの手形が決済不能となり，日本銀行による特別融資によって一時をしのいだが，震災手形の処理は進まず，その後不況が連続する要因となった。

(3)　金融恐慌以後，預金が大銀行に集中したことや，政府が銀行の取り締まりを強化する銀行法を施行して，大銀行への合併など弱小銀行を整理したことによって，大銀行が金融資本として産業界を支配した。

(4)　②，③，④

解説　(4)　**高橋是清**（1854～1936年）は1913年以降，山本内閣，原内閣，高橋内閣（兼任），田中内閣，犬養内閣，斉藤内閣，岡田内閣で蔵相を務めたが，特に「高橋財政」とよばれるのは，1931年の満州事変以降から1936年に二・二六事件で暗殺されるまでで，この問題はまさにその時期についてのことである。彼は**金輸出を再禁止**して財政支出の増大を行い，景気刺激策を継続した。しかし軍部の軍事費増額要求を受け入れなかったことにより，暗殺につながった。

例題３　現代の世界と日本

次の年表は，第二次世界大戦後の日本の主なできごとをまとめたものである。

年	主なできごと
1951年	aサンフランシスコ平和条約調印
1951年	日米安全保障条約調印
1965年	（　Ａ　）調印
1973年	b第一次石油危機
1993年	c55年体制崩壊

(1)　下線部ａについて，国連安全保障理事会の常任理事国でこれに調印しなかった国名をすべて答えよ。

(2)　次の条文が入っている空欄Ａの条約名を答えよ。

第二条：1910年８月22日以前に大日本帝国と（出題の都合上国名省略）との間で締結されたすべての条約及び協定は，もはや無効であることが確認される。

(3)　下線部ｂについて，直接的な原因を具体的に説明せよ。

(4)　下線部ｃとは何か説明せよ。　〈青森県〉

解答　(1)　ソビエト連邦（ソ連），中国　　(2)　日韓基本条約

(3)　1973年，第４次中東戦争がおこり，OPEC が石油供給量の削減と価格の大幅値上げを行ったため。

(4)　1955年，左右両派の社会党が統一され，同年自由党と日本民主党が合流し自由民主党となった（保守合同）。その後，野党の社会党と，国会で多数を占める自由民主党とが対立する政治体制が40年近く続いた。これを55年体制という。

解説　(1)　サンフランシスコ講和会議には社会主義国（ソ連・ポーランド・チェコスロバキア）を含む52ヵ国が参加した。ユーゴスラビア・ビルマ・インドは欠席し，中国は招かれなかった。日本は最終的に社会主義国３ヵ国を除く48ヵ国と講和条約を調印した。日本国内ではすべての国との講和を目指す全面講和論と，早期独立回復のため西側国家との講和を優先する単独（片面）講和論とが激しく対立していたが，吉田茂内閣は単独講和を選択した。

(2)　韓国政府が朝鮮における唯一の合法的な政府であることも確認された。

(3)　第二次石油危機は1978～79年に発生した。

(4)　実際は自由民主党が統一された社会党の倍近い議席を占め，保守優位の体制であった。そのため政策の決定は自民党と財界・高級官僚層によって次第に掌握されていき，社会党や共産党などの野党は政策決定中枢から基本的に排除されていった。

演習問題

1　★★☆

江戸時代末期に関する次の文章を読んで，各問いに答えよ。

1853年，（　A　）が浦賀へ来航し，幕府に対して通商を求めた。これに対して幕府は，翌年の返答を約束して引き取らせた。この後の幕府は$_{a}$前例のない動きを見せ，弱体化をさらけ出すこととなった。結局翌年，幕府は米国と（　B　）条約を締結し，それにより下田・箱館の開港，寄港する船舶への補給，領事在駐などが定められた。着任した総領事（　C　）は強く通商を要求し，1858年，大老（　D　）らは（　E　）条約を締結した。これにより，日米間の自由貿易，箱館・神奈川・長崎・新潟・兵庫の開港などが定められたが，米国の領事裁判権を認め（治外法権），関税についても日本に税率の決定権がなく，相互で協議して協定関税を定めた（関税自主権の欠如）不平等条約であった。一方，違勅調印に及んだ幕府に対して尊王攘夷を唱える志士から非難の声があがったが，幕府は彼らに対する厳しい処罰を行った。これを（　F　）という。これに対する報復が1860年の（　G　）であり，この事件は幕府の権威を大きく失墜させた。当初攘夷に傾いていた諸勢力も，$_{b}$薩英戦争などを通じてその不可能を悟り，開国・倒幕を目標として活動を始めた。$_{c}$貿易による経済の混乱・$_{d}$第二次長州征伐の失敗・日々勢力を増す討幕派，など幕府にとって厳しい状況の中，15代将軍（　H　）は突如（　I　）を申し出た。これに対して，朝廷側の実力者（　J　）らは，新政府の骨子を定めるとともに，徳川氏に官位と領地の返上を命じた。これを（　K　）という。

(1)　文章中の空欄に当てはまる語句を答えよ。

(2)　下線部 a について，具体的に説明せよ。

(3)　下線部 b について，事件の原因，経過，結果を答えよ。

(4)　下線部 c について，具体的に説明せよ。

(5)　下線部 d について，その原因を簡潔に説明せよ。

〈宮城県・仙台市改題〉

2 ★☆☆

次のグラフは衆議院議員選挙における有権者数の推移を表すものである。これを見て，各問いに答えよ。

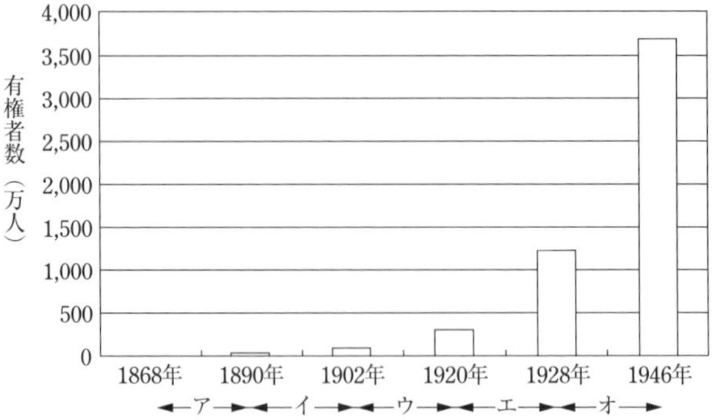

（金丸三郎『新選挙制度論』より作成）

(1) 次のA，Bが示す時期を，グラフ中ア～オからそれぞれ選べ。

A．原敬内閣が成立し，本格的な政党政治が始まった。

B．内閣制度が創設された。

(2) グラフにみられるように，1928年には有権者数が大幅に増加している。このことについて，

問１　有権者数が大幅に増加した理由を，簡潔に述べよ。

問２　この年，治安維持法が改正されたが，同法について，制定からこの年の改正までに関する記述として正しいものを選べ。

①　政党内閣である護憲三派内閣が制定した。

②　吉野作造による民本主義の提唱が，制定の直接の契機となった。

③　1927年の金融恐慌が，改正の直接の契機となった。

④　改正したときは，非政党内閣であった。

問３　治安維持法が制定された当初の目的について，簡潔に述べよ。

(3) 有権者数の増加などもあり，1920年代には大正デモクラシーの気運が高まった。その中で大衆文化も広がりをみせるが，1920年代の大衆文化について正しいものを選べ。

ア．ラジオ放送の開始　　　　イ．テレビ放送の開始

ウ．初の国産トーキー映画の制作

〈石川県〉

3 ★★☆

次の文章を読んで，各問いに答えよ。

五・一五事件の後，元老の西園寺公望は，穏健派の海軍大将斎藤実を次の首相として天皇に推薦した。斎藤内閣は1932年，（　A　）を取り交わして満州国を承認した。これにより，満州国の実権を関東軍が握ることが法的に確認された。こうした満州に関わる一連の日本の動きに対して，国際連盟臨時総会で，イギリスの（　B　）を団長とする調査団の報告書に基づき，満州における中国の主権を認め，満州国建国は認められないとの勧告が採択された。日本全権団の（　C　）らは，総会の場から退場し，日本は国際的孤立への道を歩むことになった。その後，1934年，斎藤内閣にかわって（　D　）が内閣を組織した。この内閣は国体明徴声明を出し，a天皇機関説を排除した。1936年には，二・二六事件がおこり，蔵相（　E　）らが殺害された。

(1)　文章中の空欄に当てはまる語句や人物名を答えよ。

(2)　下線部ａについて，この説を唱えた人物名を答えよ。

〈福岡県・福岡市・北九州市改題〉

4 ★★☆

次の年表を見て，各問いに答えよ。

世紀	できごと	
19	王政復古の大号令が出される	
	A	
	地租改正が実施される	X（ここから）
	大日本帝国憲法が発布される	X（ここまで）
	B	
	日清戦争が始まる	①
20	日露戦争が始まる	②
	関税自主権を回復する	Y（ここから）
	C	
	国際連盟に加盟する	
	普通選挙法が制定される	③（Y ここまで）
	満州事変が始まる	
	国際連盟を脱退する	
	日中戦争が始まる	
	太平洋戦争が始まる	
	日本国憲法が公布される	
	D	
	国際連合に加盟する	④

(1)　次の史料が出されたのはいつのことか。年表中Ａ～Ｄから当てはまるものを選べ。

> 学制仰せ出され書（一部抜粋）
> 自今以後、一般ノ人民必ズ邑《むら》ニ不学ノ戸ナク、家ニ不学ノ人ナカラシメン事ヲ期ス。

(2) 年表中Xの期間におこった次のできごとを，年代の古い順に並べ替えよ。

ア．板垣退助らが，民撰議院の開設を求める意見書を政府に提出した。

イ．内閣制度が創設され，伊藤博文が初代の内閣総理大臣に就任した。

ウ．西郷隆盛を中心として，維新の改革に不満をもつ鹿児島の士族らが武力蜂起した。

エ．大隈重信が中心となり，立憲改進党を設立した。

(3) 年表中Yの期間におこったできごとを次から3つ選び，年代の古い順に並べ替えよ。

ア．ロシア革命がおこる　　　　イ．ヴェルサイユ条約が結ばれる

ウ．原敬の政党内閣が成立する　　エ．ロンドン海軍軍縮会議が開かれる

(4) 年表中①の戦争の講和条約で，日本は清から遼東半島を割譲されることになった。このことに対して列強の三ヵ国は，遼東半島の清への返還を勧告してきた。このできごとを何というか答えよ。

(5) 年表中②の戦争の講和条約に調印した日本側の首席全権名を答えよ。

(6) 年表中③について，どのような条件の人に選挙権が与えられるようになったのか。その条件を簡潔に説明せよ。

(7) 年表中④が実現したのは，ソ連との国交が回復し，ソ連が日本の国連への加盟を支持したことが大きな要因となっている。日本とソ連との国交回復などが取り決められた宣言名を答えよ。

〈愛媛県改題〉

演習問題　解答・解説

1

(1)　A．ペリー　　B．日米和親
C．ハリス　　D．井伊直弼
E．日米修好通商
F．安政の大獄
G．桜田門外の変　H．徳川慶喜
I．大政奉還　　J．岩倉具視
K．王政復古の大号令（詔）

(2)　事態を朝廷に報告し，諸大名や幕臣等にも意見を述べさせて挙国的に対策をたてようとしたこと。

(3)　イギリス艦隊が生麦事件の報復のために鹿児島沖に来航し，薩摩藩と交戦した事件。両者ともかなりの被害を受けた後に講和が成立した。これにより，薩摩藩は攘夷が不可能であることを理解し倒幕へと進んでいった。

(4)　貿易が輸出超過であったことや商品の開港地への直送が行われたこと，日本と外国の金銀比価の差異是正のための改鋳により貨幣の実質価値が下がったことなどから物価が高騰した。

(5)　薩長連合(同盟)により長州が薩摩と軍事同盟を結んでいたことや，長州が国内の軍事力を近代化していたため。

解説

(1)　A．ペリー（1794～1858年）はアメリカ東インド艦隊司令長官で，13代大統領フィルモアの命を受けて開国を求めた。

C．ハリス（1804～78年）はアメリカの外交官でアジア貿易に従事していた。

D．井伊直弼（1815～60年）は，1858年に大老に就任した。将軍継嗣問題では南紀派として慶福（家茂）を推挙した。

F．安政の大獄では井伊直弼に反対する大名・志士など100人以上が処罰され，長州の吉田松陰，越前の橋本左内などは刑死した。

G．桜田門外の変は水戸浪士が中心となって，登城中の井伊直弼を暗殺した。

H．徳川慶喜（1837～1913年，在職1866～67年）は水戸家の出身で，一橋家を継いでいた。

I．大政奉還は土佐・安芸の両藩が前土佐藩主山内豊信（容堂）を通じて慶喜に建白した。

J．岩倉具視（1825～83年）は公家で，当初公武合体を策していたが，後に薩長と結んで倒幕を進めた。

K．王政復古の大号令（詔）では摂関・幕府の廃止，総裁・議定・参与の三職の設置などが決定された。これにより江戸幕府は滅亡した。

2

(1)　A．ウ　　B．ア

(2)　問１　1925年に普通選挙法が成立し，納税資格による選挙権の制限が撤廃されたため。

問２　①

問３　日ソ国交樹立（1925年）による共産主義思想の波及を防ぎ，普通選挙法の成立による労働者階級の政治的影響力の増大に備えるため。

(3)　ア

解説

(1)　A．原敬内閣の発足は1918年９月。

B．内閣制度の発足は1885年12月。

(2) 問2　改正では国体を変革する活動の指導者は最高刑を死刑とした。

① 1924年の総選挙で立憲政友会・憲政会・革新倶楽部の護憲三派が圧倒的勝利を収め，憲政会の加藤高明（1860～1926年）が護憲三派内閣を組閣した。この内閣が治安維持法と普通選挙法を制定した。

② 吉野作造（1878～1933年）の民本主義は普選の実現を目指していた。

③ 改正の直接の契機となったのは1928年に行われた最初の普通選挙で，無産政党各派から8人の候補者が当選し，共産党系の活動が目立ってきたためである。

④ 改正した田中義一内閣は立憲政友会を与党とする政党内閣であった。

(3) ア．ラジオ放送は1925年開始。
イ．テレビ放送は1953年開始。
ウ．国産トーキー映画は1930年代に現れた。

3

(1) A．日満議定書　B．リットン
C．松岡洋右　D．岡田啓介
E．高橋是清

(2) 美濃部達吉

解説

(1) A．日本が満州国承認と同時に締結した，日本と満州国との協定で，満州における日本の既得権益の承認と日本軍の満州駐屯を規定した。
B．リットン調査団の報告は，満州事変における関東軍の行動も満州国建国も正当なものとは認めていなかった。
C．松岡洋右（1880～1946年）は1940年から第二次近衛内閣の外相となって，日独伊三国同盟や日ソ中立条約を締結する。戦後A級戦犯容疑者となるが病死した。
D．岡田啓介（1868～1952年）は，二・二六事件で奇跡的に助かったが内閣は総辞職した。

(2) 美濃部達吉（1873～1948年）は「天皇機関説（国家法人説）」で，法人としての国家が統治権の主体で天皇は国家の最高機関と主張した。

4

(1) A
(2) ア→ウ→エ→イ
(3) ア→ウ→イ
(4) 三国干渉
(5) 小村寿太郎
(6) 25歳以上のすべての男子
(7) 日ソ共同宣言

解説

(1) 学制の公布は1872年である。

(2) ア．1874年　イ．1885年
ウ．1877年　エ．1882年

(3) ア．1917年　イ．1919年
ウ．1918年　エ．1930年

(4) 極東進出をねらうロシアは，フランス・ドイツを誘って圧力をかけてきた。日本はこれに応じ，返還の代償として清から3,000万両を受取ったが，大衆はロシアへの恨みをもった。

(5) 小村寿太郎（1855～1911年）は外相として日英同盟締結・ポーツマス条約締結・韓国併合・関税自主権回復などを行った。

(6) 納税金額による制限を撤廃した。

(7) 1956年10月に鳩山一郎首相が訪ソし，調印された。

時代	日本史上の出来事		世界史上の出来事	
縄文			前221	秦の始皇帝が中国を初めて統一
弥生			前202	前漢の成立〔中〕
	後57	倭の奴国王が後漢に使者，「漢委奴国王」の金印受領	後25	後漢の成立〔中〕
			220	三国時代（～280）〔中〕
	239	邪馬台国の卑弥呼が魏に使者を派遣		
			304	五胡十六国時代（～439）〔中〕
古墳				
			439	南北朝時代（～589）〔中〕
	478	倭王武（雄略天皇）が宋に上表文を送る	476	西ローマ帝国の滅亡
			481	クローヴィス，フランク王国を建国〔仏〕
	538	仏教の伝来（552）		
			581	隋の成立（～618）〔中〕
飛鳥	592	推古天皇即位		
	603	聖徳太子，冠位十二階の制を制定		
	604	聖徳太子，十七条の憲法を制定		
	607	遣隋使（小野妹子）を派遣，法隆寺建立		
			618	唐の成立（～907）〔中〕
			622	ヒジュラ（イスラム暦元年）
	645	**大化の改新**始まる		
	663	白村江の戦い		
	668	天智天皇（中大兄皇子）即位		
	672	壬申の乱		
	673	天武天皇（大海人皇子）即位		
			676	新羅が初めて朝鮮を統一（～935）
	690	持統天皇即位		
	694	藤原京遷都		
	701	大宝律令完成		
奈良	710	**平城京遷都**		
	723	三世一身法施行		
	724	聖武天皇即位		
	743	墾田永年私財法，大仏造立の詔		
	781	桓武天皇即位		
平安	794	**平安京遷都**		
			800	フランク王国のカール大帝の戴冠〔仏〕
	805	最澄，天台宗を開く		
	806	空海，真言宗を開く		
	810	薬子の変		
			875	黄巣の乱で唐が衰退〔中〕
	894	菅原道真の建議で遣唐派遣中止		
	902	延喜の荘園整理令		
	905	『古今和歌集』成立		

時代		日本史上の出来事		世界史上の出来事
平安				
			936	高麗が朝鮮を統一（～1392）
	939	平将門の乱，藤原純友の乱（～41）		
			960	北宋の成立（～1276）〔中〕
			962	神聖ローマ帝国の成立（～1806）〔独〕
	1017	藤原道長，太政大臣となる		
		藤原頼通，摂政となる		
	1051	前九年合戦（～62）		
	1069	延久の荘園整理令		
	1083	後三年合戦（～87）		
	1086	白河上皇，**院政**を始める		
			1096	第1回十字軍派遣
	1156	保元の乱		
	1159	平治の乱		
	1167	平清盛，太政大臣となる		
	1175	法然，専修念仏を唱える		
	1185	壇の浦の戦いで平氏滅亡，源頼朝が守護・地頭を設置		
	1191	栄西，臨済宗を開く		
鎌倉	1192	源頼朝が征夷大将軍となる，**鎌倉幕府**の成立（～1333）※		
	1205	『新古今和歌集』成立		
			1206	モンゴル帝国の成立
			1215	マグナ＝カルタの制定〔英〕
	1221	承久の乱，六波羅探題設置		
	1224	親鸞，浄土真宗を開く		
	1227	道元，曹洞宗を開く		
	1232	北条泰時，御成敗式目（貞永式目）を制定		
	1253	日蓮，日蓮宗を開く		
			1271	元の成立（～1368）〔中〕
	1274	元寇（文永の役），一遍，時宗を開く		
	1281	元寇（弘安の役）		
	1297	永仁の徳政令		
	1333	鎌倉幕府滅亡		
	1334	後醍醐天皇による**建武の新政**		
室町	1336	**建武式目**の制定		
	1338	足利尊氏が征夷大将軍となる		
	1339	北畠親房『神皇正統記』	1339	百年戦争（～1453）〔英・仏〕
	1368	足利義満が3代将軍となる	1368	明の成立（～1644）〔中〕

※成立時期については，侍所設置の1180年，寿永二年十月宣旨発給の1183年，公文所・問注所設置の1184年，守護・地頭設置の1185年，源頼朝右近衛大将補任の1190年，など諸説ある。

時代		日本史上の出来事		世界史上の出来事
室町	1392	**南北朝の合一**	1392	朝鮮の成立（～1910）
	1404	日明（勘合）貿易始まる		
	1428	正長の徳政一揆		
	1441	嘉吉の乱で足利義教暗殺，嘉吉の徳政一揆		
	1449	足利義政が８代将軍となる		
	1457	コシャマインの戦い	1453	ビザンツ帝国（東ローマ帝国）滅亡（395～）
	1467	**応仁の乱**（～77），**戦国時代**始まる		
	1488	加賀の一向一揆（～1580）		
			1492	コロンブス，西インド諸島に到達
			1517	ルターの宗教改革〔独〕
	1543	ポルトガル人が鉄砲を伝える		
	1549	フランシスコ＝ザビエル，キリスト教を伝える		
安土桃山	1573	織田信長，足利義昭を追放して室町幕府を滅ぼす		
	1582	織田信長が本能寺の変で死去，豊臣秀吉の太閤検地開始		
	1588	豊臣秀吉が刀狩令を発す	1588	イギリスがスペイン無敵艦隊を撃破
	1590	豊臣秀吉が天下を統一		
	1592	文禄の役（秀吉の朝鮮侵略，～93）		
	1597	慶長の役（秀吉の朝鮮侵略，～98）		
	1600	関ヶ原の戦い		
江戸	1603	**江戸幕府**の成立（～1867） 徳川家康が征夷大将軍となる		
	1604	糸割符制度		
	1615	大坂夏の陣で豊臣氏が滅亡，一国一城令，武家諸法度・禁中並公家諸法度発布		
			1616	後金（清）の成立（～1912）〔中〕
			1618	三十年戦争（～48）〔独〕
	1623	徳川家光が３代将軍となる		
	1635	参勤交代を制度化		
	1637	島原・天草一揆（島原の乱）（～38）		
	1639	ポルトガル船の来航を禁止		
			1640	イギリス（ピューリタン）革命（～60）〔英〕
	1643	田畑永代売買の禁止令	1643	ルイ14世即位（～1715）〔仏〕
			1648	ウェストファリア条約〔独〕
	1651	徳川家綱が４代将軍となる 慶安の変（由井正雪の乱）		

時代	日本史上の出来事		世界史上の出来事	
江戸	1669	シャクシャインの戦い	1661	清朝，康熙帝即位（～1722）〔中〕
	1680	徳川綱吉が5代将軍となる		
	1685	生類憐みの令		
			1688	名誉革命（～89）〔英〕
	1709	新井白石の正徳の政治（～16）		
	1716	徳川吉宗が8代将軍となる **享保の改革**		
	1767	田沼意次の政治（～86）		
			1776	アメリカ独立宣言
	1787	徳川家斉が11代将軍となる		
		老中松平定信の**寛政の改革**（～93）	1789	フランス革命（～99）
	1792	ロシアのラクスマンが根室に来航		
	1804	ロシアのレザノフが長崎に来航	1804	ナポレオン1世即位〔仏〕
	1808	フェートン号事件		
			1814	ウィーン会議（～15）
	1825	異国船打払令（無二念打払令）		
	1837	大塩の乱，モリソン号事件		
	1839	蛮社の獄（渡辺崋山・高野長英らを処罰）		
			1840	アヘン戦争（～42）〔英・清〕
	1841	老中水野忠邦の**天保の改革**（～43）		
	1842	天保の薪水給与令		
			1848	フランス二月革命，『共産党宣言』
	1853	アメリカのペリーが浦賀に来航，ロシアのプチャーチンが長崎に来航		
	1854	日米和親条約，鎖国終わる		
			1856	アロー戦争（～60）〔英仏・清〕
	1858	日米修好通商条約，安政の大獄（～59）		
	1860	桜田門外の変で大老井伊直弼暗殺される		
			1861	アメリカ南北戦争（～65）
	1862	坂下門外の変，生麦事件		
	1863	薩英戦争，八月十八日の政変		
	1864	四国艦隊下関砲撃事件，第1回長州征討		
	1866	第2回長州征討		
	1867	徳川慶喜の**大政奉還**により江戸幕府が滅亡，王政復古の大号令		

時代	日本史上の出来事		世界史上の出来事	
明治	1868	五箇条の（御）誓文，政体書，五榜の掲示，戊辰戦争（～69）		
	1869	版籍奉還		
	1871	廃藩置県，新貨条例，**日清修好条規**，岩倉使節団が欧米に派遣	1871	ドイツ帝国の成立（～1918）
	1872	国立銀行条例，学制公布		
	1873	徴兵令，地租改正条例，征韓論敗れる		
	1874	民撰議院設立の建白書，佐賀の乱		
	1875	讒謗律・新聞紙条例発布，樺太・千島交換条約，江華島事件	1875	イギリスがスエズ運河を支配
	1876	秩禄処分，日朝修好条規		
	1877	**西南戦争**	1877	イギリス領インド帝国成立（～1947）
	1879	**沖縄県設置**（琉球処分），教育令制定		
	1880	**国会期成同盟**，集会条例		
	1881	明治十四年の政変，国会開設の勅諭，自由党結成，開拓使官有物払下げ事件		
	1882	立憲改進党結成，福島事件，日本銀行開業	1882	三国同盟〔独・墺・伊〕
	1884	**秩父事件**		
	1885	**内閣制度**発足，伊藤博文内閣，外相井上馨		
	1886	学校令制定		
	1889	**大日本帝国憲法発布**		
	1890	**教育勅語発布**	1890	ビスマルク引退〔独〕
	1894	日英通商航海条約（領事裁判権の撤廃），**日清戦争**（～95）	1894	露仏同盟
	1895	下関条約，三国干渉		
	1897	金本位制の確立		
	1898	隈板内閣（初の政党内閣）	1898	ファショダ事件〔英・仏〕，米西戦争
			1899	南アフリカ戦争（～1902）
	1900	軍部大臣現役武官制，治安警察法，立憲政友会結成	1900	義和団戦争（事件）（～01）〔中〕
	1901	八幡製鉄所操業開始	1901	北京議定書
	1902	**第1次日英同盟**		
	1904	**日露戦争**（～05），第1次日韓協約	1904	英仏協商
	1905	第2次日英同盟，ポーツマス条約，第2次日韓協約（統監府設置）		
	1906	南満州鉄道株式会社設立		
			1907	英露協商，三国協商
	1909	伊藤博文，安重根に暗殺される		
	1910	大逆事件，韓国併合条約		
	1911	日米新通商航海条約（関税自主権を回復），工場法公布，第3次日英同盟	1911	辛亥革命
大正	1912	大正天皇即位		
	1913	大正政変（第一次護憲運動）		
	1914	シーメンス事件，**第一次世界大戦**（～18）参戦	1914	第一次世界大戦（～18）

時代	日本史上の出来事		世界史上の出来事	
大正	1915	中華民国に二十一カ条の要求		
	1916	吉野作造，民本主義を主張		
			1917	ロシア革命
	1918	シベリア出兵，米騒動，原敬内閣（初の本格的政党内閣，～21）	1918	ウィルソンの十四カ条の平和原則〔米〕
	1919	三・一運動，ヴェルサイユ条約	1919	パリ講和会議，コミンテルン 五・四運動
	1920	国際連盟成立・加入		
	1921	ワシントン会議，四カ国条約成立で日英同盟破棄		
	1922	九カ国条約成立で石井・ランシング協定失効，ワシントン海軍軍縮条約	1922	ムッソリーニ政権〔伊〕
	1923	関東大震災		
	1924	第二次護憲運動，憲政の常道（～32）	1924	第1次国共合作（～27）〔中〕
	1925	日ソ基本条約，治安維持法，男子普通選挙法，**ラジオ放送**開始		
昭和	1926	昭和天皇即位		
	1927	金融恐慌，山東出兵（～28）	1927	上海クーデタで国共内戦（～37）〔中〕
	1928	関東軍が張作霖を爆殺（満州某重大事件），不戦条約		
			1929	ウォール街で株価大暴落，世界恐慌へ
	1930	金輸出解禁，ロンドン海軍軍縮条約，昭和恐慌		
	1931	柳条湖事件から**満州事変**へ（～33） 金輸出再禁止により管理通貨制度へ		
	1932	血盟団事件，満州国建国宣言，五・一五事件，日満議定書		
	1933	国際連盟脱退通告	1933	ヒトラー政権〔独〕 F. ローズヴェルト政権〔米〕
	1934	満州国帝政実施（皇帝溥儀）		
	1935	美濃部達吉の天皇機関説問題化，国体明徴声明		
	1936	二・二六事件，日独防共協定	1936	スペイン内戦（～39），西安事件〔中〕
	1937	盧溝橋事件から**日中戦争**へ（～45）	1937	第2次国共合作（～45）〔中〕
	1938	近衛声明，国家総動員法	1938	ミュンヘン会談
			1939	チェコ解体，独ソ不可侵条約 第二次世界大戦（～45）
	1940	北部仏印進駐，日独伊三国同盟，大政翼賛会発足		
	1941	**日ソ中立条約**，南部仏印進駐，国民学校令，ハル＝ノート，真珠湾攻撃から**太平洋（大東亜）戦争**へ（～45）	1941	独ソ戦争（～45）
	1942	ミッドウェー海戦で敗退	1942	スターリングラードの戦い（～43）
			1943	イタリア降伏，カイロ会談
			1944	ノルマンディー上陸
	1945	広島に原爆，ソ連の対日参戦，長崎に原爆，ポツダム宣言受諾で降伏，連合国軍の進駐，五大改革指令，女性参政権実現，労働組合法	1945	ヤルタ会談（冷戦の開始），ドイツ降伏 国際連合成立

時代	日本史上の出来事		世界史上の出来事	
昭和	1946	天皇人間宣言，農地改革	1946	チャーチルの「鉄のカーテン」演説
	1947	日本国憲法施行，教育基本法，学校教育法	1947	トルーマン＝ドクトリン〔米〕
	1948	経済安定九原則		
	1949	ドッジ＝ライン，単一為替レート（1ドル＝360円） シャウプ勧告	1949	**中華人民共和国**成立
	1950	警察予備隊新設，レッド＝パージ	1950	**朝鮮戦争**（～53）
	1951	**サンフランシスコ平和条約**，日米安全保障条約		
	1952	平和条約発効し主権を回復		
	1953	奄美大島返還		
	1954	日米MSA協定，防衛庁・**自衛隊発足**		
	1955	保守合同により55年体制成立（～93），高度経済成長	1955	アジア＝アフリカ（バンドン）会議
	1956	**日ソ共同宣言**，国際連合加盟	1956	スターリン批判〔ソ〕
			1957	人工衛星打ち上げに成功〔ソ〕
			1958	毛沢東の大躍進運動〔中〕
			1959	キューバ革命
	1960	日米相互協力及び安全保障条約（新安保条約）成立，安保闘争激化	1960	アフリカの年（17カ国独立）
			1962	キューバ危機
	1964	東京オリンピック・パラリンピック開催 東海道新幹線開業		
	1965	**日韓基本条約**		
			1966	プロレタリア文化大革命（～77）〔中〕
			1967	EC成立
	1968	GNP，資本主義国中第2位となる	1968	ソ連，プラハの春を弾圧
			1969	アメリカのアポロ11号が月到達
	1970	日本万国博覧会開催		
	1971	ドル危機		
	1972	**沖縄返還**，**日中共同声明**		
	1973	第1次石油危機，変動相場制へ	1973	第4次中東戦争，OAPEC石油戦略
	1978	日中平和友好条約		
			1979	ソ連，アフガニスタン侵攻
	1985	電電・専売公社を民営化，男女雇用機会均等法	1985	ゴルバチョフ書記長の改革実施〔ソ〕
	1987	国鉄分割民営開始（JR）		
	1988	リクルート疑惑が問題化		
平成	1989	昭和天皇崩御，消費税率3％	1989	ベルリンの壁撤去，マルタ会談，冷戦の終結
			1990	東西ドイツの統一
			1991	湾岸戦争，ソ連解体
	1992	PKO協力法成立		
	1993	自民党分裂，55年体制崩壊	1993	EU成立
	1995	阪神・淡路大震災，オウム真理教地下鉄サリン事件		

時代	日本史上の出来事		世界史上の出来事	
平成	1997	消費税５％へ，京都議定書採択	1997	香港，中国に返還
	1999	男女雇用機会均等法改正	1999	マカオ，中国に返還
	2000	介護保険制度導入		
			2001	アメリカ同時多発テロ，アフガニスタン攻撃
	2002	日朝首脳会議，日朝平壌宣言，北朝鮮拉致被害者一部帰国		
	2003	個人情報保護関連５法成立	2003	アメリカ，イラク侵攻
	2006	改正教育基本法成立		
	2007	防衛省発足，郵政民営化		
	2011	東日本大震災	2011	南スーダン独立

日本の主な選挙法の改正

公布年	公布時の内閣	実施年	選挙人			
			直接国税	性別年齢(歳以上)	総数(万人)	全人口比(%)
1889	黒田清隆	1890	15円以上	男性 25	45	1.1
1900	山県有朋	1902	10円以上	男性 25	98	2.2
1919	原敬	1920	３円以上	男性 25	306	5.5
1925	加藤高明	1928	制限なし	男性 25	1,240	20.8
1945	幣原喜重郎	1946	制限なし	男女 20	3,688	50.4

5 世界史－古代

傾向と対策

古代史（中国史を除く）は，近年出題頻度が高くなっている。従来古代オリエント史からの出題がしばしばみられたが，近年ギリシアとローマ史が要注意となっている。これらの史実の流れをまず正確に把握する必要がある。オリエント史では，アメンホテプ４世の宗教改革とバビロン第１王朝のハンムラビ王とその法典が重要である。ギリシア史では，平民の地位向上によるアテネの民主政治の発展とペルシア戦争，ローマ史では身分闘争の結果実施された諸改革と，ポエ二戦争後の帝政の確立と変質が重要である。

要点 Check!

1 古代文明

地域	特色	文化
エジプト	「エジプトはナイルのたまもの」：ヘロドトスの言葉 古王国（前27～前22世紀）→中王国（前21～前18世紀）→新王国（前16～前11世紀）：アメンホテプ４世（イクナートン）による宗教改革（前14世紀）	神聖文字（ヒエログリフ），太陽暦，十進法
メソポタミア	バビロン第１王朝（古バビロニア王国）：ハンムラビ王（前18世紀頃）がハンムラビ法典を制定	楔形文字，太陰暦，六十進法
インド	インダス川流域のモエンジョ＝ダーロやハラッパーなどの遺跡（紀元前2600年頃）	インダス文字

・前７世紀前半，アッシリア（王国）により初めてオリエント地域を統合。
・前６世紀後半，アケメネス朝が再びオリエントを統一。

2 ギリシア

▶ アテネ民主政治の発展

人名	ドラコン	ソロン	ペイシストラトス	クレイステネス
年代	前７世紀後半	前６世紀初頭	前６世紀中頃	前６世紀末
改革の内容	従来の慣習法を成文化	財産政治の実施，債務奴隷の禁止	土地を貧民に分配，中小農民の保護	僭主防止のため陶片追方（オストラキスモス）を創始

▶ 民主政の完成

・ペルシア戦争（前500〜前449年）：アケメネス朝との戦争でギリシアが勝利。

・デロス同盟（前478年頃）：ペルシアの再攻撃に備えた軍事同盟・盟主アテネ

・ペリクレス時代（前443〜前429年）：アテネ民主政の完成期・奴隷制に立脚。成年男子の全市民の参加による直接民主政で，民会が最高機関。

▶ ポリス世界の変質

・ペロポネソス戦争（前431〜前404年）：アテネ対スパルタ→スパルタ勝利。

3 ローマ

▶ 共和政の発展

改革・立法	内容
護民官設置（前494年）	平民保護のため，国政への拒否権をもつ
十二表法（前５世紀半ば）	慣習法を成文法として明文化
リキニウス・セクスティウス法（前367年）	コンスル（執政官・統領）のうち１人は平民から選出すること，公有地の占有制限
ホルテンシウス法（前287年）	平民会の決議は元老院の承認を経ず国法となる

▶ ポエニ戦争（前264〜前146年）

・西地中海の覇権をめぐるローマとフェニキア人植民市カルタゴの３回にわたる戦争。第１回はローマの勝利でシチリア島を最初の属州とする。第２回ではカルタゴ将軍ハンニバルの活躍でローマが大敗したがもちこたえ，その後，ローマ将軍スキピオが撃破。前146年にはカルタゴを滅亡させた。

＊この頃から奴隷使用に基づく大土地経営であるラティフンディアが発展。

▶ 共和政から帝政へ（第１の過渡期）

・グラックス兄弟の改革（前133〜前121年）→挫折→内乱の一世紀

・オクタウィアヌスがアクティウムの海戦（前31年）でアントニウスを破り，アウグストゥスの称号を受ける→元首政（プリンキパトゥス）開始。

・ローマの平和（パクス＝ロマーナ）：アウグストゥスから五賢帝まで

▶ ドミナトゥスへの移行（第２の過渡期）

・ディオクレティアヌス帝：専制君主政（ドミナトゥス）を開始。

・コンスタンティヌス帝：キリスト教を公認，コンスタンティノープル遷都。

＊この頃，小作人使用によるコロナトゥスが発展（農奴制の先駆）。

▶ 滅亡

・テオドシウス帝：キリスト教を国教化。死後，帝政ローマは東西に分裂。

・西ローマ帝国はゲルマン人傭兵隊長オドアケルによりに滅亡（476年）。東ローマ（ビザンツ）帝国はオスマン帝国に滅ぼされる（1453年）まで存続。

例題1　古代ローマ

次の文章を読んで，各問いに答えよ。

前2世紀の（　A　）の改革が失敗すると，ローマは内乱の時代に突入した。前60年の平民派の（　B　）などによる第1回三頭政治で政治は安定し，オクタウィアヌスが前31年（　C　）で勝利したことによって内乱は終了した。オクタウィアヌスはプリンキパトゥスという形式で統治し，この統治体制は五賢帝・軍人皇帝の時代を経て，ディオクレティアヌス帝がドミナトゥスを開始するまで続いた。コンスタンティヌス帝の改革後，（　D　）は（　E　）を国教としたが，帝の死後（　F　）年に帝政ローマは分裂した。

(1)　文章中の空欄に当てはまる語句を答えよ。
(2)　プリンキパトゥスとドミナトゥスの特色について説明せよ。
(3)　オクタウィアヌスから200年間，繁栄する帝政ローマの黄金時代は何とよばれているか答えよ。
(4)　空欄Eを公認した勅令が布告された年号と名称を答えよ。

解答　(1)　A．グラックス兄弟　　B．カエサル
C．アクティウムの海戦　　D．テオドシウス帝
E．キリスト教　　F．395

(2)　プリンキパトゥス（元首政）は，元老院などの共和政の伝統を形式的には尊重したプリンケプスによる政治であったが，その権限は絶大であり事実上の帝政であった。ドミナトゥス（専制君主政）では共和政の伝統は完全に無視され，皇帝はドミヌス（主）と称し皇帝崇拝が強要され，ペルシア的な宮廷儀礼が行われた。

(3)　ローマの平和（パクス＝ロマーナ）

(4)　年号：313年　　名称：ミラノ勅令

解説　(1)　A．グラックス兄弟は，ポエニ戦争後に没落した無産市民の復活のため，リキニウス・セクスティウス法を復活させ，大土地所有の制限と土地の再分配を企図した。しかし，既得権を守ろうとする元老院と対立し，前133年に兄は暗殺され，兄の改革を引き継いだ弟も前121年に自殺し，兄弟の改革は挫折した。

B．第1回三頭政治は，カエサル，ポンペイウス，クラッススの3人。

C．前31年アクティウムの海戦で，オクタウィアヌスはアントニウスとクレオパトラの連合軍を破った。

E．アタナシウス派キリスト教を国教とした。

演習問題

1 ★★☆

次の文章を読んで，各問いに答えよ。

メソポタミアで前2700年頃までにウル・ウルクなどの都市国家を形成したのは$_{a}$シュメール人である。その後，前2300年頃セム語系の（　A　）人のサルゴン１世がメソポタミアからシリアまでを領有した。一時シュメール人王朝を再興したが，やがて成立したバビロン第１王朝が強力となり，$_{b}$ハンムラビ王の時代には全メソポタミアを統一した。しかし，オリエントで初めて鉄器を使用した（　B　）によって滅ぼされた。

エジプトでは，前3000年頃には統一国家が造られ，以後長期間にわたって王国が維持された。（　C　）を都として栄えた古王国ではピラミッドが建設された。中王国は，（　D　）に侵入されて滅亡した。これを撃退した新王国では，太陽神の神官団と対立した国王（　E　）がアトンを唯一神と定め，遷都した。しかし，この体制は長続きせず，前11世紀には内部分裂と海の民の進出によって衰退した。前12世紀になると，オリエントでは激しい民族移動がおこり，地中海東岸でセム語系の民族の活動が活発化した。シドンや$_{c}$ティルスを拠点としたフェニキア人は地中海貿易で活躍し，ダマスクスを拠点とした（　F　）人は内陸貿易で活躍した。また，シリア南部では，ヘブライ人が王国を建設した。ダヴィデ・ソロモンの時代に繁栄をしたが，南北に分裂し，$_{d}$南に建てられた国は前６世紀に滅ぼされた。

前７世紀前半，オリエントを最初に統一した（　G　）帝国は，重税と圧政のため，服属民の反抗を招いて同世紀のうちに滅亡した。その後，$_{e}$四王国分立時代を経て，前６世紀後半にアケメネス朝がオリエント世界を再統一した。

⑴　文章中の空欄に当てはまる語句を答えよ。

⑵　下線部ａについて，シュメール人の文化と直接関係がないものを次から選べ。

ア．ジッグラト　　イ．十進法　　ウ．太陰暦

エ．楔形文字　　オ．彩文土器

⑶　下線部ｂについて，ハンムラビ法典の特徴を１つ答えよ。

⑷　下線部ｃが，アフリカ北岸に建設し，ローマにより滅ぼされた植民都市名を答えよ。

⑸　下線部ｄについて，その際に滅ぼした国の都に多くの住民が連行された。その事件名を答えよ。

⑹　下線部ｅの１つに，世界最古の鋳造幣を造った国がある。その国名を答えよ。また，その国の領域を右の地図中Ａ～Ｄから選べ。

〈福島県〉

〈四王国分立時代〉

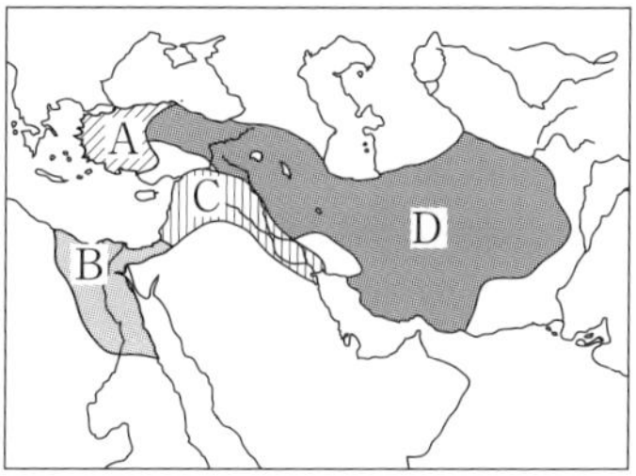

2　★☆☆

次の各文章について，当てはまる古代ギリシア・ローマ期の人物をア～セからそれぞれ選べ。

Ａ．彼は前６世紀初頭にアテネで貴族と平民の調停者として改革を行い，血統ではなく財産額によって市民の参政権を定め，また借財を負った市民を奴隷として売ることを禁じた。

Ｂ．彼は「歴史の父」とよばれ，ペルシア戦争を主題に，自らの旅行での見聞を交えた『歴史』を著した。

Ｃ．彼は弁論・修辞などの職業教師であるソフィストに対し，真理の絶対性を説いたが，青年に悪影響を与え神々を汚したと市民に誤解され有罪判決を受け，あえて死刑に甘んじた。

Ｄ．彼は前１世紀に見世物に使われた剣奴を率いてローマに対して反乱をおこし，２年余りも抵抗を続けたが，クラッススなどによって鎮圧された。

Ｅ．彼は帝政ローマ最盛期の五賢帝の１人で，彼の時代に帝政ローマの領土は最大となった。

Ｆ．彼はそれまで迫害されていたキリスト教を313年にミラノ勅令で公認することで，ローマ帝国の統一をはかり，また330年に首都をローマからコンスタンティノープルに移した。

Ｇ．彼は初めパリサイ派に属しキリスト教徒を迫害したが，イエスの刑死後回心し，キリスト教をローマ帝国各地に布教した。

ア．トラヤヌス帝	イ．アリウス	ウ．コンスタンティヌス帝
エ．ドラコン	オ．プラトン	カ．ハンニバル
キ．ディオクレティアヌス帝		ク．ソロン
ケ．パウロ	コ．ヘロドトス	サ．トゥキディデス
シ．ソクラテス	ス．スパルタクス	セ．ハドリアヌス帝

〈高知県〉

3 ★★☆

古代ローマに関する次の文章を読んで，各問いに答えよ。

・都市国家ローマでは，エトルリア人の王が追放され，$_{a}$前6世紀末には貴族共和政が樹立された。やがて，政治的発言力を強めた平民は，貴族と激しく争うようになり，最終的に前287年の$_{b}$ホルテンシウス法の制定により，貴族と平民は法的に平等となった。

・前272年にギリシア人の植民市（　A　）を陥落させ，$_{c}$イタリア半島を統一したローマは，その後$_{d}$ポエニ戦争に勝利し，また東地中海諸国も征服して地中海の支配を確立した。しかし，長年の従軍と$_{e}$属州からの安価な穀物の流入によって中小農民は没落し，一方で有力者は$_{f}$ラティフンディアによって豊かになるという社会矛盾が深まった。

・（　B　）年に帝政を開始したローマは，$_{g}$マルクス＝アウレリウス＝アントニヌス帝までの間，安定と繁栄を続けたが，3世紀には軍人皇帝時代となり，北からは（　C　），東からは$_{h}$ササン朝などの外敵が侵入する「3世紀の危機」を迎えた。

・コンスタンティヌス帝は，325年ニケーアで最初の公会議を召集した。そこにおいて三位一体説をとるアタナシウス派が正統とみなされ，$_{i}$アリウス派は異端とされ，（　C　）の間に伝道された。4世紀後半には“背教者”（　D　）が異教復興を企てるという動きもあったが，キリスト教徒の勢いを止めることはできなかった。

⑴　文章中の空欄に当てはまる語句を答えよ。

⑵　下線部aと同時期におこったできごとを次から選べ。

　ア．ソロンの改革　　イ．ドラコンの立法

　ウ．十二表法　　　　エ．クレイステネスの改革

⑶　下線部bの内容を簡潔に説明せよ。

⑷　下線部cについて，ローマが行った統治の方法を何というか答えよ。

⑸　下線部dに従軍し，後に著書『歴史』を著した人物名を答えよ。

⑹　下線部eの徴税請負や土木事業により台頭した階級名を答えよ。

⑺　下線部fの語句を簡潔に説明せよ。

⑻　下線部gの代表的な著作名を答えよ。

⑼　下線部hの王で，軍人皇帝ウァレリアヌスを破って捕虜にした人物名を答えよ。

⑽　下線部iの宗旨を簡潔に説明せよ。

〈福島県〉

演習問題　解答・解説

1

(1)　A．アッカド　B．ヒッタイト
C．メンフィス　D．ヒクソス
E．アメンホテプ4世(イクナートン)
F．アラム　G．アッシリア

(2)　イ

(3)　・同害復讐を原則とする。
・身分により刑罰に差がある。
から1つ

(4)　カルタゴ　(5)　バビロン捕囚

(6)　国名：リディア（リュディア）
記号：A

解説

(1)　シュメール人は民族系統が不明である。アッカド人・バビロン第1王朝（古バビロニア王国）のアムル人・アッシリア人などはセム語系の民族である。古代エジプト人はエジプト語系の民族である。オリエント史におけるインド＝ヨーロッパ語系民族は，ヒッタイト人・メディア人・イラン（ペルシア）人などが挙げられる。

(2)　ア．ジッグラトはシュメール起源の聖塔のことで，メソポタミア諸都市で多く建設された。
イ．十進法はエジプト・中国・インドで古くからみられ，シュメール人は天文上の円周分割から六十進法を発明し，用いていた。
ウ．太陰暦は月の満ち欠けの周期を基準として作られた暦で，シュメール人が始めた。古代エジプト人はナイル川の氾濫と天体の関係から1年を365日とした太陽暦を用いた。
エ．楔形文字はシュメール人が発明した文字で，最初は線状の絵文字であったが，後に葦の茎や金属の先端を粘土板に押し付けるように書かれた。このため楔形の組み合わせによって字画が構成され，楔形文字とよばれるようになった。
オ．彩文土器は顔料で文様を施した土器のことで，メソポタミアの初期農耕文化に出現した。

(3)　ハンムラビは前18世紀頃のバビロン第1王朝（古バビロニア王国）の王で，シュメール法を集大成して全282条に及ぶ法典を制定した。

(4)　カルタゴは現在のチュニジア共和国一帯を支配したフェニキア人の植民市で，地中海貿易の中心地として繁栄した。ローマとの3度にわたる戦争（ポエニ戦争）に敗れて前146年に滅亡した。その後，再び都市として繁栄したが，7世紀末にアラブ人によって完全に破壊された。

(5)　バビロン捕囚を行ったのは新バビロニア（カルデア）の王ネブカドネザル2世（在位前604～前562年）であり，捕囚からユダヤ人を解放したのはアケメネス朝のキュロス2世（在位前559～前530年）である。

(6)　B．エジプト
C．新バビロニア（カルデア）
D．メディア

2

A．ク　B．コ　C．シ　D．ス
E．ア　F．ウ　G．ケ

解説

A．ソロン（前640頃～前560年頃）はアテネの政治家で，前594年に設問の改革を断行したが，後に貴族からも平民からも支持されず，政界を引退した。

B．ヘロドトス（前484頃～前425年頃）は小アジアのハリカルナソス出身の歴史家で，著書『歴史』は世界最古の個人による体系的歴史著述とされる。

C．ソクラテス（前469頃～前399年）はアテネの哲学者で，「無知の知」を自覚させる方法を実践し，人々に普遍的真理が存在することを説いた。

D．スパルタクス（？～前71年）はトラキア出身の剣闘士であったが，前73年に10万人にも及ぶ反乱の指導者となった。ローマ軍との戦いで戦死した。

E．トラヤヌス帝（在位98～117年）はスペイン出身のローマ皇帝で，ダキアを属州とし，パルティア（アルサケス朝）を征服した。

F．コンスタンティヌス帝（1世，在位306～337年）はディオクレティアヌス帝退位後の混乱を収束し，専制君主政を確立した。

G．パウロ（？～60年以後）は，「異邦人の使徒」とよばれ，ローマに伝道中，皇帝ネロ時代の迫害によって殉教したとされる。

3

⑴　A．タレントゥム　B．前27
　C．ゲルマン人
　D．ユリアヌス帝

⑵　エ

⑶　平民会の議決は元老院の承認なしに法律となる。

⑷　分割統治　⑸　ポリビオス

⑹　騎士

⑺　奴隷使用の大農場経営

⑻　『自省録』　⑼　シャープール1世

⑽　キリストは父なる神につくられたもので神と同質ではないとして人間性を強調した。

解説

⑴　D．キリスト教会側から背教者とされたユリアヌス帝（在位361～363年）は，ペルシア起源の密儀宗教のミトラ教に心酔した。

⑵　ア．前594年　イ．前7世紀後半
　ウ．前450年頃　エ．前508年

⑶　ディクタトル（独裁官）であったホルテンシウスによって制定された。

⑷　ローマの分割統治はイタリア半島内の支配下に入った各都市を，ローマ市民権の有無を利用して植民市・自治市・同盟市に分け，お互いに牽制させたものである。

⑸　ポリビオスは小スキピオの保護を受け，第3回ポエニ戦争にも同行し，カルタゴの滅亡を目の当たりにした。歴史理論としての政体循環史観が有名である。

⑹　騎士は金融資本家として活躍し，帝政期には財務担当や軍人として皇帝権力を支えた。

⑺　貴族や上層平民たちは，共和政期の領土拡大に伴って増加した公有地を私有地化し，さらに没落した農民の土地を併せて大土地所有者となった。帝政期に入っても大土地所有制は進展し，奴隷を使用したぶどう・オリーヴなどの果樹栽培が行われた。

⑻　マルクス＝アウレリウス＝アントニヌス帝（在位161～180年）は五賢帝の最後の皇帝で，度重なる異民族の侵入のため遠征をくり返し，その陣営で病没した。ストア派の哲学者でもあった。また『後漢書』の「大秦王安敦」は彼だとされる。

⑼　ササン朝第2代の王シャープール1世（在位241頃～272年頃）は，エデッサの戦い（260年）でローマ皇帝ウァレリアヌス（在位253～260年）を捕虜とした。

6 世界史－中世

傾向と対策

中世史の出題頻度は必ずしも高くないが，ゲルマン人の大移動とフランク王国の歴史，十字軍に注意が必要である。また中世ヨーロッパ史・十字軍に関連して，イスラームの勃興をあわせて学習しなければならない。近年の傾向としてイスラーム史から出題が増加している。ゲルマン人の大移動では，西ゴート人とヴァンダル人の移動経路に注意しよう。フランク王国に関してはカール大帝の事績とヴェルダン条約が頻出事項である。十字軍では第１回・第３回・第４回が主に出題される傾向がある。

要点 Check!

1 ゲルマン人の大移動

ゲルマン人の大移動の結果，西ローマ帝国が崩壊し，ゲルマン諸国家が成立した。その中でフランク王国がローマ教会と提携・発展し，カールの戴冠（800年）を迎えた。

2 フランク王国

⑴ **メロヴィング朝**（481～751年）：クローヴィスが建国，ローマ教会と提携へ。
- トゥール・ポワティエ間の戦い（732年）で宮宰カール＝マルテル（カロリング家）がウマイヤ朝のイスラーム軍を撃破。

⑵ **カロリング朝**（751～987年）：カロリング家のピピンが国王となる。

⑶ **カール大帝**（シャルルマーニュ，在位768～814年）：西欧主要部を統一。
- 北東のザクセン人を討伐し，南方のランゴバルド王国征服，東部のアヴァール人（アジア系）を撃退し，西部ではイスラーム教徒討伐。
- カールの戴冠（800年）：教皇レオ３世により，西ローマ皇帝位を授かった。

⑷ **ヴェルダン条約**（843年）：中・東・西フランク王国に分裂。
- さらにメルセン条約（870年）でイタリア・東フランク王国・西フランク王国の３国に分裂し，後のイタリア・ドイツ・フランスに発展。

3 十字軍の遠征

- クレルモン宗教会議（公会議，1095年）：教皇ウルバヌス２世は聖地回復の十字軍を提唱→最終的にはアッコンが陥落（1291年）し，失敗に終わった。

第1回(1096～99年)	1099年にイェルサレム王国建国。
第3回(1189～92年)	アイユーブ朝のサラディンと戦う。独・英・仏の君主が出撃した。
第4回(1202～04年)	ヴェネツィア商人主導，1204年にラテン帝国建国。
第6回(1248～54年) /第7回(1270年)	フランス王ルイ９世主導，1291年に十字軍最後の拠点アッコンが陥落。

4 イスラームの勃興

▶ **ムハンマド時代**（622～632年）

メッカのクライシュ族出身であるムハンマドは，アッラーを唯一神とするイスラーム教を創始した。メッカの大商人による迫害を避け，少数の信者を率いてメディナに移住し，ムスリムの共同体であるウンマを建設した。

▶ **正統カリフ時代**（632～661年）：ムハンマドの死後カリフ（後継者）選出へ。

・ニハーヴァンドの戦い（642年）で事実上ササン朝が滅亡。

・第４代カリフのアリーとムアーウィヤが対立し，アリーが暗殺された。

▶ **ウマイヤ朝時代**（661～750年）　都：ダマスクス（シリア）

・ムアーウィヤが創始したスンナ派（スンニー，多数派）の王朝。

・アラブ人第一主義：アラブ人はハラージュ（地租）が免除されたが，イスラーム教に改宗した非アラブ人（マワーリー）は，免除されなかった。

▶ **アッバース朝時代**（750～1258年）　都：バグダード（第２代カリフ以降）

アッバース家がウマイヤ朝を倒して建てたスンナ派の王朝。イスラーム教徒間の平等が進み，ハールーン＝アッラシードのとき全盛期を迎えた。モンゴル帝国のフラグにより滅亡（1258年）。

5 イスラームの分裂

後ウマイヤ朝	イベリア半島に逃れて建国。首都コルドバを中心にイスラーム文化が開花
ファーティマ朝	シーア派の王朝。エジプトを征服して，首都カイロを造営，君主はカリフを自称
ブワイフ朝	イラン系シーア派軍人が建国，バクダードに入城し，アッバース朝カリフから大アミールに任じられる
セルジューク朝	トルコ人の王朝。ブワイフ朝を倒してバクダードに入城し，アッバース朝カリフからスルタン（支配者）の称号を授けられた
アイユーブ朝	クルド人のサラディンがエジプトに建国，スンナ派信仰を復活。十字軍を破り，イェルサレムを奪回
マムルーク朝	アイユーブ朝を倒してエジプト・シリアに建国，モンゴル軍や十字軍を撃退
ナスル朝	イベリア半島最後のイスラーム王朝。首都グラナダにアルハンブラ宮殿を建造

例題1　**中世ヨーロッパ**

次の文章の空欄に当てはまる語句を答えよ。

(1) イタリア半島に侵入した西ゴート人はローマを破壊し，その後（　A　）半島に侵入して西ゴート王国を建国した。

(2) ローマ教会とコンスタンティノープル教会は，（　B　）年にビザンツ皇帝が（　C　）を出したことを最初の契機として対立し，1054年に互いに破門しあった。

(3) ノルマンディー公ウィリアムは，1066年にイングランドを征服し，ウィリアム1世として（　D　）朝を開いた。

(4) オットー1世は2度イタリア遠征を行い，教会を助けたので，962年に皇帝として戴冠された。この戴冠を機に成立した国を（　E　）と称するようになった。

解答　A．イベリア　B．726　C．聖像禁止令
D．ノルマン　E．神聖ローマ帝国

解説　(1) ゲルマン人の大移動の結果や各ゲルマンの部族の最終建国地は，大まかな移動ルートとともに覚えておこう。

(2) 東西教会が分裂したのは726年の**聖像禁止令**直後ではなく，1054年に両教会が相互に破門したときであった。対立が表面化したのはローマ教会とフランク王国との提携による。

(3) ノルマン人（北ゲルマン族）は，ヴァイキング（入り江の民）ともよばれ，8世紀後半から第2次民族移動を開始した。ノルマン人が建国した国家として，ルーシによる**ノヴゴロド国**・**キエフ公国**，族長ロロによる**ノルマンディー公国**，デーン人の王**クヌート**（カヌート）によるデーン朝，ルッジェーロ2世の建国による**両シチリア王国**がある。

(4) 神聖ローマ帝国（ドイツ）について押さえておきたい基本事項は次の通り。

・**ハインリヒ4世**（ザリエル朝）：**カノッサの屈辱**（カノッサ事件，1077年）
・フリードリヒ1世（シュタウフェン朝）：第3回十字軍参加
・大空位時代（1256～73年）：シュタウフェン朝断絶後，事実上の無皇帝状態，ルドルフ1世（ハプスブルク朝）即位で終結。
・カール4世（ルクセンブルク朝）：**金印勅書**（1356年）を発布し，皇帝選出権を七選帝候に定めた。
・ハプスブルク家帝位世襲化（1438～1806年）

例題 2　イスラームの勃興

次の各問いに答えよ。

(1)　次の文章の空欄に当てはまる語句を答えよ。

6世紀後半メッカに生まれたムハンマドは（　A　）やキリスト教の影響を受け，多神教や偶像崇拝を排して唯一神アッラーへの信仰を説いた。彼の死後，その後継者は（　B　）とよばれ，メディナを首都として政治・宗教の指導権を掌握した。初代（　B　）のアブー＝バクルはイスラーム教団の支配権をアラビア半島に確立し，さらにイスラーム勢力は（　C　）年にニハーヴァンドの戦いで（　D　）を撃破し，後にはエジプトも占領し，拡大していった。

(2)　次の文章を読んで，正しければ○，誤っていれば正しく訂正せよ。

①　イスラーム建築の代表例としては，スペインのグラナダにあるタージ＝マハルが有名である。

②　アリーが暗殺された後，ムアーウィヤが第5代カリフの地位に就き，都をメッカにおき，ウマイヤ朝を開いた。

③　スンナ派とは，アリーとその子孫のみがカリフを受け継ぐ資格があると主張するイスラーム教の分派の少数派であり，現在のイランの国教である。

解答　(1)　A．ユダヤ教　　B．カリフ　　C．642　　D．ササン朝

(2)　①　誤　タージ＝マハル　→　正　アルハンブラ宮殿

②　誤　メッカ　→　正　ダマスクス

③　誤　スンナ派　→　正　シーア派

解説　(1)　B．正統カリフは，初代アブー＝バクル，2代ウマル，3代ウスマーン，4代アリーである。

(2)　③　教会や聖職者組織をもたないイスラーム教の宗派の区別は，キリスト教の正統・異端とは異なり，法学上の見解を異にしている。スンナ派（スンニー）の4法学派とシーア派はそれぞれ独自の法体系をもっているが，法学上の差異にはとどまらない宗派間の対立も現実にある。一般にイスラーム教徒の9割を占める正統派は**スンナ派**とよばれ，代々のカリフを共同体（ウンマ）の同意として正統と認める穏健派である。これに対して**シーア派**は，アリーとその子孫のみをムハンマドの正統な後継者とする少数派である。歴史上成立した主なシーア派のイスラーム国家には，イドリース朝・**ファーティマ朝**・**ブワイフ朝**・**サファヴィー朝**などがある。

演習問題

1　★☆☆

次の文章の空欄に当てはまる語句または数字をア～クから選べ。

4世紀後半，アジア系の（　A　）人が東方から侵入し，黒海北岸にいたゲルマン人の一派である（　B　）人を征服し，さらに西ゴート人にせまるというできごとがおこった。そこで西ゴート人は南下をはじめ，（　C　）年にはドナウ川をわたってローマ帝国内に移住した。これをきっかけにして，他のゲルマン人のグループも移動を始めた。北ガリアにはフランク人が移動してフランク王国を建て，（　D　）人はブリテン島にわたり七王国を建てた。この間帝政ローマは東西２つに分裂し，西ローマ帝国はこの民族大移動の混乱の中で，476年にゲルマン人の傭兵隊長（　E　）に滅ぼされた。

ア．アッティラ　　イ．オドアケル　　ウ．ヴァンダル
エ．アングロ＝サクソン　　オ．東ゴート　　カ．フン
キ．376　　ク．395

〈高知県〉

2　★☆☆

次の年表を見て，各問いに答えよ。

年	できごと
800年	教皇レオ３世が（　A　）にローマ皇帝の帝冠を与える
862年	リューリクがノヴゴロド国を建国する
962年	オットー１世が（　B　）皇帝となる
1038年	aトゥグリル＝ベクがセルジューク朝を開く

(1)　空欄Aに当てはまる人名を答えよ。

(2)　空欄Bに当てはまる国名を次から選べ。

ア．神聖ローマ帝国　　イ．西ゴート王国
ウ．東フランク王国　　エ．キエフ公国

(3)　下線部aが最初に用い，以後スンナ派王朝で使用された称号を何というか答えよ。

〈秋田県〉

3 ★★★

次の文章を読んで，各問いに答えよ。

アムル＝ビン＝アルアースがアレクサンドリアを征服したとき，女と子供とを除き，ハラージュ支払いの年齢に達した捕虜60万人をえた。…（中略）…アムルは〔カリフ〕aウマルの指示に従い，これらの捕虜を分配することなく，その数を算え，彼らにハラージュを課した。bエジプトの全土は和約によって征服されたので，各人にひとり当たり２ディーナールを越えることのない額のジズヤが課せられ，土地と播種地については，その面積に応じて課税された。ただアレクサンドリアだけは武力によって征服され，契約も和約も保護もなかったので，総督の意にかなうだけのハラージュとジズヤとを支払わされた。

（イブン＝アブド＝アルハカム「エジプト征服史」より）

⑴　下線部ａの人物に関する記述として正しいものを選べ。

①　クライシュ族のウマイヤ家出身で，長老会議の互選により第３代カリフの位に就いた。後に不満分子の過激派によって殺害された。

②　シリア総督に就任して支配地を固め，660年，イェルサレムでカリフ就任を宣言した。実子を次期カリフに指名し，カリフ世襲化の道を開いた。

③　預言者ムハンマドのいとこで，カリフに就任したが対抗勢力との抗争に終始した。ハワーリジュ派に暗殺された後，彼の支持者はシーア派と称されるようになった。

④　初めはメッカで預言者ムハンマドを迫害した。後にムスリムとなり，第２代のカリフに就任した。

⑵　下線部ｂに関する記述Ａ～Ｄを古い年代順に並べ替えたものとして正しいものを①～④から選べ。

Ａ．エジプトの自立化を進めようとしたアリー＝ベイは，メッカの保護権に干渉し，さらに宗主国の混乱に乗じてシリアを攻略しようとした。

Ｂ．イスマーイール派の首長が新しい王朝を造り，第４代カリフのムイッズはフスタートの北郊に新都カーヒラを建設した。

Ｃ．マムルークから身をおこしたバイバルスはスルタンに即位し，ヒジャーズやヌビアに遠征するとともに，バリードとよばれる駅逓網を整備した。

Ｄ．グジャラート王国の救援要請を受けたスレイマン＝パシャは，インド洋遠征を行い，その帰途，イエメンの要衝であるザビードを征服した。

①　Ｂ→Ｃ→Ａ→Ｄ　　②　Ｃ→Ｂ→Ｄ→Ａ

③　Ｂ→Ｃ→Ｄ→Ａ　　④　Ｃ→Ｂ→Ａ→Ｄ

〈東京都改題〉

演習問題　解答・解説

1

A．カ　B．オ　C．キ
D．エ　E．イ

解 説

A．フン人は，かつて中国北方最初の遊牧騎馬国家であった匈奴の子孫である北匈奴と考えられている。

C．西ゴート人はドナウ渡河（376年）後のアドリアノープルの戦い（378年）で，ローマ軍を撃破した。アラリック（在位395～410年）治世時，一時ローマを占領・略奪した。西ゴート人は最終的にはイベリア半島に西ゴート王国を建国した。しかし，711年に北アフリカから侵攻したウマイヤ朝によって滅ぼされた。

D．アングロ＝サクソン人はイングランド地方に七王国を建国したが，829年エグバート（在位829～839年）により統一され，イギリス王国が成立した。

E．西ローマ帝国を滅ぼしたオドアケル（434頃～493年）は，東ゴート王国の王テオドリック（在位473頃～526年）に破れ，直後に暗殺された。イタリア半島の支配権は，西ローマ帝国→オドアケルの王国→東ゴート王国→東ローマ帝国→ランゴバルド王国→フランク王国と変遷した。

2

(1)　カール大帝（シャルルマーニュ）
(2)　ア
(3)　スルタン

解 説

(1)　726年に東ローマ皇帝レオン（レオ）3世（在位717～741年）が発布した聖像禁止令以来，東ローマ帝国と対立を深めていたローマ教会は，フランク王国に接近した。カールの戴冠は両者の提携関係が一つの頂点に達したことを表している。

(2)　ザクセン朝第2代のドイツ（東フランク）王オットー1世（在位936～973年）は，レヒフェルトの戦い（955年）でマジャール人を破り，初代の神聖ローマ皇帝となった（在位962～973年）。神聖ローマ帝国とは中世のドイツ国家の名称であり，15世紀前半からはオーストリアのハプスブルク家が皇帝の地位を実質的に世襲することになった。帝国は三十年戦争（1618～48年）以降，有名無実化したが，1806年ナポレオン1世がドイツ西部にライン同盟（ライン連邦）を組織したことから神聖ローマ帝国は完全に消滅した。

(3)　11世紀カリフの神権政治衰退期に，世俗的支配権の保持者を指した。その後，イスラーム諸国の主権者の称号となった。

3

(1)　④　　(2)　③

解 説

(1)　①　ウスマーン
　　②　ムアーウィヤ
　　③　アリー

(2)　A．1770～71年　B．969年
　　C．1260年　D．1538年

7 世界史－近世

傾向と対策

近世史の出題頻度は近代・現代に次いで高い。学習分野も多方面にわたっているので，頻出問題の演習と解説の学習で時間を節約した方がよい。あまり詳細事項に踏み込まず，ルネサンスや絶対王政の人名など，基本の基本に当たる事項をよく学習しておこう。ルネサンスでは主要な作家と作品名の把握，大航海時代では，航海士達の航海経路の把握が重要である。宗教改革では三大改革とカトリック側からの対抗宗教改革も重要である。絶対王政に関しては，後半期の啓蒙専制君主が要注意である。

要点 Check!

1 ルネサンス（文芸復興）

〈イタリア＝ルネサンス〉 14～16世紀，フィレンツェを中心に始まった

美術	レオナルド＝ダ＝ヴィンチ	『最後の晩餐』『モナ＝リザ』
	ミケランジェロ	『最後の審判』『ダヴィデ像』
	ラファエロ	『アテネの学堂』『聖母子像』
文学	ダンテ	『神曲』
	ボッカチオ	『デカメロン』
政治学	マキァヴェリ	『君主論』

〈他地域のルネサンス〉

イギリス	トマス＝モア	『ユートピア』	ネーデルラント	エラスムス	『愚神礼賛』
				ファン＝アイク兄弟	油絵技法の改良
フランス	モンテーニュ	『エセー』	スペイン	セルバンテス	『ドン＝キホーテ』

2 大航海時代

造船術の進歩に加え，天文学や地球球体説に基づく世界地図や羅針盤を手に入れたことで，遠方への航海が可能となった。

ポルトガル	バルトロメウ=ディアス	アフリカ南端の喜望峰到達（1488年）
	ヴァスコ=ダ=ガマ	喜望峰を通ってインド西岸のカリカット到達（1498年）
	カブラル	ブラジルに漂着（1500年）
スペイン	コロンブス	トスカネリの地球球体説を信じ，大西洋を横断してバハマ諸島（西インド諸島）のサンサルバドル島に到達（1492年）
	マゼラン（マガリャンイス）	世界周航（1519～21年）

3 宗教改革

▶ ルターの宗教改革

・教皇レオ10世が，ローマのサン＝ピエトロ大聖堂（カトリック教会の総本山の聖堂）の新築資金を調達するために贖宥状（免罪符）乱発。これに対し，1517年，マルティン=ルターは「九十五カ条の論題」で批判した。

・神聖ローマ帝国皇帝カール５世は，ヴォルムス帝国会議でルターに自説の撤回を求めるが，これに応じず，ザクセン選帝侯の保護のもとで，「新約聖書」のドイツ語訳を完成させた。

・旧教徒（カトリック）と新教徒（プロテスタント）の争いであるシュマルカルデン戦争で，1555年にアウクスブルクの宗教和議が成立。この和議により，ルター派は公認されたが，宗派を選ぶ権利を認められたのは諸侯だけで，個人の信仰の自由やカルヴァン派の権利は認められなかった。

▶ カルヴァンの宗教改革

・スイスでは，ツヴィングリがチューリヒで宗教改革を開始。その後，カルヴァンがジュネーヴで長老主義を採用して神権政治を実施。「予定説（魂が救われるかどうかはあらかじめ神によって決定されているという考え）」を基本とし，禁欲と勤勉を説く。職業は神から与えられた天職と考えて職業から得られる富を正当化したことから，西ヨーロッパの商工業者に普及した。

▶ イギリスの宗教改革

・国王ヘンリ８世が王妃との離婚を教皇に反対されたため，1534年に国王至上法（首長法）を定め，国王がイギリス国内の教会の首長とするイギリス国教会を成立させ，教皇と絶縁した。

・次の女王メアリ１世はスペイン王フェリペ２世と結婚してカトリックを復活させたが，エリザベス１世の治世になって，1559年の統一法でイギリス国教会を再建した。

▶ 対抗宗教改革

・カトリック教会の勢力回復を目的に，イグナティウス＝ロヨラやフランシスコ＝ザビエルらが1534年にイエズス会を結成。

・トリエント公会議で教皇の至上権を再確認。禁書目録を作成し，異端に対する宗教裁判を強化した。

4 絶対王政

各国の中央集権化が進み，主権国家としての絶対王政（絶対主義）が誕生。

〈各国の代表的な絶対王政の君主〉

スペイン	フェリペ２世	レパントの海戦（1571年）でオスマン帝国を破る 多数の海外領土を獲得し「太陽の沈まぬ国」を現出
イギリス	エリザベス１世	東インド会社の設立（1600年）
フランス	アンリ4世	ブルボン朝を創始 即位後，新教から旧教に改宗。ナントの王令（勅令） →ユグノー戦争終結
	ルイ13世	ハプスブルク家との対抗上，三十年戦争に新教側で参戦
	ルイ14世	ヴェルサイユ宮殿（バロック様式）の造営 ナントの王令の廃止

5 イギリス市民革命

▶ イギリス（ピューリタン）革命（1640～60年）

チャールズ１世：専制強化に対して議会は権利の請願を提出するが，やがて王党派（国王派）と議会派の内乱が発生。

クロムウェルの登場：議会派が勝利し，チャールズ１世は処刑（1649年）され，共和政が成立した。クロムウェルは護国卿に就任し，事実上の独裁体制となり死後王政が復活。

▶ 王政復古（1660年）

チャールズ２世：専制政治とカトリックの復活を図るが，議会は審査法（1673年），人身保護法（1679年）を制定して対抗。

▶ 名誉革命（1688～89年）

ジェームズ２世：専制強化，カトリック復活を進める。議会はオランダ総督ウィレムとその妻メアリ（ジェームズ２世の娘）を国王として迎えた。２人は権利（の）宣言を受け入れてウィリアム３世とメアリ２世として即位，権利（の）章典として制定され，議会の優位が確認された。

例題1　ルネサンス

次の人物と関係のある事柄をA群，B群より選べ。

(1)　ボッカチオ　(2)　エラスムス　(3)　ダンテ
(4)　マキァヴェリ　(5)　セルバンテス　(6)　トマス＝モア
(7)　レオナルド＝ダ＝ヴィンチ

【A群】　ア．最後の晩餐　イ．神曲　ウ．君主論
エ．ユートピア　オ．ドン＝キホーテ　カ．デカメロン
キ．愚神礼賛

【B群】　①　トスカナ語　②　万能の天才　③　教会の腐敗風刺
④　イタリア統一　⑤　スペイン　⑥　理想社会
⑦　リアリズム

解答　(1)　カ，⑦　(2)　キ，③　(3)　イ，①　(4)　ウ，④
(5)　オ，⑤　(6)　エ，⑥　(7)　ア，②

解説　イタリア＝ルネサンスでは，教皇やメディチ家などの権勢者の援助のウエイトが高いため，一般的に宗教・政治批判が弱いという特徴があるが，ボッカチオは例外的に『デカメロン』の中で教会批判を行っている。また，当時ヨーロッパで流行した伝染病（ペスト）について描写している。これに対して，エラスムスを含めネーデルラント・ドイツでのルネサンスは，宗教改革とほぼ同時進行したため，宗教・政治批判が強いという特徴がある。

ダンテはラテン語ではなく，トスカナ語で作品を著した。ルネサンスでは中世的なラテン語文化にかわって，各国語によって作品が書かれるようになった。

ポーランド人コペルニクスは当時支配的であったプトレマイオスの天動説に反して地動説をとなえた。

ドイツ人グーテンベルクは印刷に改良を加えた活版印刷術を発明した。

なお，イタリア＝ルネサンスの中心地はフィレンツェ（～15世紀末）→ローマ（16世紀前半）→ヴェネツィア（16世紀後半）と移動し，さらに北方のネーデルラント，ドイツ，スペイン，フランス，イギリスへと広がった。

例題2　宗教改革

次の文章の空欄に当てはまる語句を答えよ。

ドイツで（　A　）が宗教改革をおこしたのは1517年である。次いでフランス生まれの（　B　）が聖書研究に影響を受け，弾圧を避けるためにスイスに亡命し，改革運動を行った。（　B　）は（　C　）説で神に救われる者はあらかじめ決められていると主張し，禁欲的態度で職業労働に励むことを奨励したので，新興市民階級の間に営利活動の精神的支柱として広まった。この信徒はフランスではユグノー，ネーデルラントでは（　D　），イングランドでは（　E　）とよばれた。これらに対して旧教徒側も改革を始めた。この運動を対抗宗教改革という。スペイン出身の（　F　）が中心となり（　G　）を結成し，厳格な規律を守り旧教勢力の拡大を図り，ポルトガル・スペインの植民事業と並行して海外伝道を進めた。1549年に日本に来航したザビエル，中国で布教活動をしつつ，『坤輿万国全図』を作った（　H　）などが有名である。

解答　A．マルティン＝ルター　B．カルヴァン
C．予定　D．ゴイセン
E．ピューリタン（清教徒）　F．イグナティウス＝ロヨラ
G．イエズス会（ジェズイット教団）　H．マテオ＝リッチ

解説　A．1517年に**マルティン＝ルター**は，ローマのサン＝ピエトロ大聖堂の新築資金調達を目的として販売された贖宥状（免罪符）に対して，神学上の疑問を**『九十五カ条の論題』**として公表した。この訴えにより，ルターは教皇から破門され，ドイツ（神聖ローマ帝国）国内の北ドイツ諸侯と皇帝**カール5世**との対立を伴って，宗教戦争へと発展した。

B，C．**カルヴァン**（フランス人）は，スイスのジュネーヴに招かれ，宗教改革を始めた。彼は，**予定説**に基づき，職業は神から与えられた天職と考えて，それまで卑しいとされていた営利活動を神への奉仕として積極的に認めたため，西ヨーロッパの商工業者の間に広く普及した。

D，E．カルヴァン派は，イングランドでは**ピューリタン**，スコットランドではプレスビテリアン，フランスでは**ユグノー**，オランダでは**ゴイセン**とよばれた。

H．マテオ＝リッチ（1552〜1610年）は明末の中国に入り，世界地図**『坤輿万国全図』**を作成した。

例題3　絶対王政

次の文章の空欄に当てはまる語句・年代を答え，後の問いに答えよ。

Ⅰ．スペインは（　A　）家の支配により王権が強大となり，（　B　）でオスマン帝国に勝利して地中海の覇権を掌握した。しかし，（　C　）がイギリス海軍に敗れると急激に衰えた。

Ⅱ．フランスはルイ13世の宰相（　D　），ルイ14世の宰相（　E　）によって絶対主義が確立され，コルベールの重商主義政策によって典型的な絶対王政の特色である常備軍と官僚制度を備え，ヨーロッパの覇権を目指した。しかし（　F　）の廃止によってユグノーが多かった商工業者の国外への逃亡が相次ぎ，経済的損失を被ることとなった。

Ⅲ．プロイセンとオーストリアの戦争はマリア＝テレジアのオーストリア継承にプロイセンが反対しておこり，シュレジエンをプロイセンが領有することの承認と引換えに，オーストリア継承が認められた。1756年にa再び戦争が始まり1763年に終わったが，オーストリアはシュレジエンを奪回できなかった。

問　下線部aに当たるヨーロッパでの戦争名を答えよ。

解答　A．ハプスブルク　　B．レパントの海戦　　C．無敵艦隊（アルマダ）
D．リシュリュー　　E．マザラン　　F．ナントの王令（勅令）
問　七年戦争

解説　Ⅰ．スペインはフェリペ２世のときが全盛であったが，ネーデルラントのカルヴァン派に対し，重税を課したことをきっかけとして，オランダ独立戦争がおこった。フェリペ２世はオランダを支援しているエリザベス１世のイギリスに対して無敵艦隊を派遣したが，アルマダ戦争（1588年）でイギリスの私拿捕船（私掠船，女王公認の海賊）に敗れた。

Ⅱ．ルイ14世時代は対外戦争がくり返されたことで財政が悪化し，フランス革命の遠因となった。問題文中にあるナントの王令の廃止（1685年）もルイ14世の失政とされる。

Ⅲ．プロイセンのフリードリヒ２世（大王）とオーストリアのマリア＝テレジアは，オーストリア継承戦争（1740～48年）・七年戦争（1756～63年）を戦ったライバル同士である。

例題 4　イギリスの議会政治

次の文章の空欄に当てはまる語句を答えよ。

議会主義に基づく民主政治が他の国に先駆けて発達したイギリスであるが，それは1215年に（　A　）の王権濫用を防止するために（　B　）を制定したことより始まる。これはイギリス王室の根本的な在り方「国王もまた法に従う」ということを示唆したものであった。その後17世紀に入り2つの革命がおこり，議会政治が確立した。ステュアート朝の（　C　）が国教に従わない新教徒を圧迫し，議会を無視し課税したことで内乱が発生し，（　D　）を指導者とする議会派が勝利をおさめ，共和政が一時実現した。この革命を（　E　）という。1660年，王政復古となって，チャールズ2世が即位すると，王のカトリック復活を恐れた議会は（　F　），（　G　）を制定した。次いで即位したジェームズ2世も専制の強化を図ったので，議会はオランダから新しい国王（　H　）（　I　）を迎え，（　J　）を発布させた。これを名誉革命という。こうして，イギリスは2つの革命を通じて議会政治を確立した。

解答　A．ジョン王　B．大憲章（マグナ＝カルタ）
C．チャールズ1世　D．クロムウェル
E．イギリス（ピューリタン）革命　F，G．審査法，人身保護法（順不同）
H，I．ウィリアム3世，メアリ2世（順不同）
J．権利（の）章典

解説　A，B．**ジョン王**（在位1199～1216年）の失政に対し，貴族らは**大憲章**（マグナ＝カルタ）を王に認めさせた。国王による新たな課税には高位聖職者と大貴族の会議の承認を必要とすることや不当な裁判による逮捕の禁止などを定めた。

C．**チャールズ1世**（在位1625～49年）が，スコットランドの反乱鎮圧費用を得るために増税をもくろみ，議会と対立し，王党派（国王派）と議会派の内乱となった。

D．**クロムウェル**は議会派内の独立派の指導者で，1649年にチャールズ1世を処刑した。1653年に護国卿となり，独裁政治を行った。

F，G．**審査法**は，公職就任を国教徒に限定した法である。**人身保護法**は，不法な逮捕・投獄を禁止した法である。

H，I．議会はオランダ総督（統領）ウィレム3世とその妻メアリを王として迎えた。2人は**権利（の）章典**を発布して，**ウィリアム3世**・**メアリ2世**として即位し，共同統治した。名誉革命はピューリタン革命と異なり，処刑や内戦をしなかった。

演習問題

1　★★☆

ルネサンスに関する次の文章を読んで，各問いに答えよ。

ルネサンスは14世紀にイタリアの都市（　Ａ　）で始まり，15～16世紀にヨーロッパ各地へ広がっていった。その根本精神は（　Ｂ　）であり，人間のありのままを肯定する考え方が浸透した。16世紀になると，万能の天才とよばれた（　Ｃ　），彫刻・絵画・建築などに優れた業績を残した（　Ｄ　），肖像画や聖母子画に優れた作品を残した（　Ｅ　）の３巨匠が活躍した。また，この時代の文化運動は，技術や科学の分野でも大きな発展を遂げた。a特に，火薬・羅針盤・（　Ｆ　）はルネサンスの時代に改良され，その後の世界の進展に多大な影響を及ぼしている。

⑴　文章中の空欄Ａ，Ｂに当てはまる語句を答えよ。

⑵　空欄Ｃ～Ｅに当てはまる人物名を答え，その人物の作品を次から選べ。

ア

イ

ウ

エ

⑶　下線部ａについて，

問１　空欄Ｆに当てはまる語句とルネサンス期にそれを改良した人物名を答えよ。

問２　空欄Ｆの改良はその後のヨーロッパ世界にどのような影響を及ぼしたのか，簡潔に説明せよ。

〈兵庫県改題〉

2　★★☆

次の地図は，15世紀末から16世紀の主な航路を示している。これを見て，各問いに答えよ。

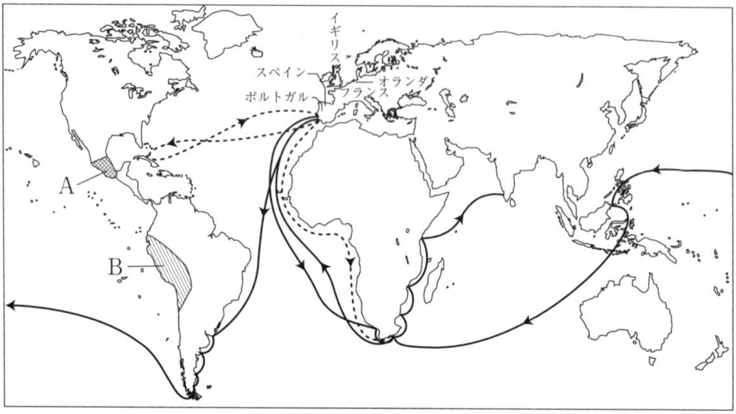

⑴　次のＡ～Ｄのできごとを古いものから順に並べ替えよ。

Ａ．マゼランがモルッカ諸島に向けて出発した。

Ｂ．バルトロメウ＝ディアスが喜望峰に到達した。

Ｃ．ヴァスコ＝ダ＝ガマがカリカットに到達した。

Ｄ．コロンブスがサンサルバドル島に上陸した。

⑵　地図中Ａ，Ｂの地域では独自の文明が栄えた。それぞれの文明名を答えよ。

⑶　次の図は，当時の主な交易の様子をまとめたものである。ａ～ｄに当てはまる組み合わせとして正しいものを①～④から選べ。

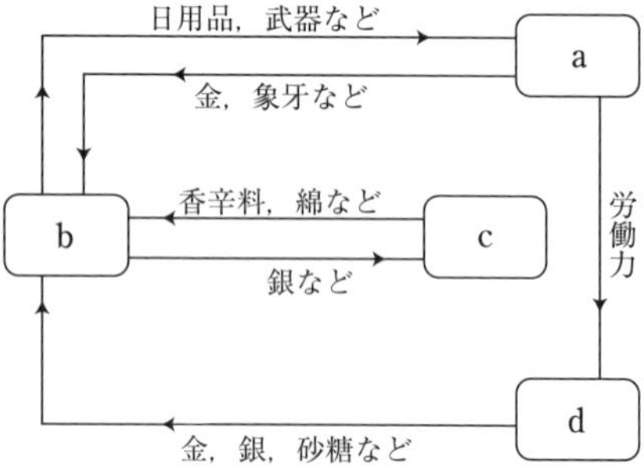

	a	b	c	d
①	南アメリカ	アフリカ	ヨーロッパ	アジア
②	アフリカ	ヨーロッパ	アジア	南アメリカ
③	アジア	ヨーロッパ	南アメリカ	アフリカ
④	アフリカ	アジア	ヨーロッパ	南アメリカ

〈北海道・札幌市改題〉

3 ★★☆

ヨーロッパ各国の絶対王政に関する記述として正しいものを選べ。

① イギリスでは，テューダー朝のヘンリ７世とヘンリ８世によって絶対王政が築かれた。この時代には，大量の綿花栽培のための囲い込みが各地で盛んになり，農民の間には不安が広がった。

② イベリア半島では15世紀後半にカタルーニャとバレンシアが合併してスペイン王国が成立した。カトリック教会の勢力を背景に国土回復運動が進められ，最後に残ったイスラーム勢力である後ウマイヤ朝のグラナダを陥落させた。

③ フランスでは，カルヴァン派のジェントリに対し，国王ルイ14世が信仰の自由と市民権を与えるナントの王令を発布した。しかし，その措置に対し，カトリックを信仰する貴族たちがフロンドの乱をおこして反対した。

④ ドイツでは，三十年戦争後の分裂状態を収拾した女帝マリア＝テレジアを中心に絶対王政がしかれた。「君主は国家第一の僕である」と述べたマリア＝テレジアは，国民の福祉の向上にも努めた。

⑤ オランダでは，オラニエ公ウィレムを指導者として，スペインからの独立が達成された。独立後は，アムステルダムを中心に急速な経済発展をとげ，1602年には東インド会社を設立し，香料の産地である東南アジアに進出した。

〈大阪府・大阪市・堺市〉

演習問題　解答・解説

1

(1)　A．フィレンツェ
　　B．ヒューマニズム（人文主義）

(2)　C．レオナルド=ダ=ヴィンチ，イ
　　D．ミケランジェロ，ウ
　　E．ラファエロ，ア

(3)　問１　語句：活版印刷術
　　　　人物名：グーテンベルク
　　問２　製紙法の普及と関連して書物の製作を簡単にし，後の宗教改革にも大きな影響を及ぼした。

解 説

(1)　イタリア=ルネサンスの中心地の移動は前述したように，フィレンツェ→ローマ→ヴェネツィアの順序である。フィレンツェのルネサンスの終焉は，第１次イタリア戦争とサヴォナローラによるメディチ家追放，ローマのルネサンスの終焉は第２次イタリア戦争である。中世の文化の担い手で唯一の知識人は聖職者であったが，ルネサンス時代は富豪や権勢者の庇護の下，芸術家や人文主義者が活躍するようになった。

(2)　ア．『大公のマドンナ』
　　イ．『最後の晩餐』
　　ウ．『最後の審判』
　　エ．ボッティチェリの『春』

(3)　マルティン=ルターの『キリスト者の自由』や彼がドイツ語に翻訳した『新約聖書』の普及が，宗教改革に大きな力を発揮した。したがって，15世紀の「グーテンベルクの活版印刷術なくしてルターの宗教改革なし」といわれる。

2

(1)　B→D→C→A

(2)　A．アステカ文明
　　B．インカ文明

(3)　②

解 説

(1)　A．1519年　　B．1488年
　　C．1498年　　D．1492年

(2)　メキシコ中央高原のアステカ文明を滅ぼし略奪したのがコルテスである（1521年）。アンデス地方のインカ文明を滅ぼし略奪したのがピサロである（1533年）。

(3)　これは大西洋三角貿易の図で，頻出事項である。この貿易により，イギリスなど西洋諸国は多くの利益を得た。

3

⑤

解 説

①　綿花栽培ではなく，牧羊である。15世紀末～17世紀中頃のこの事態を囲い込み（エンクロージャー）という。第２次囲い込みは18～19世紀中頃にかけて，食糧増産のため議会立法により合法的に推進された。なお，ヘンリ８世はスペイン王妃との離婚を認めない教皇と対立して，1534年の国王至上法（首長法）で国王がイギリス国内の教会（国教会）の首長であると宣言し，イギリス国教会を成立させた。

②　カタルーニャとバレンシアではなく，カスティリャとアラゴンである。アラゴン王子フェルナンドとカスティリャ王女イサベルが結婚し，10年後の1479年にはスペイン王国が成立し，この夫婦の共同統治となった。また，グラナダはナスル

朝の都であった。

③　ジェントリ（郷紳）ではなくユグノーである。また，ルイ14世（在位1643～1715年）ではなくアンリ4世（在位1589～1610年）である。フロンドの乱はルイ14世即位後，王権の強化に対しておこった，高等法院を中心とする貴族の反乱である。この反乱を鎮圧に功績を挙げたのは，若年の国王ルイ14世を支えた宰相マザランである。

④　三十年戦争（1618～1648年）は，1648年のウェストファリア条約で終結したが，この条約により，ドイツ諸侯にほとんど完全な主権が承認され，ドイツは分裂状態となった。その他，カルヴァン派が公認され，スイスとオランダの独立が正式に認められた。18世紀にはプロイセン（プロシア）とオーストリアが絶対王政を確立した。マリア＝テレジアはオーストリアの女帝（在位1740～80年）である。また，「君主は国家第一の僕である」と述べたのは，プロイセン王フリードリヒ2世（大王，在位1740～86年）である。

⑤　「東インド会社」は，インドやアジア地域での貿易独占権を国から与えられた貿易会社数社による合弁会社のこと。1600年にイギリス東インド会社に始まり，1602年に世界最古の株式会社としてオランダ東インド会社，1604年にフランス東インド会社などが続いた。イギリス・オランダは，ポルトガル・スペインに代わって，インド及び東南アジア，中国などに進出して，貿易の利益を競ったが，いずれも「会社」という新しい組織として商業圏を拡げていった。

8 世界史－近代・現代

傾向と対策

近現代史の200年余りは最も出題頻度の高いところであり，歴史事項も論題も多い。近年の傾向を考慮すると，帝国主義時代から第一次世界大戦，戦間期，第二次世界大戦とその後の「冷たい戦争」へと続く流れに注目すべきである。産業革命は近年出題頻度が高まっており，発明者と発明機器の組み合わせに注意しよう。フランス革命は短期間に様々な事件が発生し，複雑であるが，その推移を最小限把握しよう。戦間期は世界恐慌発生（1929年）を境として，1920年代の協調期と1930年代の対立期に分けて整理しよう。「冷たい戦争」の重要性はいうまでもない。

要点 Check!

1 産業革命と市民革命

▶ **イギリス産業革命**…綿工業から発達

〈イギリスで産業革命がおこった背景〉

・毛織物工業の発展や三角貿易による資本の蓄積があった。
・オランダやフランスを破って広大な海外市場を確保していた。
・第２次囲い込みにより土地を失った農民の一部が都市に流れ，工業労働者となった。
・石炭，鉄などの豊富な資源に恵まれていた。

〈主な発明〉

ジョン＝ケイ	飛び杼
ハーグリーヴズ	多軸（ジェニー）紡績機
アークライト	水力紡績機
クロンプトン	ミュール紡績機
カートライト	力織機
ワット	蒸気機関の改良

▶ **アメリカ独立革命**

背景：イギリスによる13植民地への重商主義政策の強化→印紙法（1765年），茶法（1773年）→ボストン茶会事件勃発→対立激化，アメリカ独立戦争開始（1775年）。

・独立宣言（1776年）：自由と平等，圧政に対する抵抗権を主張。トマス＝ジェファソンらが起草。

・パリ条約（1783年）によりアメリカ合衆国の独立を達成。

▶ フランス革命とナポレオン

背景：財政難に苦しむ国王ルイ16世の政府は，特権身分（第一身分（聖職者）と第二身分（貴族））の免税特権廃止を企図→反発した特権身分の要求で（全国）三部会開催（1789年5月）。

- 三部会で特権身分と第三身分（平民）が対立→国民議会の成立（球戯場〔テニスコート〕の誓い，1789年6月）
- バスティーユ牢獄の襲撃（1789年7月14日）：フランス革命勃発
- 人権宣言（人間および市民の権利の宣言）（1789年8月26日）：自由・平等，国民主権などを規定。ラ＝ファイエットらが起草。
- 1791年憲法制定（1791年9月）→立法議会の成立，対オーストリア宣戦（1792年4月）→オーストリア・プロイセンとの対外戦争は連敗し，この危機の中でジャコバン派の勢力が増大。
- 国民公会の成立（1792年9月）：ルイ16世を処刑（1793年1月），恐怖政治が行われる→テルミドール9日のクーデタ（1794年）で，ロベスピエールらのジャコバン派は一掃。
- 総裁政府の成立（1795年10月）：ナポレオン＝ボナパルトによるブリュメール18日のクーデタ（1799年）で倒れる。
- 統領（執政）政府：ナポレオン＝ボナパルトを第一統領とする。ナポレオン法典（フランス民法典）の制定（1804年3月）。
- 第一帝政(1804～14, 15年)：国民投票でナポレオン＝ボナパルトが皇帝即位。

2 19世紀の欧米諸国

▶ ウィーン体制の成立と崩壊

ウィーン会議：オーストリア外相のメッテルニヒが中心となり，ナポレオン没落後のヨーロッパの新しい国際秩序樹立を企図。

基本原理：タレーランの正統主義→フランス革命以前の王権と領土を正統とする。

ウィーン体制：ウィーン議定書と神聖同盟・四国同盟から成る反動体制。

- 七月革命（1830年）の影響は周辺諸国に波及し，ウィーン体制は動揺。
- 二月革命（1848年）で最終的にウィーン体制は瓦解。

▶ 19世紀の欧米諸国

イギリス	ヴィクトリア女王統治の下，自由党（グラッドストンら）と保守党（ディズレーリら）の二大政党が総選挙の結果に基づいて交替して政権を担当する典型的な議会政党政治が成立した。
フランス	七月革命・二月革命→第二共和政→ナポレオン3世の第二帝政→第三共和政。

イタリア	サルデーニャ王国の首相にカヴールが就任→イタリア統一戦争でロンバルディアを獲得→ガリバルディが両シチリア王国をサルデーニャ王に献じる→イタリア王国の成立（1861年）→ローマ教皇領を占領して国家統一（1870年）
ドイツ	1971年にヴィルヘルム1世が即位し，ビスマルクが宰相として，1878年に社会主義政党を弾圧する社会主義者鎮圧法を制定した。
ロシア	1853年に始まったクリミア戦争敗北後，アレクサンドル2世は1861年に農奴解放令を出し，農奴に人格的自由を認めた。
アメリカ	1861年に南北戦争がおこり，北部を支援したリンカン大統領（共和党）は1863年に奴隷解放宣言を出し，1865年に戦争は北部が勝利した。

3 二つの世界大戦

▶ 帝国主義時代と第一次世界大戦

・三国同盟（ドイツ・オーストリア・イタリア）と三国協商（イギリス・フランス・ロシア）の対立。

・「ヨーロッパの火薬庫」：当時のバルカン半島の情勢を表現した言葉。

・サラエボ（サライェヴォ）事件（1914年，オーストリア皇太子夫妻がボスニアの州都サラエボでセルビア人の青年により暗殺された事件）をきっかけに第一次世界大戦（1914～18年）勃発。

▶ 戦間期の欧米諸国

〈大戦後の世界〉

・パリ講和会議（1919年）：ウッドロー＝ウィルソンが提唱した十四カ条（十四カ条の平和原則）が基調
→ヴェルサイユ条約（対ドイツ）などが結ばれる。ヨーロッパに新興国誕生。

・国際連盟の発足（1920年）：①影響力が強いアメリカの不参加，②侵略行為に対して経済的制裁を行うのみで実効性のある手段をもたなかった，③表決方法が全会一致のため，連盟内の意思統一が困難，などの問題点があった。

〈1930年代〉

世界恐慌：ニューヨークのウォール街で株価の大暴落（1929年）がきっかけ

米：フランクリン＝ローズヴェルトのニューディール（新規まき直し）

英・仏：ブロック経済（輸入品に高い税を課して外国の製品を締め出し，本国と植民地との貿易を拡大した。）

独：1933年にナチ党（ナチス）のヒトラーが政権をとる。

▶ 第二次世界大戦：枢軸国側 VS 反ファシズムの連合国

1939年9月1日	ナチス＝ドイツのポーランド侵攻→第二次世界大戦勃発
1941年6月	独ソ戦争開始
1941年12月	日本軍がハワイの真珠湾を奇襲

1943年 2 月	スターリングラードの戦い終了，ドイツ軍敗退
1943年 9 月	イタリア新政府無条件降伏
1945年 5 月	ドイツ無条件降伏
1945年 8 月	日本降伏

4 現代の世界

➤ 「冷たい戦争」（冷戦）

〈ヤルタ会談からマルタ会談まで〉　↑：激化　↓：雪解け・デタント（緊張緩和）

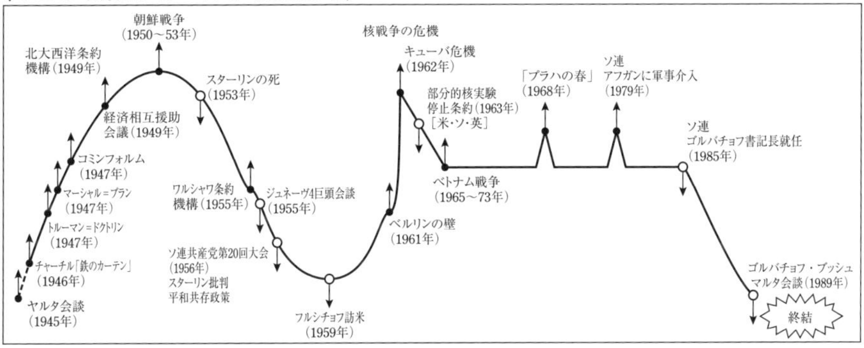

➤ 「冷たい戦争」後の世界

パレスチナ問題	パレスチナをめぐるユダヤ人とアラブ人の対立から，４度の中東戦争が発生した。イラン革命（1979年）後のイスラーム原理主義運動（ファンダメンタリズム）の活発化から，中東紛争での爆弾テロが頻発しており，問題解決には至っていない。
ヨーロッパ統合	マーストリヒト条約（1992年）の発効によりヨーロッパ連合（EU）が発足した（1993年）。2002年には欧州統一通貨ユーロの紙幣･硬貨が発行された。

例題1　産業革命

産業革命に関する次の各問いに答えよ。

(1)　蒸気機関に画期的な改良を加え，機械の生産性を高めるのに貢献した人物名を答えよ。

(2)　イギリスで最初に産業革命がおこった産業の分野を答えよ。

(3)　産業革命を支える一因となった労働力の多くは，当時の農村部から供給された。この背景となったできごとを次から選べ。

ア．チャーティスト運動　　イ．ラダイト運動

ウ．第1次囲い込み　　エ．第2次囲い込み

解答　(1)　ワット　(2)　綿（木綿）工業　(3)　エ

解説　(1)　ワットはニューコメンの蒸気機関を改良し，紡績機や力織機の生産性を向上させた。この改良によって，様々な機械に蒸気機関が応用される道が開け，後に蒸気船や蒸気機関車が発明されることになった。

(2)　伝統的な毛織物工業ではなく綿工業から産業革命が始まった要因としては，原料となる綿花をインドから手に入れることができたこと，綿工業は毛織物工業に比べ新しい分野であり技術革新がしやすかったこと，熱帯地方にある植民地に対して，毛織物より綿布のほうが売りやすいことなどが挙げられる。

(3)　ア．チャーティスト運動は，都市労働者が中心となって，普通選挙権獲得を目標として人民憲章を掲げ，請願，デモ，ストライキなどを行った運動である。1832年の第1回選挙法改正では，参政権を得たのは産業資本家のみであり，労働者に参政権は与えられなかった。労働者らは1838年，男子普通選挙権・財産資格制限撤廃・1年制議会・平等代表・議員有給制・秘密投票の6項目の要求から成る人民憲章（ピープルズ＝チャーター）を掲げて運動を展開したが，政府の弾圧を受けて失敗に終わった。

その後，1867年の第2回選挙法改正で都市労働者の相当数が，さらに1884年の第3回選挙法改正で農業労働者などが選挙権を獲得した。

イ．ラダイト運動は，1810年代を中心に，機械化で職を失った手工業者らが機械の打ちこわしを行ったものである。

ウ，エ．第1次囲い込み（エンクロージャー）は牧羊を目的とする非合法なものであったが，第2次囲い込みは，食糧の増産を目的とし，合法的に大規模に行われた。このため，土地を失った多くの農民が職を求めて都市に流入し，賃金労働者となった。

例題2　ウィーン体制

ウィーン会議によって決められた事項として正しいものをすべて選べ。

① フランス・スペインのブルボン家，ナポリのハプスブルク家が復活した。

② 正統主義によってポーランド王国として分割以前と同様に復活した。

③ 正統主義にもかかわらずオランダは南ネーデルラント（後のベルギー）を獲得し，オランダ王国を建設した。

④ スイスが永世中立国となった。

⑤ ドイツは35君主国と4自由都市からなるライン同盟を結成した。

解答 ③，④

解説 ① ナポリもブルボン家が復活した。

② ポーランド王国はロシアの皇帝が王位を兼ねた。

⑤ ライン同盟（ライン連邦）ではなく，ドイツ連邦が正しい。

ウィーン議定書（1815年）の主な内容は，次の通り。

・フランス，スペイン，ナポリのブルボン家が復活した。
・イギリスはオランダからケープ植民地，セイロン島（スリランカ），フランスからマルタ島を獲得。
・オランダは立憲制の王国となり，オーストリアから南ネーデルラント（ベルギー）を獲得。
・ロシアは旧ワルシャワ大公国をポーランド王国とし，ロシア皇帝が王位を兼任。
・ドイツは，35の君主国と4自由市からなるドイツ連邦が結成され，盟主はオーストリアとなった。
・オーストリアは北イタリアのヴェネツィア，ロンバルディアを獲得した。
・プロイセンはラインラント（工業地帯）などに領土拡大した。
・スイスは永世中立国となった。

当初ウィーン体制側は，自由主義・国民主義の動きを抑えることができた。それに対して，**メッテルニヒ**が警戒したラテンアメリカ諸国の独立（1820年前後）が次々におこり，さらに運動は飛び火し，**ギリシア独立戦争**（1821～29年）がおこった。1830年にはヨーロッパの中心であるパリで**七月革命**がおこり，ウィーン議定書で復活したブルボン朝が倒れ，革命は各地に広がりウィーン体制は動揺することになった。再びパリでおこった**二月革命**（1848年）は，ヨーロッパ諸国へ「諸国民の春」といわれる革命の広がりを生み，ウィーン体制は崩壊した。

例題 3　戦間期

次の文章の空欄に当てはまる語句を答えよ。

第一次世界大戦は国同士の対立に加えて，それとつながった民族相剋の問題などを原因とし，中小国や植民地をも巻き込み世界的規模のものとなった。この大戦はロシア・オーストリア＝ハンガリー帝国・ドイツ帝国の三帝国の崩壊によって終結し，このときロシアからは（　A　）・エストニア・ラトヴィア・リトアニアが，オーストリア＝ハンガリー帝国からは（　B　）・ユーゴスラヴィアが独立した。

この戦争はアメリカや日本の台頭，ソ連の出現などヨーロッパの世界政治に占める比重を低下させたこととなった。また，この社会不安の中から（　C　）という哲学が生まれた。人類史上類を見ない惨禍をもたらした大戦を体験した人々は，恒久平和を願望するようになり，アメリカ大統領（　D　）が提唱した（　E　）に基づき，国際連盟が設立された。

解答　A．フィンランド　B．チェコスロヴァキア　C．実存哲学
D．ウッドロー＝ウィルソン　E．十四カ条（十四カ条の平和原則）

解説　A，B．「ロシア・オーストリア＝ハンガリー帝国・ドイツ帝国の三帝国の崩壊」とは，ロマノフ朝のロシアの崩壊，ハプスブルク家のオーストリア＝ハンガリー帝国，ホーエンツォレルン家のドイツ帝国の崩壊を指す。なお，1922年には600年以上にわたるオスマン帝国も崩壊した。

オーストリア＝ハンガリー帝国は崩壊し，オーストリア共和国・チェコスロヴァキア共和国・ハンガリー共和国の３共和国に分かれた。

C．代表的な実存主義哲学者は，次の通り。

人名	著作	特徴
ヤスパース（独）	『哲学』	ユダヤ系で反ナチス
ハイデッガー（独）	『存在と時間』	一時ナチスに協力
サルトル（仏）	『存在と無』『嘔吐』	五月危機に同調

D．ウッドロー＝ウィルソンの理想主義は，クレマンソー首相に代表されるフランスの対独強硬策で，十分には活かしきれなかった。

例題 4　冷たい戦争

次の文章の空欄に当てはまる語句を答え，各問いに答えよ。

米・ソは第二次世界大戦の戦後処理をめぐり対立し，これは資本主義陣営と社会主義陣営の対立という形に発展していった。大戦中，ローズヴェルト大統領はアメリカ・イギリス・ソ連の三国の協力関係を，戦後も維持することにより平和を維持することを望んでいたが，戦後，国際社会にはアメリカとソ連だけが超大国として存続し，ソ連の勢力拡大を抑制する勢力をもちあわせている国はヨーロッパには存在しなかった。イギリスの元首相（　A　）は1946年にアメリカにおいて有名な「鉄のカーテン」演説を行い，米・英とソ連の対立を予言した。ローズヴェルト急死の後を受けて大統領に昇格したトルーマンは，戦後の米ソ関係の冷却の中で$_{a}$ギリシア・トルコの援助を発表した。これは自由主義体制をとる諸国に経済的・軍事的援助を与え，共産化を防ぐ意味合いをもちあわせていた。次いで国務長官（　B　）はより大規模な西欧16ヵ国を対象とした（　C　）を打ち出した。1948年の大統領選に勝利したトルーマンは，翌年の年頭教書でローズヴェルトのニューディール政策を受け継いだ（　D　）政策を表明した。同年にはワシントンで（　E　）が調印されアメリカの地域的集団安全保障体制は強化されたが，（　D　）政策は共和党多数の議会，国際緊張の高まりの中であまり効果が上がらなかった。アメリカの$_{b}$このような政策に対しソ連は各国共産党と提携するために1947年（　F　）を組織した。

⑴　下線部 a の宣言は何とよばれているか答えよ。

⑵　下線部 b の一連の政策は，一般に何とよばれるか答えよ。

⑶　1948年にスターリンの激怒をかって（　F　）の組織より絶縁された国名と当時の大統領名を答えよ。また，絶縁された理由を簡潔に説明せよ。

⑷　1956年のソ連共産党第20回大会において，スターリン体制下の個人崇拝，反対派の大量処刑などを批判した第一書記を答えよ。

解答　A．チャーチル　　B．マーシャル

C．マーシャル＝プラン（ヨーロッパ経済復興援助計画）

D．フェアディール　　E．北大西洋条約

F．コミンフォルム（共産党情報局）

⑴　トルーマン＝ドクトリン（トルーマン宣言）　　⑵　封じ込め政策

⑶　国名：ユーゴスラヴィア　　大統領名：ティトー

理由：共産主義路線の相違，マーシャル＝プランの受け入れ

⑷　フルシチョフ

解説　冷戦とは,「冷たい戦争（Cold War)」の略語で，第二次世界大戦後にアメリカを中心とした資本主義陣営とソ連を中心とした社会主義陣営に分かれ，両陣営の直接的な戦争には至らないものの，互いに激しく対立した緊張状態をいう。

A．当時英首相の座から離れていた**チャーチル**は，アメリカのフルトン市で,「バルト海のシュテッティンからアドリア海のトリエステまで**『鉄のカーテン』**が引かれている」との有名な演説を行った。

D．**トルーマン**大統領の**フェアディール政策**とは，社会的公正の拡大を政策上のポイントに掲げ，国民に対する社会保障の拡大を企図した。

E．1949年に結成された西側の軍事同盟である**北大西洋条約機構（NATO）**に対抗して,1955年には東側陣営の軍事同盟である**ワルシャワ条約機構**(東ヨーロッパ相互援助条約）が結成された。

F．**コミンフォルム（共産党情報局）**はコミンテルン（第3インターナショナル，1919～43年）の復活といえる。かつてコミンテルンが，資本主義諸国に脅威であったように，コミンフォルムの結成は「冷たい戦争」(冷戦）による東西対立を象徴している。特に，西欧のフランス共産党とイタリア共産党がコミンフォルムに加盟していたことは西側の脅威であった。

(1)　フランクリン＝ローズヴェルト大統領はしばしば容共的と評される。ローズヴェルト政権の副大統領であったトルーマンは，同じ民主党に属していたが，大統領となってからは反共的姿勢が強まった。冷戦が本格化した要因の一つと考えられる。

(2)　トルーマン大統領は，トルーマン＝ドクトリンを発表し，共産主義への**「封じ込め政策」**を提唱したが，後の**アイゼンハワー**大統領は封じ込め政策を否定し，国務長官ダレスの提唱する**「巻き返し政策」**への転換を表明した。

(3)　ユーゴスラヴィアでは第二次世界大戦中，ナチ党（ナチス）の支配に対して，共産主義者**ティトー**らによるパルチザンと言われる抵抗運動が行われ，独力でナチスの支配を打ち破った。戦後になるとユーゴスラヴィアも社会主義国となったが，独力で国を解放したことから他の東欧の社会主義国とは相違した自主路線が強く，ソ連とスターリンに一定の距離をおく立場をとっていた。その後ティトーは非同盟運動を推進することとなり，1961年に第1回非同盟諸国首脳会議が開催された。

(4)　フルシチョフは，資本主義国との**平和共存**を提唱し，コミンフォルムも解散した。東西関係のこの転換は**「雪どけ」**とよばれ，東欧諸国の動揺を引き起こした。1962年には，革命後に社会主義を宣言したキューバにソ連がミサイル基地を建設したことから，アメリカがミサイル撤去を求めて海上封鎖を断行した。米ソ間は一触即発の危機状態となった（**キューバ危機**）が，結局フルシチョフがアメリカの要求を受け入れたことで衝突は回避された。

演習問題

1 ★★☆

次の年表と地図を見て，各問いに答えよ。

年	できごと	
1815年	ウィーン会議終わる	A
1830年	七月革命おこる	
1848年	二月革命おこる	
1853年	クリミア戦争おこる	
1857年	a シパーヒーの反乱始まる	
1861年	b アメリカ南北戦争おこる	
1871年	c ドイツ帝国成立する	

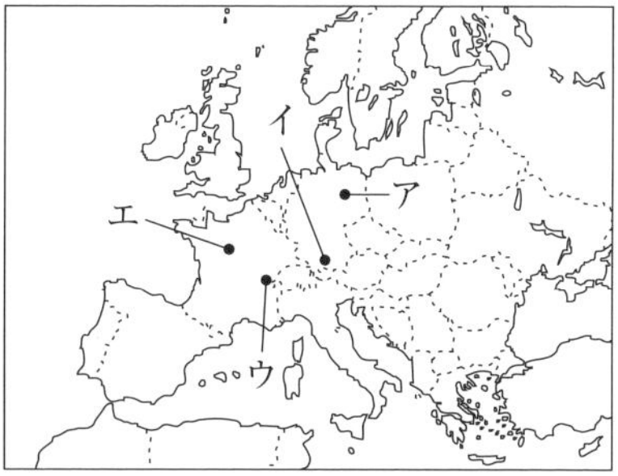

⑴　Aの時期に独立した国を次から選べ。

ア．ポーランド　　イ．ギリシア　　ウ．フィンランド　　エ．ハンガリー

⑵　下線部aの反乱の結果，滅亡した帝国名を答えよ。

⑶　下線部bの戦争当時のアメリカ大統領と最も関係の深いものを次から選べ。

ア．カンザス・ネブラスカ法　　イ．ホームステッド法

ウ．先住民強制移住法　　エ．ミズーリ協定

⑷　下線部cについて，ドイツ皇帝ヴィルヘルム１世がドイツ帝国成立を宣言した場所を地図中ア～エから選べ。

〈秋田県改題〉

2 ★★☆

次の文章を読んで，各問いに答えよ。

19世紀末から20世紀初頭にかけて，イギリスはアフリカ縦断政策をとり，ケープタウンからカイロを経て，インドのカルカッタに至るという３Ｃ政策を実現しようとした。その頃フランスは，サハラ砂漠からインド洋に至るアフリカ横断政策をとったので，この両国はスーダンの一角で衝突して，1898年にいわゆる（　Ａ　）事件がおこった。しかしこの両国はその直後から新興のドイツに対抗して協力するようになり，第一次世界大戦では連合してドイツと戦った。19世紀末から20世紀初頭のドイツは，アフリカに進出して1905年と1911年，フランスとの間に第１次，第２次（　Ｂ　）事件をおこし，また中近東に進出しようとしてベルリン，ビザンティウム，バグダードを結ぶ３Ｂ政策をと

ってイギリスと対立した。他方ロシアは，日露戦争の敗北以降，バルカン半島での南下政策を推進してドイツ，オーストリアと対立した。第一次世界大戦の直接の原因は，$_{a}$皇太子夫妻の暗殺に反発したオーストリアと，ロシアに後押しされた南スラヴ人の国（　C　）との開戦であった。大戦による打撃はロシアとドイツ及びオーストリアにおいて深刻であった。ロシアでは1917年に革命がおこってロマノフ朝が倒れ，やがてレーニンを首班とするソヴィエト政権が成立した。またドイツでは皇帝（　D　）が退位して共和制となり，民主的な憲法が制定されて（　E　）党のエーベルトが初代大統領に選出された。オーストリアでもハプスブルク朝が倒れ，オーストリア＝ハンガリー帝国は解体した。この結果，かつてのロシア帝国，オーストリア＝ハンガリー帝国，オスマン帝国の領土からあわせて8つの新興独立国が誕生した。戦後には戦勝国も体制の変化にせまられ，イギリスでは1924年初めて労働党が政権を握って（　F　）内閣が成立し，フランスでは戦後しばらくの間は対独強硬政策がとられて（　G　）占領などが行われていたが，やがて$_{b}$対独協調外交に転換した。このとき示された協調の精神は，第二次世界大戦後，EUの発展に生かされることになった。

⑴　文章中の空欄に当てはまる語句を答えよ。

⑵　下線部aについて，この事件がおきた都市名を答えよ。

⑶　下線部bについて，この政策を遂行し，ロカルノ条約や不戦条約の締結に尽力したフランスの政治家を答えよ。

⑷　文章中の二重下線部とは，具体的には次の8ヵ国を指している。これらの国々に関する各問いに答えよ。

ア．フィンランド	イ．エストニア	ウ．ラトヴィア
エ．リトアニア	オ．ポーランド	カ．ハンガリー
キ．チェコスロヴァキア	ク．ユーゴスラヴィア	

問1　第一次世界大戦直後にフィウメ領有問題をめぐってイタリアと対立した国を選べ。

問2　1939年ドイツによって解体されるまで，マサリクやベネシュ大統領のもと，議会制民主政治を堅持した国を選べ。

問3　第一次世界大戦後ダンツィヒの領有をめぐってドイツと対立した国を選べ。

問4　ドプチェクの指導下で自由化を目指したため，1968年ワルシャワ条約機構軍の介入を受けた国を選べ。

〈富山県〉

3 ★★☆

1929年におこった世界恐慌に対して，アメリカとイギリスが行った政策名とその内容についてそれぞれ書きなさい。

〈青森県改題〉

4 ★★☆

次の年表を見て，各問いに答えよ。

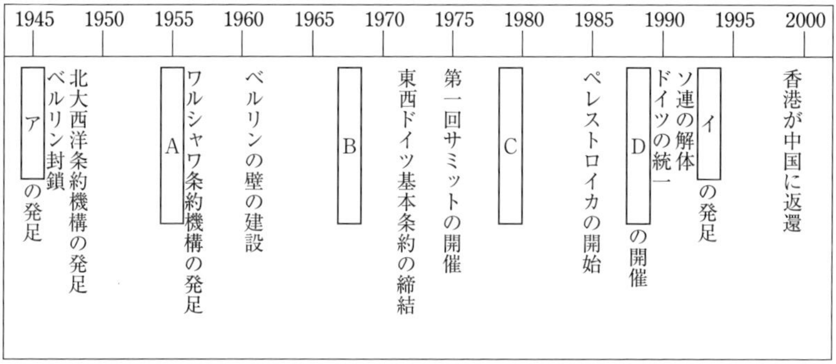

(1)　次の文章を参考に，年表中ア，イに当てはまる語句を答えよ。

ア．国際協力と世界平和を維持し人権を確立することを主な目的として発足。

イ．1967年にできたヨーロッパ共同体が発展し，1993年に発足。

(2)　年表中A～Dに当てはまるできごとの組み合わせとして正しいものをア～エから選べ。

ア	A．東南アジア諸国連合の発足 C．香港が中国に返還	B．アジア＝アフリカ会議の開催 D．日中平和友好条約調印
イ	A．アジア＝アフリカ会議の開催 C．香港が中国に返還	B．東南アジア諸国連合の発足 D．日中平和友好条約調印
ウ	A．東南アジア諸国連合の発足 C．日中平和友好条約調印	B．アジア＝アフリカ会議の開催 D．マルタ会談
エ	A．アジア＝アフリカ会議の開催 C．日中平和友好条約調印	B．東南アジア諸国連合の発足 D．マルタ会談

〈北海道・札幌市改題〉

演習問題　解答・解説

1

(1)　イ　　(2)　ムガル帝国
(3)　イ　　(4)　エ

解説

(1)　オスマン帝国に対するギリシア独立戦争（1821～29年）には，フランスのロマン派画家ドラクロワが「キオス島の虐殺」を描いて支援し，イギリスのロマン派詩人バイロンは，義勇軍として参加した。ロシア・イギリス・フランスはギリシアの独立を支持しトルコと戦った。

(2)　イギリスにより最後の皇帝（スルタン）バハードゥル＝シャー２世がビルマに追放され，ムガル帝国は1858年に滅亡した。同年イギリスの東インド会社も解散させられた。

(3)　南北戦争は，北部（貿易は保護貿易，奴隷制に反対）と南部（貿易は自由貿易，奴隷制を拡大）の立場の違いが原因でおこった。

ア．カンザス・ネブラスカ法（1854年）は，カンザス州・ネブラスカ州が連邦に加盟するとき，住民投票で奴隷州か自由州かを決定することを定めたもので，奴隷制賛成派と反対派の対立が激化した。

イ．ホームステッド（自営農地）法（1862年）は，リンカン大統領（在任1861～65年）の政策であり，西部の貧しい開拓農民に，手数料程度で公有地を分けたものである。これによって，西部での自作農創設と，西部農民の北部への支持を取り付けようとした。

ウ．先住民強制移住法（1830年）はジャクソン大統領（在任1829～37年）の政策である。

エ．ミズーリ協定（1820年）は，北緯36度30分以北の新しい州は奴隷制を認めないとしたものである。

(4)　パリ市近郊のヴェルサイユ宮殿（鏡の間）でドイツ帝国成立を宣言した。

2

(1)　A．ファショダ　　B．モロッコ
C．セルビア
D．ヴィルヘルム２世
E．ドイツ社会民主
F．マクドナルド　　G．ルール

(2)　サラエボ（サライェヴォ）
(3)　ブリアン
(4)　問1　ク　　問2　キ　　問3　オ
問4　キ

解説

(1)　A．ファショダは，フランスの譲歩でイギリスとの全面衝突には至らなかった。なお両国はその後逆に接近し，1904年に英仏協商を結んだ。

B．ドイツ皇帝ヴィルヘルム２世（在位1888～1918年）による第１次モロッコ事件をタンジール事件，第２次モロッコ事件をアガディール事件ともいう。

F．第２党の労働党は自由党の協力を得て政権の座に着いた。

G．ルールはドイツ最大の工業地帯である。

(3)　この間の協調外交の推進者であった，フランスのブリアンとアメリカのケロッグとドイツのシュトレーゼマンは，ノーベル平和賞を受賞した。

3

アメリカ

政策名：ニューディール（新規まき直し）

内容：農業調整法で農業生産を調整し，全国産業復興法で産業の復興をうながすとともに，テネシー川流域開発公社に代表される公共事業によって失業者を減らした。また，ワグナー法によって労働者の団結権と団体交渉権を認めた。

イギリス

政策名：ブロック経済

内容：本国と植民地との関係を密接にし，貿易を拡大するため，イギリス連邦内の関税を下げるとともに，それ以外の国に対して高関税を高くするスターリング＝ブロック（ポンド＝ブロック）を結成して，貿易の回復を図った。

解説

フランスも自国の植民地を囲い込みフラン＝ブロックを形成し，経済を安定させようとした。一方，恐慌に苦しむ資本主義諸国とは対照的に，ソ連は第１次五か年計画および第２次五か年計画によって工業化を進め，同時に農業集団化を推し進めたことで，恐慌自体の影響はあまり受けなかった。

4

⑴　ア．国際連合（国連，UN）

　　イ．ヨーロッパ連合（EU）

⑵　エ

解説

⑴　ア．国際連合の成立過程

　1941年，フランクリン＝ローズヴェルト米大統領（在任1933～45年）とチャーチル英首相（在任1940～45，51～55年）の間で，大西洋憲章が取り交わされ，国際連合の結成もこの中で取り決められた。1944年に開催されたダンバートン＝オークス会議で国際連合憲章原案が作成された。また，1945年２月のヤルタ会談で五大国の拒否権が決定された。

　こうして，1945年６月のサンフランシスコ会議で国際連合憲章が正式に確定し，1945年10月51ヵ国で発足した。

⑵　A．アジア＝アフリカ会議（バンドン会議）は1955年インドネシアのバンドンで開催された。新興のアジア・アフリカ諸国は友好と連帯を深め，平和五原則を拡充し，平和十原則とした。これをバンドン精神という。

B．東南アジア諸国連合（ASEAN）は1967年に発足した。発足当初は反共的軍事同盟の色彩が強かったが，1971年以降政治・経済面での協力機構に移行した。

C．日中平和友好条約は1978年福田赳夫内閣の下で調印された。なお日中国交正常化は1972年田中角栄内閣の下で実現した。

D．ブッシュ米大統領とゴルバチョフソ連書記長は地中海のマルタ島で首脳会談を開催し，冷戦の終結を宣言した。

9 世界史－中国史

傾向と対策

中国史の出題傾向を出題頻度順に並べると，隋・唐，アヘン戦争から辛亥革命，モンゴル帝国と元，秦，漢となる。対策としては主要王朝の首都・建国者をまず押さえ，しばしば王朝末期をおこった反乱に注意を払いながら学習しよう。また，近現代においては，欧米列強のアジア進出とそれが強化された帝国時代との関連で，中国の近現代史を理解する必要がある。なお，第二次世界大戦後の中華人民共和国の歴史も注意する必要がある。毛沢東とプロレタリア文化大革命，鄧小平と改革・開放政策などが挙げられる。

要点 Check!

1 古代～19世紀

王朝	年代	建国者	都	主なできごと	反乱
秦	前221～前206年	始皇帝（秦王政）	咸陽	長城（万里の長城）修築，焚書・坑儒 兵馬俑	陳勝・呉広の乱
前漢	前202～後8年	劉邦	長安	武帝のとき全盛：郷挙里選の制定 外戚の王莽に滅ぼされる	呉楚七国の乱
後漢	25～220年	劉秀（光武帝）	洛陽	大秦王安敦の使者が入貢 オアシスの道（絹の道，シルクロード）貿易の発展	黄巾の乱
隋	581～618年	楊堅（文帝）	大興城	科挙の創始，均田制・租調庸制の実施 煬帝：大運河の建設・高句麗遠征の失敗で反乱が相次ぐ→滅亡	
唐	618～907年	李淵（高祖）	長安	均田制・租調庸制の実施 2代　太宗（李世民）の治世：「貞観の治」 6代　玄宗の治世：「開元の治」 タラス河畔の戦い…アッバース朝との戦い。製紙法が西方に伝播した戦いとして有名 安史の乱後，節度使の自立化進む→均田制の崩壊→両税法の実施 朱全忠に滅ぼされる	安史の乱 黄巣の乱
北宋	960～1127年	趙匡胤（太祖）	開封（汴州）	文治主義→北方民族の圧迫を受ける 靖康の変で滅亡	

大モンゴル国（モンゴル帝国）	1206～71年	チンギス＝ハン（成吉思汗・太祖）	カラコルム	ワールシュタットの戦い：バトゥ率いるモンゴル軍がドイツ・ポーランド諸侯連合軍を破る チャガタイ＝ハン国，キプチャク＝ハン国，イル＝ハン国が分立	
元	1271～1368年	フビライ（クビライ）（世祖）	大都	マルコ＝ポーロの到来，駅伝制（ジャムチ，站赤）の整備 チベット仏教（ラマ教）の狂信，宮廷の奢侈，交鈔の濫発などで衰退	紅巾の乱
明	1368～1644年	朱元璋（洪武帝・太祖）	南京→北京	税制：両税法→一条鞭法 永楽帝（成祖）:鄭和に南海遠征を命じる。 北虜南倭で衰退	李自成の乱
清	1616～1912年	ヌルハチ（太祖）	北京	税制：一条鞭法→地丁銀制 満漢併用制，辮髪（辮髪令），文字の獄 康熙帝（聖祖）：ロシアとネルチンスク条約締結 雍正帝（世宗）：ロシアとキャフタ条約締結 乾隆帝（高宗）のとき最大版図	三藩の乱 白蓮教徒の乱

2 近現代史

➤ 列強の進出

戦争・反乱・改革運動		結果・影響
アヘン戦争（1840～42年）	清対イギリス	**南京条約**（1842年）：5港開港（上海など），公行の廃止
アロー戦争（1856～60年）	清対イギリス・フランス	天津条約（1858年），北京条約（1860年）：11港開港，外国公使北京駐在，キリスト教布教の自由，九竜半島南端を英に割譲
太平天国の乱（1851～64年）	清対太平天国	**洪秀全**が拝上帝会を組織し，南京を中心に挙兵 スローガン：滅満興漢
洋務運動（1860年代）	曾国藩・李鴻章ら	西洋近代科学技術の導入による富国強兵策 スローガン：中体西用 清仏戦争・日清戦争敗北で洋務運動は限界
戊戌の変法（1898年）	康有為・光緒帝ら	日本の明治維新を模範に立憲君主政の樹立を目指す →戊戌の政変で西太后ら保守派により改革は挫折
義和団戦争（事件）（1900～01年）	義和団・清朝対列強など	8ヵ国共同出兵，義和団を鎮圧・北京占領 スローガン：**扶清滅洋** **北京議定書**（辛丑和約，1901年）：外国軍隊の北京駐屯権，賠償金の支払い・中国の半植民地化完成

➤ 辛亥革命（1911年）

孫文の**三民主義**（民族の独立，民権の伸張，民生の安定）に基づき，1905年に**中国同盟会**が東京で結成された。**四川暴動**（1911年）をきっかけに，革命派が清朝に対して挙兵し，辛亥革命勃発（**武昌蜂起**）。翌年，南京に**中華民国**が誕生した。

例題1　中国古代

次の文章は中国のある時代に関する記述である。時代名・王朝名を答え，空欄に当てはまる語句を答えよ。

(1)（　A　）は西域経営を積極的に進め，大月氏に（　B　）を派遣したのを手始めとし，大遠征を行った。この他（　A　）は郷挙里選による官吏任用を行い，中央集権化を進めて皇帝の権力を強化した。

(2) 前時代末期より使用され始めた鉄製農具は，牛耕の発明と相まってこの時代には農業生産力を著しく増大させ，また，鉄製武具の普及は戦闘法にも変化をもたらした。

(3)（　C　）によれば，大秦王安敦の使者が海路で日南郡を訪れた。大秦王安敦とはローマ皇帝（　D　）を指していると考えられており，この大秦という国は，西域都護（　E　）が部下の甘英を西方に派遣したことより知られるようになった。

(4) 王の政は中国統一をなし，この権威を示すものとして王という称号をやめ，皇帝と称した。

解答　(1) 前漢　(2) 戦国時代　(3) 後漢　(4) 秦
A．武帝　B．張騫　C．後漢書
D．マルクス＝アウレリウス＝アントニヌス　E．班超

解説　(1) 前代の景帝時代に呉楚七国の乱（前154年）が平定され，前漢は武帝の時代に全盛期に達した。衛氏朝鮮を征服（前108年）し，楽浪郡以下4郡を設置した。内政では，董仲舒の献言で儒学を官学とした。経済政策では，五銖銭の発行，塩・鉄・酒の専売や均輸・平準などを実施した。また，官吏任用制度として，郷挙里選（地方長官による推薦）の他に，南北町時代の九品中正（地方に置かれた中正官が人材を9等に分けて推薦）や隋の時代から始まった科挙（学科試験によって広く人材を求める）などがある。

(2) 春秋時代の名門諸侯であった晋が，家臣によって乗っ取られ，韓・魏・趙に分裂した前403年以降を戦国時代という。戦国の七雄として，燕・斉・楚・秦・韓・魏・趙が挙げられる。

(3) マルクス＝アウレリウス＝アントニヌスは，五賢帝最後の皇帝で，ストア派の哲学者。著書に『自省録』がある。

(4) 秦の始皇帝（秦王政）は，郡県制の全国化，半両銭の発行，度量衡の統一，小篆による文字の統一，焚書・坑儒，長城（万里の長城）修築，匈奴討伐や南越遠征などを行った。始皇帝の死後におこった陳勝・呉広の乱によって，統一後わずか15年で滅びた。

例題 2　隋・唐

次の文章中の空欄に当てはまる語句を答え，各問いに答えよ。

隋末の混乱に乗じて（　A　）年に（　B　）が唐を建国し，都を（　C　）においた。（　B　）の子（　D　）の時代は$_{a}$官制・土地制度が整備され，その政治は（　E　）の治とよばれた。続く高宗時代にかけて中央集権的国家体制が確立した。（　F　）世紀の初めに即位した玄宗は，武韋の禍の混乱を治め，その政治は（　G　）の治とよばれたが，晩年楊氏一族を登用したことより（　H　）を招いた。この乱以後，唐の諸制度は崩れ，780年に$_{b}$（　I　）が施行され，また辺境におかれていた（　J　）が内地にも進出，各地を割拠し，独立することとなった。

(1)　下線部aについて詔勅の起草，審議，施行を受けもった中央政府の最高機関をそれぞれ何というか答えよ。

(2)　下線部bについて簡潔に説明せよ。

解答　A．618　B．李淵（唐の高祖）　C．長安　D．太宗（李世民）
E．貞観　F．8　G．開元　H．安史の乱
I．両税法　J．節度使

(1)　起草：中書省　審議：門下省　施行：尚書省

(2)　宰相楊炎の提言により，租調庸制にかわって，現実に所有している土地や財産に応じて夏と秋2回の税が課され，銭納を原則とした。

解説　B．李淵は隋の皇帝・煬帝の母方の親族で，天下の混乱に乗じて唐を建国した。

C．長安を都とした主な王朝は，前漢，新，唐，洛陽を都とした主な王朝は，後漢，三国時代の魏，晋（西晋），北魏（ただし孝文帝以降）である。

H．玄宗は楊貴妃を溺愛し，楊貴妃の一族である楊国忠を重用し，宰相とした。これに対し，節度使の安禄山とその部将の史思明が反乱をおこした（安史の乱）。ウイグルの援軍を得て，ようやく鎮圧された。

J．節度使は募兵軍団の司令官を意味する。本来は辺境地帯におかれたもので，玄宗時代には10節度使がおかれた。安史の乱後，内地にもおかれ，地方の軍事・民政をも掌握し，藩鎮とよばれた。

(1)　唐の中央官制は三省六部一台からなる。

(2)　唐の律令体制を支えていたのは均田制（土地制度）を中心とした租調庸制（税制）と府兵制（軍事）である。均田制の崩壊は荘園（私有地）を拡大させ，均田農民に課していた租調庸制と府兵制も崩壊し，それぞれ両税法・募兵制へ移行した。

演習問題

1 ★★☆

次の文章を読んで，各問いに答えよ。

・紀元前221年に中国を統一した秦の始皇帝は，将軍蒙恬を派遣し，匈奴を北方に追いやり，（　A　）を築いてその侵入を防いだ。

・中央アジアにまで勢力を広げていた突厥を滅ぼした$_a$ウイグルもまた，キルギスの侵入によって分裂し，その多くは天山山脈周辺に移住した。

・三国時代の中国を統一した晋に五胡とよばれる周辺の遊牧民が侵入し，中国北部に五胡の諸国家が分立した。その後，鮮卑の拓跋氏が北魏を建国し，都を$_b$洛陽に移した。

・中央集権国家を確立させた前漢の武帝は北方の遊牧民族を撃退し，（　B　）を西域に派遣し，タリム盆地にまでその勢力を広げた。

・$_c$契丹が北アジアの草原地帯だけでなく，中国の内地をも支配下に入れた。また，草原地帯の西南ではチベット系の遊牧民族が西夏を建国した。

・13世紀初めにモンゴル諸部族を統一したテムジンはチンギス＝ハンと称し，北アジアから中央アジアの諸民族を服属させ，$_d$モンゴル帝国の基礎を作った。

⑴　空欄Aに当てはまる語句を答えよ。

⑵　空欄Bに当てはまる人物名を次から選べ。

ア．項羽　　イ．司馬遷　　ウ．王羲之　　エ．張騫

⑶　下線部aの人々の多くが信仰し，天山山脈周辺に広まった宗教名を次から選べ。

ア．マニ教　　イ．ゾロアスター教

ウ．ラマ教　　エ．ヒンドゥー教

⑷　下線部bについて，

問1　洛陽の位置を地図中A～Dから選べ。

問2　この頃，洛陽の近くに造られた石窟名を答えよ。

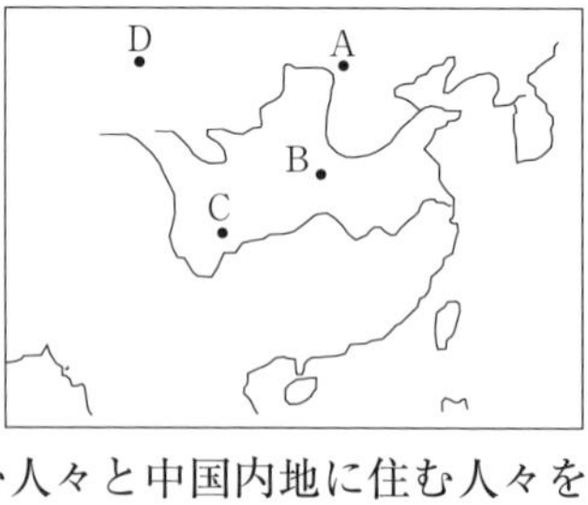

⑸　下線部cについて，この国は草原地帯に住む人々と中国内地に住む人々を異なる方法で治めるいわゆる「二重統治体制」をとった。この国の中国風の国名を答えよ。

(6)　下線部dに関する記述として誤っているものを選べ。

①　チンギス＝ハンの死後，即位したオゴタイは，華北を領有するとともにカラコルムに都をおいた。

②　バトゥは西北ユーラシアの草原を制圧して東欧に進出し，ワールシュタットの戦いに勝利した。

③　フ（ク）ビライ＝ハンは大都に都を定め南宋を滅ぼした後，日本やベトナムなどにも遠征軍を送った。

④　グユクはバグダードを占領し，アッバース朝を滅ぼした後，イル＝ハン国を建てた。

〈和歌山県改題〉

2　★★☆

次の文章を読んで，各問いに答えよ。

中国史上の代表的な国際都市に長安がある。$_{a}$この都市やその周辺（渭水盆地）には，古来多くの王朝の都がおかれた。唐代には人口が100万人を超え，オアシスの道の起点として国際文化が栄えた。唐文化の特徴は洗練された貴族文化と$_{b}$国際性の豊かさであったといわれる。華麗な文化を誇る唐帝国に対し，$_{c}$周辺の諸国は相次いで朝貢した。唐社会の動揺に伴い，北辺の要衝に配された節度使を兼ねて実権を握った（　A　）が反乱をおこし，後継の史思明とともに長安を占拠した。この事件は$_{d}$藩鎮割拠の分裂状況をもたらし，周辺民族の台頭を許すことになった。

$_{e}$唐滅亡後は一地方都市となったこの地であるが，20世紀になって一躍世界の脚光を浴びる事件がおこった。すなわち，奉天軍閥出身の（　B　）が，共産党の掃討を命じた蔣介石を監禁して共産党との連携を迫る，西安事件の舞台となったのである。

(1)　文章中の空欄に当てはまる語句を答えよ。

(2)　下線部aについて，この都市やその周辺を首都としなかった唐以前の王朝を次から選べ。

ア．秦　　イ．前漢　　ウ．後漢　　エ．隋

(3)　下線部bについて，唐代には西方からのラクダや胡服を着た人々の焼き物がよく作られた。この焼き物を何というか答えよ。

(4)　下線部cについて，この１つで，スマトラ島南部におこり，海上交通を支配して繁栄した王国名を答えよ。

(5) 下線部dについて，有力藩鎮の1人で，唐を滅ぼし後梁を建国した人物を次から選べ。

ア．王仙芝　　イ．黄巣　　ウ．朱全忠　　エ．趙匡胤

(6) 下線部eについて，唐滅亡後，五代の後梁・後晋・後漢・後周と北宋が都をおいた都市を，現代の都市名で答えよ。 〈富山県〉

3 ★★☆

次の文章を読んで，各問いに答えよ。

$_{a}$清の官費留学生だった魯迅は，東京の弘文学院で日本語を学んだ後，1904年9月，仙台医学専門学校（今の東北大学医学部）に入学したが，同年2月には，$_{b}$日露戦争が始まっていた。そして，彼の人生を左右することになる幻灯事件を経て，魯迅は医学を断念し，$_{c}$東京に戻って革命運動に加わるとともに，$_{d}$文芸運動に身を投じていった。

(1) 下線部aについて，清が日本に留学生を派遣するという，それまでの中華思想からの転換には，日清戦争の敗北に加えて，19世紀半ばにおきた内乱や戦争，さらには改革の失敗が背景にある。このことを年代順に示した組み合わせとして正しいものを次から選べ。

ア．太平天国の乱勃発―アヘン戦争―アロー戦争―洋務運動

イ．アヘン戦争―太平天国の乱勃発―アロー戦争―洋務運動

ウ．アヘン戦争―洋務運動―太平天国の乱勃発―アロー戦争

エ．太平天国の乱勃発―アロー戦争―アヘン戦争―洋務運動

(2) 下線部bについて，

問1　日露戦争の背景となったロシアの中国出兵と駐留は，中国国内のある戦争（事件）が発端となった。この事件名を答えよ。

問2　日露戦争で日本がロシアに勝ったと考えたアジア諸民族の中には，日本の近代化をモデルに立憲革命を目指す動きが高まったところもあった。こうした中で，国民会議が4綱領を決議するなど宗主国への対決姿勢を強めた国を次から選べ。

ア．インドネシア　　イ．フィリピン　　ウ．インド　　エ．イラン

(3) 下線部cについて，1905年に孫文が日本の東京で組織した革命組織の名称を答えよ。

(4) 下線部dについて，魯迅らの文芸運動はその後，文学革命となって実を結んだ。この文学革命について，簡潔に説明せよ。

〈宮城県・仙台市改題〉

演習問題　解答・解説

1

(1)　長城（万里の長城）
(2)　エ　　(3)　ア
(4)　問１　B　　問２　竜門
(5)　遼（遼）　　(6)　④

解説

(2)　張騫は匈奴挟撃のため大月氏に派遣されたが，匈奴にとらわれ，抑留生活を長く送った。後に逃亡し，大月氏との同盟はかなわなかったが，前漢の武帝（在位前141～前87年）に西域の情報をもたらした。

(3)　マニ教は，ササン朝時代にマニ（216頃～276年頃）によって創始された宗教で，ゾロアスター教（拝火教）と仏教とキリスト教を融合したものである。

(6)　④　イル＝ハン国を建てたのはフラグ（在位1258～65年）。グユク（在位1246～48年）はモンゴル（蒙古）帝国第３代皇帝である。

2

(1)　A．安禄山　　B．張学良
(2)　ウ　　(3)　唐三彩
(4)　シュリーヴィジャヤ王国
(5)　ウ　　(6)　開封（汴州）

解説

(2)　秦の咸陽は渭水の北，前漢は長安，隋は長安近郊の大興城，後漢の都は洛陽である。

(3)　唐三彩は素焼きの地に緑・褐色・白などの色釉を施した陶器で，主に副葬品として作られた。宋代には青磁・白磁が発達し，元代あたりから染付，明から赤絵が制作された。

(4)　シュリーヴィジャヤ王国は中国では，室利仏逝や三仏斉とよばれた。

(5)　ア．王仙芝は黄巣の乱の指導者のうちの１人。
　イ．黄巣は王仙芝の死後，反乱の指導者となった。
　ウ．朱全忠は黄巣の元部下で，黄巣を裏切り，唐の節度使に任ぜられ，後に唐を滅ぼし，後梁を建国した。
　エ．趙匡胤（太祖，位960～976年）は宋の建国者である。

(6)　開封（汴州）は大運河の合流地に当たり，交通・商業の中心地として発展した。五代の４つの王朝と北宋が都とした。

3

(1)　イ
(2)　問１　義和団戦争（事件）
　問２　ウ
(3)　中国同盟会
(4)　文学革命とは1917年に白話（口語）運動を中心に展開した文学・思想革命で，儒学思想を批判し，家族制度に基づく古い価値体系を動揺させた。

解説

＜イギリスの三角貿易＞

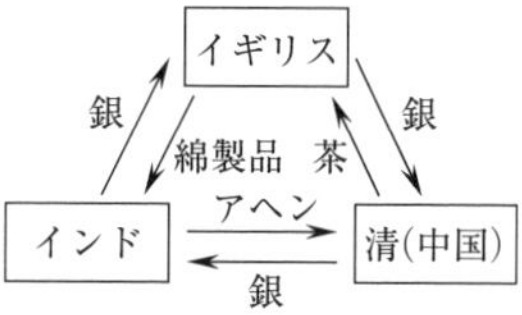

(1)　清の乾隆帝は，貿易港を広州１港に限定し，公行に貿易を独占させた。イギリスは茶や陶磁器，綿などを大量に輸入する一方，イギリスから中国へ輸出する綿製品は売上げが伸びず，清との貿易は赤

字によりイギリスから中国へ大量の銀が流出した。この状況を打開するため，中国の茶をイギリスに，イギリスの綿製品をインドに，インド産のアヘンを中国に運ぶ三角貿易を展開した。その後，1840年に清とイギリスとの間でアヘン戦争（1840～42年）がおこり，イギリスが勝利した。1842年に南京条約を結び，香港島の割譲，上海など5港の開港，公行の廃止，賠償金の支払いなどを認めた。翌43年，清に関税自主権がなく，イギリスに領事裁判権を認める不平等条約を結んだ。

アヘン戦争後，戦費や賠償金の支払いのための重税が民衆の生活を圧迫し，中国各地で反乱がおこった。洪秀全がキリスト教的結社の拝上帝会が母体となって太平天国の乱（1851～64年）をおこし，南京を占領し，天京と改称して首都とした。太平天国は，「滅満興漢」を掲げて清朝の打倒をめざした。

アヘン戦争後も欧米諸国が期待したほど貿易の利益はあがらず，不満を抱いたイギリスは，1856年にアロー号事件を口実に，フランスによびかけて共同で清へ出兵し，第2次アヘン戦争（アロー戦争，56～60年）をおこした。1858年に天津条約，1860年に北京条約を結んだ。

(2) 問1　山東省からおこった義和団は白蓮教系の武術団体で，仇教運動（キリスト教排斥運動）を行っていた。1900年“扶清滅洋”を掲げて天津から北京に入城した。

問2　1906年にインド国民会議派カルカッタ大会で決定された4綱領は，スワラージ（自治獲得），スワデーシ（国産品愛用），英貨排斥，民族教育である。

古代～近代

	イタリア・ギリシア	中国・朝鮮	インド	西アジア・エジプト
		前5000頃 彩陶文化成立		前2700頃 シュメール人の都市国家
前3000	前3000頃 エーゲ文明成立	前3000頃 黒陶文化成立	前2600頃 **インダス文明**成立	前27世紀頃 エジプト古王国成立 前21世紀 エジプト中王国成立
前2000		前16世紀頃 **殷**成立		**バビロン第一王朝**成立 前16世紀 エジプト新王国成立
前1500			前1500頃 アーリヤ人，西北インドへ侵入	前14世紀 ヒッタイト王国繁栄 アメンホテプ４世の宗教改革
前1000	前8世紀頃 ギリシアに**ポリス**成立	前11世紀 **周**成立 前770 春秋・戦国時代始まる	アーリヤ人，ガンジス川流域に侵入	前1012頃 イスラエル王国成立
前600	ソロンの改革 アテネの僭主政治 アテネの民主政 前509頃 ローマ共和政開始			前586 バビロン捕囚(～前538) 前550 アケメネス朝成立
前500	**ペルシア戦争**(～前449) 前490 マラトンの戦い 前480 サラミスの海戦 前431 **ペロポネソス戦争**(～前404)	前403 戦国時代始まる		
前400	前367 リキニウス＝セクスティウス法 前338 カイロネイアの戦い 前334 アレクサンドロス大王の東方遠征(～前324)		前317頃 **マウリヤ朝**成立	前312 セレウコス朝シリア成立 前304 プトレマイオス朝エジプト成立
前300				

	イタリア・ギリシア	中国・朝鮮	インド	西アジア・エジプト
前300	前287 ホルテンシウス法制定 前264 **ポエニ戦争**（〜前146）	前221 **秦**の中国統一		
前200	前146 カルタゴ滅亡 前133〜前121 グラックス兄弟の改革	前202 **前漢**成立 前154 **呉楚七国の乱** 前141 武帝の治世（〜前87） 前139 張騫，西域に派遣 前108 **楽浪郡**設置		
前100	前60 第1回三頭政治 前43 第2回三頭政治 前31 **アクティウムの海戦** 前27 **アウグストゥス**による帝政開始			前31 **アクティウムの海戦**
A.D.	64 ネロ帝のキリスト教迫害	8 新の成立 25 **後漢**の成立		
100	96〜180 **五賢帝**時代 この頃ローマの領域最大となる	166 大秦王安敦の使節，日南郡にいたる 184 **黄巾の乱**	130頃 カニシカ王の治世（〜170頃）	
200	235〜284 軍人皇帝時代 284 ディオクレティアヌス帝の治世（〜305）	220 **後漢**滅亡 **魏・呉・蜀**成立 265 魏滅亡，**晋**成立 280 呉滅亡，**晋**が中国統一		224 **ササン朝**成立 260 シャープール1世，ローマ皇帝ウァレリアヌスを捕虜とする
300	306 コンスタンティヌス帝の治世（〜337） 313 **ミラノ勅令** 325 **ニケーア公会議** 392 キリスト教，ローマの国教となる	304 **五胡十六国時代**始まる 317 **東晋**成立 4世紀半ば頃 **百済・新羅**成立	320頃 **グプタ朝**成立	

	イタリア・ギリシア	フランス	ドイツ・東欧オーストリア	スペイン・ポルトガル	北・東アジア	インド・東南アジア	西アジア・エジプト
300	395 ローマ帝国東西分裂					399 法顕インドを訪れる	
400	451 カタラウヌムの戦い 476 西ローマ帝国滅亡	481 メロヴィング朝成立			420 宋成立 439 北魏の華北統一 485 北魏孝文帝，均田制を施行		
500	527 ユスティニアヌス帝の治世（～565） 568 ランゴバルト王国成立				552 突厥成立 589 隋が中国統一		
600					628 唐が中国統一 676 新羅，朝鮮半島を統一 698 渤海建国	606 ヴァルダナ朝成立 シュリーヴィジャヤ王国成立	610頃 イスラーム教成立 622 聖遷（ヒジュラ） 642 ニハーヴァンドの戦い 661 ウマイヤ朝成立
700	726 聖像禁止令	732 トゥール・ポワティエ間の戦い 751 カロリング朝成立		718 国土回復運動始まる 756 後ウマイヤ朝成立	755 安史の乱（～763） 780 両税法の開始	750頃 シャイレンドラ朝成立	750 アッバース朝成立 751 タラス河畔の戦い 786 ハールーン＝アッラシードの治世（～809）
800		800 カールの戴冠 843 ヴェルダン条約 870 メルセン条約	9世紀頃 キエフ公国成立		875 黄巣の乱		
900		987 カペー朝成立	911 ノルマンディー公国成立 962 オットー１世の戴冠 神聖ローマ帝国成立		907 唐滅亡 916 遼成立 918 高麗成立 960 北宋成立	937 大理成立	909 ファーティマ朝成立 932 ブワイフ朝成立 962 ガズナ朝成立
1000					1004 澶淵の盟	1009 大越国（李朝）成立	

	イタリア・ギリシア	イギリス	フランス	ドイツ・オーストリア	スペイン・ポルトガル	インド・東南アジア	中国・朝鮮	西アジア・エジプト
1000	1096 第1回十字軍（～99）	1066 ノルマン朝成立	1095 クレルモン宗教会議	1077 カノッサの屈辱（カノッサ事件）		1044 パガン朝成立	1070 王安石の新法	1038 セルジューク朝成立 1055 セルジューク朝，バグダード入城
1100	1130 両シチリア王国成立 1189 第3回十字軍（～92） 1198 インノケンティウス3世の治世（～1216）	1154 プランタジネット朝成立	1180 フィリップ2世の治世（～1223）		1143 ポルトガル独立		1115 金成立 1126 靖康の変 1127 南宋成立	1132 西遼成立 1148頃 ゴール朝成立 1169 アイユーブ朝成立
1200	1202 第4回十字軍（～04）	1215 大憲章（マグナ＝カルタ） 1265 シモン＝ド＝モンフォールの議会 1295 模範議会	1226 ルイ9世の治世（～70） 1285 フィリップ4世の治世（～1314）	1241 ワールシュタットの戦い 1256 大空位時代（～73）		1206 デリー＝スルタン朝成立 1293 マジャパヒト王国成立	1206 チンギス＝ハンの治世（～27） 1241 ワールシュタットの戦い 1271 元成立 1276 南宋滅亡	1243 キプチャク＝ハン国成立 1250 マムルーク朝成立 1258 イル＝ハン国成立
1300	1303 アナーニ事件	1339 百年戦争（～1453）	1302 三部会設置 1309 教皇のバビロン捕囚（～77） 1328 ヴァロワ朝成立	1356 金印勅書		1351 アユタヤ朝成立	1351 紅巾の乱（～66）	1300頃 オスマン帝国成立

	イタリア・ギリシア	イギリス	フランス	ドイツ・オーストリア	スペイン・ポルトガル	ロシア・ポーランド	アメリカ	中国・朝鮮	インド・東南アジア	西アジア・エジプト
1300	1378 教会大分裂(～1417)	1381 ワット＝タイラーの乱				1386 ヤゲウォ朝成立	アステカ王国成立	1368 明成立		
								1399 靖難の役		
1400								1402 永楽帝の治世(～24)		
				1414 コンスタンツ公会議(～18)			インカ帝国成立	1405 鄭和，南海遠征	1428 大越国(黎朝)成立	
								1446 訓民正音頒布		
	1453 ビザンツ帝国滅亡	1455 バラ戦争(～85)						1449 土木の変		
		1485 テューダー朝成立			1479 スペイン王国成立	1480 モスクワ大公国成立				
					1492 国土回復運動の完成		1492 コロンブス新大陸到達		1498 ヴァスコ＝ダ＝ガマ，インド到達	
1500										1501 サファヴィー朝成立
				1517 ルター，「九十五カ条の論題」発表	1516 カルロス1世の治世(～56)					
				1519 カール5世の治世(～56)	1519 マゼラン世界周航(～22)		1521 コルテス，メキシコ征服			1520 スレイマン1世の治世(～66)
				1524 ドイツ農民戦争			1533 ピサロ，ペルー征服 インカ帝国滅亡		1526 ムガル帝国成立	1529 ウィーン包囲(第1次)
										1538 プレヴェザ海戦
	1545 トリエント公会議									
		1558 エリザベス1世の治世(～1603)		1555 アウクスブルクの和議	1556 フェリペ2世の治世(～98)				1556 アクバル帝の治世(～1605)	
			1562 ユグノー戦争(～98)		1568 オランダ独立戦争勃発					
					1571 レパントの海戦			1572 張居正の改革		
		1588 アルマダ戦争	1589 ブルボン朝成立		1588 アルマダ海戦					
			1598 ナントの王令							
1600		1603 ステュアート朝成立					1607 ヴァージニア植民地設立		1600 イギリス東インド会社設立	
			1610 ルイ13世の治世(～43)			1613 ロマノフ朝成立		1616 清成立	1602 オランダ東インド会社設立	

	イタリア・ギリシア	イギリス	フランス	ドイツ・オーストリア	スペイン・ポルトガル	ロシア・ポーランド	アメリカ	中国・朝鮮	インド・東南アジア	西アジア・エジプト
1600				1618 三十年戦争 （～48）			1620 ピューリタン北米移住		1623 アンボイナ事件	
		1625 チャールズ1世の治世 （～49）								
		1628 権利の請願								
		1640 イギリス革命 （～60）	1643 ルイ14世の治世 （～1715）					1644 明滅亡，清の中国支配		
		1648 ウェストファリア条約								
			1648 フロンドの乱（～53）							
		1651 航海法							1658 アウラングゼーブ帝の治世 （～1707）	
		1652 英・蘭戦争								
		1660 王政復古，チャールズ2世の治世 （～85）	1661 ルイ14世親政開始					1661 康熙帝の治世（～1722）		
		1673 審査法				1667 ステンカ＝ラージンの農民反乱 （～71）		1673 三藩の乱 （～81）		
		1679 人身保護法								
						1682 ピョートル1世の治世 （～1725）				1683 ウィーン包囲（第2次）
		1685 ジェームズ2世の治世 （～88）	1685 ナントの王令廃止							
		1688 名誉革命 （～89）				1689 ネルチンスク条約		1689 ネルチンスク条約		
		1689 権利の章典								1699 カルロヴィッツ条約
1700		1701 スペイン継承戦争（～13〔14〕）				1700 北方戦争 （～21）	1702 アン女王戦争（～13）			
		1707 大ブリテン王国成立	1715 ルイ15世の治世 （～74）							
								1722 雍正帝の治世（～35）		
						1727 キャフタ条約	1732 13植民地設置	1727 キャフタ条約		
							1744 ジョージ王戦争（～48）	1735 乾隆帝の治世（～95）	1744頃 ワッハーブ王国成立	
		1740 オーストリア継承戦争（～48）						1758 清朝，ジュンガルを滅ぼす		
								1757 貿易を広州1港に制限	1752 コンバウン朝成立	

	イタリア・ギリシア	イギリス	フランス	ドイツ・オーストリア	スペイン・ポルトガル	ロシア・ポーランド	アメリカ	中国・朝鮮	インド・東南アジア	西アジア・エジプト
1700		1756 **七年戦争**（～63）					1754 フレンチ＝インディアン戦争(～63)		1757 プラッシーの戦い	
		産業革命始まる				1762 エカチェリーナ２世の治世（～96）	1763 パリ条約 1765 **印紙法**			
			1774 ルイ16世の治世（～92）	1772 第１回ポーランド分割		1772 第１回ポーランド分割	1773 **ボストン茶会事件**			
							1775 **アメリカ独立戦争**（～83）		1778 **西山政権**成立	
							1783 **パリ条約**		1782 **ラタナコーシン朝**成立	
			1789 **フランス革命**							
			1792 第一共和政成立	1795 第３回ポーランド分割		1795 第３回ポーランド分割		1796 白蓮教徒の乱(～1804)		1796 **カージャール朝**成立
1800			1804 第一帝政成立						1802 阮福暎，ベトナム統一	
			1805 トラファルガーの海戦							
			1806 大陸封鎖令	1806 ライン同盟成立，神聖ローマ帝国消滅		1813 ライプツィヒの戦い（諸国民戦争）	1812 **米英戦争**（～14）			
	1814～15 **ウィーン会議**									
			1815 **ワーテルローの戦い**				1820 ミズーリ協定			
	1821 **ギリシア独立戦争**（～29）					1825 デカブリストの乱	1823 **モンロー教書の発表**		1830 ジャワで強制栽培制度	1828 トルコマンチャーイ条約
			1830 **七月革命**				1830 先住民強制移住法			1831 第１次エジプト＝トルコ戦争（～33）
		1832 第１回選挙法改正		1834 **関税同盟**成立						
		1837 ヴィクトリア女王の治世（～1901）						1839 林則徐，アヘン取締り 1840 **アヘン戦争**（～42） 1842 南京条約		1839 第２次エジプト＝トルコ戦争（～40） タンジマート開始
			1848 **二月革命**	1848 ウィーン **三月革命**			1846 米墨戦争（～48）			1848 バーブ教徒の乱（～50）
			1852 第二帝政成立					1851 **太平天国の乱**（～64）		
		1853 **クリミア戦争**（～56）				1853 **クリミア戦争**（～56）				1853 **クリミア戦争**（～56）

	イタリア・ギリシア	イギリス	フランス	ドイツ・オーストリア	スペイン・ポルトガル	ロシア・ポーランド	アメリカ	中国・朝鮮	インド・東南アジア	西アジア・エジプト
1800								1856 アロー戦争(～60)	1857 シパーヒーの大反乱	
								1858 アイグン条約，天津条約	1858 ムガル帝国滅亡	
								1860 北京条約		
	1861 イタリア王国成立					1861 農奴解放令	1861 南北戦争(～65)	1861 同治の中興(～75)		
				1866 プロイセン＝オーストリア戦争			1863 奴隷解放宣言	洋務運動(～90年代)		
							1869 大陸横断鉄道開通			1869 スエズ運河開通
			1870 プロイセン＝フランス戦争(～71)							
			1870 第三共和政成立	1871 ドイツ帝国成立						1876 ミドハト憲法発布
						1877 露土戦争		1881 イリ条約	1877 インド帝国成立	1877 露土戦争
						1878 サン＝ステファノ講和条約				1878 サン＝ステファノ講和条約
	1882 三国同盟			1882 三国同盟				1884 清仏戦争	1883・1884 ユエ条約	
				1887 独露再保障条約		1887 独露再保障条約	1886 アメリカ労働総同盟(AFL)結成	1885 天津条約	1885 インド国民会議成立	
			1894 露仏同盟. ドレフュス事件(～99)				1889 第1回パン＝アメリカ会議	1894 甲午農民戦争 日清戦争		
						1894 露仏同盟	1890 シャーマン＝反トラスト法制定	1895 変法運動		
		1898 ファショダ事件			1898 米西戦争		1898 米西戦争	1898 戊戌の政変		
		1899 南ア戦争(～1902)				1899～1900 門戸開放宣言				

現代

西暦	おもな出来事
1900	1900 **義和団戦争(事件)**(～01)
	1901 北京議定書
	1902 **日英同盟**
	1904 **日露戦争**(～05)
	1904 **英仏協商**
	1905 第1次モロッコ事件，血の日曜日事件，ベンガル分割令，ポーツマス条約
	1907 **英露協商**
	1908 青年トルコ革命
1910	1910 メキシコ革命(～17)，日本，韓国併合
	1911 **辛亥革命**(～12)，第2次モロッコ事件
	1912 第1次バルカン戦争(～13)，中華民国成立，清滅亡
	1913 第2次バルカン戦争
	1914 **サラエボ事件・第一次世界大戦**(～18)
	1915 二十一カ条要求，**フサイン・マクマホン協定**，イタリア，連合国側に参戦
	1917 **ロシア革命**，石井・ランシング協定，バルフォア宣言，アメリカ，第一次世界大戦に参戦
	1918 ウィルソン**の十四カ条**，ブレスト＝リトフスク条約
	1919 **ヴェルサイユ条約調印**，**五・四運動**，コミンテルン結成，ローラット法，三・一独立運動，ヴァイマル憲法，トルコ革命
1920	1920 国際連盟成立，セーヴル条約
	1921 **ワシントン会議**(～22)
	1922 ソヴィエト社会主義共和国連邦成立
	1923 ローザンヌ条約
	1924 ドーズ案，移民法，第1次国共合作
	1925 ロカルノ条約，パフレヴィー朝成立，五・三〇運動
	1926 北伐開始(～28)
	1928 ブリアン・ケロッグ条約，第1次五カ年計画
	1929 **世界恐慌勃発**
1930	
	1931 ウェストミンスター憲章，満州事変
	1932 **オタワ連邦会議**
	1933 **ニューディール政策**
	1935 ワグナー法，ドイツ再軍備宣言
	1936 ラインラント進駐，スペイン内戦(～39)，西安事件
	1937 日独伊防共協定，盧溝橋事件，第2次国共合作，日中戦争
	1938 **ミュンヘン会談**
	1939 **第二次世界大戦**(～45)，独ソ不可侵条約
1940	1940 日独伊三国同盟
	1941 **太平洋戦争**(～45)
	1942 スターリングラードの戦い(～43)，ミッドウェー海戦
	1943 カイロ宣言，テヘラン会談
	1945 サンフランシスコ会議，**国際連合成立**，ポツダム会談
	1946 **インドシナ戦争**(～54)
	1947 **マーシャル＝プラン**発表，**コミンフォルム**結成，トルーマン＝ドクトリン
	1948 **パレスチナ戦争**(第1次中東戦争)，**大韓民国・朝鮮民主主義人民共和国**成立
	1949 **北大西洋条約機構**(**NATO**)成立，**中華人民共和国**成立
1950	1950 **朝鮮戦争**(～53)
	1951 サンフランシスコ平和条約，太平洋安全保障条約(ANZUS)
	1952 エジプト革命，ヨーロッパ石炭鉄鋼共同体(ECSC)条約
	1954 ネルー・周恩来会談，ジュネーヴ休戦協定，パリ協定
	1955 **アジア＝アフリカ**(バンドン)**会議**
	1955 **ワルシャワ条約機構**成立
	1956 **スエズ戦争**(第2次中東戦争，～57)
	1959 キューバ革命

西暦	おもな出来事
1960	1960 **「アフリカの年」**
	1961 ベルリンの壁構築
	1962 **キューバ危機**
	1963 部分的核実験禁止条約，アフリカ統一機構成立
	1965 **ベトナム戦争**（～73）※①
	1966 **プロレタリア文化大革命**（～77）
	1967 第3次中東戦争
	1968 フランス，五月危機（五月革命），核拡散防止条約
1970	
	1972 東西ドイツ基本条約，日中共同声明
	1973 第4次中東戦争，パリ協定
	1978 日中平和友好条約
	1979 **エジプト＝イスラエル平和条約**，イラン革命，ソ連，アフガニスタンへ軍事介入
1980	1980 **イラン＝イラク戦争**（～88）
	1987 米ソ，**INF全廃条約**調印
	1989 ベルリンの壁開放
	1989 **マルタ会談**，冷戦終結宣言，天安門事件
1990	1990 ドイツ統一
	1991 **ソ連解体**，湾岸戦争，ユーゴスラヴィア解体
	1992 マーストリヒト条約，ＮＡＦＴＡ成立
	1993 **パレスチナ暫定自治協定**調印
	1999 NATO，ユーゴスラヴィア空爆
2000	
	2001 **同時多発テロ**
	2002 アフリカ連合（AU）成立，東ティモール独立
	2003 **イラク戦争**
2010	2010 アラブの春 ※②
	2011 南スーダン独立

※①時期については，ジュネーブ協定以降となる1954～75年説，ベトナム国内の内戦が激化した1960～75年など，諸説ある。

※②2010年末，**チュニジア**で発生した民主化要求運動（ジャスミン革命）は，中東，北アフリカに波及し，「**アラブの春**」とよばれる一大運動に発展した。

第 4 編

公民的分野

1 政治－民主政治の基本原理

傾向と対策

「政治」では出題数の少ない分野であるが，問われるのは基本的な内容がほとんどであるため，得点源となるようしっかり理解しておこう。アメリカ独立宣言，フランス人権宣言といった人権思想の歴史については，その特徴や宣言の内容を押さえておくこと。ホッブズ，ロック，ルソーの唱えた社会契約説については，その主張のキーワードや著書名を把握しておく必要がある。また，アメリカの大統領制については，議院内閣制のしくみと比較しながら理解するようにしよう。

要点 Check!

1 人権思想の歴史

18世紀…自由権（「国家からの自由」）を保障
↓　自由放任主義に基づく夜警国家
19世紀…参政権・受益権などを保障
↓
20世紀…資本主義経済の発展とともに，失業・貧困などの社会問題が激化
ワイマール憲法で社会権（「国家による自由」）を明文規定
国民生活に積極的に介入する福祉国家

名称	特徴	一部抜粋
アメリカ独立宣言（1776年）	基本的人権を自然権として宣言	われわれは，自明の真理として，すべての人は平等につくられ，造物主によって一定の奪いがたい天賦の権利を付与され，そのなかには，生命，自由および幸福の追求の含まれることを信ずる。
フランス人権宣言（1789年）	自由・平等という人権の基本理念を宣言	人は，自由かつ権利において平等なものとして出生し，かつ存在する。社会的差別は，共同の利益の上にのみ設けることができる。
ワイマール憲法（1919年）	社会権を保障	経済生活の秩序は，すべての者に人間たるに値する生活を保障する目的をもつ正義の原則に適合しなければならない。この限界内で，個人の経済的自由は，確保されなければならない。
世界人権宣言（1948年）	全国家・全国民の基本的人権と自由について規範を示した宣言	すべての人間は，生まれながらにして自由であり，かつ，尊厳と権利とについて平等である。人間は，理性と良心とを授けられており，互いに同胞の精神をもつて行動しなければならない。

2 社会契約説

社会契約説とは，国家は自然状態にあった諸個人の契約によって成立したとする考え方のことである。近代市民革命以降の近代国家の理論的根拠となった。

人物名	主著	思想内容
ホッブズ	『リヴァイアサン』	人間は自然状態においては自由に行動する自然権をもつが，自然のままでは「万人の万人に対する闘争」状態になるため，人民は相互に契約を結び，国家に全面的に自然権を譲渡すべきと主張した。イギリスの絶対王政を擁護する結果となった。
ロック	『市民政府二論（統治(二)論）』	自然状態は比較的平和な状態であるが，人民は自然権の一部を信託し国家を形成する必要があると考え，国家がその権利を濫用するときは，人民は国家に対し抵抗する権利（抵抗権・革命権）をもつとした。名誉革命に理論的な根拠を与え，アメリカ独立宣言にも大きな影響を与えた。
ルソー	『社会契約論』	自然状態を自由で平等な理想的状態と考え「自然に帰れ」と説き，国家は人民が常に公共の利益を求める一般意志に従うことによって成立すると主張した。人民主権による直接民主制（直接民主主義）を説き，フランス革命に理論的な根拠を与えた。

3 アメリカの大統領制

アメリカの大統領制は，厳格な三権分立制をとる。

➤ 大統領の地位

・形式上，有権者が選出した大統領選挙人による投票で選ばれる（間接選挙）。

・任期は4年で2期までで，3選は憲法の規定により禁止されている。

➤ 大統領の権限

・議会への教書（法案や予算の審議を勧告する文書）送付権

・法案に対する拒否権（ただし，上下両院議会で出席議員の3分の2以上で再可決すれば成立）

※大統領は，議会への法案提出権，議会の解散権をもたない。

➤ 連邦議会

・各州から2名選出される上院（任期6年）と，各州から人口比例で選出される下院（任期2年）で構成される。

➤ 裁判所

・憲法上には規定されていないが，判例上，違憲立法（法令）審査権をもつ。

例題1　人権思想の歴史・社会契約説

(1)　次の条文は1948年に国連総会において採択された宣言の一部である。宣言名を答えよ。また，この宣言の内容を基礎として条約化したもので，1966年の国連総会において採択された規約名を答えよ。

第１条　すべての人間は，生まれながらにして自由であり，かつ，尊厳と権利とについて平等である。人間は，理性と良心とを授けられており，互いに同胞の精神をもつて行動しなければならない。

(2)　次の条約は国連総会において採択されたものである。採択年の古い順に並べ替えよ。

A．女性(女子)差別撤廃条約　　B．子ども(児童)の権利条約
C．人種差別撤廃条約　　D．障害者の権利条約

解答　(1)　宣言名：世界人権宣言　　規約名：国際人権規約
(2)　C→A→B→D

解説　(1)　世界人権宣言は道義的な決議であったため法的拘束力がなかったが，国際人権規約は条約であり，調印し批准した国は国際法としての拘束を受ける。
(2)　A．1979年　　B．1989年　　C．1965年　　D．2006年

〈人権に関する主な条約と日本の対応〉

条約名	国連採択	日本の批准
ジェノサイド(集団殺害)禁止条約	1948年	批准していない
難民の地位に関する条約	1951年	1981年
人種差別撤廃条約	1965年	1995年
国際人権規約	1966年	1979年（A規約のうち，①中等・高等教育の無償化，②公休日の報酬保障，③公務員のスト権の３点については留保していたが，①は2012年に留保を撤回）
女性(女子)差別撤廃条約	1979年	1985年 ⇒男女雇用機会均等法制定（1985年）
子ども(児童)の権利条約	1989年	1994年
死刑廃止条約	1989年	批准していない
障害者権利条約	2006年	2014年

例題 2　社会契約説

次の3人の啓蒙思想家について，その著書と内容をそれぞれ選べ。

【ロック　モンテスキュー　ルソー】

〈著書〉 ア．『法の精神』　イ．『市民政府二論』　ウ．『社会契約論』

〈内容〉 a．個人はすべての自然権を市民社会に譲渡する代わりに，人民主権の下で個人が直接政治に参加できる権利（直接民主制）をもつ。

b．絶対君主の専制政治を改めるために，国家権力を立法権・司法権・行政権に区別し，権力の抑制と均衡（チェック・アンド・バランス）によって，国民の自由を保障する。

c．統治者の権力は国民の権利を守るために国民から信託されたものであり，政府がその信託を守らない場合には，国民は政府を改め，新たな政府をつくる抵抗権（革命権）を行使できる。

解答 ロック：イ，c　モンテスキュー：ア，b　ルソー：ウ，a

解説 ロックは抵抗権，モンテスキューは三権分立，ルソーは一般意志を主張した。

例題 3　世界の政治体制

(1) イギリスでは，長年にわたって二大政党制が続いたことから，野党第一党の党首が野党幹部とともに政権交代に備えて合議体の機関を構成することが一般的とされた。この機関を一般に何というか。

(2) アメリカの政治制度に関する記述として誤っているものを選べ。

① 有権者は，形式上，大統領選挙で直接大統領候補者を選出するのではなく，大統領を選挙する大統領選挙人を選出する。

② 大統領の任期は4年で，3選は憲法上禁止されている。大統領は国民に対して責任を負い，連邦議会に対しては政治責任を負わない。

③ 連邦最高裁判所には，憲法上，違憲立法審査権が認められている。

④ 大統領は連邦議会が可決した法案への署名を拒否できる権限をもつが，上下両院議会が出席議員の3分の2以上の多数で再可決したものは法律として成立する。

解答 (1) 影の内閣（シャドー＝キャビネット）　(2) ③

演習問題

1 ★★☆

次の文章を読んで，各問いに答えよ。

近代以降の歴史は，人権思想の広がりの中で民主政治の実現を求める形で推移した。市民革命期には，$_a$<u>自然法</u>思想に支えられた，近代市民社会の理論的基礎となる$_b$<u>社会契約説</u>が生み出された。そこから，基本的人権の考えが芽生え，アメリカでは，『市民政府二論』の著者であるロックや『コモン＝センス』の著者である（　A　）などの影響を受けて，1776年にバージニア憲法と独立宣言が出され，フランスでは，1789年に人権宣言が出されるに至った。

市民革命期の人権は（　B　）権が中心であったが，19世紀から20世紀初めにかけ人間らしく生きる権利が求められ，人々は夜警国家時代の「権力からの（　B　）」という消極的な姿勢に代わって$_c$<u>福祉国家の実現</u>を求めるようになった。第二次世界大戦後は国際連合が発足し，$_d$<u>人権の国際的保障</u>が進んだ。

(1)　文章中の空欄に当てはまる人名・語句を答えよ。

(2)　下線部ａについて，30字以内で説明せよ。

(3)　下線部ｂに関する記述として正しいものを選べ。

① ホッブズは，自然状態を「万人の万人に対する闘争」状態であるとし，平和に生存するために人々は自然権の一部を放棄して国家を作る必要があると考え，共和制を批判した。

② ルソーは，主権が人民に存在し，全人民の共同の利益を追求する一般意志による直接民主主義を志向し，フランス革命に大きな影響を与えた。

③ モンテスキューは，立法権を最高の権力とするロックの権力分立の考え方を改め，行政権を優位とする立法，司法，行政の権力分立を説いた。

④ ロックは，各人がすべての自然権を代表者に委託することによって国家を形成するため，国家（政府）が自然権を侵害した場合でも，国民には抵抗権（革命権）がないと考えた。

(4)　下線部ｃが求められるようになった理由を50字以内で説明せよ。

(5)　下線部ｄについて，国際連合で採択された次のⅠ，Ⅱの条約名を答えよ。

Ⅰ．第２条　締約国は，女子に対するあらゆる形態の差別を非難し，女子に対する差別を撤廃する政策をすべての適当な手段により，かつ，遅滞なく追求することに合意し，及びこのため次のことを約束する。

Ⅱ．第６条第１項　締約国は，すべての児童が生命に対する固有の権利を有することを認める。

〈石川県改題〉

2 ★★☆

民主政治の基本原理に関する次の各問いに答えよ。

(1)　基本的人権の保障に関するア～エの資料を，年代の古い順に正しく並べ替えたものを①～④から選べ。

ア．人民を絶対的な専制の下に服従せしめようとする企図が明らかになるときは，このような政府を廃棄し，人民の将来の安全のために新たな保障の組織を整えることは，人民の権利であり，また義務である。

イ．経済生活の秩序は，すべての者に人間たるに値する生活を保障する目的をもつ正義の原則に適合しなければならない。この限界内で，個人の経済的自由は，確保されなければならない。

ウ．人は，自由かつ権利において平等なものとして出生し，かつ生存する。社会的差別は，共同の利益の上にのみ設けることができる。

エ．人類社会のすべての構成員の固有の尊厳と平等で譲ることのできない権利とを承認することは，世界における自由，正義及び平和の基礎である。

①　ア→イ→ウ→エ　　②　ア→ウ→イ→エ

③　ウ→ア→エ→イ　　④　エ→ウ→イ→ア

(2)　アメリカの大統領制に関する記述として正しいものを選べ。

①　大統領は，議会に対して立法措置の勧告・要請をすることができるが，法案の提出権はもたない。ただし，法案を署名しないことで拒否し，議会に差し戻すことができる。大統領が，国家元首と行政府の最高長官を兼ね，各省長官を任命する。行政府は大統領の諮問機関で議会に対して責任を負わない。

②　大統領は，国民の直接選挙によって選出され，任期は5年である。大統領が閣議を統裁し首相・閣僚の任免をするが，内閣は議会に対して責任を負い，議会で不信任されれば大統領に辞表を提出しなければならない。

③　大統領は，国民の直接選挙によって選出され，任期は6年である。大統領は，議会の同意のもと首相を任命するとともに他の閣僚の任免権をもち，議会により首相指名を拒否されたり，内閣不信任が確定したりした場合には，議会を解散することができる。

④　大統領は，議会に対して解散権をもち，国家統合の象徴的存在として政争の局外にあって中立的仲介者として影響力を発揮する。大統領の提議に基づいて，議会で選出された首相を大統領が任命し，その首相が大臣を任命する。議会に対して責任を負うのは首相のみである。

〈東京都改題〉

演習問題　解答・解説

1

(1) A．トマス＝ペイン　B．自由

(2) あらゆる時代や社会を通じて拘束力をもつと考えられる法。

(3) ②

(4) 国の自由放任政策が富の偏在を招き，社会的・経済的弱者の救済や最低限度の生活の保障が必要となったため。

(5) Ⅰ．女性(女子)差別撤廃条約
Ⅱ．子ども(児童)の権利条約

解説

(1) B．自由権は，17～18世紀の近代市民革命を契機に形成されたのに対し，社会権は，20世紀以降，資本主義の発達に伴う貧富の拡大を契機に形成された。

(3) ①　ホッブズは，自然権の全部を放棄する必要があるとした。
③　モンテスキューは，立法，行政，司法三権間の相互の抑制と均衡を図る三権分立を説いた。
④　ロックは，自然権の一部を信託して国家を形成し，国民は抵抗権（革命権）を行使できると考えた。

(4) 福祉国家に対し，夜警国家とは，国家の活動は国防と治安維持活動など最小限のものに限るとする国家をいう。この言葉は，ドイツの社会主義者ラッサールが，当時の自由放任主義的な国家を批判して用いたものである。

(5) Ⅱ．子ども（児童）の権利条約は，すべての18歳未満の子どもの権利を保障する条約である。

2

(1) ②　(2) ①

解説

(1) ア．1776年（アメリカ独立宣言）
イ．1919年（ワイマール憲法）
ウ．1789年（フランス人権宣言）
エ．1948年（世界人権宣言）

(2) ②　フランスに関する記述である。
③　ロシアに関する記述である。
④　ドイツに関する記述である。

2 政治－日本国憲法と基本的人権

傾向と対策

基本的人権については，自由権と社会権が重要である。精神的自由，経済的自由，人身（身体）の自由といった自由権の分類，社会権のうち生存権について規定した日本国憲法第25条の条文の出題頻度が高い。また，日本国憲法の条文の穴埋め問題もみられるため，各条文をもとに基本的な知識を把握しておく必要がある。特に，第９条（平和主義），第11～13条（基本的人権の理念など），第14条（法の下の平等）はキーワードとなる語句を確認しておこう。その他，新しい人権についてもその内容などを押さえておきたい。

要点 Check!

日本国憲法は，1947年５月３日に施行され，自由権，社会権，平等権，参政権，受益権（請求権）の５つの基本的人権を保障している。

<table>
<tr><td rowspan="3">自由権</td><td rowspan="3">個人の自由な意思決定と活動とを保障する権利
「国家からの自由」</td><td>精神的自由</td><td>思想・良心の自由　信教の自由
集団·結社·表現の自由
学問の自由　など</td></tr>
<tr><td>経済的自由</td><td>居住・移転・職業選択の自由
財産権の保障</td></tr>
<tr><td>人身（身体）の自由</td><td>奴隷的拘束·苦役からの自由
法定手続きの保障　住居の不可侵
黙秘権の保障　など</td></tr>
<tr><td>社会権</td><td>国家に対して積極的な配慮を求めることができる権利</td><td colspan="2">生存権　教育を受ける権利
勤労の権利　団結権・団体交渉権・団体行動権</td></tr>
<tr><td>平等権</td><td>すべての国民が等しく扱われることを要求する権利</td><td colspan="2">法の下の平等　両性の本質的平等
選挙権の平等　など</td></tr>
<tr><td>参政権</td><td>国民が主権者として，直接または代表者を通じて政治に参加する権利</td><td colspan="2">選挙権・被選挙権　公務員の選定・罷免の権利
最高裁判所裁判官の国民審査権
憲法改正の国民投票権　など</td></tr>
<tr><td>受益権（請求権）</td><td>国民が国家に対して積極的な作為を要求し，国家の制度の利用を求める権利</td><td colspan="2">請願権　国家賠償請求権
裁判を受ける権利　刑事補償請求権</td></tr>
</table>

例題1　日本国憲法と基本的人権

(1) 次の文章の空欄に当てはまる語句を答えよ。

基本的人権は,「人類の多年にわたる自由獲得の努力の成果」(日本国憲法第97条) であり,「侵すことのできない (　A　) の権利」(第11条, 第97条) として保障されるべきものである。ただし, 国民は権利を濫用してはならず,「常に (　B　) のためにこれを利用する責任を負ふ」(第12条)。

(2) 日本国憲法のような, 一般の法律の改正手続きよりも改正要件が厳格な憲法のことを何というか。

(3) 次のものを精神的自由, 経済的自由, 人身の自由にそれぞれ分類せよ。

A. 黙秘権の保障　B. 集会・結社・表現の自由

C. 思想及び良心の自由　D. 法定手続きの保障

E. 居住・移転及び職業選択の自由　F. 財産権の保障

(4) 憲法第19条「思想及び良心の自由」に関わる訴訟を次から選べ。

ア. 三菱樹脂訴訟　イ. 朝日訴訟

ウ. 家永教科書訴訟　エ. 津地鎮祭訴訟

(5) 次の憲法第25条第1項の空欄に当てはまる語句を答えよ。また, 生存権についてはプログラム規定説がとられているが, これについて簡潔に説明せよ。

「すべて国民は, (　A　) な (　B　) を営む権利を有する。」

(6) 新しい人権の1つである「知る権利」に基づき, 1999年には情報公開法が制定された。さらに, 報道の自由と関連してアクセス権を認めるように主張する意見も多くなってきている。アクセス権とはどのような権利か, 簡潔に説明せよ。

解答 (1) A. 永久　B. 公共の福祉　(2) 硬性憲法

(3) 精神的自由：B, C　経済的自由：E, F　人身の自由：A, D

(4) ア　(5) A. 健康で文化的　B. 最低限度の生活

説明：第25条は国政の政治的・道義的義務や指針を宣言したにすぎず, 直接個々の国民に具体的に権利を保障したものではないとする説。

(6) 国民がマス＝メディアに対し, 意見広告, 反論記事, 番組参加など, 自己の意見を発表する場を提供することを要求する権利。

解説　(1)　B.「公共の福祉」とは，社会全体の利益，社会生活についての各人共通の利益や幸福のことをいい，基本的人権相互の矛盾や衝突を調整するための実質的公平の原理として使われる。

(2)　憲法改正は，各議院の総議員の三分の二以上の賛成で，国会が，これを発議し，国民に提案してその承認を経なければならない。この承認には，特別の国民投票または国会の定める選挙の際行われる投票において，その有効投票の過半数の賛成を必要とする。

(4)　各訴訟の争点・判旨は次の通り。

訴訟名	関連条文・争点	判旨
三菱樹脂訴訟	第19条（思想・良心の自由）	企業は雇用の自由を有しており，特定の思想を理由に従業員の本採用を拒否したとしても，思想・良心の自由を侵害したことにならない。
朝日訴訟	第25条（生存権）	第25条は，国の責務を宣言したものにすぎず，直接個々の国民に対して具体的権利を与えたものではない（プログラム規定説）。
家永教科書訴訟	第21条（表現の自由）	教科書検定は，一般の図書としての発行まで禁じるものではなく，不合格となったとしても一般の図書として出版することは禁止されていないので，検閲には当たらない。
津地鎮祭訴訟	第20条（信教の自由）	自治体による地鎮祭への公金支出は，地鎮祭はその目的が世俗的なものであり，宗教的活動には当たらないから，政教分離の原則に違反しない。

(6)　新しい人権とは，憲法に明文規定はないが，人権に対する考え方の深まりや社会・経済の変革に伴い新たに主張されるようになった人権である。

〈新しい人権の種類〉

新しい人権	内容	根拠条文
プライバシーの権利	私的な生活をみだりに公開されない権利，自己に関する情報をコントロールする権利	第13条（幸福追求権）
自己決定権	一定の私的事項について，国家権力から干渉されることなく自ら決定することのできる権利	
環境権	健康で快適な環境の回復・保全を求める権利	第13条，第25条（生存権）
知る権利	国民が自由に情報を受け取り，または国家に対して政府情報などの公開を求める権利	第21条（表現の自由）
アクセス権	国民がマス＝メディアに対し，自己の意見の発表の場を提供することを要求する権利	

※忘れられる権利…インターネット上の個人情報や画像などを削除するよう事業者に求める権利。欧州（EU）では認められているが，日本の判例では認めていない。

演習問題

1 ★☆☆

次は日本国憲法の条文の一部である。空欄に当てはまる語句をア～トから選べ。

⑴ 天皇は，日本国の（　A　）であり日本国民統合の（　A　）であつて，この地位は，（　B　）の存する日本国民の総意に基く。　(第１条)

⑵ 日本国民は，正義と秩序を基調とする（　C　）を誠実に希求し，（　D　）の発動たる戦争と，武力による威嚇又は武力の行使は，（　E　）を解決する手段としては，永久にこれを放棄する。　(第９条第１項)

⑶ すべて国民は，（　F　）として尊重される。生命，自由及び幸福追求に対する国民の権利については，（　G　）に反しない限り，（　H　）その他の国政の上で，最大の尊重を必要とする。　(第13条)

⑷ この憲法の改正は，各議院の（　I　）の（　J　）以上の賛成で，国会が，これを発議し，国民に提案してその承認を経なければならない。この承認には，特別の国民投票又は国会の定める選挙の際行はれる投票において，その（　K　）の賛成を必要とする。　(第96条)

ア．個人	イ．人民	ウ．象徴	エ．権利
オ．義務	カ．主権	キ．国権	ク．立法
ケ．司法	コ．内閣	サ．国際平和	シ．公共の福祉
ス．全体の利益	セ．国際紛争	ソ．総議員	タ．出席議員
チ．３分の１	ツ．３分の２	テ．過半数	ト．２分の１以上

〈茨城県改題〉

2 ★★☆

基本的人権について，次の各問いに答えよ。

⑴ 日本国憲法の３つの基本原理を答えよ。

⑵ 国民の三大義務を答えよ。

⑶ 日本国憲法第29条で規定されている，所有権や債権など経済的利益を目的とする権利を何というか答えよ。

⑷ 著名人の肖像等が商品の販売等を促進する商業的価値を持つ場合，本人がその価値を独占利用できる権利を何というか答えよ。

〈鳥取県改題〉

3 ★☆☆

　次の表は，日本国憲法に保障されている基本的人権と，社会の変化に伴って主張されるようになった新しい人権を示している。各問いに答えよ。

日本国憲法に保障されている基本的人権		
自由権	社会権	基本的人権を守るための権利
ア：人身(身体)の自由 イ：（　Ａ　）の自由 ウ：経済活動の自由	エ：（　Ｂ　）権 オ：教育を受ける権利 カ：労働基本権	キ：（　Ｃ　）権 ク：請願権 ケ：（　Ｄ　）を受ける権利 コ：国家賠償請求権 サ：刑事補償請求権
シ：平等権		

新しい人権
ス：知る権利 セ：プライバシーを守る権利 ソ：環境権 タ：自己決定権　　　など

(1)　表中の空欄Ａ～Ｄに当てはまる語句を答えよ。

(2)　次の憲法条文は，表中ア～シのどの権利について規定したものか。それぞれ記号で答えよ。

　a．何人も，公共の福祉に反しない限り，居住，移転及び職業選択の自由を有する。

　b．勤労者の団結する権利及び団体交渉その他の団体行動をする権利は，これを保障する。

　c．何人も，公務員の不法行為により，損害を受けたときは，法律の定めるところにより，国又は公共団体に，その賠償を求めることができる。

　d．何人も，いかなる奴隷的拘束も受けない。又，犯罪に因る処罰の場合を除いては，その意に反する苦役に服させられない。

(3)　次は新しい人権のどれに関する事例か。表中ス～タから選べ。

　Ⅰ．病院で末期患者が，自分の病気の状態や治療方法についての説明を受けた上で，医師の治療を拒んだ。

　Ⅱ．国や地方公共団体が保有している情報を国民に公開する情報公開法が1999年に成立した。

〈佐賀県〉

1

A．ウ　　B．カ　　C．サ
D．キ　　E．セ　　F．ア
G．シ　　H．ク　　I．ソ
J．ツ　　K．テ

解 説

⑴　天皇は，日本国と日本国民統合の象徴（象徴天皇制）であり，「内閣の助言と承認」に基づいて，国事行為のみを行う。
　国事行為として，内閣総理大臣や最高裁判所長官の任命，憲法改正・法律・政令及び条約の公布，国会の召集，衆議院の解散などがある。

⑵　日本国憲法第９条では，平和主義の理念として，①戦争の放棄，②戦力の不保持，③交戦権の否認を定めている。

⑷　憲法改正の発議後は，改正案について国民投票が行われ，有効投票（賛成の投票数と反対の投票数を合計した数）の過半数を超えた場合は，国民の承認があったものとなり，天皇が国民の名で公布する。

2

⑴　国民主権，基本的人権の尊重，平和主義

⑵　勤労の義務，納税の義務，（子どもに）普通教育を受けさせる義務

⑶　財産権

⑷　パブリシティ権

3

⑴　A．精神　　B．生存
　　C．参政　　D．裁判

⑵　a．ウ　　b．カ
　　c．コ　　d．ア

⑶　Ⅰ．タ　　Ⅱ．ス

解 説

⑴　人間らしい生活を保障することを国家に要求できる権利を社会権という。「国家による自由」ともいわれ，1919年に制定されたドイツのワイマール憲法によって初めて保障された。

⑶　Ⅱ．知る権利は，情報公開法の条文に明記されていないことに注意。

3 政治－日本の政治機構

傾向と対策

「政治」において最も出題数の多い分野である。中でも国会，地方自治に関する問題が圧倒的に多い。国会については，法律案の議決や予算の議決など衆議院が優越される事項や，衆参両院で議決が異なったときのその後の手続き，国会の種類，地方自治については，地方自治の本旨，組織，直接請求権，地方財政を確実に理解しておく必要がある。その他，内閣では議院内閣制の定義，内閣の総辞職，裁判所では裁判所の種類，司法権の独立，違憲立法（法令）審査権，三審制，また，三権分立のしくみや選挙制度についても押さえておこう。

要点 Check!

1 三権分立

国家権力を立法権（国会）・行政権（内閣）・司法権（裁判所）に分割し，3つの権力が互いに抑制し合い均衡を図るもので，権力の濫用を防ぎ，国民の権利をできる限り保障しようとするしくみである。フランスの思想家モンテスキューが，その著書『法の精神』の中で唱えた。

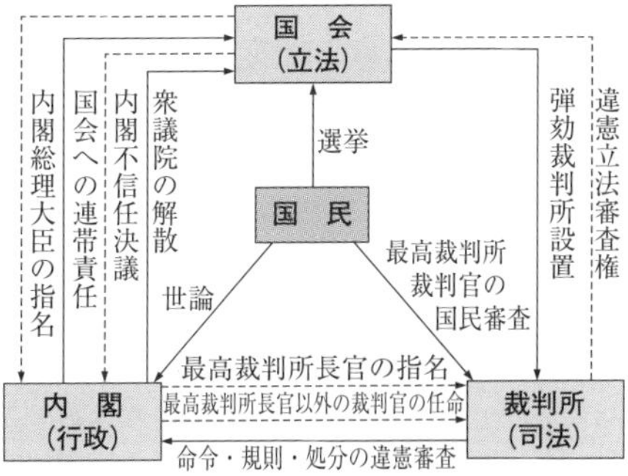

2 国会

➤ 二院制

二院制がとられているのは，国民の多様な意見を広く国会に反映させ，予算・法律案などの審議を慎重に行うためである。

	衆議院		参議院	
議員定数	465人		※248人	
	289人	176人	148人	100人
選挙制度	小選挙区選出	比例代表選出（全国11ブロック）	選挙区選出	比例代表選出（全国1単位）
	小選挙区比例代表並立制			
任　期	4年（解散あり）		6年（3年ごとに半数改選）	
被選挙権	満25歳以上		満30歳以上	

※2018年に成立した改正公職選挙法により，248人（選挙区2増，比例代表4増）に定数増。

▶ 衆議院の優越

(1) 権限上の優越

内閣不信任決議権（第69条）

予算先議権（第60条第１項）

(2) 議決上の優越

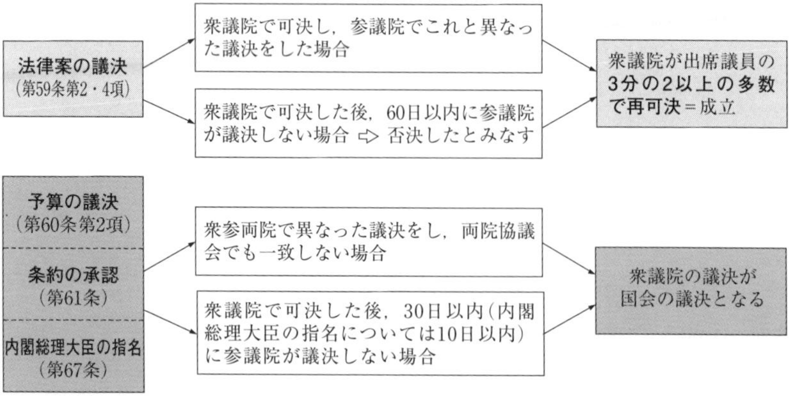

▶ 国会の種類

種類	召集	主要議題
常会（通常国会）	毎年１回，１月中に召集	会期150日，次年度の予算審議
臨時会（臨時国会）	内閣，あるいはいずれかの議院の総議員の４分の１以上の要求	予算・外交など国政上緊急を要する議題
特別会（特別国会）	衆議院の解散総選挙後30日以内	内閣総理大臣の指名
参議院の緊急集会	衆議院の解散中，国に緊急の必要が生じたとき，内閣が召集	国政上極めて緊急を要する議題

※国会は両議院の同時活動を原則とするので，厳密には参議院の緊急集会は国会に含まれない。

3 内閣

▶ 議院内閣制

議院内閣制とは，国会の信任に基づいて内閣が存立するしくみである。内閣は，国会に対して連帯して責任を負う（第66条第３項）。

▶ 内閣の総辞職

内閣は第７条第３号に基づき任意に総辞職できるが，次の場合には総辞職しなければならない。

衆議院で内閣不信任決議案を可決，又は信任決議権を否決したとき，内閣が10日以内に衆議院を解散しない場合（第69条）
内閣総理大臣が欠けた場合（第70条）
衆議院議員総選挙後，初めて国会が召集された場合（第70条）

4 裁判所

▶ 司法権の帰属

すべての司法権は，最高裁判所及び下級裁判所（高等・地方・家庭・簡易裁判所）に属する。特別裁判所の設置は禁止され，行政機関は終審として裁判を行うことはできない（第76条第１・２項）。

▶ 司法権の独立

国会・内閣などの他の国家機関，上級裁判所や他の裁判官から裁判に干渉されないことをいう。「すべての裁判官は，その良心に従ひ独立して職権を行ひ，この憲法及び法律にのみに拘束される。」と憲法第76条第３項に規定されている。

▶ 違憲立法(法令)審査権

国会や内閣が制定した法律，命令，規則または処分が，憲法に適合しているかどうかを審査する権限。最高裁判所のみならず，下級裁判所も有する(第81条)。

5 地方自治

▶ 地方公共団体の組織

首長 （任期４年）	被選挙権は都道府県知事が満30歳以上，市町村長は満25歳以上。議会の議決に対し拒否権，不信任決議には議会の解散権を有する。
地方議会 （任期４年）	議員の被選挙権は満25歳以上。条例の制定・改廃，予算の議決，首長に対する不信任決議を有する。

▶ 地方公共団体の事務

自治事務	地方公共団体が自主的に責任をもって処理する事務。
法定受託事務	法令により実施が義務付けられている事務のうち，国にかわって地方公共団体が処理すべきとされた事務。

▶ 直接請求権

地方自治法によって住民に認められた，地方自治に直接参加する権利のこと。

<table>
<tr><th>分類</th><th>請求の種類</th><th>必要署名数</th><th>請求先</th></tr>
<tr><td>イニシアティブ</td><td>条例の制定・改廃</td><td rowspan="2">有権者の
50分の１以上</td><td>首長</td></tr>
<tr><td rowspan="2">――</td><td>事務の監査請求</td><td>監査委員</td></tr>
<tr><td>議会の解散請求</td><td rowspan="3">有権者の
※３分の１以上</td><td rowspan="2">選挙管理委員会</td></tr>
<tr><td rowspan="2">リコール</td><td>議員・首長の解職</td></tr>
<tr><td>主要公務員の解職</td><td>首長</td></tr>
</table>

※有権者数40万人超・80万人以下の地方公共団体では，「40万人に３分の１を乗じた数」と「40万人を超える数に６分の１を乗じた数」とを合計した数。有権者数80万人超の地方公共団体では，「40万人に３分の１を乗じた数」と「40万人に６分の１を乗じた数」及び「80万人を超える数に８分の１を乗じた数」を合計した数。

例題1　国会

(1) 国会の権能として正しいものをすべて選べ。
　ア．弾劾裁判所の設置　　イ．最高裁判所長官の指名
　ウ．憲法改正の発議　　　エ．条約の締結

(2) 国会に関する記述として誤っているものを選べ。
　① 常会は会期が150日間で，毎年1回1月中に召集される。
　② 臨時会は，内閣あるいはいずれかの議院の総議員の4分の1以上の要求により召集される。
　③ 特別会は，衆議院解散後の総選挙の日から10日以内に開催される。
　④ 参議院の緊急集会は，衆議院の解散中，緊急の必要があるときに内閣により召集される。

(3) 日本国憲法第60条，第69条などの規定により「衆議院の優越」が認められているが，憲法に規定されている「衆議院の優越」のうち，法律案の議決権，予算の先議権，内閣不信任決議権以外の内容を3つ挙げよ。

(4) 法律案について，衆議院と参議院が異なった議決をしたとき，どのような場合に法律として成立するか。簡潔に説明せよ。

(5) 本会議で国会議員の除名を決定する場合の議決要件を答えよ。

解答 (1) ア，ウ　　(2) ③
(3) 予算の議決権，内閣総理大臣の指名権，条約の承認権
(4) 衆議院が出席議員の3分の2以上の多数で再び可決すれば法律となる。
(5) 出席議員の3分の2以上

解説 (1) 最高裁判所長官の指名（第6条第2項），条約の締結（第73条第3号）は内閣の権能。国会の権能には他に，**法律案の議決**（第59条第1項），**内閣総理大臣の指名**（第6条第1項，第67条第1項），**条約の承認**（第61条，第73条第3号），**財政の監督**（第83～91条）がある。
(2) ③ 特別会は，衆議院の解散総選挙後**30日**以内に開催される（第54条第1項）。
(3) 衆議院に優越的な地位が与えられている理由としては，一院を重視することで国会の意思形成を容易にできること，衆議院は議員の任期が短く解散制度もあることからより民意を反映すると考えられていることなどが挙げられる。
(4) 法律案の場合，両院協議会の開催は任意である（第59条第3項）。
(5) 国会での議事の表決は，憲法に特別の定めがある場合を除き，各議院における**出席議員の過半数**，可否が同数の場合には議長が決する（第56条第2項）。

例題 2　**内閣**

(1)　次の語句を使用して，議院内閣制のしくみを簡潔に説明せよ。
【信任　　責任】
(2)　内閣に関する記述として誤っているものを選べ。
① 内閣は内閣総理大臣とその他の国務大臣で組織する。
② 内閣総理大臣とその他の国務大臣は文民でなければならない。
③ 国務大臣はその在任中，内閣総理大臣の同意がなければ訴追されない。
④ 内閣は外交関係を処理するとともに条約を締結し，かつ承認する。

解答　(1)　内閣は議会の信任に基づいて存立し，議会に対して連帯責任を負うしくみ。
(2)　④

解説　(1)　日本国憲法は「議院内閣制を採用する」と明記しているわけではないが，次のような規定などから議院内閣制を採用していることは明らかである。
- 内閣は，行政権の行使について，国会に対し連帯して責任を負う（第66条第3項）。
- 内閣総理大臣は，国会議員の中から国会の議決で指名される（第67条第1項）。
- 国務大臣の過半数は国会議員の中から選ばれる（第68条第1項）。
- 衆議院は内閣不信任決議権を有する（第69条）。
- 衆議院議員総選挙後に初めて国会が召集されたとき，内閣は総辞職する（第70条）。

(2)　①～③　内閣総理大臣は，**国会議員**の中から**国会**によって**指名**され（第67条第1項），天皇によって任命される（第6条第1項）。国務大臣は，**内閣総理大臣**によって**任命**され（第68条第1項），また**任意**に**罷免**される（同条第2項）。その**過半数**は**国会議員**でなければならず（同条第1項），内閣総理大臣とともにその**全員**が**文民**でなければならない（第66条第2項）。
④　条約の承認は国会の権能である（第61条，第73条第3号）。なお，第73条に規定されている内閣の職権は，次の通り。

- 法律の執行と国務の総理
- **条約の締結**
- 予算の作成と国会への提出
- **政令**（法律の規定を実施するための命令）**の制定**
- 恩赦の決定
- 外交関係の処理
- 官吏に関する事務の掌理

例題 3　裁判所

(1) 裁判所は，法律や命令などが憲法に適合するかしないかを決定する権限を有する。この権限を何というか答えよ。

(2) 裁判官の身分保障に関する記述として正しいものを選べ。

① すべての裁判所の裁判官は，裁判により「心身の故障」と決定された場合，必ず罷免される。

② 最高裁判所以外の下級裁判所の裁判官は，国民審査によって罷免される場合がある。

③ 下級裁判所の裁判官を罷免する弾劾裁判所は，最高裁判所内に設置される。

④ 最高裁判所の裁判官は，下級裁判所の裁判官を任命し，任意に罷免できる。

(3) 裁判では同一の事件について，3回まで裁判を求めることができる。この制度を何というか答えよ。また，そのねらいを簡潔に説明せよ。

(4) 司法改革の一環として2009年5月から，重大事件の刑事裁判において市民参加型の裁判が導入されているが，その制度を何というか答えよ。

解答 (1) 違憲立法(法令)審査権　(2) ①

(3) 制度：三審制　ねらい：裁判を慎重に行うことにより誤審を防ぐ。

(4) 裁判員制度

解説 (1) 違憲立法(法令)審査権の行使の方法については，付随的審査制がとられている。審査の前提として事件性が必要であり，具体的な争訟事件とは無関係に，法令などの合憲性を一般的・抽象的に審査することはできない。

(2) ② 国民審査によって罷免される場合があるのは，最高裁判所の裁判官である（第79条第2・3項）。

③ 弾劾裁判所は国会に設置される（第64条第1項）。

④ 下級裁判所の裁判官の任命権は内閣にある（第80条第1項）。また，任意に罷免することはできない（第78条参照）。

(3) 第一審（地方・簡易・家庭裁判所）の判決に不服な場合は，第二審の裁判所（高等裁判所）に控訴し，その判決にも従えなければ第三審の裁判所（最高裁判所）に上告することができる。

(4) 裁判員制度のねらいは，裁判を身近で分かりやすいものにし，司法に対する国民の信頼を向上させるためである。殺人など重大犯罪の刑事裁判の第一審（地方裁判所）において，原則として有権者から無作為に選出された6人の裁判員と3人の職業裁判官が合議の上で，有罪・無罪の事実認定と，有罪の場合の量刑判断を行う。

例題 4　地方自治

(1)「地方自治の本旨」の２つの原則を挙げよ。
(2) 地方交付税はどのような目的で地方公共団体に交付される財源か。
(3) 住民の直接請求権に関する記述として誤っているものを選べ。
　① 条例の制定請求は，有権者の50分の１以上の署名数が必要である。
　② 条例の改廃請求の請求先は，首長である。
　③ 議会の解散請求の請求先は，選挙管理委員会である。
　④ 副知事の解職の請求は，住民の直接請求権に含まれる。
　⑤ 副市町村長の解職請求の請求先は，選挙管理委員会である。
(4) 次の文章の空欄に当てはまる語句を答えよ。
　地方分権への流れが始まり，1999年には（　A　）法が成立した。同法では，地方分権の具体的方策を多岐にわたって規定し，（　B　）事務を廃止して，地方公共団体の事務を新たに自治事務と法定受託事務との２つに区分した。
(5) 地方自治が抱える問題の一つである「三割自治」について，「財源」という語句を用いて説明せよ。

解答 (1) 住民自治，団体自治　(2) 地方公共団体間の財政格差を是正するため。
(3) ⑤　(4) A．地方分権一括　B．機関委任
(5) 地方公共団体の財源のうち自主財源は三割程度で，残りは国からの地方交付税などに依存している状態。

解説 (1)「地方自治の本旨」の２つの原則の内容は，次の通り。

住民自治	地方公共団体が，地域住民の意思に基づいて運営される。
団体自治	地方公共団体が，団体自らの意思と責任に基づいて国から独立して地方政治を行う。

(2) **地方交付税（交付金）**は地方公共団体間の財源の不均衡を調整するために交付され，使途に制限はない。これに対し，**国庫支出金**は義務教育や道路整備など国が特定の事業を促進する目的で使途を指定して交付されるものである。
(3) ⑤　副市町村長など主要公務員の解職請求の請求先は，首長である。
(4) 地方分権一括法は，正式名称を「地方分権の推進を図るための関係法律の整備等に関する法律」といい，機関委任事務制度の廃止や国の関与の縮減など，地方公共団体の自主性・自立性を高めるために制定された。
(5) 地方税など地方公共団体が自主的に徴収できる財源を「**自主財源**」という。一方，地方交付税，国庫支出金，地方債などを「**依存財源**」という。

例題５　選挙制度

(1)　近代的選挙制度の原則を４つ挙げよ。

(2)　被選挙権を与えられる年齢が参議院議員と同じものを次から選べ。

ア．市町村長　　イ．都道府県知事　　ウ．衆議院議員

エ．市町村議会の議員　　オ．都道府県議会の議員

(3)　次の文章の空欄に当てはまる語句・数字を答えよ。

衆議院で行われている（　A　）制は，小選挙区選挙で289名と比例代表選挙で（　B　）名を選出するもの（2023年６月現在）で，有権者は別々の投票用紙にそれぞれ候補者名と政党名を記入して投票する。また，小選挙区に候補者を擁立できる政党・その他の政治団体は，候補者をその小選挙区が属する比例代表の名簿にも登録できる。このことを重複立候補という。ただし，重複立候補者が比例代表選挙で当選するには，小選挙区での得票数が有効投票総数の（　C　）を超えている必要がある。

また，参議院は，選挙区選挙と（　D　）制によって行われている。（　D　）制は，投票は政党名か候補者個人名を記入し，政党の獲得議席数は政党名と個人名の票の合計に応じて（　E　）式で配分され，各党における当選者が決まる。

(4)　政治団体の届出や政治団体にかかわる政治資金の収支の公開などについて定めた法律を何というか答えよ。

解答　(1)　普通選挙，平等選挙，直接選挙，秘密選挙　　(2)　イ

(3)　A．小選挙区比例代表並立　　B．176　　C．10分の１（10％）

D．非拘束名簿式比例代表　　E．ドント

(4)　政治資金規正法

解説　(2)　参議院議員の被選挙権は満30歳以上である。市町村長，衆議院議員，地方議会議員の被選挙権は満25歳以上である。

(3)　A．衆議院の比例代表では，各政党の提出した名簿の登載順位に従って当選者が確定する拘束名簿式が採用されている。衆議院の定数は2016年に成立した改正公職選挙法等により，465人（小選挙区289人，比例代表176人）に変更された。

D．参議院の比例代表では，有権者は個人名あるいは政党名を記入して投票し，政党に比例配分された議席数について，候補者個人の得票数が多い順に当選者が確定する非拘束（一部拘束）名簿式が採用されている。

E．ドント式とは，各政党の得票数を順次１，２，３… という整数で割り，その商の大きい順に各党に議席を配分する制度である。

演習問題

1 ★☆☆

次の図を見て，各問いに答えよ。

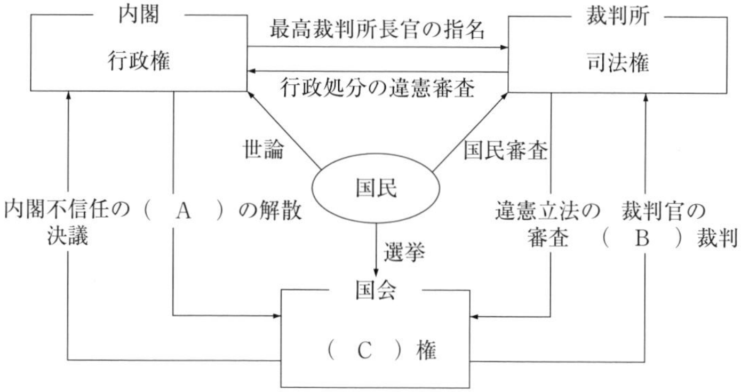

⑴　図中の空欄に当てはまる語句を答えよ。

⑵　図のように3つの権力がそれぞれ国会，内閣，裁判所という独立した機関によって担当されているしくみを何というか答えよ。また，そのようになっている理由を簡潔に説明せよ。〈佐賀県〉

2 ★★☆

国会について，各問いに答えよ。

⑴　次の日本国憲法条文の空欄に当てはまる語句を答えよ。

第41条「国会は，国権の（　A　）であつて，国の唯一の（　B　）である。」

⑵　右図は，我が国の法律ができるまでのしくみを表したものである。これを見て，次の各問いに答えよ。

問1　図中A，Bに当てはまる語句を答えよ。ただし，同じ記号には同じ語句が入る。

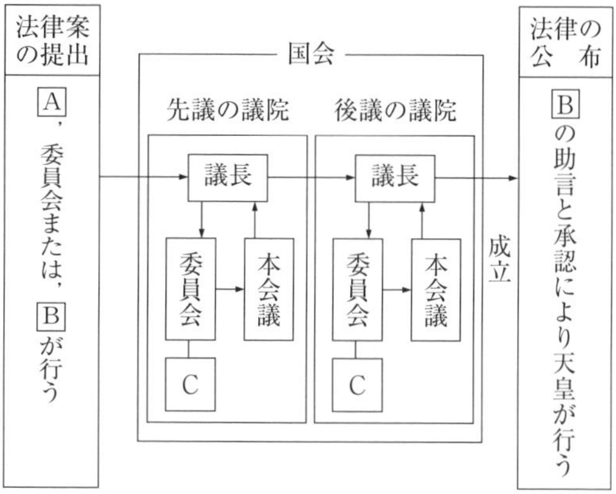

問2　図中Cには，委員会が必要に応じて専門家などから意見を聞く会の名称が当てはまる。当てはまる会の名称を答えよ。

問3　本会議が成立するには一定数以上の議員の出席が必要である。憲法の規定では，衆議院の本会議が成立するのには総議員数の（　　　）以上を必要とすると定めている。（　　　）に当てはまる語句を答えよ。

問4　衆議院で可決し参議院で異なった議決をしたとき，憲法の規定上，法律として成立するものを選べ。

①　衆議院が出席議員の過半数で再び可決した場合

②　衆議院が総議員の過半数で再び可決した場合

③　衆議院が総議員の３分の１以上の多数で再び可決した場合

④　衆議院が出席議員の３分の２以上の多数で再び可決した場合

問5　参議院より衆議院に強い権限を与えている理由を，次の語句をすべて使用して，簡潔に説明せよ。

【解散　　世論　　任期】

(3)　国会には国民にかわって国の政治について調査する権限が与えられている。この権限を何というか答えよ。

〈愛媛県〉

3　★☆☆

次の文章を読んで，各問いに答えよ。

$_a$内閣について，日本国憲法は「行政権は，内閣に属する。」（第65条）と規定するとともに，内閣は「国会に対し連帯して責任を負ふ。」（第66条第３項）として，議院内閣制を採用している。内閣は，国会の信任を基盤としているため，衆議院が内閣不信任決議案を可決または信任決議案を否決したときには，（　A　）日以内に内閣は総辞職するか，衆議院を解散しなければならない。衆議院が解散したときは，解散の日から（　B　）日以内に総選挙が行われ，$_b$選挙の日から（　C　）日以内に国会が召集される。そこで内閣は総辞職し，新たに$_c$内閣総理大臣の指名が行われる。

(1)　文章中の空欄に当てはまる数字を答えよ。

(2)　下線部ａについて，内閣の権能ではないものを選べ。

ア．条約の締結　　イ．憲法改正の発議　　ウ．法律の執行

エ．天皇の国事行為に対する助言と承認　　オ．予算の作成

(3)　下線部ｂについて，この国会を何というか答えよ。

(4)　下線部ｃについて，憲法が定める内閣総理大臣になるための資格要件を２つ挙げよ。

〈石川県〉

4 ★☆☆

次の文章を読んで，各問いに答えよ。

日本国憲法は，司法権をすべて最高裁判所と$_{a}$下級裁判所に属するとし，（　A　）裁判所の設置を禁止した上で，第76条では「すべて裁判官は，その（　B　）に従ひ独立してその職権を行ひ，この（　C　）及び法律にのみ拘束される。」と定めて，司法権の独立を保障している。我が国の裁判所は，$_{b}$原則として３回まで裁判を行うことができる三審制を採用している。また，とりわけ最高裁判所は$_{c}$違憲立法審査権について最終的な決定をするので，憲法の（　D　）とよばれる。

⑴　文章中の空欄に当てはまる語句を答えよ。

⑵　下線部ａについて，下級裁判所のうち，高等裁判所，地方裁判所以外の２つを挙げよ。

⑶　下線部ｂについて，第二審判決に対して不服申立てをすることを何というか答えよ。

⑷　下線部ｃについて，最高裁判所が違憲としなかった判例を選べ。

　ア．尊属殺人重罰規定　　　　イ．薬事法距離制限規定

　ウ．生活保護法の給付内容　　エ．愛媛玉ぐし料の公費支出

　オ．婚外子の遺産相続規定

⑸　検察官が起訴すべき事件を不起訴処分とした場合，その処置を不服として審査を請求できる機関を何というか答えよ。

〈高知県改題〉

5 ★★★

次の文章を読んで，各問いに答えよ。

一定の地域に住む人々が，$_{a}$自分たちの身の回りの政治を自分たちの手で行うことを地方自治という。政治を自分たちで行うという（　A　）の精神は，身近な地域の方が培われやすい。そのため，イギリスの政治学者（　B　）は，地方自治は「（　A　）の学校」とよんだ。

我が国における地域の政治は，具体的には，都道府県や市町村とよばれる$_{b}$地方公共団体（地方自治体）によって行われている。地方公共団体は，$_{c}$都道府県知事や市町村長を中心とする執行機関と議決機関である地方議会によって構成されている。

今日，地方自治にもいろいろな問題があり，その解決のために各行政機関が努力している。

(1)　文章中の空欄に当てはまる語句を答えよ。

(2)　下線部ａについて，

問１　地域の政治は，次のⅠ，Ⅱの説明のように，住民が直接政治に参加できるように様々な権利を住民に認めている。これらの権利を総称して何というか。また，ⅠとⅡが成立するために原則として必要な署名数を答えよ。

Ⅰ．市長が汚職の責任を取らないので，Ａさんは解職を求めて署名を集めている。

Ⅱ．子どもの交通事故が心配なので，登下校の時間だけを，一方通行にする決まりの制定を求めてＰＴＡが署名を集めている。

問２　地方公共団体から独立した人や組織が，住民の苦情を処理したり，行政が適正に行われているかを監視したりするために設けられた制度を何というか答えよ。

問３　住民が地方議員と首長という２種類の代表を直接選ぶ制度を何というか答えよ。

(3)　下線部ｂについて，

問１　次の住民の権利をカタカナで答えよ。

①　議会の解散請求権・首長や議員などの解職請求権

②　条例の制定・改廃請求権

③　住民投票

問２　地方公共団体の中には，地方自治法の「大都市等に関する特例」によって，人口50万人以上を有するなどの要件を備えていることから，都道府県並みの権限と財源が認められた都市がある。このような都市の名称とその数（2023年６月現在）を答えよ。

問３　全国の市町村数は1999年では約3,200ほどであったが，現在は約1,700に減少した。その理由を15字以内で答えよ。

問４　三位一体改革の内容について説明せよ。

(4)　下線部ｃについて，

問１　地方公共団体の一般行政機関からある程度独立している行政委員会に当てはまるものを次から選べ。

ア．公正取引委員会　　イ．人事院

ウ．教育委員会　　　　エ．中央労働委員会

問２　首長が地方議会を解散することができるのは，どのような場合か。句読点を含め15字以上20字以内で答えよ。

〈大分県改題〉

6　★★☆

次の文章を読んで，各問いに答えよ。

近代民主国家における選挙制度は，$_a$4つの原則から成り立っているが，それぞれの国の歴史的事情によって多様な形態がとられている。

日本の選挙制度について，日本国憲法は「選挙区，投票の方法その他両議院の議員の選挙に関する事項は，$_b$法律でこれを定める。」（第47条）としている。衆議院については，1994年の法律改正によって小選挙区比例代表（　A　）制に改められ，小選挙区選挙で300名，全国を11ブロックに分けた比例代表選挙で200名の議員が選出されることになった。その後議員定数が削減され，現在，小選挙区の定数は289名，比例代表の定数は（　B　）名となっている。また，2016年6月からは，（　C　）歳以上に選挙権が与えられている。なお，比例代表において各党の議席数を決定する際には，衆参両議院ともに$_c$（　D　）式及びドント式が採用され，参議院については2001年の選挙から非（　D　）式が導入された。

⑴　文章中の空欄に当てはまる語句・数字を答えよ。

⑵　下線部aについて，日本国憲法第15条に規定される2つの原則を挙げよ。

⑶　下線部bについて，

問1　1950年に制定された法律名を答えよ。

問2　この法律に規定されている項目として誤っているものを選べ。

ア．市町村議会議員の被選挙権　　イ．選挙運動のための戸別訪問の禁止

ウ．在外邦人の地方選挙投票権　　エ．選挙に関する署名運動の禁止

⑷　下線部cについて，次の表は衆議院の比例代表選挙において，あるブロックの選挙結果を単純化して示したものである。定数4としたとき，全当選者をR～Zの記号で答えよ。

政党名	A党	B党	C党
獲得票数	1,100票	900票	500票
候補者名	①R候補 ②S候補★（85%） ②T候補★（80%）	①U候補★（80%） ①V候補★（90%） ①W候補★（75%）	①X候補★（70%） ②Y候補★（85%） ③Z候補★（95%）

※○数字は名簿順位。★は重複立候補者で，全員が小選挙区で落選。（%）は惜敗率。

⑸　選挙の際に政党や候補者などが実現すべき政策やビジョンについて具体的に明示したものを何というかカタカナで答えよ。

⑹　選挙運動の際に親族や秘書が買収などの選挙違反で有罪となった場合，候補者の当選が無効となる制度を何というか答えよ。

〈福島県改題〉

演習問題　解答・解説

1

⑴　A．衆議院　　B．弾劾
　　C．立法

⑵　しくみ：三権分立
　　理由：統治権を立法・行政・司法に分割して相互に均衡と抑制の関係におくことによって，権力の濫用を防ぎ，国民の権利・自由を保障するため。

2

⑴　A．最高機関　　B．立法機関

⑵　問1　A．国会議員　　B．内閣
　　問2　公聴会
　　問3　3分の1
　　問4　④
　　問5　衆議院は，議員の任期も短く解散もあるので，世論を敏感に反映すると考えられるから。

⑶　国政調査権

解説

⑴「国権の最高機関」とは，国会は主権者である国民を直接代表する唯一の民主的な機関であり，立法権などの重要な権限をもつ機関であるため，政治的に重要であることを意味する（政治的美称）。内閣と裁判所を統括し，優越的地位をもつという意味ではない。

⑵　問2　国会法において，公聴会は，予算と重要な歳入法案については必ず開かなければならないと規定されている。

　　問3　本会議の定足数は，衆参各院の総議員の3分の1以上である（日本国憲法第56条第1項）。

⑶　国政調査権とは，衆参両議院がそれぞれ立法・行政・司法を含む国政全般について調査できる権能である。証人の出頭・証言，記録の提出を求めることができる。

3

⑴　A．10　　B．40　　C．30

⑵　イ

⑶　特別会（特別国会）

⑷　・国会議員であること
　　・文民であること

解説

⑴　A．衆議院が内閣不信任決議案を可決，または信任決議案を否決した場合には，内閣はこれを受け入れて総辞職するか，衆議院の解散という対抗手段にでるか，いずれかを選択する必要がある。この解散権の行使は，不信任決議の日から10日以内に限られている（日本国憲法第69条）。
　B，C．同法第54条第1項

⑵　イ．憲法改正は，各議院の総議員の3分の2以上の賛成により国会が発議する（同法第96条第1項）。

⑶　特別会では，内閣総理大臣の指名が主要議題となる。

⑷　内閣総理大臣は，国会議員の中から国会の議決によって指名され（同法第67条第1項），天皇によって任命される（同法第6条第1項）。国会議員であることについては，選任の際の要件にとどまらず，在職のための要件でもあると考えられており，議員辞職や除名などにより国会議員の資格を失った場合，内閣総理大臣としての地位も失うことになる。

4

⑴　A．特別　　B．良心
　　C．憲法　　D．番人

⑵　簡易裁判所，家庭裁判所

⑶　上告　　　⑷　ウ

⑸　検察審査会

解説

⑴　A．特別裁判所とは，特殊な人または特殊な事件について裁判を行う，司法裁判所の系列に属さない裁判所のことであり，戦前の軍法会議が代表例である。

B，C．職権の独立は，他の国家機関との関係にとどまらず，司法権内部の上級の裁判所や裁判官の指示・命令をも排除することを意味する。

⑵　簡易裁判所は，少額の事件（訴額が140万円を超えない民事事件）や罰金刑以下の刑事事件などの軽微な事件を扱う第一審裁判所であり，全国に400か所以上設置されている。家庭裁判所は，家庭に関する事件の審判・調停や少年事件の審判を行う裁判所である。

⑶　第一審判決に対して不服申立てをすることは控訴という。

⑷　オ．婚外子（非嫡出子）の遺産相続分を嫡出子の半分と定めた民法の規定を法の下の平等を保障する憲法に違反するとした判例（H25．9．4）。

他に違憲判決が出された判例としては，衆議院議員定数不均衡，森林法共有林分割制限，郵便法の賠償責任制限規定，公職選挙法の在外選挙権制限規定，国籍法の婚外子制限規定などがある。

5

⑴　A．民主主義　　B．ブライス

⑵　問1　総称：直接請求権
　　　　Ⅰ．有権者の3分の1以上
　　　　Ⅱ．有権者の50分の1以上

問2　オンブズパーソン（オンブズマン）制度

問3　二元代表制

⑶　問1　①　リコール
　　　　②　イニシアティブ
　　　　③　レファレンダム

問2　名称：政令指定都市　数：20

問3　市町村合併を推進したから。

問4　①国から地方への税源の移譲，②地方交付税の見直し，③補助金の削減

⑷　問1　ウ

問2　地方議会が首長の不信任決議をした場合。

解説

⑴「地方自治は民主主義の学校」というのは，地域の政治を住民自身で実現することによって，民主主義の根源を知ることになり，さらに国の民主主義を実現することに通じるという意味である。

⑵　問1　Ⅰ．首長の解職請求に当たる。
　　　　Ⅱ．条例の制定請求に当たる。

問2　国政レベルでは制度化されていないが，自治体レベルでは1990年に川崎市が制度化して以来，全国で導入が進んでいる。

⑶　問1　③　住民投票の投票結果には法的拘束力はない。

⑷　問2　公正取引委員会，人事院，中央労働委員会は国（内閣）から独立して職権を行使することが認められている行政委員会である。

問3　首長のもつ議会の解散権は，不信任決議権に対抗する手段として与えられている。

6

⑴　A．並立　　B．176
　　C．18　　D．拘束名簿

(2) 普通選挙，秘密選挙
(3) 問1　公職選挙法
　　問2　ウ
(4) R，S，V，X
(5) マニフェスト
(6) 連座制

解説

(1) 2016年5月に行われた衆議院議員選挙区画定審議会設置法及び公職選挙法の一部改正により，衆議院議員の定数が戦後最低の465人（小選挙区で「0増6減」，比例代表で「0増4減」）に削減された。

(2) 普通選挙とは，選挙権・被選挙権の資格を性別・身分・財産・納税額などで制限せず，一定の年齢に達したすべての国民に与える制度である（日本国憲法第15条第3項）。秘密投票とは，投票した人がどの候補者に投票したかわからないように無記名で行う制度である（同法第15条第4項）。

(3) 問2　在外邦人には，地方選挙での投票権は認められていない。なお，在外邦人については，従来，国政選挙では比例代表選挙にしか投票権が認められていなかったが，2006年6月に公職選挙法が改正され，衆院小選挙区と参院選挙区の在外投票も認められた。2007年の参議院議員選挙から適用されている。また，2013年の改正により，インターネットを通じた選挙運動が可能となり，被成年後見人にも選挙権が認められた。

(4) 衆議院議員総選挙では，重複立候補制度（小選挙区で落選したとしても比例区で復活当選できる制度）を採用しており，具体的には以下のようになっている。①あらかじめ届け出の候補者の名簿の順位に基づき，比例区での獲得議席数の配分により，順次，名簿上位者が当選する。②その当選者が小選挙区との重複立候補者であって，選挙区で当選している場合は次順位の候補者が繰り上げ当選者となる。③名簿順位が同じ場合は，選挙区での惜敗率（当選者との獲得票の差が少ないほど惜敗率は高い）で高位の候補者が当選する。

除数	A党 1,100	B党 900	C党 500
÷1	①1,100	②900	④500
÷2	③550	450	250
÷3	367	300	167

○数字は当選順位

以上により，A党が2議席，B党・C党がそれぞれ1議席の議席配分となる。A党の2議席は名簿順位が①のR候補，次にSとTは名簿順位が同じなので，惜敗率が高いS候補となる。次にB党の議席は，U，V，W共に名簿順位が同じなので，惜敗率が高いV候補となる。C党は名簿順位が高いX候補となる。

比例代表制においては，死票が少なくなるが，小党分立になりやすく，政局が不安定になりやすい特徴がある。

なお，日本の選挙制度の課題の一つとして「一票の格差」がある。「一票の格差」とは，選挙区によって議員一人当たりの当選に必要な有権者数が異なることから，一票の価値に差が生じてしまうことをいう。

4 政治－国際政治

傾向と対策

国際政治の分野では，国際連合に関する問題が多くみられる。特に，国連主要機関の１つである安全保障理事会，国連専門機関及び補助機関についてが重要である。安全保障理事会については，５つの常任理事国名や議決における拒否権，加盟国への拘束力，PKO については，その正式名称と活動内容，国連関連機関については，UNESCO や UNICEF，ILO，WHO，WTO，IAEA が出題されやすい。その他，核軍縮に関する条約についても押さえておきたい。

要点 Check!

1 国際連合

➤ 設立

サンフランシスコ会議で調印された国際連合憲章に基づき，1945年に発足。本部はニューヨーク。原加盟国は51ヵ国で，2023年６月現在193ヵ国が加盟。日本の加盟は1956年。

➤ 主要機関

(1) **総会**

全加盟国によって構成され，１国に１票の投票権が与えられている。一般事項は過半数，重要事項は３分の２以上による多数決で表決。加盟国や理事会に対して勧告する権限を有するが，議決に対する法的拘束力はない。

(2) **安全保障理事会**

国際平和と安全の維持に関する主要な責任を負う機関で，拒否権（１ヵ国でも反対するとその議決は否決される権利）を有するアメリカ，ロシア，イギリス，フランス，中国の５常任理事国と，総会で選出される任期２年の10非常任理事国計15ヵ国で構成される。手続事項は15理事国のうち９ヵ国以上，実質事項は５常任理事国を含む９ヵ国以上の賛成で表決。軍事的強制措置・非軍事的強制措置（経済制裁，交通・外交の断絶など）をとることができ，議決に対する加盟国への法的拘束力をもつ。

(3) **国際司法裁判所**

加盟国間における紛争の法律的処理に当たる機関で，訴えを提起できるのは国家に限られる。裁判の開始には当事国の合意が必要である。

▶ PKO（国連平和維持活動）

加盟国から自発的に提供された要員を安全保障理事会が編成し，停戦合意後の紛争現地などに派遣して，PKF（国連平和維持軍）による停戦や軍の撤退の監視といった伝統的な任務の他，選挙の監視，難民の帰還支援，人道的援助などを行う活動のことである。

▶ 主な国連機関

専門機関	国際労働機関（ILO）	世界の労働者の労働条件や生活水準の改善を目的として，労働問題や社会保障などを取り扱う。
	国連教育科学文化機関（UNESCO）	識字教育の普及，世界遺産などの文化財の保護など教育・科学・文化における国際協力を促進することにより，世界の平和と人類の福祉に貢献することを目的とする。
	世界保健機関（WHO）	諸国民の健康保持と増進を目的とし，国際保健事業の調整・援助，伝染病・風土病の撲滅や公衆衛生の向上などを図る。
その他の機関	世界貿易機関（WTO）	GATT（関税及び貿易に関する一般協定）を発展解消して発足した国際機関。サービス貿易や知的所有権といった国際ルールの確立などにより，自由貿易を促進することを目的とする。
	国連児童基金（UNICEF）	子どもたちの生存と健やかな発達を守ることを目的として，発展途上国や災害被災地の児童に対し，保健，栄養，教育などの諸分野における支援事業を実施している。
	国際原子力機関（IAEA）	原子力の平和利用の促進と原子力活動が軍事転用されていないことを検認するための保障措置の実施や，原子力安全の確保を目的とする。
	国連難民高等弁務官事務所（UNHCR）	難民の自発的帰還や新しい国の社会への同化（第三国定住，現地定住）を促進することにより，難民問題の恒久的な解決を図ることを目的とする。

2 核軍縮に関する条約

部分的核実験禁止条約（PTBT）	1963年 調印・発効	米英ソ間で締結された，大気圏，宇宙空間，水中における核兵器実験を禁止した条約。
核拡散防止条約（NPT）	1968年調印 1970年発効	核兵器保有国の非保有国への核兵器引渡しと，核物質の軍事転用を禁止した多国間条約。中・仏は1992年に調印。
中距離核戦力（INF）全廃条約	1987年調印 1988年発効	米ソ間で締結された，地上発射方式の中距離核戦力を全廃する条約。2019年に失効。
包括的核実験禁止条約（CTBT）	1996年 国連総会採択	地下核実験を含むすべての核兵器の爆発実験を禁止する多国間条約。米・中などが批准しておらず発効の見通しは立たず。
核兵器禁止条約	2017年 国連総会採択	核兵器の使用や開発，実験，生産，製造，保有などを禁止する条約。日本は不参加。

例題 1　国際政治

(1)　国際連合の組織と活動の基本原則などを定めた文書を何というか答えよ。

(2)　国際連合に関する記述として正しいものを選べ。

①　安全保障理事会の各理事国は，１票の投票権を有し，手続事項に関する決定は，15理事国の全会一致によって行われる。

②　安全保障理事会は平和に対する破壊または侵略行為に対して，外交関係の断絶を含む経済的制裁措置のみを加盟国に要請することができる。

③　常任理事国の拒否権の発動で安全保障理事会が機能しなくなった際に，「平和のための結集」決議に基づいて，緊急特別総会が招集される場合がある。

④　総会の構成国は１票の投票権を有し，重要問題に関する決定は，総会に出席しかつ投票する構成国の４分の３以上の多数によって行われる。

(3)　国連が行う平和維持活動（PKO）の任務を１つ挙げよ。

(4)　次の記述に当てはまる国際機関の略称を，アルファベットで答えよ。

Ⅰ．各国民の相互理解を深め，教育・科学・文化を通じて世界の平和達成を目的とする。

Ⅱ．原子力の軍事目的への転用を防ぐため，非核保有国に対する核査察を実施する。

(5)　核軍縮条約に関する記述として誤っているものを選べ。

①　国連総会で採択されたCTBTでは，核爆発を伴うすべての核実験を禁止している。

②　米ソが核兵器の削減に初めて合意した条約は，INF全廃条約である。

③　米英ソ間で締結されたPTBTでは，地下核実験は禁止の対象から除外されている。

④　国連総会で採択されたNPTには，当初から同条約の無期限有効が明記されている。

解答　(1)　国際連合憲章（国連憲章）　　(2)　③

(3)　停戦監視活動，選挙監視活動，人道的援助活動　　などから１つ

(4)　Ⅰ．UNESCO　　Ⅱ．IAEA　　(5)　④

解説　(2)　①　15理事国ではなく９理事国以上。　②　軍事的制裁も可能である。

③　「平和のための結集」決議は，1950年の朝鮮戦争の勃発に際して国連総会で採択された。

④　４分の３ではなく，３分の２以上である。

(5)　④　NPT（核拡散防止条約）は，1995年に無期限延長が決定した。

演習問題

1 ★★☆

次の年表を見て，各問いに答えよ。

年	できごと
1920年	a国際連盟成立
1945年	b国際連合発足
1950年	c朝鮮戦争勃発
1996年	d包括的核実験禁止条約（CTBT）を採択

(1) 下線部a，bについて，国際連盟が議決方法として全会一致制を採用していたため，連盟としての意思決定が困難で，世界大戦の再発を阻止できなかったといわれている。この反省に基づき，国際連合の総会における議決方法では多数決制を採用したが，その内容を具体的に説明せよ。

(2) 下線部bに関する記述として誤っているものを選べ。

① 経済社会理事会は，非政治分野での研究を総会などに勧告し，非政治分野における国際協力を実現することを目的とする機関である。

② 安全保障理事会は，常任理事国５ヵ国と非常任理事国10ヵ国で構成されている。

③ 国際連合の総会においては，各国には拠出金の額に応じた議決権が与えられている。

④ 安全保障理事会の５つの常任理事国は，拒否権をはじめとする強大な権限を有している。

(3) 下線部bの機関である国際司法裁判所に関する記述として正しいものを選べ。

① 本部はアメリカのニューヨークにある。

② 原則として訴訟当事者となるのは国家であるが，事情により個人でも当事者として相手を訴えることができる。

③ 提訴があると相手国の同意がなくても裁判手続きが開始される。

④ 核兵器の使用・威嚇は，紛争に関する国際法・人道に関する法律の原則に一般的に反するという判断を，勧告的意見として示した。

(4) 下線部cについて，朝鮮戦争勃発の際にアメリカ主導で採択された，総会の権限強化を図るための決議を何というか答えよ。

(5) 下線部dについて，この条約においては部分的核実験禁止条約に比べ，どのような核実験が禁止対象として追加されたか答えよ。

〈宮城県・仙台市改題〉

2　★★☆

国際社会と平和に関する次の各問いに答えよ。

(1) 次の4つの条約を調印された年代順に並べ替えよ。

A．新START条約　　B．クラスター爆弾禁止条約

C．INF全廃条約　　D．部分的核実験禁止条約

(2) 自国が直接攻撃されていないにもかかわらず，同盟国に対する攻撃を自国に対する攻撃とみなして対処する権利を何というか答えよ。

(3) 次のうち，国連改革の一環で人権の保護などを目的として2006年に設立された機関を選べ。

ア．国連人権委員会　　イ．国連人権理事会

ウ．平和構築委員会　　エ．国連人権高等弁務官事務所

(4) 貧困，飢餓，環境など世界的な問題に対して，政府や国際機関とは異なる立場から，国境や民族，宗教の壁を越えて利益を目的とせずにこれらの問題に取り組む団体を何というか答えよ。

(5) 国家の安全保障を補完する概念であり，人間一人ひとりに着目し，人々が恐怖と欠乏から解放され，尊厳ある生命を全うできるような社会づくりを目的とする考えを何というか答えよ。

〈沖縄県改題〉

3　★☆☆

排他的経済水域（EEZ）とはどのような権利が認められる水域か，その範囲にもふれて簡潔に説明せよ。

〈栃木県〉

演習問題　解答・解説

1

(1) **一般事項は過半数の賛成によって，重要事項は3分の2以上の多数の賛成によって決議される。**

(2) **③**　(3) **④**

(4) **「平和のための結集」決議**

(5) **地下核実験**

解説

(2) ③　各国には拠出金の額にかかわらず，1票の議決権が与えられている。

(3) ①　本部はオランダのハーグにある。

②　訴訟の当事者となれるのは国家に限られ，個人が当事者となることはできない。

③　裁判を開始するには相手国の同意が必要である。

(4) 安全保障理事会が拒否権行使などで平和と安全の維持ができない場合，総会が軍隊の使用を含む集団的措置について審議し，加盟国に勧告することができる。

2

(1) **D→C→B→A**

(2) **集団的自衛権**　(3) **イ**

(4) **非政府組織（NGO）**

(5) **人間の安全保障**

解説

(1) A．2010年。アメリカとロシア間で，配備済みの戦略核弾頭の上限数を1,550発まで削減するが，未配備の戦略核などには規定がない。

B．2008年。大部分のクラスター爆弾の使用・開発・製造を禁止することを定めた。

C．1987年。INF（中距離核戦力）全廃条約は中距離核戦力全廃条約のことである。なお，2018～19年にアメリカ，ロシアとも離脱を表明したことから，事実上失効となっている。

D．1963年。

(2) 他国からの侵略行為に対して，自国を守るために防衛行動をとる権利を個別的自衛権という。国連憲章では集団的自衛権とともに，加盟国に対して認められている。

(3) 国連人権理事会は，人権の強化を目的に，従来の経済社会理事会の補助機関として置かれていた国連人権委員会を廃止して，国連総会の下部機関として設置された。

ウ．国連改革の一環として2005年に設置された，紛争終了後の平和構築と復興を目的とする政府間諮問機関のことである。

エ．1993年に国連総会の補助機関として設置されたUNHCHR（OHCHR）である。

(5) 国連開発計画（UNDP）が『人間開発報告』（1994年版）の中で提唱した。

3

領海の基線から200海里（約370km）以内に設定され，沿岸国に漁業・鉱物資源の開発の権利が認められる水域。

5 経済－資本主義経済のしくみ

傾向と対策

「経済」では最も出題数の多い分野である。その中でも特に，市場機構（需要と供給，アダム＝スミスの神の「見えざる手」），国民所得概念（GDP，GNP，GNI），金融政策，財政の機能，予算（一般会計歳出・歳入の内訳），租税（国税・地方税，直接税・間接税の分類）に関する問題が例年よくみられている。用語を答える問題や選択肢から判断する問題が多く，基礎的な内容が問われることがほとんどであるため，キーワードを中心にしっかり理解しておこう。

要点 Check!

1 需要と供給

▶ 価格の自動調節機能

多数の売り手と買い手が存在する**完全競争市場**では，価格の上下変動を通じて，自動的に需要量と供給量が一致するようになり，資源の最適配分が達成される。この機能のことを価格の自動調節機能といい，このような状況のことを，**アダム＝スミス**はその著書『国富論』の中で，神の「**見えざる手**」が作用していると形容した。

▶ 需要・供給の法則

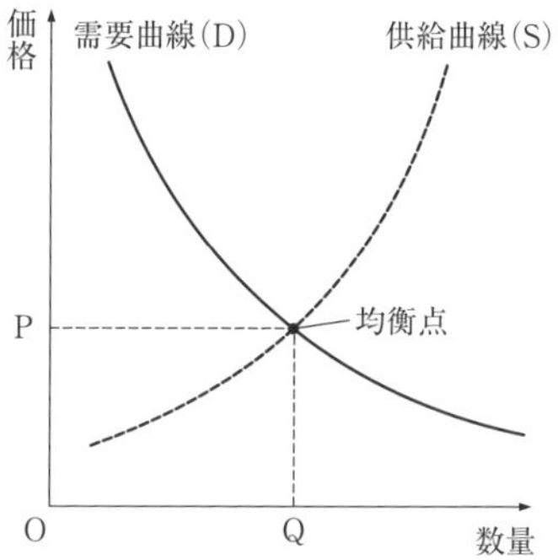

需要量と供給量が一致したところ（需要曲線と供給曲線の交点）で**均衡（市場）価格**が決まる。

2 国民所得

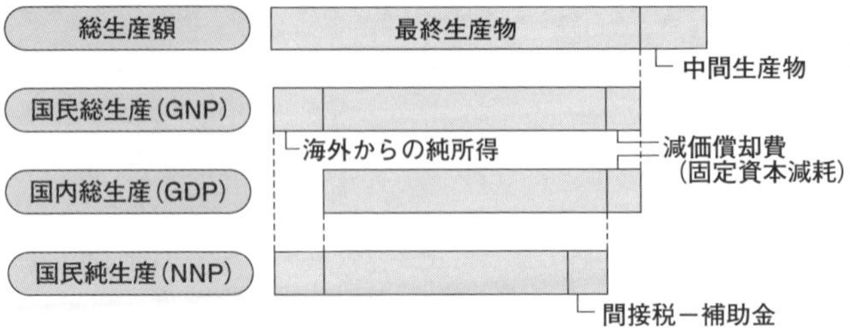

※近年では，国内総生産（GDP）に海外からの所得の純受取（海外からの所得の受取から海外への所得の支払を差し引いたもので「海外からの純所得」ともいう）を加えた国民総所得（GNI）を用いることが多い。

それぞれを計算式で表すと次のようになる。

国内総生産(GDP)＝国内の総生産額－中間生産物
国民総生産(GNP)＝国民総所得(GNI)＝国内総生産(GDP)＋海外からの純所得
国民純生産(NNP)＝国民総所得(GNI)－固定資本減耗
国民所得(NI)　　＝国民純生産(NNP)－(間接税－補助金)

3 金融政策

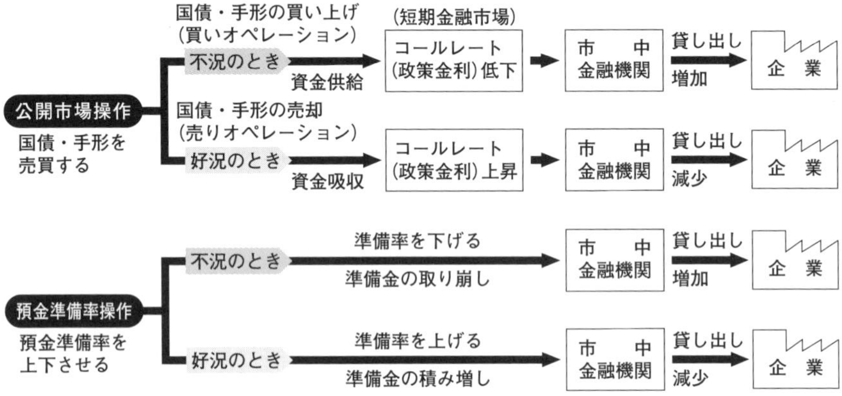

※金融政策は日本銀行が行う。かつて金融政策の最も基本的な手段は公定歩合操作（金利政策）であったが，金利の自由化に伴い，現在は用いられていない。

4 景気変動

経済は，社会全体の需要量と供給量の動きに応じて，好況→後退→不況→回復という局面を循環する。これを景気変動という。

インフレーション	物価（物の値段）が持続的に上昇する現象
デフレーション	景気後退に伴い物価が持続的に下落する現象
スタグフレーション	不況（不景気）であるにもかかわらず，物価が持続的に上昇する現象

5 財政の機能

▶ 財政の三大機能

資源配分機能		市場機構によっては十分に供給できないため，政府が公共財・公共サービスを供給して，国民生活の向上を図り適切な資源配分を行う。
所得再分配機能		所得の不平等を是正するため，累進課税制度により高所得者から徴収した税金を，生活保護や失業保険などの社会保障制度を通じて低所得者に再分配する。
経済安定化機能（景気調整機能）		景気動向に対応して政策的・裁量的に財政支出を伸縮させる補整的財政政策（フィスカル＝ポリシー）を行い，経済を安定化させる。
	〈好況期〉	財政支出（公共投資など）の削減や増税を行い，有効需要を抑制。
	〈不況期〉	財政支出の拡大や減税などを行い，有効需要を創出。

▶ ビルト＝イン＝スタビライザー（自動安定化装置）

財政の中に組み込まれた累進課税制度や社会保障制度（生活保護，失業保険など）が，自動的に景気を調節する機能をもつこと。

▶ プライマリーバランス

収入から公債金を除いた部分と，歳出から国債費を除いた部分との収支。

6 租税

		直接税	間接税
国　税		所得税，法人税，相続税，贈与税	消費税，酒税，関税，揮発油税，たばこ税
地方税	都道府県税	都道府県民税，事業税，自動車税	地方消費税，都道府県たばこ税，ゴルフ場利用税
地方税	市(区)町村税	市(区)町村民税，固定資産税	市(区)町村たばこ税，入湯税

・累進課税制度：所得が高くなるにつれて税率が高くなる税のしくみ。

直接税	納税者と担税者が一致する税	間接税	納税者と担税者が一致しない税

・ふるさと納税：本来は住んでいる自治体に納めるはずの税金を，任意の自治体に寄付できる制度。

7 主な経済学者と主著名

アダム＝スミス	『国富論』	マルクス	『資本論』
ケインズ	『雇用，利子および貨幣の一般理論』	シュンペーター	『経済発展の理論』

例題１　市場機構

(1)　右図を見て，各問いに答えよ。

問１　需要量と供給量が一致する交点Ｐの価格を何というか答えよ。

問２　需要量より供給量が上回ると価格はどうなるか答えよ。

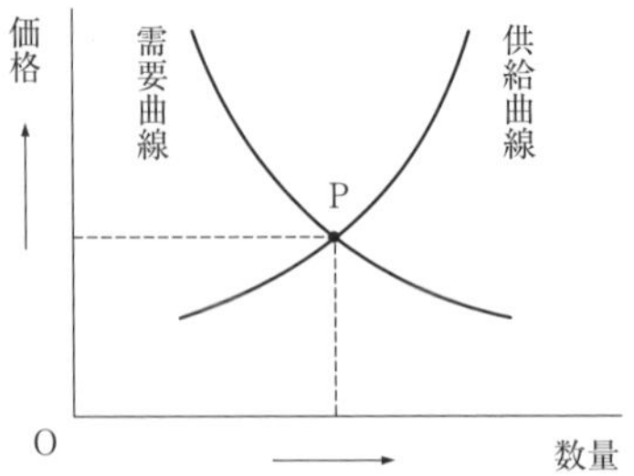

(2)　同じ産業分野の企業が独立性を保ちながら，販売価格，生産量，販売地域などに関して協定を結び，市場の独占的支配を図ろうとする独占の形態を次から選べ。

ア．カルテル　　　　イ．トラスト

ウ．コンツェルン　　エ．コングロマリット

(3)　市場の独占や不公正な取引を制限・禁止し，公正・自由な競争を促進することを目的とする法律を何というか答えよ。

解答　(1)　問１　均衡（市場）価格　　問２　下落する

(2)　ア　　(3)　独占禁止法

解説　(1)　ある商品に対する供給量（売り手の量）が需要量（買い手の量）を下回れば，価格は上昇する。また，商品の価格が上昇すると，供給量は増大し，需要量は減少する。このようにして市場での商品の価格は，供給量と需要量の一致するところで決まり，その価格を**均衡（市場）価格**という。

(2)　独占の形態には，カルテル，トラスト，コンツェルンがある。

カルテル（企業連合）	同種産業の複数の企業が，**独立性を保ったまま協定を結ぶ**こと
トラスト（企業合同）	同種産業の複数の企業が，**独立性を捨てて合併**すること
コンツェルン（企業連携）	ある大規模企業が中心となり，複数の企業を，株式保有，役員派遣などによって**子会社として重層的に支配**すること
コングロマリット（複合企業）	異業種の企業を，**合併・買収（M&A）**することで，複数の産業，業種にまたがって多角的に企業活動を行う巨大企業

(3)　独占禁止法の目的を達成するための機関として，**公正取引委員会**がある。

例題 2　国民所得

(1)　経済成長を示す指標についての記述のうち，正しいものを①～⑤から選び，番号で答えよ。

① 「GNP」から「減価償却費」を差し引いたものを「GDP」という。

② 「GNP」から「海外からの純所得」を差し引いたものを「NNP」という。

③ 「NI」は生産・所得・支出のそれぞれの総額において等しくなる。

④ 「NI」は「NNP」から「間接税」を引き，「補助金」を加えて求められる。

⑤ 「GDP」は市場で取引された財やサービスを合計したもので，国民の福祉にマイナスであることは計算に含まれていない。

(2)　国民所得は，生産・分配・支出の3つの経済局面を循環するものとして捉えられ，その大きさは理論上等しくなるが，このことを何というか答えよ。

解答　(1)　④

(2)　三面等価の原則

解説　(1)　一定期間内に国内で生産された財やサービスの付加価値の合計である**国内総生産(GDP)**の方が，一定期間に国民が生産した財やサービスの付加価値の合計である国民総生産(GNP)よりも重視されている。なお，近年では，**国民総所得(GNI)**が用いられることも多い。

国民総生産(GNP)＝国民総所得(GNI)
＝国内総生産(GDP)＋(海外からの純所得)
国民純生産(NNP)＝国民総生産(GNP)－固定資本減耗(減価償却費)
国民所得(NI)＝国民純生産－間接税＋補助金

※海外からの純所得：日本の居住者が海外の企業への出資や雇用などによって受け取った所得から，外国人が日本国内の企業から受け取った所得を差し引いたもの。

※固定資本減耗(減価償却費)：生産するのに使用された機械・設備などが消耗した分だけ，経費として計上したもの。

(2)　経済活動は，生産→分配→支出という循環をくり返すが，これらは同一の価値の流れを異なった側面から捉えたにすぎないので，理論上は，**生産国民所得＝分配国民所得＝支出国民所得**となる。

例題3　金融政策・財政政策

(1) 日本銀行が不況対策として一般に行う金融政策（金利政策除く）について，簡潔に説明せよ。

(2) 財政政策は景気の変動のたびに政策介入するのではなく，自動的に景気が調整される機能をもつといわれる。この働きをカタカナで答えよ。

(3) 国税の間接税と，地方税の直接税に当てはまるものをそれぞれ選べ。

A．消費税　B．固定資産税　C．事業税　D．入湯税

E．相続税　F．自動車税　G．関税

(4) 所得税に採用され，所得の再分配効果をもつ課税制度は何とよばれるか答えよ。

(5) 2023年度において国の租税収入のうち，歳入額が最も大きい直接税を答えよ。

(6) 国債について，

問1　公共事業費などの財源として用いる場合に限り，財政法第4条で発行が認められている国債を何というか答えよ。

問2　国債を発行する際に日本銀行が引き受けることは財政法第5条で禁止されている。この原則を何というか答えよ。

問3　国債について，日本銀行の引き受けを禁止している理由を説明せよ。

解答

(1) 預金（支払）準備率操作では預金準備率の引き下げ，公開市場操作（オープン＝マーケット＝オペレーション）では買いオペレーションといった金融緩和策を実施し，通貨供給量を増加させて景気を刺激する。

(2) ビルト＝イン＝スタビライザー

(3) 国税の間接税：A，G　地方税の直接税：B，C，F

(4) 累進課税制度　(5) 所得税

(6) 問1　建設国債　問2　市中消化の原則

問3　日本銀行の直接引き受けにすると，通貨供給量が増加し，インフレーションを引きおこす危険性が高いため。

解説

(1) 市中銀行は預金量に応じて強制的に一定割合を準備金として日本銀行に預け入れることになっているが，預金量に対する預金準備金の比率を**預金準備率**という。

(3) Dは地方税の間接税，Eは国税の直接税である。

(6) 日本の財政は，歳出を賄う税収が不足し，その差を国債を発行することで補っており，他の先進国に比べて，公的債務残高の比率が高い。また，国債は利息をつけて返済しなければならず，国債依存度が高いと，後の返済額（国債費）が増え，他の財政支出を圧迫して財政の自由度が低くなる**財政の硬直化**を招く。

演習問題

1　★☆☆

次の文章を読んで，各問いに答えよ。

一般的に市場経済では，需要量が供給量を下回っているときには市場での価格が（　A　）し，需要量が供給量を上回っているときには価格が（　B　）する。価格が（　B　）すると需要量は減少し，反対に供給量は増える。このように，価格の変化を通して需要量と供給量が調節される。これを価格の（　C　）機能とよんでいる。

少数の大企業が市場を構成している寡占市場では，市場支配力をもつ大企業がプライス＝リーダーとして価格を決め，他の企業がこれに従う形の（　D　）価格が成立したり，企業同士が協定した上で価格を決めたりすることもある。このような場合には，価格は下がりにくくなり，市場経済本来の利点は失われがちである。

⑴　文章中の空欄に当てはまる語句を答えよ。

⑵　下線部のような傾向を何というか答えよ。　〈富山県〉

2　★☆☆

次の文章を読んで，各問いに答えよ。

財政の重要な役割は，次の３つである。第１は公共財の供給である。司法・防衛・治安維持などの（　A　）や，道路・港湾・治山治水施設などの（　B　）を供給する。第２は，a所得の再分配である。第３は，景気の安定である。景気の過熱や冷えこみを抑えるため，政府は公共投資や租税を操作して（　C　）を管理し，伸縮的財政政策を行う。なお，財政には経済を自動的に安定させるb自動安定装置が組み込まれている。

今日の財政政策は，景気，物価，国際収支の同時安定を目指して，金融政策と一体となって実施されることが多い。例えば，不況の際には，ケインズの有効需要政策を根拠に，公共投資などを含む積極的な財政政策がとられ，金融面では，（　D　）の引き下げや買い（　E　）などの景気刺激政策がとられる。

⑴　文章中の空欄に当てはまる語句を答えよ。

⑵　下線部aについて，高所得者から低所得者への所得移転をすすめるための制度を２つ挙げよ。

⑶　下線部bをカタカナで何というか答えよ。　〈石川県改題〉

3 ★★☆

次の文章を読んで，各問いに答えよ。

18世紀に登場したイギリスの経済学者（　　　）は，市場における$_{a}$価格機構を神の「見えざる手」になぞらえて，資本主義経済における自由競争の有効性を説いた。しかし20世紀初頭に発生した世界恐慌は，大量の失業者を生み国民生活に大きな影響を与えた。このため，資本主義諸国は従来の自由放任主義を改め，不況時には政府が$_{b}$財政を利用して有効需要を創出し完全雇用を目指すなど，積極的に経済に介入するようになった。これが$_{c}$修正資本主義である。

(1)　文章中の空欄に当てはまる人名を次から選べ。

ア．リカード　　　　イ．カール＝マルクス

ウ．リスト　　　　　エ．アダム＝スミス

(2)　下線部ａについて，完全競争市場における価格機構の説明として適切なものを選べ。

①　均衡価格より高い価格が設定されると，一般には財やサービスの売れ残りが発生し，価格が上昇する傾向がある。

②　超過供給があれば，より高い価格でも財やサービスの購入を望む消費者がいると考えられるので，生産者は供給量を増やそうとする。

③　消費者の所得が変化した場合や生産者に技術革新があった場合には，それぞれ需要曲線・供給曲線が移動し，均衡価格は変化する。

④　超過需要があれば，より低い価格でも財やサービスの生産を望む生産者がいると考えられるので，消費者は需要量を増やそうとする。

(3)　下線部ｂについて，財政のもつ機能の説明として正しいものを選べ。

①　景気が過熱しているときには，雇用保険のような社会保障の給付が増加するので，自動的に景気を安定させている。

②　高所得者には累進課税制度によって高い税金を課す一方で，低所得者には福祉サービスなどを行っている。

③　景気が停滞しているときには，公共投資を縮小することによって有効需要を増加させ，景気の回復を図っている。

④　所得の再分配を促進するために，直接税よりも消費税などの間接税による収入の割合を増加させている。

(4)　下線部ｃについて，完全雇用実現のため政府による有効需要の創出が必要であるとして，修正資本主義の理論的基礎を確立した経済学者の主著を次から選べ。

ア．『人口の原理』　　　イ．『雇用・利子及び貨幣の一般理論』

ウ．『経済発展の理論』　エ．『不確実性の時代』　〈神奈川県・横浜市・川崎市〉

4　★☆☆

我が国の財政に関する次の文章を読んで，各問いに答えよ。

国の経済活動を$_a$財政という。財政のために必要な予算は，一般会計・特別会計・政府関係機関予算・財政投融資計画に大別できる。この中で，一般会計が国の最も基本的な予算で，その$_b$歳入・$_c$歳出の在り方は国民生活に大きな影響を与える。また，その財源は$_d$租税でまかなうことを原則とするが，財政法の規定に従って資金を調達することも認められている。

(1)　下線部aの基本的役割の1つに，税制や社会保障制度を通じて所得の格差を是正することが挙げられる。この財政の役割(機能)を何というか答えよ。

(2)　下線部bに関連して，租税は2つの観点から分類できる。次の租税分類表を見て，各問いに答えよ。

問1　表中の間接税とはどのような税金か。「納税者」と「担税者」という語句を使って，簡潔に説明せよ。

問2　表中の所得税に適用されている課税制度で，所得が大きくなるほど高い税率が適用される制度のことを何というか答えよ。

	直接税	間接税
国税	所得税 法人税 相続税	消費税 たばこ税 印紙税
地方税	自動車税 住民税 （　　　）	入湯税 道府県たばこ税 市町村たばこ税

問3　表中の空欄に当てはまる税目を次から選べ。

ア．関税　　　　イ．贈与税

ウ．固定資産税　　エ．酒税

(3)　下線部cについて，右の円グラフは2023年度の一般会計歳出（当初予算）の内訳を示している。X（費）に当てはまる語句を答えよ。

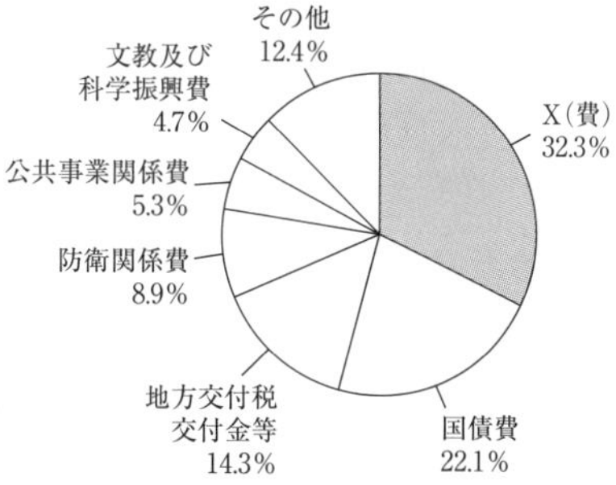

(4)　所得を正確に把握して給付と負担の公平性をはかることや，行政手続きを簡素化して国民の利便性を高めることなどを目的として，2016年よりある制度が導入されたが，この制度を何というか答えよ。

〈長崎県改題〉

5 ★☆☆

経済に関する次の各問いに答えよ。

(1) 株式会社に関する記述として誤っているものを選べ。

① 零細な資本を大量に調達することができる。

② 出資者は株主とよばれ，配当金を受け取ることができる。

③ 無限責任社員のみで成り立っている。

④ 最高意思決定機関は，株主総会である。

(2) 売りオペレーションに関する記述として正しいものを選べ。

① 中央銀行が証券市場で有価証券を買い，通貨を市場に供給する政策。

② 中央銀行が証券市場で有価証券を売り，通貨を市場に供給する政策。

③ 中央銀行が証券市場で有価証券を買い，通貨を市場から吸い上げる政策。

④ 中央銀行が証券市場で有価証券を売り，通貨を市場から吸い上げる政策。

(3) 次の記述のうち正しいものを選べ。

① 公益目的の寄付行為など，企業の社会的貢献活動をメセナという。

② 企業は利益を追求するだけでなく，環境保護や社会的な貢献活動をすることにも責任をもつことを企業の社会的責任（CSR）という。

③ コングロマリットは，コンツェルンが巨大化した大企業のことである。

④ メーカーが，小売店に対し一定金額以下では売らせないようにした価格を管理価格という。

(4) 次の記述のうち正しいものを選べ。

① 直接税は，低所得者ほど負担が重くなる大衆課税である。

② 発行時に特別立法が必要な特例公債を，一般的に赤字国債という。

③ 我が国では，消費税が平成３年に導入され，令和元年には10%になった。

④ 特定事業への出資・融資をポリシー＝ミックスという。

(5)「食糧生産は算術級数的に増加するが，人口は幾何級数的に増加する」と述べた人物を次から選べ。

ア．マルサス　　イ．アダム＝スミス

ウ．シュンペーター　　エ．リカード

(6) 大規模な技術革新に起因し，50～60年周期の景気の長期波動を次から選べ。

ア．キチンの波　　イ．クズネッツの波

ウ．コンドラチェフの波　　エ．ジュグラーの波

(7) 次の計算式から求められるものをア～エから選べ。

（　国内の総生産額　）－（　中間生産物　）

ア．国内総生産　　イ．国民純生産

ウ．生産国民所得　　エ．国民総所得

〈岩手県改題〉

演習問題　解答・解説

1

(1)　A．下落　　B．上昇
　　C．自動調節　D．管理

(2)　価格の下方硬直性

解説

(1)　A．需要量が供給量を下回っているときには，供給者は在庫を売りさばこうとして価格を引き下げる。

B．需要量が供給量を上回っているときには，供給者は利潤を増やそうとして価格を引き上げる。

(2)　管理価格が設定されると，需要が減少したり生産コストが下がったりしても，価格が下がりにくい傾向を示す。

2

(1)　A．公共サービス
　　B．社会資本（公共財）
　　C．総需要
　　D．預金（支払）準備率
　　E．オペレーション

(2)　累進課税制度，社会保障制度

(3)　ビルト＝イン＝スタビライザー

解説

(2)　所得税などに採用されている累進課税制度により，高所得者から徴収した税金が，生活保護や失業保険といった社会保障制度を通じて低所得者に再分配される。

(3)　不況期には，累進課税制度により自動的に低い税率が適用されて，所得の減少を緩和し，社会保障制度により自動的に失業保険や生活保護の給付額が増え，景気の下支えをするしくみになっている。

3

(1)　エ　　(2)　③
(3)　②　　(4)　イ

解説

(1)　ア．リカードは，比較生産費説を展開し，自由貿易を行うことが各国の利益になると説いた。

イ．カール＝マルクスは，産業革命後の資本主義経済を分析し，エンゲルスとともに資本主義経済を批判し，共産主義を確立した。

ウ．リストは，自由貿易に対して国内産業を保護・育成するために保護貿易が必要であると主張した。

(2)　①　価格が下落する。

②　超過需要に関する記述である。超過供給があれば，生産者はこれ以上供給量を増やしても売れ残る量が増えるだけなので，供給量を減らそうとする。

④　超過需要があれば，生産者は供給量を増やそうとする。

(3)　①　景気が過熱しているときには，社会保障の給付が減少する。

③　景気が停滞しているときには，公共投資を拡大する。

④　所得の再分配を促進するために，累進課税制度が採用されている所得税などの直接税による収入の割合を増加させている。間接税は，所得の高低にかかわらず同一の課税が行われることから，所得の低い者ほど相対的に大きな負担を強いられるという逆進性が指摘されている。

(4)　ケインズについての記述である。

ア．マルサスの著書。人口は等比（幾何）級数的に増加するが，食糧は等差（算術）級数的にしか増加しないため，食糧問題から貧困が発生すると主張した。

ウ．シュンペーターの著書。経済発展の中心的要因は，技術革新の主なる担い手である「企業者」という創造的経済主体の存在にあるとした。

エ．ガルブレイスの著書。現代の経済を，歴史的観点を取り入れて分析し，経済計画の重要性を説いた。

4

(1) 所得再分配機能

(2) 問1　担税者と納税者が異なる税。

問2　累進課税制度

問3　ウ

(3) 社会保障関係

(4) マイナンバー制度

5

(1) ③　(2) ④　(3) ②　(4) ②

(5) ア　(6) ウ　(7) ア

解説

(1) ③　無限責任社員のみで構成されるのは合名会社である。株式会社における株主はすべて有限責任であり，会社に損失が出た場合，出資額の範囲内でのみ責任を負う。

(2) 売りオペレーションは，好況期に行われる政策のことで，通貨を市場から吸い上げることにより，需要を抑え景気を抑制する。①は不況期に行われる買いオペレーション。

(3) ①　フィランソロピーについての記述である。メセナは，企業による文化事業の主催や施設の開設・運営など，芸術・文化・社会事業支援のことをいう。

③　コングロマリットは買収・合併により巨大化した企業のことである。

④　再販価格に関する記述である。管理価格とは，有力企業がプライス＝リーダーとして一定の高い利潤が出る価格を設定し，他企業がその価格に追随することで形成される価格のことである。

(4) ①　直接税は，税の負担能力に応じて負担するため，低所得者ほど負担が軽くなる。低所得者ほど負担が重くなるのは間接税である。

③　消費税が導入されたのは1989年である。その後，1997年に5％，2014年に8％となり，2019年10月から10％となった。

④　ポリシー＝ミックスとは，経済の成長・安定や国際収支改善など複数の課題を同時に達成するため，財政・金融政策などを組み合わせて用いることをいう。

(5) イ．市場メカニズムには神の「見えざる手」が作用していると形容し，自由放任主義を主張した。

ウ．経済発展の中心的要因は，技術革新の担い手である「企業者」という創造的経済主体の存在にあるとした。

エ．比較生産費説を提唱し，国際分業に基づく自由貿易の拡大を唱えた。

(6) 景気波動は，周期やその原因によって次のように分類される。

	周期	原因
キチン	約40ヵ月	在庫投資
ジュグラー	8～10年	設備投資
クズネッツ	約20年	建設投資
コンドラチェフ	50～60年	画期的な技術革新

6 経済－日本経済の発展と福祉

傾向と対策

　この分野では，社会福祉についての出題率が最も高い。社会保険，公的扶助，社会福祉，公衆衛生という社会保障制度の４つの柱や，年金保険，介護保険が重要である。社会保険と社会福祉，健康保険と国民健康保険，国民年金と厚生年金など紛らわしい用語が多いので，それらの内容を確実に理解しておくようにしよう。その他，戦後日本経済の発展について，おおまかな流れを確認しておく必要がある。中でも，高度経済成長の要因やプラザ合意，平成景気についての出題が多くみられる。

要点 Check!

1 戦後日本経済の発展

年	事柄	概要
1947～48年	傾斜生産方式	石炭・鉄鋼などの基幹産業に，資金・資材や労働力を重点的に投入して生産増大を図る方式。
1949年	ドッジ＝ライン	経済安定９原則を具体化したインフレ抑制策。超均衡予算，１ドル＝360円の単一為替レート設定など。
	シャウプ勧告	直接税中心の税制の導入などを提言。
1950～53年	朝鮮特需	朝鮮戦争の際，アメリカ軍が発注した軍事品・食料品などの特別調達需要(特需)により，好景気となる。
1955～73年	高度経済成長	実質経済成長率年平均10%を維持。
1973～74年	第一次石油危機	第４次中東戦争を契機に原油価格が引き上げられ，インフレが激化。1974年度，戦後初のマイナス成長。
1979年	第二次石油危機	イラン革命を契機に原油価格が上昇。
1985年	プラザ合意	ドル高是正のため，Ｇ５がドル売りの協調介入をすることで合意。円高不況が深刻化し，産業の空洞化懸念
1986～91年	平成（バブル）景気	超低金利政策などを背景に，株式や土地への過剰な投機が行われ，実体評価以上に資産価格が高騰。
1991年～	平成不況	地価・株価が暴落し，バブルが崩壊。金融機関が大量の不良債権を抱え，企業倒産，リストラ失業が増加。

2 公害・環境問題

▶ 四大公害病

高度経済成長期に発生した４つの公害。裁判ではいずれも被害住民が勝訴。

公害名	被害地域	内容
水俣病	熊本県・水俣湾周辺	工場廃液中のメチル水銀による有機水銀中毒
新潟水俣病	新潟県・阿賀野川流域	工場廃液中のメチル水銀による有機水銀中毒
イタイイタイ病	富山県・神通川流域	鉱山流出のカドミウムによる骨軟化症
四日市ぜんそく	三重県四日市市	大気汚染（工場排出の亜硫酸ガス）によるぜんそくなどの呼吸器障害

▶ 公害対策立法

1967年に公害対策基本法が制定され，1971年には環境庁（現・環境省）が設置される。1993年に環境基本法が制定され，公害対策基本法は廃止。

3 社会保障

▶ 社会保障制度の４つの柱

社会保険	疾病，老齢などにより生活が困難になることを防ぐため，保険料を徴収して，保険事由が発生したときに給付する。医療・年金・雇用・労働災害・介護の５つの分野からなり，原則として強制加入。
社会福祉	児童，老人，障害者，母子家庭など社会的弱者への生活支援として福祉施設・サービスを公費や軽負担で提供。福祉六法を中心に行われる。
公的扶助	最低限度の生活を維持できない生活困窮者に不足分を公費で給付する。生活保護法に基づき，生活・医療・教育など８つの扶助がある。
公衆衛生	国民の健康維持・増進を目的に，衛生管理や生活環境整備を行う。

▶ 医療保険と年金保険

対象	公的医療保険	公的年金制度	
一般民間被用者	健康保険	国民年金	厚生年金
公務員	各種共済組合	国民年金	※共済年金
自営業者など	国民健康保険	国民年金（＝基礎年金）	

※2015年10月に共済年金を廃止し，厚生年金に統合。

▶ 介護保険制度

保険者（運営主体）：市町村及び特別区（東京23区）

被保険者：40歳以上のすべての国民

財源：介護サービス費用の１割（2018年８月より，所得基準により２～３割）を自己負担，残りは保険料と公費で折半

要介護認定：介護認定審査会により要介護・要支援の認定

例題1　日本経済の発展

(1)　我が国の戦後の景気変動に関する記述として誤っているものを選べ。

①　1950年代の半ばから1970年代初めにかけて，高度経済成長が長期間持続した。

②　1970年代の2度にわたる石油危機により，不況下の物価高というスタグフレーションが生じた。

③　1985年のプラザ合意によって為替レートが大幅な円安になり，輸出産業が打撃を受け不況が生じた。

④　1990年代初めのバブル経済崩壊に伴い，株価や地価などが大きく下落し，不良債権を発生させた。

(2)　次の文章の空欄に当てはまる語句を答えよ。

・第二次世界大戦後，経済復興の具体的な政策として，石炭や鉄鋼の生産増大に重点をおいた（　A　）方式が実施された。さらに，戦後のインフレーションを解決するために（　B　）といわれる超均衡財政政策が行われるとともに，（　C　）勧告により近代化を図るための税制改革が実施された。

・1950年に勃発した朝鮮戦争による（　D　）は，鉱工業生産と雇用を増大させ，好景気をもたらした。その後，1973年に（　E　）がおこるまでの間，日本経済は世界に例をみない高い経済成長を続けた。1949年から1971年まで続いた1ドル＝（　F　）円の固定為替レートが，国際市場で輸出品価格を割安にし，輸出が増大したことも要因と考えられる。

・1970年代後半以降は，安定成長の時代に入り，1980年代前半には，我が国の貿易黒字が急速に増大し，各国との間で（　G　）が深刻になった。

・バブル経済が崩壊後，日本経済は一転して深刻な不況（平成不況）となり，物価の持続的下落と企業業績の悪化や賃金の減少等が連続しておこる（　H　）の状態となった。

解答　(1)　③

(2)　A．傾斜生産　B．ドッジ＝ライン　C．シャウプ

D．特需　E．石油危機（オイルショック）

F．360　G．貿易摩擦　H．デフレスパイラル

解説　(1)　③　円安ではなく，円高である。

(2)　H．「デフレスパイラル」とは，デフレーションとらせんを意味するスパイラルという言葉を掛け合わせた言葉。

例題2　公害・環境問題

(1) 四大公害のうち，富山県神通川流域で発生した公害病の名称と，その原因物質を答えよ。

(2) 公害問題に関する記述として正しいものを選べ。

① 環境に対する住民の関心が高まり，大規模な開発行為については住民投票を義務付ける法律が制定された。

② 四大公害訴訟では，被害者救済を優先するために企業側の無過失責任が認定され，原告がすべて勝訴した。

③ 1967年に制定された環境基本法では，産業の発展と生活環境の調和を測るという調和条項が盛り込まれた。

④ 1970年のいわゆる「公害国会」において，調和条項が削除されるとともに水質汚濁防止法なども制定された。

(3) 国際的に重要な湖や沼などの湿地を保全することにより，生態系を保護することを目的とする条約を何というか答えよ。

(4) 2015年に採択した，二酸化炭素をはじめとする温室効果ガス排出量の削減などを先進国のみならず途上国も含めて義務付けている国際的なとり決めを何というか答えよ。

解答 (1) 病名：イタイイタイ病　　原因物質：カドミウム

(2) ④　　(3) ラムサール条約　　(4) パリ協定

解説 (2) ① 大規模な開発事業を行う際，環境への影響について事前に調査や予測，評価を行い，その結果を公表して地域住民などの意見を聞き，環境に配慮することを義務付けた法律として，1999年施行の**環境影響評価（環境アセスメント）法**があるが，住民投票までは求めていない。

② イタイイタイ病訴訟では企業側の**無過失責任**が認定されたが，新潟水俣病訴訟では過失責任，四日市ぜんそく訴訟では過失責任と共同不法行為責任，水俣病訴訟では過失責任が認められた。

③ **公害対策基本法**についての記述である。**環境基本法**は，公害対策基本法を発展させ，地球環境問題も視野に入れた環境保全に関する国の基本的な方向を示すため1993年に制定された。

(3) 我が国の登録湿地には，釧路湿原，佐潟，琵琶湖などがある。2023年6月現在，登録数は53ヵ所となった。

(4) パリ協定では世界の平均気温の上昇を**産業革命**前から**2.0℃未満**に抑え，今世紀後半に温室効果ガス排出を実質ゼロにすることを目指している。なお，日本は，2015年に**2030年度まで**に温室効果ガス排出量を**2013年度比**で**26％減**とする削減目標を決定したが，2021年4月に**46％減**に引き上げることを表明した。

例題３　社会保障・社会福祉

(1) イギリスで1942年に発表されたベバリッジ報告において，スローガンとして掲げられた言葉を答えよ。

(2) 年金制度に関する記述として誤っているものを選べ。

① 国民年金は20歳以上60歳未満の全国民が加入対象であり，20歳以上の学生も保険料の納付が義務付けられている。

② 年金財源の調達方法には，積立方式や賦課方式などがあり，積立方式は物価変動に影響されない点が長所である。

③ 国民年金（老齢基礎年金）の支給要件は10年以上（2015年10月以前は25年以上）保険料を納めることになっているが，国民年金への未加入や保険料未納が問題となっている。

④ 一定の条件を満たす短時間労働者に対する厚生年金の適用が拡大された。

(3) 社会保険に関する法律の１つに介護保険法がある。この法律で被保険者となることができるのは何歳からか。また，介護保険の保険者を答えよ。

(4) 「ユニバーサルデザイン」について，簡潔に説明せよ。

解答　(1) 「ゆりかごから墓場まで」　(2) ②

(3) 年齢：40歳以上　保険者：市町村，特別区（東京23区）

(4) 空間づくりや商品を設計する際，最初からできるだけ多くの人が利用可能であるようにデザインすること。

解説　(1) ベバリッジ報告は，全国民の生涯にわたる最低限の生活（**ナショナル＝ミニマム**）を保障することを，社会保障の目的とした。

(2) ② **積立方式**（保険料を積み立て，老後に利息とともに受け取る方式）は物価変動に影響される。影響されないのは**賦課方式**（必要な年金給付費用を現役世代のその年の保険料でまかなう方式）である。日本ではかつては積立方式を採用していたが，現在の基礎年金制度では，世代間扶養の考えに基づく賦課方式がとられている。

(3) **介護保険法**は2000年の施行以降，サービス利用者が年々増加し，介護給付費が伸び続けたことから，給付の適正化を図る改正が行われ，2006年４月に本格施行された。**介護支援から予防重視へと転換**する内容となっている。なお，2018年８月より，現役並み所得者の自己負担割合が３割に引き上げられた。

(4)　社会福祉などに関する重要用語

アファーマティブ・アクション	アメリカで実施されている，従来差別されてきた少数民族や女性などに対して，雇用や入学などで積極的な優遇措置をとること。
インクルージョン	日本語で「包括」と訳される言葉で，様々な違いを認め，関わるすべての人が参加して支え合うこと。
インフォームド・コンセント	医師が患者やその家族に対して，治療方針・内容を十分に説明した上で，患者や家族がそれに同意すること。
ダイバーシティ	日本語で「多様性」と訳される言葉で，多様な個性，背景を持つ人材を積極的に採用すること。
多文化共生	国籍や民族などの異なる人々が，互いの文化的なちがいを認め合い，対等な関係を築きながら，地域社会の構成員として共に生活していくこと。
ノーマライゼーション	年齢や障害の有無などにかかわらず，すべての人がともに普通の生活を送ることができる社会の実現を目指すべきとする考え方。
働き方改革	働く人々が，個々の事情に応じた多様で柔軟な働き方を，自分で選択することができるようにするための改革。2019年４月より「働き方改革関連法」が順次施行。
バリアフリー	高齢者や障害者などが安心して快適に暮らせる環境を作るため，社会から物質的・精神的バリア（障壁）をなくそうとする考え方。
ユニバーサルデザイン	言語や文化，国籍，性別，年齢，障害の有無などにかかわらず，誰もが利用しやすいように工夫した製品やサービスなどのデザイン。
ワーク・ライフ・バランス	労働時間を減らし，育児休暇や介護休暇などを充実させることで，仕事と家庭生活や地域生活を両立すること。
リプロダクティブ・ヘルツ／ライツ	1994年にエジプトで開催された国連人口開発会議で提唱された，女性の性と生殖における健康と権利のこと。

演習問題

1　★☆☆

日本の戦後の経済発展に関する次の文章を読んで，各問いに答えよ。

日本経済は，1950年代後半から高度成長の時代に入った。$_a$1960年に発表された計画は，経済発展を加速する契機となり，高度経済成長期（1955～73年）の実質経済成長率は，平均で約（　A　）％の高い成長率を記録した。

しかし，1970年代に入ると，経済成長は減速しはじめた。$_b$第一次石油危機では狂乱物価とよばれる物価上昇を引きおこし，1974年度には戦後初のマイナス成長を記録したが，その後，省エネルギーに努め，日本経済は安定的な成長をみせるようになった。

1980年代前半になると，先進各国との間に種々の貿易摩擦が生じた。1985年のプラザ合意以降の（　B　）誘導により，政府は内需主導型経済への構造転換を目指した。また，1980年代半ばから90年代初めにかけては，投機の行き過ぎから株価や地価が本来の価値からかけ離れて異常に高騰し，その後急落するという，いわゆる「（　C　）経済」の発生と崩壊がおこった。

⑴　文章中の空欄に当てはまる数値・語句を次から選べ。

ア．5　　イ．10　　ウ．20　　エ．ドル安

オ．ドル高　　カ．いざなぎ　　キ．バブル

⑵　下線部aについて，池田勇人内閣によって策定されたこの計画名を答えよ。

⑶　下線部bについて，第一次石油危機以後，スタグフレーションとよばれる現象がみられた。スタグフレーションとは何か，簡潔に説明せよ。

〈山口県改題〉

2　★★★

次の文章を読んで，各問いに答えよ。

環境問題は地球規模で加速度的に進行している。森林の破壊，砂漠化の進行，大気汚染や水質汚濁などの環境汚染の他に，地球温暖化や（　A　）の破壊，酸性雨の被害も進んでいる。これらの被害は，自然の許容量を超えた人間活動の結果もたらされたものである。

これらの課題を克服するために，国連では「環境と開発に関する世界委員会」が「（　B　）な開発」という考え方を示し，今後の地球と人類の共存をはかるキーワードとなった。1997年に日本で開かれた気候変動枠組み条約第3回締約国会議では，二酸化炭素排出の削減に向けた議定書が採択された。オラ

ンダ，(　C　)，フィンランド，ノルウェーなどでは，ガソリンや重油，石炭などの使用料に応じて課税される炭素税が導入されている。我が国でも2012年10月から，石油など二酸化炭素を出す化石燃料にかかる石油石炭税に上乗せする形で導入された。

また，我が国では，各自治体で環境に関する条例が制定されたり，環境基本法が制定されたりするなど，環境保全に向けた取り組みが進められてきた。環境基本法の第１条には，「この法律は，環境の保全について，…（中略）…，もって現在及び将来の国民の(　D　)生活の確保に寄与するとともに人類の福祉に貢献することを目的とする。」と規定されている。

(1)　文章中の空欄に当てはまる語句の組み合わせとして正しいものを選べ。

	A	B	C	D
①	大気圏	発展可能	デンマーク	安全で健康的な
②	オゾン層	持続可能	フランス	安全で健康的な
③	オゾン層	持続可能	デンマーク	健康で文化的な
④	オゾン層	発展可能	フランス	健康で文化的な
⑤	大気圏	持続可能	フランス	安全で健康的な

(2)　下線部の議定書に関する記述として誤っているものを選べ。

①　先進国の温室効果ガス排出量について，法的拘束力のある数値目標を各国ごとに設定した。

②　温室効果ガス排出量の多い国と少ない国との間で，排出量の枠を売買するしくみが導入された。

③　EU 諸国が2001年に議定書からの離脱を宣言したため，アメリカも離脱した。

④　2012年12月に第一約束期間（2008～12年）終了後，2013年から2020年までの８年間の延長が決定したが，日本はロシア・カナダとともに延長への参加を見送った。

⑤　先進国が，温室効果ガス削減の容易な発展途上国を手助けすることで，その削減分を分け合うしくみが導入された。

(3)　日本人の価値観の一つを表すある言葉が，ノーベル平和賞を受賞したワンガリ・マータイ氏によって世界に紹介され，環境保護の視点から高く評価された。ある言葉とは何か答えよ。

(4)　次の環境に関する主な条約などについて，採択された年代の古いものから順に並べ替えて記号で答えよ。

ア．ラムサール条約　　イ．バーゼル条約　　ウ．パリ協定

エ．ワシントン条約　　オ．名古屋議定書　　カ．モントリオール議定書

〈福岡県・福岡市・北九州市改題〉

3 ★☆☆

次は，消費者の保護を目的として定められた法律の一部である。これを読んで，各問いに答えよ。

第１条〔目的〕この法律は，製造物の欠陥により人の生命，身体又は財産に係る被害が生じた場合における製造業者等の損害賠償の責任について定めることにより，被害者の保護を図り，もって国民生活の安定向上と国民経済の健全な発展に寄与することを目的とする。

第２条〔定義〕①　この法律において「製造物」とは，製造又は加工された動産をいう。

②　この法律において「欠陥」とは，……（中略）……当該製造物が通常有すべき安全性を欠いていることをいう。

(1)　この法律名を答えよ。

(2)　消費者運動の先進国アメリカで，1962年にケネディ大統領が宣言した「４つの消費者の権利」のうち，２つを答えよ。

(3)　私的独占や不当な取引制限によって，消費者が不当に高い商品を買わされることを防止するため，1947年に独占禁止法が公布された。この法律の運用に当たる行政機関名を答えよ。

(4)　消費者が一度結んだ契約でも，一定期間であれば無条件で一方的に契約を解除できる制度を何というか答えよ。

(5)　消費者が法にしばられるのではなく，自ら社会や環境に配慮してとる消費行動を何というか答えよ。

〈青森県〉

4 ★★☆

労働形態に関して述べた次のＡ～Ｅについて，その名称を答えよ。

Ａ．インターネットに接続したパソコンなどを利用して，自宅や小規模な事務所で行われる働き方。

Ｂ．従業員一人当たりの労働時間を減らして，その分の雇用を増やしたり，維持したりするしくみ。

Ｃ．出勤・退勤時間を働く人が自由に決められる制度。

Ｄ．ICT（情報通信技術）を活用して，時間や場所の制約を受けずに柔軟に働く形態。

Ｅ．情報を扱う手段や技能をもつ人ともたない人との格差。　〈奈良県改題〉

5 ★★☆

次の文章を読んで，各問いに答えよ。

社会保障制度の源は，イギリスの公的扶助とドイツの社会保険にある。イギリスでは，1601年に（　A　）が社会保障の先駆けとして制定された。一方，19世紀後半になると，激しくなった労使の対立を緩和するために，労働者に対する社会保険制度がドイツの宰相（　B　）によって作られたが，この政策は「aアメとムチの政策」とよばれた。こうした中，社会保障制度に大きな転機をもたらしたのは，1930年代の大不況である。アメリカではニュー＝ディール政策の一環として1935年に（　C　）が制定された。

日本における社会保障制度は，第二次世界大戦後，日本国憲法第25条のb生存権の規定によってその基本理念が確立し，社会保険をはじめとするc４つの制度から成り立っている。しかし，現在の日本では，急速にd少子化高齢化が進んでおり，e解決すべき課題も多い。

(1)　文章中の空欄に当てはまる語句・人名を答えよ。

(2)　下線部ａの「ムチ」に当たる法律名を答えよ。

(3)　下線部ｂについて，憲法第25条の規定は，国のとるべき政策上の方針を定めたものであって，実際に生活に困っている国民が，国に対して何らかの給付を請求することができるというような，具体的な権利を保障するものではない，とする見解がある。これを何というか答えよ。

(4)　下線部ｃについて，社会保険以外の３つの制度を挙げよ。

(5)　下線部ｄを表す数値で，「１人の女性が一生の間に平均して出産する子どもの数」を何というか。また，一般に，この数値がいくつを下回ると人口が減少に向かうといわれているか答えよ。

(6)　下線部ｅに関連して，総人口に占める65歳以上の人の割合（高齢化率）が21％を超えた社会を何というか答えよ。

(7)　社会福祉の１つの考え方である「ノーマライゼーション」について，「高齢者」「障害」「バリアフリー」という語句を使用して，簡潔に説明せよ。

(8)　75歳以上もしくは65歳以上で障害を持つ高齢者が加入する制度を何というか答えよ。

〈福井県改題〉

演習問題　解答・解説

1

(1)　A．イ　B．エ　C．キ

(2)　（国民）所得倍増計画

(3)　不況であるにもかかわらず，物価が持続的に上昇する現象。

解説

(2)　（国民）所得倍増計画は，池田勇人内閣の下で策定された長期経済計画である。翌1961年度からの10年間で実質GNP（現GNI）を倍増させることを目標に掲げたが，その後，日本経済は驚異的に成長し，計画2年目で目標を達成した。

(3)　スタグフレーションとは，スタグネーション（景気停滞）の下でのインフレという意味である。かつてインフレは景気上昇期にみられるものであったが，1970年前後から先進国全体でスタグフレーションがみられるようになった。

2

(1)　③　(2)　③

(3)　もったいない

(4)　ア→エ→カ→イ→オ→ウ

解説

(1)　B．「持続可能な開発」とは，将来の世代の欲求を満たしつつ，現在の世代の欲求も満足させるような開発のことをいう。この概念は，環境と開発を互いに反するものではなく共存し得るものとして捉え，環境保全を考慮した節度ある開発が重要であるという考えに立つものである。

(2)　③　EU諸国は離脱しておらず，2002年に批准している。アメリカは，発展途上国の不参加と自国経済への悪影響などを理由に離脱している。

なお，京都議定書には，国際的に協調して削減目標を達成するための柔軟措置（京都メカニズム）が導入されており，②はそのうちの「排出量取引」，⑤は「クリーン開発メカニズム」に関する記述である。

(4)　ア．1971年。国際的に重要な湿地を保全し，そこに生育・生息する生物の保護を目的とする条約。

イ．1989年。有害な廃棄物の国境を越えた移動を規制する条約。

ウ．2015年。京都議定書に代わり，新たな地球温暖化対策の枠組みとなる協定。発展途上国も含むすべての国が温室効果ガスの削減目標を掲げ，取り組むことが義務づけられる。

エ．1973年。国際取引の規制により，絶滅のおそれのある野生動植物の保護を目的とする条約。

オ．2010年。動植物や微生物などの遺伝資源の利用と公正な利益配分を目的とする議定書。

カ．1987年。オゾン層の破壊を防止するため，フロンの生産量の規制を強化した議定書。

3

(1)　製造物責任法（PL法）

(2)　安全である権利，知らされる権利，選択できる権利，意見が反映される権利　から2つ

(3)　公正取引委員会

(4)　クーリング・オフ（制度）

(5)　エシカル消費

解説

(1)　製造物責任法に基づき，消費者が製品

の欠陥や説明不足が原因で生命，身体または財産に損害を受けた場合には，製造業者など企業の過失の有無にかかわらず，企業に損害賠償を負わせることができる。

(2) 消費者の４つの権利は，その後，世界各国の消費者行政の基本理念になったといわれている。

(3) 公正取引委員会は，行政委員会であり，他の行政機関から指揮監督を受けることなく独立して職務を行うことに特色がある。国の行政組織上は，内閣府の外局として位置付けられている。

4

A．SOHO
B．ワークシェアリング
C．フレックスタイム制
D．テレワーク（リモートワーク）
E．デジタル・デバイド

5

(1) A．エリザベス救貧法
B．ビスマルク
C．（連邦）社会保障法
(2) 社会主義者鎮圧法
(3) プログラム規定説
(4) 公的扶助，社会福祉，公衆衛生
(5) 名称：合計特殊出生率
数値：2.08（2.1）
(6) 超高齢社会
(7) 高齢者も子どもも，障害のある者もない者も，すべての人がともに普通の生活を送ることができる社会の実現を目指すべきであるとする考え方のことである。高齢者や障害者が社会生活をしていく上で物質的・精神的障壁となるものを除去するバリアフリーもそのうちの１つである。
(8) 後期高齢者医療制度

解説

(1) A．エリザベス救貧法は，労働能力のない窮民のみを救済の対象とし，労働能力のある窮民には労働に就かせた。
B．社会保険制度を創設する一方，労働運動の弾圧も行ったため，「アメとムチの政策」とよばれた。
C．社会保障法は，老齢遺族年金と失業保険を柱とする。

公的扶助は，生活に困っている人に対して最低限度の生活を保障し，自立を助けるしくみで，全額公費で負担される。生活・教育・住宅・医療などの扶助が行われる。社会福祉は，児童，母子，心身障害者，高齢者などの社会的弱者に対して，公的な支援を行う。公衆衛生は，国民の健康を守るために，保健所を中心に感染症予防対策を行う。

(5) 合計特殊出生率は，近年低下傾向にあり，2005年には1.26と過去最低の数値となった。2021年には1.30と６年連続低下した。

(6) 65歳以上の人口（老年人口）が総人口に占める割合が７％を超えた社会を「高齢化社会」，同割合が14％を超えた社会を「高齢社会」という。

(8) 後期高齢者医療制度で対象となる高齢者は個人単位で保険料を支払い，窓口負担は原則１割となる（現役並み所得者は３割負担）。なお，2022年10月より一定以上の所得者は２割となる。

7 経済－国際経済

傾向と対策

他の分野と比較して出題数の少ない分野であるが，出題される事項がほぼ決まっている上，用語を答える問題や選択問題がほとんどを占めるため，対策は立てやすい。IMF と IBRD の創設を決定したブレトン＝ウッズ協定に始まる第二次世界大戦後の国際経済体制については，その成立と崩壊の過程をアメリカ経済の動向とともに整理しておく必要がある。また，WTO の役割，EU の歩みと現在の加盟国，ASEAN や NAFTA の加盟国，日本の ODA の現状についても一通り確認しておこう。

要点 Check!

1 戦後の国際経済

年	事柄	概要
1944年	ブレトン＝ウッズ協定調印	IMF（国際通貨基金）と IBRD（国際復興開発銀行）の創設を合意。ドルを基軸通貨とし，日本は1949年に1ドル＝360円とする固定為替相場制を採用
1948年	GATT 発効	「関税及び貿易に関する一般協定」。自由・無差別・多角主義の三原則を確立する自由貿易協定
1950年代後半以降	ドル危機	アメリカの国際収支赤字が拡大し，ドルの信用が崩壊
1971年（8月）	ニクソン（ドル）＝ショック	アメリカのニクソン大統領が，金とドルとの交換停止を宣言
1971年（12月）	スミソニアン協定	1ドル＝308円とし，固定為替相場制への復帰を図る。しかし，主要各国は1973年に変動為替相場制に移行
1976年	キングストン合意	変動為替相場制を正式に追認
1986～93年	ウルグアイ＝ラウンド	サービス貿易のルールづくりや知的所有権問題などの新分野の交渉を実施
1995年	WTO（世界貿易機関）設立	GATT にかわる，世界貿易に関する新しい機関。提訴国の要請があった場合，自動的にパネル（紛争処理委員会）を設置

2 地域的統合

➤ EU（欧州連合）

〈EU加盟国と加盟候補国〉

1951年	欧州石炭鉄鋼共同体（ECSC）発足
1958年	ローマ条約発効。欧州経済共同体（EEC），欧州原子力共同体（EURATOM）発足
1967年	ECSC，EEC，EURATOMの3共同体の執行機関を統合しEC（欧州共同体）発足
1992年	ECの市場統合完成
1993年	マーストリヒト条約発効。ECからEU（欧州連合）へ
1999年	イギリス，デンマーク，スウェーデン，ギリシアを除く11ヵ国が単一通貨ユーロを導入し，銀行間取引などで利用。アムステルダム条約発効
2002年	12ヵ国においてユーロ紙幣・硬貨の市場流通開始
2003年	ニース条約発効
2004年	15ヵ国から25ヵ国に拡大。EU憲法採択（発効に至らず）
2009年	リスボン条約発効
2013年	クロアチアが新規加盟。EU加盟国は28ヵ国に
2017年	イギリスがEUからの離脱を通告，2020年1月に正式に離脱
2023年	クロアチアがユーロに参加。ユーロ導入国は20ヵ国に

➤ その他の地域的統合

名称	略称	目的・役割	発足・発効
東南アジア諸国連合	ASEAN	東南アジア諸国における経済・社会・政治分野にわたる地域協力機構。10ヵ国が加盟	1967年
米国・メキシコ・カナダ協定	USMCA	北米自由貿易協定（NAFTA）に代わる新協定	2020年
南米南部共同市場	MERCOSUR	ブラジル，アルゼンチン，ウルグアイ，パラグアイ，ベネズエラ※，ボリビア※間の関税同盟	1995年
アジア太平洋経済協力（会議）	APEC	アジア太平洋地域における経済協力のための会議。貿易・投資の自由化などを実施	1989年

※ベネズエラは2016年12月に加盟資格停止，ボリビアは2012年12月に加盟議定書に署名し，各国議会の批准待ち（2023年6月現在）。

3 ODA（政府開発援助）

発展途上国の経済開発や福祉の向上を目的とする，先進国による発展途上国への政府レベルでの経済援助。

例題1　戦後の国際経済

(1) 第二次世界大戦後の国際経済を，国際通貨・金融制度の面から支えてきた体制を何というか答えよ。
(2) 金本位制による通貨の安定，経常収支の赤字国への支援など国際間の決済の円滑化を図る目的で設立された国際連合の専門機関を何というか答えよ。
(3) 1971年，アメリカがドル防衛の経済政策として金とドルとの交換停止を発表したことから，世界経済が大混乱に陥ったことを何というか答えよ。
(4) GATTのウルグアイ＝ラウンドでの合意を受けて1995年に設立された国際的な機関を何というか答えよ。

解答 (1) ブレトン＝ウッズ体制　(2) 国際通貨基金（IMF）
(3) ニクソン（ドル）＝ショック　(4) 世界貿易機関（WTO）

例題2　地域的経済統合

(1) EUに関する次の各問いに答えよ。
問1　EUは，それまで何とよばれてきた組織から発展したのか。その組織の名称とEU設立の西暦年を答えよ。
問2　EUに2023年6月現在加盟していない国を次からすべて選べ。
ア．ハンガリー　イ．ノルウェー　ウ．スロバキア
エ．リトアニア　オ．ポーランド　カ．スイス
問3　EUの共通通貨を何というか答えよ。
問4　2023年6月現在，問3の共通通貨を導入しているのは何ヵ国か。
(2) 日本が加盟している地域的統合の略称を次から選べ。
ア．NAFTA　イ．ASEAN　ウ．MERCOSUR　エ．APEC

解答 (1) 問1　名称：欧州共同体（EC）　西暦年：1993年
問2　イ，カ　問3　ユーロ　問4　20ヵ国
(2) エ

解説 (1) 問2　2020年1月にイギリスが離脱したため，EUの加盟国は27ヵ国となった。

演習問題

1　★★☆

　次の文章は，戦後世界の貿易・金融体制の流れに大きな影響を与えてきた国際的な動きをまとめたものである。これについて，次の各問いに答えよ。

Ⅰ．世界恐慌への対策として，主要国が経済ブロックを形成するという保護貿易主義をとったことが，第二次世界大戦につながったとの反省のもと，ワシントン郊外のブレトン＝ウッズに44ヵ国の代表が集まり，国際経済・金融の協力体制の確立を目指した話し合いをもった。その結果，ブレトン＝ウッズ協定が締結され，（　A　）と（　B　）の設立が合意された。

Ⅱ．マーストリヒト条約を改正したアムステルダム条約では，$_{a}$EU 共通の外交・安全保障体制の確立を図るために，多数決制の拡大や，共通政策に賛成しない国は反対に回らない代わりに棄権することで政策実施に伴う義務を免れることができるという建設的棄権制という制度を採用した。そして，その後のニース条約ではその方向性はさらに強化された。

Ⅲ．$_{b}$GATT の $_{c}$ウルグアイ＝ラウンドでは，従来のラウンド（多角的貿易交渉）が「モノの貿易」中心だったのに対して，サービス貿易・知的所有権・貿易関連投資の新しい３分野のルール作りに手がつけられた。また，常設の多角的貿易紛争処理システムとして（　C　）の設置を決定した。

Ⅳ．$_{d}$発展途上国に対する経済援助，海外への軍事支出の増大，アメリカ企業の海外投資の増加などにより，国外に大量のドルが流出した。その結果，各国は金との交換をアメリカに要求したため，大量の金も国外へ流出し，いわゆる「ドル危機」とよばれる状態に陥った。そこで，アメリカの（　D　）大統領はドル防衛策として，ドルと金との交換停止を宣言した。

⑴　文章中の空欄に当てはまる語句・人名を答えよ。

⑵　Ⅰ～Ⅳの文章を年代順に並べ替えよ。

⑶　下線部 a について，

　問１　ユーロを管理し，域内の共通金融政策も行い「ユーロの番人」とよばれる EU の中央銀行を略語で答えよ。

　問２　EU 加盟国は合計27ヵ国である。次ページの地図中ア～クの国を組み合わせた a ～ d のうち，４ヵ国とも2004年以降に加盟した国に当てはまるものを選べ。

　　a．ア，イ，ウ，キ　　b．イ，ウ，オ，ク

　　c．ウ，エ，オ，カ　　d．ア，カ，キ，ク

⑷　下線部 b について，

問 1　一部の国に与えた関税の引き下げなどの有利な貿易条件は，すべての GATT 加盟国に適用されることになるという原則を答えよ。

問 2　ある輸入品の急増が国内産業に重大な損害を与えるおそれがある場合に，一時的に輸入制限することが認められているが，この制度名を答えよ。

⑸　下線部 c について，日本は国内消費量の 4 ～ 8 %の米を輸入することが義務付けられた。この最低輸入義務のことをカタカナで何というか答えよ。

⑹　下線部 d について，発展途上国の原料や製品などを適正な価格で継続的に購入することをカタカナで何というか答えよ。

〈宮城県・仙台市改題〉

2　★★☆

次の表をみて，あとの問いに答えよ。

	名　称	略　称	内　　容
Ⅰ	（　①　）	FTA	特定の国や地域との間で，モノにかかる関税およびサービス貿易の障壁の撤廃を目的とした協定。
Ⅱ	経済連携協定	EPA	FTA の内容に加え，投資規制の撤廃，紛争解決手続きの整備，人的交流の拡大，（　②　）の保護など，より幅広い経済関係の強化を目的とする協定。
Ⅲ	（　③　）	TPP	アジア・太平洋地域の貿易自由化を推進するため，農業産品から工業産品，サービス部門すべての分野で，徹底した関税の撤廃を目指している協定。

(1)　Ⅰの（　①　）にあてはまる協定の名称を答えよ。
(2)　Ⅱの（　②　）にあてはまる，国際的にその価値の保護が重要な問題となっている，著作権，特許権などの権利を何というか答えよ。
(3)　Ⅲの（　③　）にあてはまる協定の名称を答えよ。
(4)　Ⅲへの参加に対しては，わが国にとって，メリットと同時にデメリットもあることが指摘されている。Ⅲに参加することのメリットとデメリットについて，それぞれ40字程度で答えよ。

〈山形県改題〉

3　★☆☆

次の文章の空欄に当てはまる語句を答えよ。

近年，隣接する国々が，国際分業の観点から市場の拡大を目指す地域的経済統合の動きを活発化させている。ヨーロッパでは，1958年に発足したEECが，1967年にECに発展し，さらに，1993年の（　A　）条約の発効によりEUが成立した。EUでは，（　B　）を締結している国家間では，パスポートを提示せずに自由に国境を行き来することができる。また，1962年に開始された（　C　）によって域内の関税は撤廃され，農作物の市場は統一された。

環太平洋地域の国・地域では，1989年に（　D　）が「ひらかれた地域主義」をスローガンに発足するなど，経済がグローバル化する一方で，地域主義が進んでいる。さらに，アフリカ大陸では，アフリカの政治的・経済的統合の実現を目的に，2002年に（　E　）が発足した。

〈富山県改題〉

4　★☆☆

次の文は，持続可能な開発目標（SDGs）について述べたものである。①～③に適する数字の組み合わせを，下のア～カから１つ選び，その記号を答えよ。

（　①　）年に国際連合が定めた持続可能な開発目標（SDGs）は，（　②　）年までに世界各国が取り組むべき目標を（　③　）個に整理したもので，持続可能な社会づくりのために解決しなければならない課題を見つける参考となるものである。

ア．①　2010　②　2030　③　15　　イ．①　2010　②　2035　③　15
ウ．①　2010　②　2030　③　17　　エ．①　2015　②　2035　③　17
オ．①　2015　②　2030　③　17　　カ．①　2015　②　2035　③　15

〈青森県〉

演習問題　解答・解説

1

(1)　A，B．IMF（国際通貨基金），IBRD（国際復興開発銀行）（順不同）
C．パネル（紛争処理委員会）
D．ニクソン
(2)　Ⅰ→Ⅳ→Ⅲ→Ⅱ
(3)　問1　ECB　　問2　b
(4)　問1　最恵国待遇
問2　セーフガード（緊急輸入制限措置）
(5)　ミニマム＝アクセス
(6)　フェアトレード

解説

(1)　A，B．IMFは，金本位制による通貨の安定と国際間の決済の円滑化を図ることを目的とし，国際収支赤字国に対する短期的な資金融資なども行う。IBRDは，発展途上国の経済発展と，それによる世界経済の安定を目的とし，長期的な資金融資を行う。一般には世界銀行とよばれる。
C．パネルでの判断は，1ヵ国でも賛成すれば採択されるなど，紛争処理の迅速化と強化が図られている。
(2)　Ⅰ．1944年
Ⅱ．アムステルダム条約の発効は1999年，ニース条約の発効は2003年。
Ⅲ．1986～93年
Ⅳ．1971年
(3)　問1　ECB（欧州中央銀行）は，物価の安定を最重要課題として，ユーロ圏における金融政策の策定，為替レートの決定，外貨準備などを執り行っている。
問2　2004年に加盟したのは，イのリトアニア，ウのポーランド，オのチェコと，エストニア，ラトビア，スロバキア，ハンガリー，スロベニア，キプロス，マルタの10ヵ国，2007年に加盟したのは，ブルガリアとルーマニア，2013年に加盟したのは，クのクロアチアである。エのベルギーはEUの前身であるECSC設立当初の加盟国，キのトルコは加盟候補国である。
(6)　フェアトレードは，立場の弱い発展途上国の生産者や労働者の生活改善や自立を目的としている。

2

(1)　自由貿易協定
(2)　知的財産権（知的所有権）
(3)　環太平洋経済連携協定（環太平洋パートナーシップ）
(4)　〔解答例〕
メリット：関税が撤廃されると，自動車などの工業製品の輸出がしやすくなることが期待される。
デメリット：海外から価格の安い農産物の輸入が増大し，日本の農家が打撃を受けることが懸念されている。

解説

(1)　世界貿易機関（WTO）のドーハ・ラウンドによる多国間自由貿易交渉が，加盟国の増加により利害関係の一致がとれず，難航している。そうした中，日本では利益の一致した2国間あるいは多国間でEPAを締結する動きが加速している。

(4) この他に，資源や食料品などの輸入品の値下がりが期待できることや，貿易障壁の撤廃により企業が商業活動をしやすくなるなどのメリット，食品や医薬品の安全基準が緩和される可能性があることや，投資家が国家に対して直接に損害賠償請求をすることを認めるISD条項（ISDS条項）を締結することなどのデメリットが挙げられる。

3

A．マーストリヒト
B．シェンゲン協定
C．共通農業政策
D．APEC（アジア太平洋経済協力〔会議〕）
E．AU（アフリカ連合）

解説

C．AU（アフリカ連合）は，アフリカ諸国や国民間の団結，アフリカの政治・経済・社会的な統合，平和や安全保障を目的に，アフリカの55の国と地域が加盟する国際機関である。

4

オ

8 倫理－西洋の思想

傾向と対策

「倫理」については，出題がある自治体と，出題されない自治体が例年ほぼ決まっているため，過去に出題がみられる自治体を受験する場合，必ず学習しておく必要がある。

「西洋の倫理」からは，ソクラテス，プラトンなどのギリシア思想，デカルトの合理論やカントのドイツ観念論などの近代思想，キルケゴール，ハイデッガーなどの実存主義を中心とした現代の思想についての出題頻度が高い。各人物の思想に関するキーワードや有名な言葉，著書名などを確実に把握しておこう。

要点 Check!

1 青年期の課題

エリクソン	アイデンティティ（自我同一性）の確立　モラトリアム
レヴィン	マージナル＝マン（境界人，周辺人）
ルソー	第二の誕生　『エミール』

2 ギリシア思想

ヘラクレイトス	「万物は流転する」
ピタゴラス	「万物の根源は数である」
プロタゴラス	「人間は万物の尺度である」
ソクラテス	無知の知　「汝自身を知れ」 問答法（無知を自覚させ，それを出発点として真の知に到達させる方法，助産術・産婆術）
プラトン	イデア（理性によって認識される事物の本質） 四元徳（知恵・勇気・節制・正義）
アリストテレス	形相（エイドス）と質料（ヒュレー） 配分的正義と調整的正義　「人間は本性上，ポリス的動物である」

3 近代思想

経験論	ベーコン	帰納法（具体的な事実の観察から，一般法則を導き出す方法） ４つのイドラ（種族・洞窟・市場・劇場）「知は力なり」
合理論	デカルト	演繹法（普遍的な原理から，推論によって論理的に結論を導き出す方法） 方法的懐疑 「われ思う，ゆえにわれあり」『方法序説』
ドイツ観念論	カント	善意志　定言命法　道徳法則　目的の王国
	ヘーゲル	弁証法（「正」→「反」→「合」という概念・事態の発展におけるプロセス） 人倫　絶対精神　世界精神
功利主義	ベンサム	「最大多数の最大幸福」 快楽計算 『道徳および立法の諸原理序説』
	ミル	質的功利主義 「満足した豚であるよりは不満足な人間であるほうがよく，満足した愚か者であるよりは不満足なソクラテスのほうがよい」

4 現代の思想

実存主義	キルケゴール	単独者（主体的真理を求めて生きる者）『死にいたる病』 実存の三段階（美的実存・倫理的実存・宗教的実存）
	ニーチェ	「神は死んだ」 超人（権力への意志を体現する主体的人間像） 『ツァラトゥストラはこう語った』
	ハイデッガー（ハイデガー）	死への存在　ダス＝マン（非個性的で匿名の「ひと」） 『存在と時間』
	サルトル	「実存は本質に先立つ」　アンガージュマン（社会参加） 「人間は自由という刑に処せられている」『存在と無』
	ヤスパース	限界状況　超越者
プラグマティズム	ジェームズ	真理の有用性　『プラグマティズム』
	デューイ	道具主義　創造的知性　『学校と社会』『民主主義と教育』
ヒューマニズム	シュヴァイツァー	生命への畏敬　アフリカ・ランバレネでの医療活動 『水と原生林のはざまで』
	ガンディー	非暴力主義　スワラージ（自治独立）・スワデーシ（国産品愛用）　サティヤーグラハ（真理把握）　アヒンサー（不殺生）　ブラフマチャリヤー（自己浄化）

例題 1　**青年期の課題**

(1)　フランスの思想家ルソーはその著書『エミール』の中で，青年期を自我に目覚めるときであるとして，何とよんだか答えよ。

(2)　ドイツの心理学者レヴィンは，青年期が子どもでも大人でもない中間の段階にあることから，青年を何とよんだか答えよ。

(3)　アメリカの精神分析学者エリクソンは，青年期において青年は，一人前の成人としての責任や義務が猶予される状態にあるとした。この状態を何とよぶか答えよ。

解答　(1)　第二の誕生　　(2)　マージナル＝マン（境界人，周辺人）
(3)　モラトリアム

例題 2　**ギリシア思想**

(1)　「万物は流転する」と述べ，万物の根源を火であるとした古代ギリシアの哲学者名を答えよ。

(2)　プラトンの思想において，真実の実在であるとされる理性のみによって把握される事物の本質のことを何というか。次から選べ。

ア．アガペー　　イ．アレテー　　ウ．エイドス　　エ．イデア

(3)　ソクラテスに関する記述として適切なものを選べ。

①　「人間は万物の尺度である」と説いて，真理や価値が相対的なものであると主張した。

②　人間としていかに生きるかを人々に問いかけた。人間は，根本的な真理を何も知らないということを自覚し，真の知を愛し求める生き方の必要性を説いた。

③　人生の目的は快を得ることであるとした。彼が求めた快とは，永続的で安定した快楽であり心の平安という精神的な快楽である。

④　万物の根源（アルケー）を理性によって探究し，それを「水」であるとした。

解答　(1)　ヘラクレイトス　　(2)　エ　　(3)　②

解説　(2)　ア．キリスト教的愛のことで，「神の愛」を意味する。
イ．ギリシア語で「徳」を意味し，ソクラテスが用いた。
ウ．アリストテレスの用語で，「形相」を意味する。
(3)　①　プロタゴラス　　③　エピクロス　　④　タレス

例題 3　近代思想

(1) 中世ヨーロッパで主流を成したスコラ哲学を体系化し，『神学大全』を著した人物名を答えよ。
(2) デカルトが用いた，普遍的な真理を前提としてそこから理論的に個々の結論を導こうとする学問方法を何というか答えよ。
(3) ヘーゲル哲学の最高原理で，弁証法的な運動の根源にあって，運動をおこす原動力となっているものを次から選べ。
ア．主体的真理　イ．純粋経験　ウ．限界状況　エ．絶対精神

解答 (1) トマス＝アクィナス　(2) 演繹法　(3) エ

解説 (3) ア．キルケゴールの用語。　イ．西田幾多郎の用語。
ウ．ヤスパースの用語。

例題 4　現代の思想

(1) 次の説明に当てはまる人物名を答えよ。
A．人間は宗教的実存において，絶望のはてに罪の意識におののきながらも，神以外にすがるものはないという神の前に一人立つ孤独な存在となり，超越者である神に自己を委ねることで本来の自己を獲得するとした。
B．その主著『ツァラトゥストラはこう語った』に「わたしはあなたがたに超人を教える。人間とは乗り超えられるべきあるものである」という一節がある。
C．アフリカで医療とキリスト教の伝道に努めた医者であり，生きることと生命あるものすべてを価値あるものとして尊ぶことを説いた。
(2) 実用主義と訳され，19世紀後半から20世紀にかけて資本主義を確立し，工業生産力を急速に増大させつつあったアメリカの文化風土のもとに，形成された哲学とは何か答えよ。
(3) 次の文章の空欄に当てはまる語句をア～エから選べ。
インドの独立運動の指導者ガンディーは，すべての生物を同胞とみなし，いっさいの生けるものへの愛情を実践する（　　　）を根本原理に，イギリスに対する非暴力・不服従運動を展開した。
ア．サティヤーグラハ　イ．ブラフマチャリヤー
ウ．アヒンサー　エ．スワラージ・スワデーシ

解答 (1) A．キルケゴール　B．ニーチェ　C．シュヴァイツァー
(2) プラグマティズム　(3) ウ

演習問題

1　★★☆

「アイデンティティ」や「モラトリアム」という言葉を使って，青年期の分析を行った精神分析学者に関する記述として正しいものを選べ。

① 1人の子どもが理想的な教師のもとで成長していく様子を，物語的な形式で展開する教育論を著し，子どもの自然性の発現を保護する消極教育を説いた。

② 幼児は自分の視点から周囲をみる自己中心性をもつが，児童期になると他人の視点を認め，論理的な思考や社会性を身に付けて自己中心性を脱却するなど，子どもの認識能力が一定の順序をたどって段階的に発達することを研究した。

③ 人生を乳児期，幼児期，児童期，学童期，青年期，成人期，壮年期，老年期の8つの発達段階からなるライフサイクルに区分し，自我はそれぞれの発達段階において達成すべき発達課題をこなすことで次の発達段階へと成長すると考えた。

④ 人間には，劣等感を補償するために，より強く完全になろうとする意志があると考え，これを「権力への意志」とよんで重視した。

〈東京都〉

2　★★☆

次の文章を読んで，各問いに答えよ。

Ⅰ．ギリシア時代の自然哲学者の1人である（　A　）は，「万物は流転する」というように，すべてのものは変化してやまないと考えた。これは世界が矛盾によって構成されているという考え方に深まり，いっさいのものは反対のものを含んでおり，変化とは，ある状態が反対の状態へ転換することであり，万物は実在するのではなく，生成するのだと洞察した。この洞察がヘーゲルの（　B　）的な思考に引き継がれており，ヘーゲルも（　A　）を「哲学のはじまり」と賞賛している。

Ⅱ．近代科学の成立に寄与したイギリスの哲学者（　C　）は，「人間の知性は明鏡ではなく，意志と感情で曇った鏡である」と述べ，人間の心は，いつも意志や感情によって曇らされている鏡だという自覚をもつよう戒めた。そして真理を探究する学問は，あくまで客観的であるべきであり，人間の観察をゆがめる $_a$ 4つのイドラを指摘した。

Ⅲ．フランスの哲学者（　Ｄ　）は，方法的懐疑によって，徹底的に疑ってもどうしても疑うことのできないものが，疑っているところの自己の意識であり，この身体とはまったく区別された精神という実態を確認し，「われ思う，ゆえにわれあり」という根本原理を立てた。また，確実な知識は理性によってのみ与えられると考え，学問的方法は，疑うことのできない真理から出発し，理性的な推理を重ねることで新しい知識を見出すという（　Ｅ　）法によるべきとした。

Ⅳ．イギリスの経験論と大陸の合理論を総合する批判哲学を打ち立てたドイツ観念論哲学者の（　Ｆ　）は，人間には従うべき道徳法則が存在していると考え，「汝の意志の格率が，つねに同時に普遍的立法の原理として妥当しうるように行為せよ」と述べ，ある行為を決意するとき，自らの自由意志によって，それがすべての人々の原則として当てはまるように行為すべきであるとした。

Ⅴ．ヘーゲルの理性中心の哲学を批判し，他人とは取り替えることのできない一個人としての実存を重視したデンマークの哲学者（　Ｇ　）を先駆とするb実存主義は，第一次世界大戦を経て多くの人々の共感を得るようになった。これに対し同時代のアメリカでは，資本主義を確立し工業生産を急速に増大させた社会状況を背景に実践的な哲学であるプラグマティズムが発展した。

(1)　文章中の空欄に当てはまる語句・人名を答えよ。

(2)　下線部ａに関する記述として誤っているものを選べ。

①　非科学的な風習や習慣からおきる誤りを「種族のイドラ」とした。

②　それぞれの人間が，育った教育や環境などによって身に付けた誤りを「洞窟のイドラ」とした。

③　人々が議論したりするうちに紛れ込む誤りを「市場のイドラ」とした。

④　哲学や論説を無批判に受け入れるところから生まれる誤りを「劇場のイドラ」とした。

(3)　次のア，イは，下線部ｂを代表する哲学者の考えの一端を表したものである。当てはまる哲学者名をそれぞれ答えよ。

ア．人間は自分の存在の終わりである死を自覚できるが，死から目をそらし無責任な生き方をしている。死を自覚するとき，ただ一人なる本来の自己が獲得される。

イ．人間は自由な存在であり，自分で自分の在り方を決めていくことのできる存在である。しかし，各人は一人自らの在り方を選択しなければならず，人間は自由という刑に処せられている。

〈富山県改題〉

演習問題　解答・解説

1

③

解説

① ルソーに関する記述である。文章中の教育論とは『エミール』のことである。

② ピアジェに関する記述である。

③ エリクソンに関する記述である。エリクソンは，青年期の自己形成過程をアイデンティティ（自我同一性）の確立という見地から捉え，青年期を心理的・社会的猶予期間であるとしてモラトリアムとよんだ。

④ ニーチェに関する記述である。

2

(1)　A．ヘラクレイトス
　B．弁証法　C．ベーコン
　D．デカルト　E．演繹
　F．カント　G．キルケゴール

(2)　①

(3)　ア．ハイデッガー（ハイデガー）
　イ．サルトル

解説

(2)「種族のイドラ」とは，人間という種族に共通する普遍的な誤りのことをいい，思い違いや感覚の錯覚などが当てはまる。

9 倫理－東洋の思想

傾向と対策

「西洋の思想」と比較して出題数は少ない。その中で，中国の諸子百家や，日本における鎌倉時代の新仏教，江戸時代の朱子学・陽明学・古学・国学についての出題が比較的多い。具体的には，諸子百家では儒家の孟子と孔子，荀子，鎌倉新仏教では法然，親鸞，道元，江戸時代の思想では，朱子学の林羅山，陽明学の中江藤樹，古学の伊藤仁斎，荻生徂徠，国学の賀茂真淵，本居宣長などが出題されやすい。各人物の思想のキーワードや著書名などについて，確実に把握しておこう。

要点 Check!

1 中国の思想

➤ 諸子百家

儒家	孔子	仁　礼　徳治主義　『論語』（弟子による編集）
	孟子	性善説　王道　四端（惻隠の心・羞悪の心・辞譲の心・是非の心） 四徳（仁・義・礼・智）
	荀子	性悪説　礼治主義
道家	老子	無為自然　道（タオ）
	荘子	真人　万物斉同

2 日本の思想

➤ 鎌倉新仏教

浄土宗	法然	専修念仏　「南無阿弥陀仏」	『選択本願念仏集』
浄土真宗	親鸞	悪人正機（説）　絶対他力	『歎異抄』（弟子唯円）
時宗	一遍	踊念仏	
日蓮宗 （法華宗）	日蓮	唱題 「南無妙法蓮華経」	『立正安国論』 『開目抄』
臨済宗	栄西	公案	『興禅護国論』
曹洞宗	道元	只管打坐　身心脱落	『正法眼蔵』

➤ 江戸時代の思想

日本朱子学	林羅山	上下定分の理　敬
日本陽明学	中江藤樹	日本陽明学の祖　孝　良知　『翁問答』
古学	伊藤仁斎	古義学派の祖　仁・愛　誠　『童子問』
	荻生徂徠	古文辞学の祖　先王の道　安天下の道　経世済民
国学	賀茂真淵	ますらおぶり　『万葉考』
	本居宣長	惟神の道　真心　もののあわれ　『古事記伝』

➤ 明治以降の思想

福沢諭吉	『天は人の上に人を造らず　人の下に人を造らず』『学問のすゝめ』『文明論之概略』
中江兆民	ルソーの『社会契約論』を翻訳，東洋のルソーとよばれる。『民約訳解』『三酔人経綸問答』
内村鑑三	キリスト教徒で，イエス（Jesus）と日本（Japan）の二つのＪに献身
吉野作造	大正デモクラシーの代表的思想家で，民本主義（主権が誰にあるのか問わないが，政治は一般民衆のために行われなければならないとする考え方）を説く
西田幾太郎	主客未分　『善の研究』
和辻哲郎	間柄的存在　『風土』『古寺巡礼』
柳田国男	日本民俗学を大成　常民　『遠野物語』

例題１　中国の思想・日本の思想

(1) 諸子百家について，次の説明に当てはまる人物名を答えよ。

① 「怪・力・乱・神」などの神秘的な力などにはほとんど言及せず，「仁」や「礼」など現実的な日常生活における人間の在り方や社会の秩序の回復を求めた。

② 万物の根源として「道」を説き，何事にも作為なく，自然の道に素直に従って生きることを求めた。

(2) 日本仏教の思想に関する記述として誤っているものを選べ。

① 法然は，ひたすら南無妙法蓮華経の題目を唱えればすべての人が極楽に生まれかわることができると説いた。

② 道元は，悟りのために我執を捨てただひたすら坐禅の修行に打ち込むことを説いた。

③ 日蓮は，法華経こそ真実を伝える正しい教えだと信じ，自分の使命は国家を危機から救うことだと考えた。

④ 密教を学んだ空海は，庶民の子弟のために綜芸種智院を設立した。

(3) 次の文章はどの学派に属する思想か。学派名とその著者名を答えよ。

「先王の道は先王の造る所也。天地自然の道に非ざる也。蓋し先王は聡明叡智の徳を以て天命を受け天下に王たり。」

(4) 江戸時代の儒学者のうち，中国の王陽明の実践的な思想に共感を覚え，「知行合一」が大切であると説き，日本の「陽明学の祖」といわれた人物名を次から選べ。

ア．林羅山　　イ．山鹿素行　　ウ．中江藤樹　　エ．伊藤仁斎

解答　(1) ①　孔子　　②　老子　　　(2) ①

(3) 学派名：古学派（古文辞学）　　著者名：荻生徂徠

(4) ウ

解説　(2) ① 「南無妙法蓮華経の題目」ではなく「南無阿弥陀仏の念仏」。題目は日蓮宗において唱えるものである。

(4) ア．朱子学の官学化の基礎を築いた。

イ．古学派の儒学者で，士道の大成者。

エ．古学派の儒学者で，古義学派の祖。

演習問題

1　★★★

仏教に関する次の史料を読んで，各問いに答えよ。

Ⅰ．善につけ，悪につけ，法華経を捨つるは，地獄の業なるべし。大願を立てん。日本国の位をゆずらん。……われ日本の柱とならん，われ日本の眼目とならん，われ日本の大船とならん，などと誓いし願いやぶるべからず。

Ⅱ．生まれたものどもは，死をのがれる道がない。老いに達しては，死が来る。実に生あるものどもの定めは，このとおりである。……このように世間の人々は死と老いとによって害われる。されば，賢者は，世のありさまを知って，悲しまない。

Ⅲ．善人なをもて往生をとぐ，いはんや悪人をや。しかるを世のひとつねにいはく，悪人なほ往生す，いかにいはんや善人をやと。この条，一旦そのいはれあるににたれども，本願他力の意趣にそむけり。……よりて善人だにこそ往生すれ，まして悪人はと，おほせさふらひき。

Ⅳ．学道の最要は，坐禅，是第一也。大宋の人，多く得道する事，皆坐禅の力也。一文不通にて，無才愚鈍の人も，坐禅を専らにすれば，多年の久学聡明の人にも勝れて出来する。然ば，学人，（　　　）して，他を管ずる事なかれ。仏祖の道は只坐禅也。他事に順ずべからず。

Ⅴ．二に曰く，篤く三宝を敬へ。三宝とは仏法僧なり。……十に曰く，……われかならずしも聖にあらず。かれかならずしも愚にあらず。共に是凡夫のみ。

(1)　Ⅰの著者とその著書名を答えよ。

(2)　Ⅱは『スッタニパータ』のことであるが，これは誰の言葉か答えよ。

(3)　人生のすべては苦しみにほかならず，自分の思うままにならないものであることを，仏教では何というか答えよ。

(4)　煩悩を離れ苦を滅した自由で安らかな悟りの境地を表す語句を次から選べ。

ア．諸行無常　　イ．諸法無我　　ウ．涅槃寂静

エ．初転法輪　　オ．極楽浄土

(5)　Ⅲの著者と著書名を答えよ。

(6)　Ⅲの下線の考え方を何というか答えよ。

(7)　Ⅳの著書は弟子の懐奘が師の言葉を記録したものである。その師とは誰か答えよ。

(8)　Ⅳの空欄に当てはまる語句を答えよ。

(9)　Ⅴを著した人物名と，日本書紀に書かれているこの史料名を答えよ。〈神戸市〉

2 ★★☆

次の文章を読んで，各問いに答えよ。

日本人は外来思想を古くから受け入れてきたが，儒教は，仏教と同様に古代の日本に伝えられ，604年に聖徳太子によって制定されたと伝えられる（　A　）にも上下の人間関係が説かれるなど，儒教思想がとり入れられている。

江戸時代になると，徳川幕府に仕えた林羅山は，中国の（　B　）学の思想を積極的に取り入れ，a天地自然に差別があるように，身分の差別も先天的に定められていると説き，封建的身分秩序を思想的に根拠付けた。

これに対し，京都の町人の子として生まれ育った（　C　）は，『論語』や『孟子』の原典に立ち返り，古代の儒教の中に儒教の根本精神を求める（　D　）学を主張し，b自分に対しても他人に対してもいつわりをもたない純粋な心情が道徳の根本でなければならないと説いた。

また，（　C　）の考え方を発展させ，古文辞学を創始した（　E　）は，儒学の根本は天下を安泰にすることだと考え，儒学の道とは，中国古代の帝王が天下を治めるために人為的に制作した道，天下を治めるための道だとし，個人の修養を重んじるあまり，社会の諸制度を究明しなかった従来の儒学を批判した。

さらに，江戸時代中頃に古文辞学の方法を古代日本の文献に応用し，『古事記』や『万葉集』を直接学ぶことによって，日本古来の為政の理想を明らかにしようとする（　F　）学が生まれ，それを大成した（　G　）は，文芸の本質をc「もののあわれ」を知る心だとし，それが人と人がともに生きる道徳のもとでもあると説いた。

(1)　文章中の空欄に当てはまる語句・人名を答えよ。

(2)　下線部aの考えを示す語句を次から選べ。

ア．惟神の道　　イ．上下定分の理　　ウ．先王の道　　エ．自然世

(3)　下線部bの心情を示す語句を次から選べ。

ア．仁　　イ．愛　　ウ．孝　　エ．誠

(4)　下線部cに関する記述として正しいものを選べ。

①　万葉集の「ますらおぶり」の世界にみられるようなおおらかな心

②　すべてのものは変化消滅し，永遠にとどまるものはないと感じる心

③　すべてをあからさまに表現しようとせず，秘められた表現に美を感じる心

④　美しいものに素直に美しいと感じるように，生じる感情に素直に従う心

〈富山県〉

演習問題　解答・解説

1

(1)　著者：日蓮　　著書名：『開目抄』
(2)　仏陀（ブッダ，釈迦）
(3)　一切皆苦　　(4)　ウ
(5)　著者：唯円　　著書名：『歎異抄』
(6)　悪人正機（説）
(7)　道元　　(8)　只管打坐
(9)　人物名：聖徳太子
　　史料名：十七条の憲法

解説

(2)　『スッタニパータ』は，仏陀の言葉を収録した最古の仏教聖典。

(3)，(4)　一切皆苦と涅槃寂静は，仏陀の悟った普遍的真理を表す四法印のうちの2つで，他に諸行無常と諸法無我がある。諸行無常はあらゆる現象は変化してやまないこと，諸法無我はそれ自体として存在する確固不動の実体はないこと，を意味する。

(5)　『歎異抄』は，親鸞の弟子である唯円が，師の死後，その教えに異説があることを嘆いて著したものである。

(6)　悪人正機（説）とは，罪業の自覚をもつ悪人の方が，自力で功徳を積むことのできる善人よりも，阿弥陀仏の救いの対象となるという思想である。

(7)　Ⅳは『正法眼蔵随聞記』である。

(8)　只管打坐とは，焼香や念仏，公案などを排してひたすら坐禅に打ち込むことをいう。

2

(1)　A．十七条の憲法
　　B．朱子　　C．伊藤仁斎
　　D．古義　　E．荻生徂徠
　　F．国　　G．本居宣長
(2)　イ　　(3)　エ
(4)　④

解説

(2)　ア．儒学とも仏教とも異なる日本固有の道のことで，本居宣長が用いた言葉である。
　ウ．天地や人間におのずから備わっているものではなく，先王が作為・制作した道のことで，荻生徂徠が用いた言葉である。
　エ．尊卑や貧富の差別がない平等な社会のことで，安藤昌益が用いた言葉である。

(3)　ア．相親しみ，相愛すること。
　イ．キリスト教の三元徳（信仰，希望，愛）の1つ。
　ウ．中江藤樹が強調した，すべてのものごとの普遍的道理。

第 5 編

実践問題

1 実践問題

1 ★★☆

次の文章は，中学校学習指導要領（平成29年３月告示）「社会」（以下「学習指導要領　社会」とする）の目標である。文章中の空欄に当てはまる語句を答えよ。

> 社会的な（　A　）を働かせ，課題を追究したり解決したりする活動を通して，（　B　）に立ち，グローバル化する国際社会に（　C　）に生きる平和で民主的な国家及び社会の（　D　）に必要な公民としての（　E　）の基礎を次のとおり育成することを目指す。

〈秋田県〉

2 ★☆☆

「学習指導要領　社会」に関する各問いに答えよ。

(1)　地理的分野の「２　内容」の「B　世界の様々な地域」について取り扱うものとして正しくないものをア～エから１つ選べ。

ア．州ごとに設ける主題については，各州に暮らす人々の生活の様子を的確に把握できる事象を取り上げるとともに，そこで特徴的に見られる地球的課題と関連付けて取り上げること。

イ．世界各地の人々の生活の特色やその変容の理由と，その生活が営まれる場所の自然及び社会的条件との関係を考察するに当たって，衣食住の特色や，生活と宗教との関わりなどを取り上げるようにすること。

ウ．取り上げる地球的課題については，地域間の共通性に気付き，我が国の国土の認識を深め，持続可能な社会づくりを考える上で効果的であるという観点から設定すること。また，州ごとに異なるものとなるようにすること。

エ．地球儀や地図を積極的に活用し，学習全体を通して，大まかに世界地図や日本地図を描けるようにすること。

⑵　歴史的分野の「内容の取扱い」について，正しいものを次のア～エから１つ選べ。

ア．生徒の発達の段階を考慮して，各時代の特色や時代の転換に関係する基礎的・基本的な歴史に関わる事象を重点的に選んで指導内容を構成すること。

イ．地理的分野及び歴史的分野の学習の成果を活用するとともに，これらの分野で育成された資質・能力が，更に高まり発展するようにすること。また，社会的事象は相互に関連し合っていることに留意し，特定の内容に偏ることなく，分野全体として見通しをもったまとまりのある学習が展開できるようにすること。

ウ．分野の内容に関係する専門家や関係諸機関などと円滑な連携・協働を図り，社会との関わりを意識した課題を追究したり解決したりする活動を充実させること。

エ．分野全体を通して，課題の解決に向けて習得した知識を活用して，事実を基に多面的・多角的に考察，構想したことを説明したり，論拠を基に自分の意見を説明，論述させたりすることにより，思考力，判断力，表現力等を養うこと。また，考察，構想させる場合には，資料を読み取らせて解釈させたり，議論などを行って考えを深めさせたりするなどの工夫をすること。

⑶　公民的分野の「２　内容」の「C　私たちと政治　⑵民主政治と政治参加」で身に付ける知識として正しくないものを次のア～エから１つ選べ。

ア．議会制民主主義の意義，多数決の原理とその運用の在り方について理解すること。

イ．地方自治の基本的な考え方について理解すること。その際，地方公共団体の政治の仕組み，住民の権利や義務について理解すること。

ウ．民主的な社会生活を営むためには，法に基づく政治が大切であることを理解すること。

エ．国会を中心とする我が国の民主政治の仕組みのあらましや政党の役割を理解すること。

3 ★★☆

「学習指導要領　社会」に関する次の各問いに答えよ。

(1) 次の文章は，歴史的分野の「目標」の一部である。文章中の空欄に当てはまる語句を答えよ。

> 社会的事象の歴史的な見方・考え方を働かせ，（　A　）を追究したり解決したりする活動を通して，広い視野に立ち，グローバル化する国際社会に主体的に生きる（　B　）で民主的な国家及び社会の形成者に必要な（　C　）としての資質・能力の（　D　）を次のとおり育成することを目指す。

(2) 公民的分野の「目標」に関する記述として誤っているものを選べ。

① 現代の社会的事象について，現代社会に見られる課題の解決を視野に主体的に社会に関わろうとする態度を養うとともに，多面的・多角的な考察や深い理解を通して涵養される，国民主権を担う公民として，自国を愛し，その平和と繁栄を図ることや，各国が相互に主権を尊重し，各国民が協力し合うことの大切さについての自覚などを深める。

② 社会的事象について，よりよい社会の実現を視野に課題を主体的に解決しようとする態度を養うとともに，多面的・多角的な考察や深い理解を通して涵養される我が国の国土や歴史に対する愛情，国民主権を担う公民として，自国を愛し，その平和と繁栄を図ることや，他国や他国の文化を尊重することの大切さについての自覚などを深める。

③ 社会的事象の意味や意義，特色や相互の関連を現代の社会生活と関連付けて多面的・多角的に考察したり，現代社会に見られる課題について公正に判断したりする力，思考・判断したことを説明したり，それらを基に議論したりする力を養う。

④ 個人の尊厳と人権の尊重の意義，特に自由・権利と責任・義務との関係を広い視野から正しく認識し，民主主義，民主政治の意義，国民の生活の向上と経済活動との関わり，現代の社会生活及び国際関係などについて，個人と社会との関わりを中心に理解を深めるとともに，諸資料から現代の社会的事象に関する情報を効果的に調べまとめる技能を身に付けるようにする。

4 ★☆☆

次の文章は，「学習指導要領　社会」の「第3　指導計画の作成と内容の取扱い」の一部である。文章中の空欄に当てはまる語句を答えよ。

> 調査や諸資料から，社会的事象に関する様々な情報を効果的に収集し，読み取り，まとめる技能を身に付ける学習活動を重視するとともに，（　A　）を伴う学習の充実を図るようにすること。その際，（　B　）を読んだり作成したり，現代社会の諸課題を捉え，多面的・多角的に考察，構想するに当たっては，関連する新聞，読み物，統計その他の資料に平素から親しみ適切に活用したり，（　C　）などの過程と結果を整理し報告書にまとめ，発表したりするなどの活動を取り入れるようにすること。

5 ★☆☆

「学習指導要領　社会」の「第3　指導計画の作成と内容の取扱い」に関する次の各問いに答えよ。

⑴　次の文章は，「第3　指導計画の作成と内容の取扱い」の一部である。文章中の空欄に当てはまる語句を答えよ。

> 各分野の履修については，第1，第2学年を通じて（　A　）及び（　B　）を並行して学習させることを原則とし，第3学年において（　B　）及び（　C　）を学習させること。

⑵　各分野に配当する授業時数（　A　）～（　C　）に当てはまる時間数を答えよ。

地理的分野	（　A　）時間	歴史的分野	（　B　）時間	公民的分野	（　C　）時間

6 ★☆☆

「中学校学習指導要領解説　社会編」（平成29年７月）に関する次の各問いに答えよ。

⑴　次の文章は，「第１章　総説　２　社会科改訂の趣旨及び要点　⑵改訂の要点　③内容の改善・充実」の一部である。文章中の空欄に当てはまる語句をア～ソからそれぞれ選べ。

中学校社会地理的分野においては，「世界の諸地域の学習」において（　Ａ　）の課題等を主題として取り上げた学習を充実させるとともに，防災・安全教育に関して（　Ｂ　）に基づく危険の予測に関する指導を充実させるなどの改善を行う。

同じく歴史的分野においては，我が国の歴史的事象に間接的な影響を与えた世界の歴史の学習についても充実させるとともに，（　Ｃ　）の来歴や人権思想の広がりなどの動きを取り上げるなどの改善を行う。

更に公民的分野においては，防災情報の発信・活用に関する指導，（　Ｄ　）など知識基盤社会化による産業や社会の構造的な変化やその中での（　Ｅ　）に関する扱い，選挙権年齢引き下げに伴う政治参加等に関する指導を充実させるなどの改善を行う。

ア．空間情報　　イ．起業　　ウ．地方自治　　エ．グローバル化
オ．世界規模　　カ．訓練　　キ．地球規模　　ク．資本主義
ケ．民主政治　　コ．各地域　　サ．多様化　　シ．キャリア形成
ス．防災知識　　セ．職業　　ソ．情報化

〈福岡県・北九州市改題〉

⑵　授業において，諸資料を補助教材として使用する際の留意事項として適当でないものをア～エから選べ。

ア．教育基本法，学校教育法，学習指導要領の趣旨に従っていること。
イ．多様な見方や考え方のできる事柄，未確定な事柄を取り上げる場合には，特定の事柄を強調し過ぎたり，一面的な見解を十分な配慮なく取り上げたりするなど，特定の見方や考え方に偏った取扱いとならないこと。
ウ．使用する学年の児童生徒の心身の発達の段階に即していること。
エ．学校においては，特定の政党及び宗教に関する事柄は取り上げないこと。

〈沖縄県改題〉

7　★★☆

次の各問いに答えよ。

(1)　地理の学習では様々な地図を利用する。世界における大豆の生産地域の分布と流通経路を示すときに，最も適当であると考えられる図法をア～エから選べ。また，その理由を２つ述べよ。

ア．

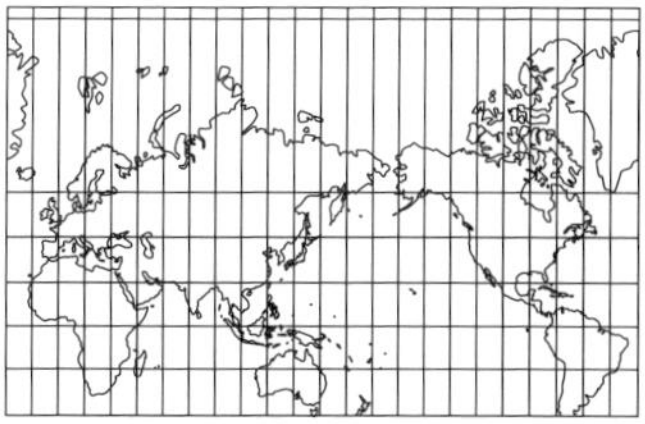

イ．

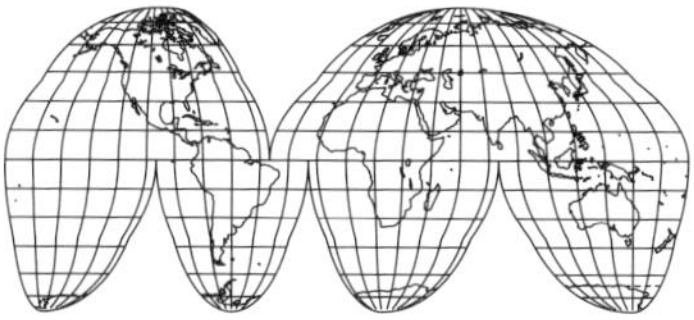

ウ．

エ．

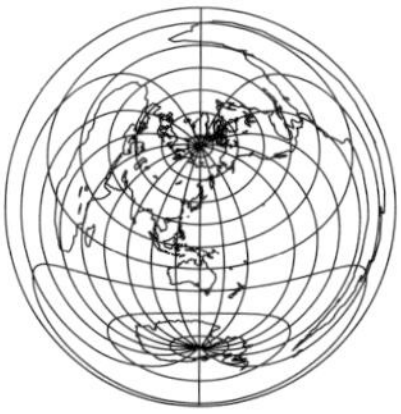

(2)　次のA～Cの内容をそれぞれ地図に表すとき，最も適した表現方法の組み合わせとして正しいものをア～オから選べ。

A．各都道府県の人口密度を，全国平均に対する指数を使って５段階で表す。

B．全国の半導体工場の位置と数を表す。

C．島根県のデラウェアの全国への出荷先と量を表す。

	A	B	C
ア．	ドットマップ	流線図	階級区分図
イ．	ドットマップ	階級区分図	流線図
ウ．	階級区分図	ドットマップ	流線図
エ．	階級区分図	流線図	ドットマップ
オ．	流線図	階級区分図	ドットマップ

⑶　将来発生する可能性がある災害の範囲や被害状況を予測するとともに，災害発生時の避難場所を示した地図を何というかカタカナで答えよ。

⑷　次の文章は，自然災害から身を守るための取り組みや行動についてまとめたものである。文章中の空欄Ａ～Ｃに当てはまる語句を答えよ。

＜自然災害から身を守るための取り組みや行動＞
○　国や都道府県，市区町村などが被災者の救助や支援を行う＝（　Ａ　）
○　自分自身や家族を守る＝（　Ｂ　）
○　住民同士が協力して助け合う＝（　Ｃ　）

⑸　2020東京オリンピック・パラリンピックに向けて，不特定多数の人々が利用する公共交通機関や公共施設，観光施設等において，文字・言語によらず，対象物，概念または状態に関する情報を提供する図形が変更された。この図形を何というかカタカナで答えよ。

〈島根県/広島県・広島市改題〉

8 ★☆☆

次の地形図を見て，各問いに答えよ。ただし地形図は縮尺を変更している。

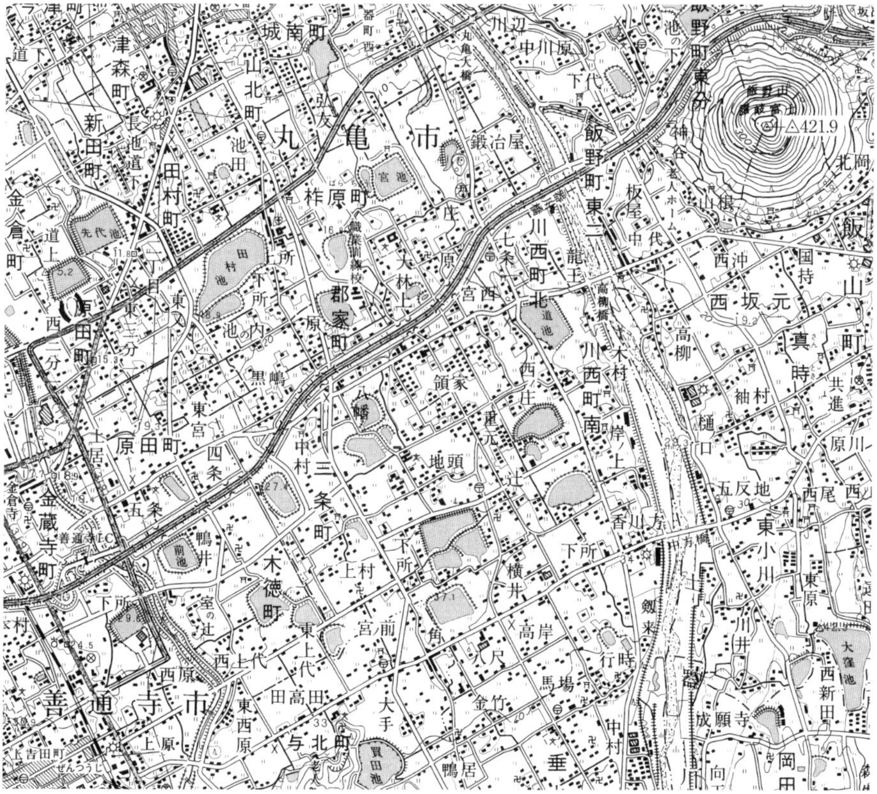

(1)　この地形図の縮尺を答えよ。

(2)　北西部に位置する先代池を地形図上で一辺が0.8cm の正方形と考えたとき，この池の実際の面積を計算せよ。ただし，km²の単位で答えよ。

(3)　この地形図で表されている地域は，条里制の遺構と判断される。その理由を簡潔に2つ説明せよ。

〈京都府改題〉

9 ★☆☆

次の各問いに答えよ。

(1) 次のグラフは，世界の各都市における月別の平均気温と平均降水量を表している。また，語群にはグラフ中A～Dのいずれかに当てはまる都市が１つだけ含まれている。その都市名とグラフの記号を答えよ。

A　B　C　D

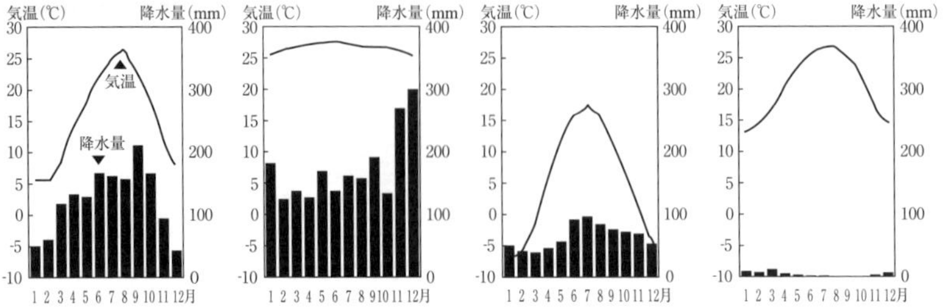

【語群】 バンコク，カイロ，ローマ，ロンドン，ブエノスアイレス，
ディクソン，ラパス，シドニー，ウェリントン，ケープタウン

(2) 次の文章の空欄に当てはまる語句を答えよ。

温暖湿潤気候区では，熱帯低気圧の上陸や接近により暴風雨に見舞われることがある。熱帯低気圧は発生する場所により名称が異なり，東アジアでは（　A　），北アメリカでは（　B　）とよばれる。また，アラビア海またはベンガル湾で発生し，南アジアを襲う熱帯低気圧を（　C　）という。

〈茨城県〉

10 ★☆☆

次の(1)～(5)の問いに答えなさい。

(1) 三陸海岸やエーゲ海の沿岸などには，山地が海に沈んで生まれた海岸地形がみられる。このような地形を何というか答えよ。

(2) 数年に一度発生し，太平洋の中部から東部にかけての赤道付近の海面水温が，平年に比べて高くなる現象を何というか答えよ。

(3) 熱帯・亜熱帯地域の広大な農地に大量の資本を投入し，大規模工場生産の方式を取り入れ，安価な労働力を使って単一の商品作物を栽培する農業を何というか答えよ。

(4) コスタリカは，「地域の自然環境や歴史文化を体験・学習し，保全につながる観光スタイル」の発祥の国として知られている。このような観光スタイルを何というかカタカナで答えよ。

(5) アメリカのボストンから続く，ニューヨーク・フィラデルフィア・ボルチモア・ワシントンD.C.までの都市圏は「メガロポリス」とよばれる。「メガロポリス」とは，どのような地域なのか，「大都市」という語句を使って答えよ。

〈徳島県〉

11 ★☆☆

(1) 次に示す各文のうち，誤っているものを一つ選び，その記号を書け。

ア　メルカトル図法は正角図であり，羅針盤を利用する航海図に適する図法である。

イ　サンソン図法は正積図であり，高緯度でひずみが大きくなる図法である。

ウ　モルワイデ図法は正角図であり，緯線は高緯度ほど間隔が縮小される図法である。

エ　正距方位図法は，周縁部で形や面積のひずみが大きくなる図法である。

(2) 次に示す統計地図の表し方について，絶対分布図に分類されるものにはA，相対分布図に分類されるものにはBをそれぞれ書け。

①　等値線図　　②　メッシュマップ　　③　ドットマップ

④　階級区分図

(3) 川沿いに一段高く，または階段状に重なって続く地形を何というか名称を答えよ。

(4) 立地による工業の種類とあてはまる工業の組み合わせとして正しいものを，次のア～エから一つ選び，その記号を書け。

ア　市場指向型－自動車工業　　イ　市場指向型－セメント工業

ウ　集積指向型－自動車工業　　エ　集積指向型－セメント工業

(5) 年齢別人口構成を示す人口ピラミッドについて，出生率も死亡率も高く，発展途上国に多く見られる型を何というか答えよ。

(6) アメリカ合衆国において多数派であるワスプ（WASP）とは，どのような人々を指すか簡単に説明せよ。

〈岩手県〉

12 ★★☆

資料１は各非鉄金属の国別産出量の上位国（銅・Ｂは2018年，Ｃは2020年，他は2019年）を示したものである。各問いに答えよ。

〈資料１〉

	第１位	第２位	第３位	第４位	第５位
銅	チリ	（　Ｘ　）	中国	コンゴ民主共和国	アメリカ合衆国
（　Ａ　）	南アフリカ共和国	オーストラリア	ガボン	ブラジル	−
（　Ｂ　）	インドネシア	フィリピン	ロシア	(ニューカレドニア)	カナダ
（　Ｃ　）	オーストラリア	中国	ギニア	ブラジル	インドネシア
金	中国	オーストラリア	ロシア	アメリカ合衆国	カナダ
すず	中国	インドネシア	ミャンマー	（　Ｘ　）	ボリビア
銀	メキシコ	（　Ｘ　）	中国	ロシア	ポーランド

（『世界国勢図会2022/23』）

⑴　資料１の空欄Ａ～Ｃのうち，ボーキサイトに当てはまるものを選べ。また，資料２からボーキサイトの産地を示すものをア～エから選べ。

⑵　ボーキサイトはアルミニウムの生産に欠くことのできない資源だが，資料１と資料３を参考にして，アルミニウム工業の特色について簡潔に説明せよ。

〈資料２〉

〈資料３〉

アルミニウム生産国上位７位（2020年）

第１位	中国
第２位	ロシア
第３位	インド
第４位	カナダ
第５位	アラブ首長国連邦
第６位	オーストラリア
第７位	バーレーン

（『世界国勢図会2022/23』）

⑶　銅の代表的な産出地で，コンゴ民主共和国南東部からザンビア北部にかけての地域名を答えよ。

(4)　我が国の銅鉱輸入国上位３国（チリ・ペルー・オーストラリア）の中で，日本との関係が資料４のようになっている国名を答えよ。

〈資料４〉日本の主要輸出入品（2021年）

輸出品	自動車，機械類，石油製品，タイヤ・チューブ
輸入品	石炭，液化天然ガス，鉄鉱石，銅鉱

（『日本国勢図会2023/24』）

(5)　資料１のＸ国について，資料５を参考にして国名と首都名を答えよ。

〈資料５〉Ｘ国の面積・人口・言語・民族（2021年）

面積（万 km^2）	人口（万人）	言語	民族
128.5	3,372	スペイン語他	先住民，メスチソ他

（『データブック オブ・ザ・ワールド2023』）

(6)　レアメタルについて説明せよ。

〈宮城県・仙台市改題〉

13 ★★★

次の文章を読んで，各問いに答えよ。

工業の立地に影響を及ぼす地形，気候，用水などの（　Ａ　）条件や市場（消費地），労働力，交通などの（　Ｂ　）条件を工業の立地条件という。企業は，生産にかかる輸送費や労働費などの費用が最も安い地域や，a市場の変化に対応するために生産や販売の情報が得やすい地域に工場を立地しようとする。b特定の地域でのみ生産される原料の重量が製品重量より大きい場合，全体の輸送費用が安い原料産地に立地する原料指向を示す。逆に，輸送する原料よりも製品が重いか，かさばる場合，製品の輸送費を小さくするために市場指向の立地となる。また，生産のために多くの部品や原材料を必要とする場合，c相互に関連する工場が特定の場所に集まって工業地域を形成する傾向がある。工業の立地条件は，技術の進歩などに応じて，時代とともに変化する。

(1)　文章中の空欄に当てはまる語句を答えよ。

(2)　下線部ａについて，生産や販売の情報が得やすい地域という立地条件を優先している工業の代表例を２つ答えよ。

(3)　下線部ｂについて，日本国内の事例について述べた次の各文章の空欄に当てはまる語句や都市名を答えよ。

Ａ．秩父市では市街地南方にそびえる武甲山の豊富な（　　　）を原料としたセメント工業が発達した。

Ｂ．多治見市では原料となる蛙目粘土，木節粘土を産するため古くから（　　　）の生産地となっている。

C．（　　　）市では樽前山麓の豊富な原木，支笏湖の電力と用水，夕張炭田の石炭などにより製紙工業が発達した。

⑷　下線部ｃについて，『工業立地論』（1909年）を著した人物名を答えよ。また，この『工業立地論』では，運送費と労働費の面から一定地区に多数の工場が立地すると，そこには集積因子が作用して，より多数の工場を吸引して工業地域を形成し，その規模の拡大を促すとある。集積因子を構成するものには，どのようなものがあるか答えよ。

⑸　発展途上国の工業について，

問１　発展途上国にとって，外国企業が進出した場合の有利な点と不利な点を説明せよ。

問２　発展途上国では，問１の不利な点の対策として，輸出加工区や自由貿易区を設けることがある。輸出加工区や自由貿易区では，外国企業の誘致を促進するとともに，問１の不利な点を克服するために，どのような政策をとっているか説明せよ。

〈新潟県/富山県改題〉

14 ★★☆

次のグラフは三大穀物とよばれる小麦，米，とうもろこしの生産量と輸出量（2020年）を表している。これを見て，各問いに答えよ。

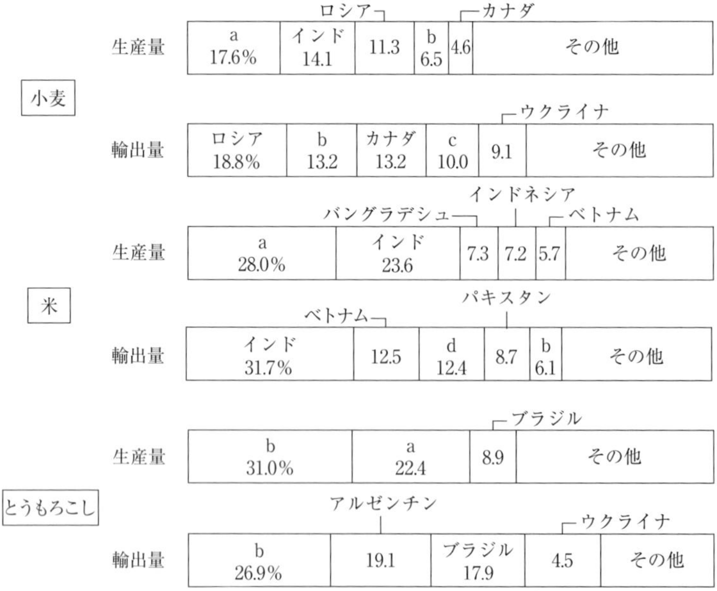

（『世界国勢図会2022/23』）

(1)　a 国では1978年末から新しい制度が導入され，生産を請け負った農家や集団が，国に納めた残りは自由に市場で売ることができるようになった。この制度名を答えよ。

(2)　次の文章の空欄に当てはまる語句を答えよ。

　b 国では小麦やとうもろこしの農地の大半が数千 ha にも及ぶ大農地に集中している。そこでは大型の農業機械が使われ，(　A　) 生産性が高い。また，高収量品種の導入とともに緻密な栽培管理に従って肥料や農薬を投入し，(　B　) 生産性も高い。

(3)　c 国と d 国の国名を答えよ。

(4)　c 国の加盟する EU では，穀物生産の格差が発足当時から課題であった。そのため EU ではかつて，生産性の低い国の農業が存続できるように共通農業政策にそって国間の調整を図った。この政策内容を，次の語句を使って説明せよ。

【輸入課徴金　　統一価格】

(5)　世界の食糧・農林水産物に関する調査分析及び情報の収集や伝達などを行っている国際連合の機関名を答えよ。

〈名古屋市改題〉

15 ★★★

次の文章を読んで，各問いに答えよ。

$_a$地球上では，人口は均一には分布していない。その背景には，自然環境や生活・生産様式の違いがある。第二次世界大戦後，世界の人口分布は著しく変化した。これは，アジア・アフリカ・ラテンアメリカの発展途上国で，(　　　) とよばれる急激な人口増加がおきたためである。人口の増加は地域や国によって異なり，その増加率は，出生率と死亡率の差によって求めることができる。出生率が高く，死亡率が低い多産少死型のときに人口増加率は高くなり，出生率・死亡率とも高い多産多死型，あるいは出生率・死亡率とも低い少産少死型の場合，人口増加率は低くなる。先進国は一般に少産少死型であり，$_b$発展途上国の多くは多産少死型である。

(1)　文章中の空欄に当てはまる語句を答えよ。

(2) 下線部aについて，次の表はある国の人口と人口密度を示している。表中A～Cに当てはまる国を次から選べ。

ア．ナイジェリア

イ．パキスタン

ウ．バングラデシュ

エ．インドネシア

オ．タイ

カ．ロシア

(2021年)

国名	人口（千人）	人口密度（人/km^2）
A	145,103	8
B	169,356	1,141
C	71,601	140

（『データブック オブ・ザ・ワールド2023』）

(3) 下線部bについて，「少死」となった背景としては，衛生状態の改善や医療や公衆衛生の普及などが挙げられるが，「多産」の背景について60字程度で説明せよ。

(4) 一般にアフリカにおいては，人口の増加に食糧生産が追いつかず，食糧問題が深刻である。その人為的な要因を60字程度で説明せよ。

(5) 先進国の都市問題の1つとして，インナーシティ問題が発生している。このインナーシティ問題に関する記述として正しいものを選べ。

① 住宅や都市施設が無秩序に郊外に広がり，農地・宅地・工場が混在し，生活環境を悪化させている問題。

② 人口第1位の都市に国の経済・文化・政治などの諸機能が集中し，人口第2位以下の諸都市との都市間格差が大きくなっている問題。

③ 中高所得者層が居住環境のよい郊外に移動したため，都心や旧市街の人口が減少する空洞化がみられ，治安の悪化などが発生している問題。

④ 大量の農村人口が職を求めて都市に流入して市街地周辺を不法占拠し，スラムからなる自然発生的集落を形成している問題。

〈東京都/石川県改題〉

16 ★★☆

⑴ 「カナート（地域によってはフォガラやカレーズとよぶ）」を生徒に説明したい。説明に必要な図（語句を含む）を描け。

⑵ 次の文章を読んで，各問いに答えよ。

世界には多様な人間集団が存在し，それぞれの生活を営んでいる。その中でも$_a$民族は共通の価値観と行動様式を有する人間集団である。例えば，アラブ民族の価値観は$_b$イスラーム教が中心となっており，ラテン民族やゲルマン民族にとっては多くがキリスト教である。このように，それぞれの民族は歴史の中で独自の生活文化を生み出し，それを維持している。

世界の中にはほぼ単一の民族によって構成される国もある一方で，$_c$複数の民族によって構成されている多民族国家もある。各国で民族構成の在り方は多様で，先住民の問題や少数民族に対する差別，$_d$民族間の対立も存在する。これらの問題を解決するためには，それぞれの民族の価値観を尊重し相互に認め合うことが重要である。近年，$_e$少数派の民族が自らの文化的伝統への帰属意識を保つことを積極的に認めようとする政策をとる国も現れてきた。

問1　下線部aについて，民族を区分する基準として誤っているものを次から選べ。

ア．宗教　　イ．言語　　ウ．皮膚の色　　エ．慣習

問2　下線部bについて，イスラーム教の説明として誤っているものを次から選び，その理由を説明せよ。

① 1日に5回の礼拝の他，ラマダーンの断食（日の出から日の入りまで）などが義務付けられている。

② アラビア語を介して乾燥地帯を中心に伝播したため，イスラーム教徒の数はアラビア語圏以外ではほとんどない。

③ 聖典コーランの教えが人々の日常生活の在り方を大きく規定しており，禁酒・豚肉の忌避などの戒律がある。

④ 唯一絶対の神アッラーを信仰し，モスクとよばれる寺院が各所に建てられている。

問3　下線部cについて，多民族国家の例として最もふさわしい国を次から選べ。

ア．マレーシア　　イ．大韓民国　　ウ．アルゼンチン　　エ．イタリア

問４　下線部ｄについて，地図中Ａ～Ｄに示されている地域の説明として正しいものを①～④から選べ。

①　Ａでは過去にスペイン語の使用を強要された歴史をもつ少数派の民族が，分離独立を訴え独立を勝ち取った。

②　Ｂでは多民族で複数の言語や宗教をもつ国がいくつも存在したが，現在は一つの国に統一された。

③　Ｃでは複数の国にまたがって居住する民族がそれぞれの国から迫害を受けてきたが，1991年に国連は保護政策を打ち出した。

④　Ｄではポルトガル領であった島の東部が独立を主張し，国連の暫定統治を経て，2002年に独立した。

問５　下線部ｅについて，オーストラリアやカナダで採用されているこのような政策を次から選べ。

ア．白豪主義　　イ．同化主義　　ウ．民族自決主義　　エ．多文化主義

〈神戸市/和歌山県改題〉

17 ★★☆

次の各問いに答えよ。

⑴　次の地図Ⅰ中の●は，ある工業の工場の分布を示している。どのような工場の分布を表したものか。次から選べ。

ア．製鉄所

イ．石油化学コンビナート

ウ．自動車工場

エ．半導体工場

オ．セメント工場

地図Ⅰ　(2021年)

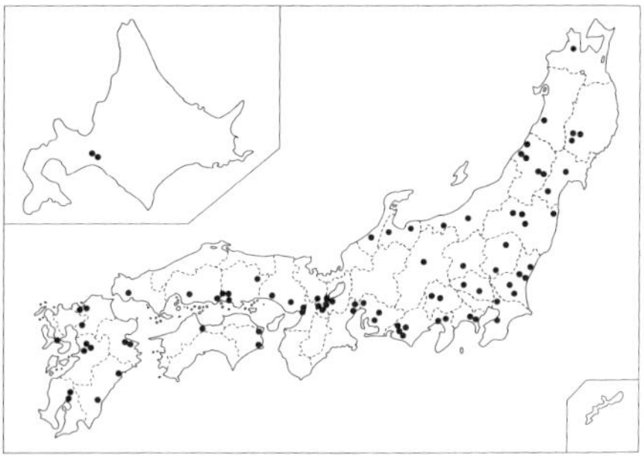

(『県勢2023』)

⑵　次の表Ⅰは，日本の米，小麦，豆類，果実類，肉類，鶏卵の自給率の変化を表したものである。表中イに当てはまる農作物を答えよ。

表Ⅰ　(%)

年	ア	イ	ウ	エ	オ	肉類
1935	73	104	42	96	100	93
1970	106	84	13	9	97	89
1980	100	81	7	10	98	81
1990	100	63	8	15	98	70
2000	95	44	7	11	95	52
2010	97	38	8	9	96	56
2020	97	38	8	15	97	53

(『データブック オブ・ザ・ワールド2023』)

⑶　次の表Ⅱのア～オには東京都，埼玉県，岐阜県，愛知県，大阪府のいずれかの都府県が入る。表中アに当てはまる都府県を答えよ。

表Ⅱ　※65歳以上の人口割合

	人口密度(2021年, 人/km²)	高齢者率(2021年, %)※	産業別人口構成(2020年, %)			昼夜間人口比率(2020年, %)
			1次	2次	3次	
ア	4,622	27.7	0.5	22.5	77.0	104.4
イ	1,453	25.5	1.9	32.4	65.7	101.3
ウ	185	30.8	2.8	32.7	64.4	96.3
エ	6,386	22.9	0.4	15.0	84.6	119.2
オ	1,933	27.2	1.5	23.0	75.5	87.6

(『県勢2023』)

⑷　次の文章が表す用語や地名を答えよ。

①　山形県の最上川下流域に広がる平野

②　伝統工業の漆器で知られる，能登半島にある都市

③　日本最西端に位置する島

⑸　次のア～カのグラフは，キウイフルーツ，もも，ぶどう，りんご，かき，うめの生産量の割合（2021年）を示している。グラフ中ａ～ｃに当てはまる都道府県名を答えよ。

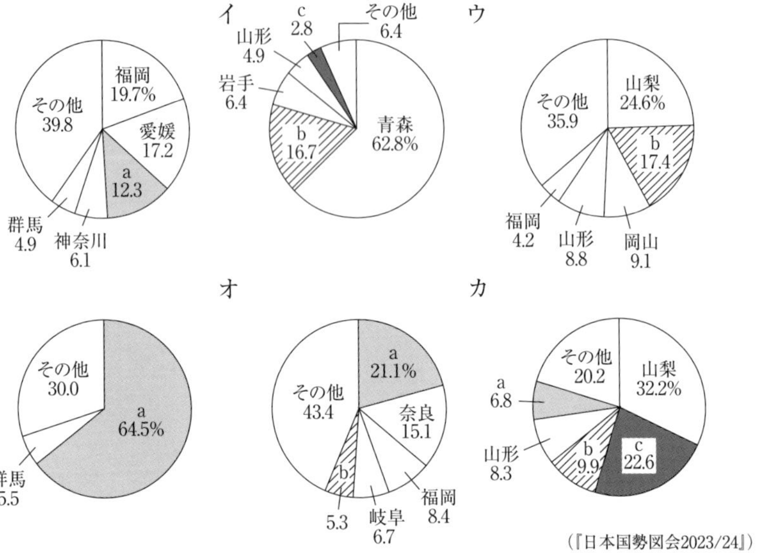

（『日本国勢図会2023/24』）

〈鳥取県改題〉

18 ★★☆

次の資料を見て，各問いに答えよ。

⑴　資料１は日本におけるある鉱産資源の輸入額の割合に関するグラフである。資源名を答えよ。

〈資料１〉ある鉱産資源の輸入先（2021年）

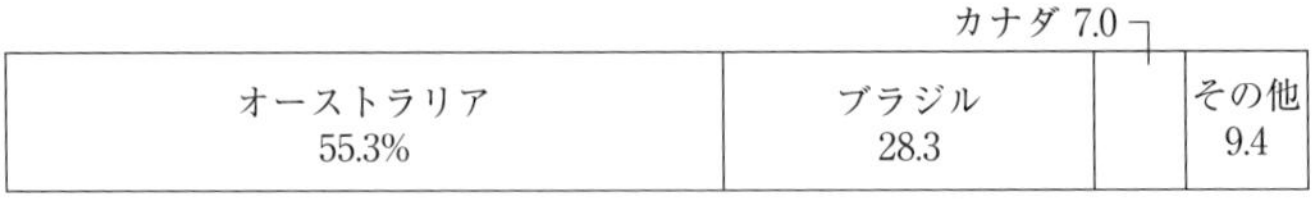

『日本国勢図会2023/24』）

(2)　資料２は，各国の穀類自給率（2019年）を示したものである。空欄Ａに当てはまる国をア～エから選べ。

ア．アメリカ合衆国

イ．フランス

ウ．インド

エ．ブラジル

〈資料２〉穀類自給率（％）

国名	数値
（　Ａ　）	187
（　Ｂ　）	132
（　Ｃ　）	116
（　Ｄ　）	110
ドイツ	101
中国	99
日本	33

（『世界国勢図会2022/23』）

(3)　資料３は，日本の主な工業地帯や工業地域の産業別出荷額の割合を示したものである。中京工業地帯に当てはまるものをア～エから選べ。

〈資料３〉工業地帯や工業地域の産業別出荷額割合（2020年）

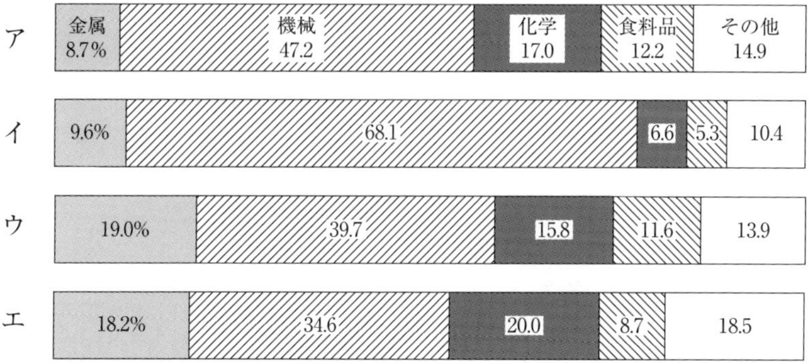

（『日本国勢図会2023/24』）

(4)　資料４は，日本の発電量の内訳を示したものである。ウに当てはまる発電方法の種類を答えよ。

〈資料４〉日本の発電量の内訳

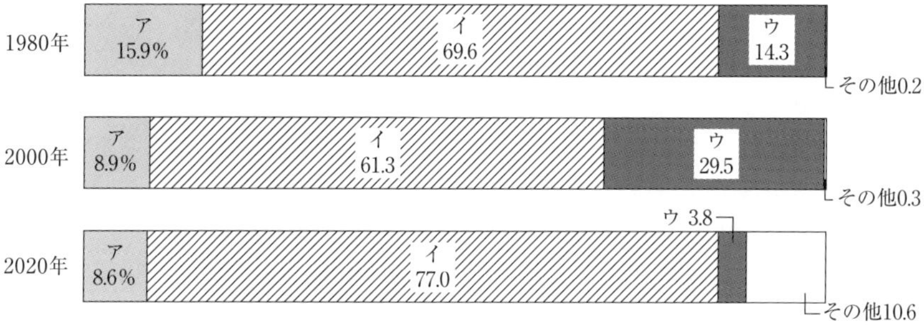

（『日本国勢図会2023/24』）

(5) 資料５は，1980年と2020年における日本の農業総産出額の構成を示したものである。ア～エに当てはまるものの組み合わせとして正しいものを①～④から選べ。

〈資料５〉日本の農業総産出額の構成

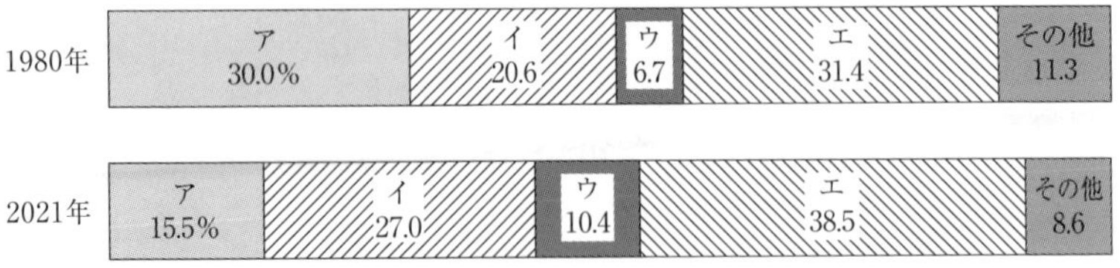

（『日本国勢図会2023/24』）

	ア	イ	ウ	エ
①	米	野菜・いも類	果実	畜産
②	米	畜産	果実	野菜・いも類
③	米	野菜・いも類	畜産	果実
④	野菜・いも類	畜産	果実	米

〈佐賀県改題〉

19 ★★☆

次の文章を読んで，各問いに答えよ。

Ⅰ．1949年までオランダによる植民地支配が続いた。国民の多くはイスラーム教徒であるが，リゾート開発が進み，日本からも多くの観光客が訪れている（　a　）島では，ヒンドゥー教徒が多数を占めている。石炭や天然ガスなどの他，b パーム油は大きな輸出資源となっている。

Ⅱ．1980年代に入り，それまでヨーロッパに目を向けて産業の活性化を進めてきたが，同じアジアのc 日本や韓国の発展を手本とした政策に切り替え，急激に発展してきたd ASEAN 加盟の国家である。

Ⅲ．この国ではかつて人民公社とよばれる共同組織が農業を行っていたが，行政指導が強すぎたことや，労働意欲の低下で生産性は停滞していた。そこでe 計画は立てるが，実質の経営は農家が行う制度を進めたところ，成果を上げ，人民公社は徐々に解体していった。

Ⅳ．重要な輸出品目である米は，チャオプラヤ川流域の平野において多く生産されている。歴史的にはイギリスとフランスの強国が植民地支配を広げる中，両国が対立を避けるため（　f　）国として独立を維持することができた王国である。

(1)　Ⅰ～Ⅳの各文章に当てはまる国名を答えよ。

(2)　空欄 a に当てはまる島の名称を次から選べ。

ア．プーケット　　イ．ペナン　　ウ．バリ　　エ．セブ　　オ．ビンタン

(3)　下線部 b について，パーム油の生産量に当てはまるものを次の表ア～オから選べ（なお，パーム油以外はカカオ豆・コーヒー豆・米・茶の生産量を表している）。

ア

2020年	千トン
ブラジル	3,700
ベトナム	1,763
コロンビア	833
インドネシア	773
エチオピア	585
ペルー	377
ホンジュラス	365

イ

2020年	千トン
中国	2,970
インド	1,425
ケニア	570
アルゼンチン	335
スリランカ	278
トルコ	255
ベトナム	240

ウ

2019年	千トン
インドネシア	42,869
マレーシア	19,858
タイ	3,040
コロンビア	1,528
ナイジェリア	1,220
グアテマラ	880
ホンジュラス	707

エ

2020年	千トン
中国	211,860
インド	178,305
バングラデシュ	54,906
インドネシア	54,649
ベトナム	42,759
タイ	30,231
ミャンマー	25,100

オ

2020年	千トン
コートジボワール	2,200
ガーナ	800
インドネシア	739
ナイジェリア	340
エクアドル	328
カメルーン	290
ブラジル	270

（『世界国勢図会2022/23』）

(4)　下線部 c について，その政策名を答えよ。

(5)　下線部 d について，2023年 6 月現在加盟している国の総数を答えよ。

(6)　下線部 e について，この制度名を答えよ。

(7)　空欄 f に当てはまる語句を答えよ。

(8)　次の文章は，それぞれどの国について述べたものであるか。正しい組み合わせを①～⑤から選べ。

ア．この国は，国土の大部分が砂漠に覆われている。アメリカ系の国際石油資本によりガワール油田などが開発された。ジッダには石油精製工業や鉄鋼業が発達している。

イ．この国は，第一次世界大戦後の革命により1923年に共和国となった。その後，西欧化を進め，西ヨーロッパ諸国への出稼ぎ労働者が増加した。

1996年にEUとの間に関税同盟を結び，貿易面ではEUに属する国々と同じ扱いを受けることになった。

ウ．この国は，西アジアで最初に油田が開発され，1979年の革命により，それまでの立憲君主国から共和国へ移行した。伝統産業としてのペルシアじゅうたんも有名。乾燥地域にはカナートとよばれる地下水路が発達している。

	ア	イ	ウ
①	トルコ	イラク	アフガニスタン
②	イラク	サウジアラビア	イラン
③	サウジアラビア	トルコ	イラン
④	イラン	トルコ	サウジアラビア
⑤	アフガニスタン	イラン	トルコ

〈千葉県・千葉市/神奈川県・横浜市・川崎市改題〉

20 ★★☆

次の表と地図を見て，各問いに答えよ。

〈東南アジア諸国の輸出品の割合と輸出総額（%，2020年）〉

①

（　A　）	49.8
石油製品	8.0
精密機械	5.0
金（非貨幣用）	4.4
プラスチック	3.2
有機化合物	2.9
総額 373,684百万ドル	

②

（　A　）	43.4
石油製品	6.1
パーム油	4.2
衣類	4.2
精密機械	4.2
液化天然ガス	2.9
総額 233,931百万ドル	

③

（　A　）	31.4
自動車	9.9
金（非貨幣用）	5.8
プラスチック	4.1
ゴム製品	3.2
野菜・果実	3.1
総額 231,388百万ドル	

④

パーム油	10.6
石炭	10.1
（　A　）	8.9
鉄鋼	6.9
衣類	4.6
自動車	4.0
総額 163,192百万ドル	

⑤

（　A　）	64.8
野菜・果実	4.7
精密機械	2.8
銅	2.6
ニッケル鉱	2.3
金（非貨幣用）	2.0
総額　65,214百万ドル	

（『世界国勢図会2022/23』）

(1)　地図中アの中央部を流れる河川名を答えよ。

(2)　中国南部に源を発し南流して，地図中イとウの国境を流れ，オの南部で南シナ海に注ぐ河川名を答えよ。

(3)　地図中Xの海峡名を答えよ。

(4)　この地図には，2002年に正式に独立した国の国境が省略されている。その国名を答えよ。

(5)　表中の空欄Aに共通する輸出品名を答えよ。

(6)　表①～⑤の国名を答え，それぞれの国の位置を地図中ア～コから選べ。

(7)　1986年以降，地図中オがそれまでの統制経済から市場開放政策をとるようになった。その政策名を答えよ。

(8)　第二次世界大戦後，フランスから独立した国を地図中ア～コからすべて選べ。

(9)　イスラーム教徒が多数派を占める国を地図中ア～コからすべて選べ。

(10)　1967年に結成した当時からASEANに加盟している5ヵ国を地図中ア～コからすべて選べ。

(11)　次の表は，我が国における地図中イ，オ国からの主要輸入品（2021年）を示している。表中の空欄あに当てはまる輸入品名を答えよ。

国名	主要輸入品の輸出額に占める割合（%）			
イ	（　あ　）36.1	肉類　7.2	自動車　4.6	プラスチック　3.6
オ	（　あ　）34.5	衣類　15.8	はきもの　4.5	魚介類　4.2

（『日本国勢図会2023/24』）

〈富山県/山口県改題〉

21 ★★★

ヨーロッパに関する次の各問いに答えよ。

(1) 次の①～④の文章に当てはまる国名をそれぞれ答えよ。

① ユーラン（ユトランド）半島及び周辺の島々からなる立憲君主国である。中世から続く王国で，14世紀末から16世紀にかけては広く北ヨーロッパを支配した。

② 国土の4分の1は海面下にあり，干拓事業によりポルダーを造成した。園芸農業と酪農が盛んである。

③ スカンディナビア半島の東端にあり，数多くの湖と豊かな森林が国土を特色付けている。

④ 産業革命の発祥の地であり，世界有数の工業国として発展したが，第二次世界大戦後の植民地の独立により地位が低下した。

(2) EUに関する各問いに答えよ。

問1 EUの成立過程を，1952年を出発点として1993年に発効された条約も含めて，組織の主な変遷を中心に説明せよ。

問2 EUとしての共通農業政策とその問題点を説明せよ。

(3) ドイツの都市フライブルクでは，ヒートアイランド現象や大気汚染などの環境問題の改善のため，パークアンドライド方式が進められている。このパークアンドライドが環境問題の改善につながる理由を，この方式の特徴を踏まえて説明せよ。

〈新潟県改題〉

22 ★★☆

次の地図を見て，各問いに答えよ。

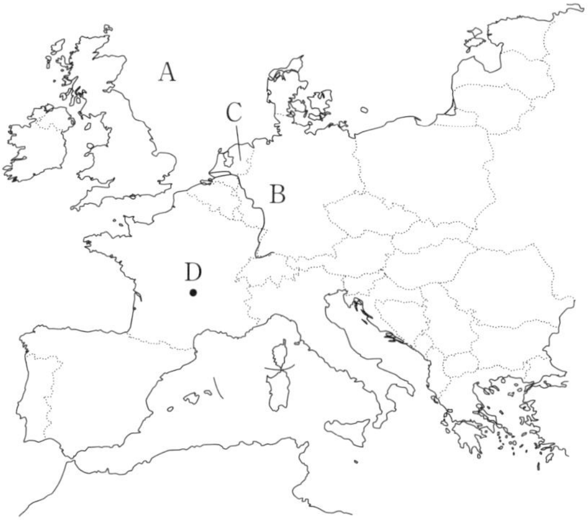

⑴　地図中Aの海は，にしん・たらなどの漁場として知られている。この海の名称を答えよ。

⑵　地図中Bの川の名称を答えよ。

⑶　地図中Cの国に関する記述として正しいものを選べ。

①　国土の大部分が山岳地帯でありながら，ヨーロッパの交通の重要な位置を占める。現在，26州からなる連邦国家である。

②　1830年に隣国から独立した立憲君主国。首都にはEU本部がおかれている。

③　小麦などの農産物やチーズなどの酪農製品を生産し，輸出する世界的な農業国である。

④　かつて海外に多数の植民地をもち，世界貿易の中心地として栄えた国である。

⑷　地図中Dのリヨンを中心とした地域の工業に関する記述として正しいものを選べ。

①　石炭に恵まれ，急速に製鉄業が発達した。現在は石炭産業の不振により産業構造が大きく変わってきている。

②　伝統的に繊維工業が盛んで，特に絹織物工業が有名である。国内第2の工業地域で，多様な近代工業が発達している。

③　国内最大の消費地を控えているので，日用品の生産をはじめ，印刷・機械などの工業が発達している。

④ 豊富な水量を利用して工業が進展した。機械工業や化学工業などが発達している。

(5) 次のグラフはオリーブの生産量（2020年）を国別に示したものである。空欄に当てはまる国をア～エから選べ。

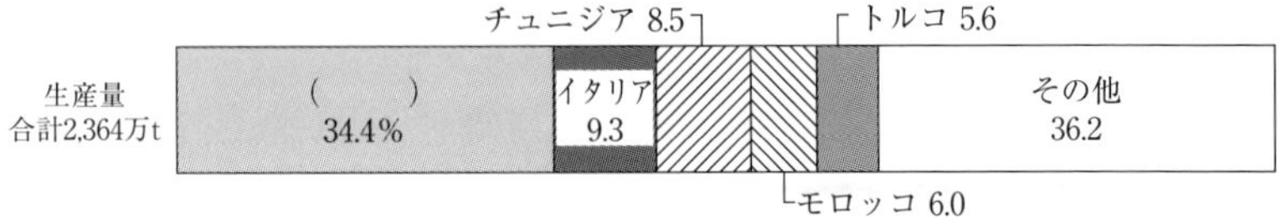

（『データブック オブ・ザ・ワールド2023』）

ア．スペイン　　イ．フランス　　ウ．スイス　　エ．ベルギー

〈岩手県改題〉

23 ★★☆

EU（ヨーロッパ連合）に関する次の各問いに答えよ。

(1) 1993年に発効し，ヨーロッパの統合を進めるEUを誕生させた条約名を答えよ。

(2) 2018年にEUにおいて明文化され，インターネット上にある個人に関する情報を検索サイトから削除してもらうように検索事業者に求めることができる権利を何というか答えよ。

(3) 表1は，2004年以前のEU加盟14ヵ国（イギリスを除く）の1人当たり国民総所得を示している。表2は，表1のA～D 4ヵ国の輸出状況を示している。表2を参考にして，表1のA，Dの国名を答えよ。

表1　EU各国の1人当たり国民総所得（2020年）

（単位：ドル）

ルクセンブルク	74,956	ドイツ	47,186
アイルランド	65,633	ベルギー	45,505
（　A　）	63,552	（　C　）	39,573
スウェーデン	55,191	イタリア	31,622
オランダ	52,406	スペイン	27,570
（　B　）	49,517	ポルトガル	22,059
オーストリア	48,051	（　D　）	18,040

（『世界国勢図会2022/23』）

表2　EU加盟4ヵ国の輸出額と主要輸出品の輸出額に占める割合（2020年）

（輸出額：百万ドル）

A		B		C		D	
輸出額：106,871		輸出額：65,607		輸出額：488,562		輸出額：35,070	
主要輸出品	(%)	主要輸出品	(%)	主要輸出品	(%)	主要輸出品	(%)
機械類	21.4	機械類	24.1	機械類	19.2	石油製品	21.0
医薬品	19.5	紙類	9.6	自動車	8.7	医薬品	9.4
肉類	4.5	石油製品	6.5	医薬品	7.9	機械類	9.2
衣類	4.2	自動車	6.4	航空機	5.9	野菜・果実	7.9
魚介類	3.3	鉄鋼	5.1	精密機械	2.9	アルミニウム	4.8

（『世界国勢図会2022/23』）

〈和歌山県改題〉

24 ★★☆

次の地図を見て，各問いに答えよ。

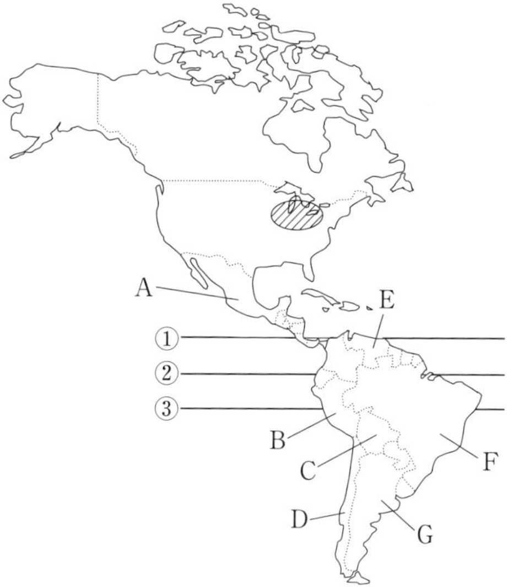

(1)　地図中①〜③から赤道を表している緯線を選べ。

(2)　次のグラフは，2020年におけるアメリカ合衆国の輸出入先を貿易額の割合で表したものである。次の各問いに答えよ。

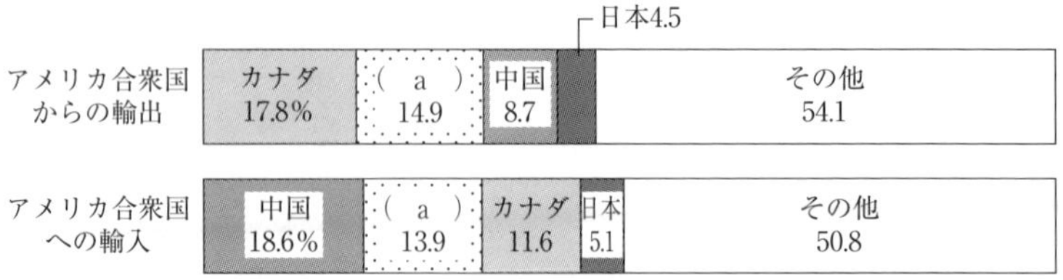

(『世界国勢図会2022/23』)

問１　グラフ中の空欄ａに当てはまる国を地図中Ａ〜Ｇから選び，その記号と国名を答えよ。

問２　地図中の斜線部で発展し，1994年に北米自由貿易協定（NAFTA）が成立したのを機に空欄ａでの生産が拡大した産業を答えよ。

問３　北米自由貿易協定（NAFTA）に変わり，2020年に発効した新貿易協定を略称（アルファベット）で答えよ。

(3)　次の①，②の文章は，中南米のある国について説明したものである。当てはまる国をそれぞれ地図中Ａ〜Ｇから選び，その記号と国名を答えよ。

①　国土の大部分がサバナ気候に属し，東部にはギアナ高地がある。主産業は石油関連産業で，輸出品目の多くを原油が占める。

②　アンデス山脈を挟んで西側には乾燥地帯，東側には熱帯雨林が広がる。漁業が盛んで，2020年の漁業生産量は中南米第１位である。

〈石川県改題〉

25 ★★☆

次の各問いに答えよ。

(1) アメリカ合衆国では，各地の環境に合った農作物が栽培されている。これを何というか答えよ。

(2) 2000年代に入り，地下深い岩の層にある天然ガスの採掘が，アメリカ合衆国北東部や南部を中心に行われるようになったが，この天然ガスの名称を答えよ。

(3) アメリカ合衆国とカナダとの国境として用いられた緯線は北緯何度か答えよ。

(4) アメリカ合衆国の耕作地では土壌侵食が問題となることが多い。土壌侵食とは何か答えよ。また土壌侵食の対策としての等高線耕作について説明せよ。

(5) メキシコシティ周辺で深刻となっている環境問題を１つ答えよ。

(6) ミシシッピ川の河口近くに第二次世界大戦後，急速な工業化が進み，アメリカ有数といわれる貿易港をもつ都市がある。この都市名を答えよ。

(7) 次の表は牛肉の輸出量（2020年）の上位国を示したものである。空欄に当てはまる国名を答えよ。

国　名	千 t
ブラジル	1,724
(　　　)	1,104
アメリカ合衆国	943
アルゼンチン	616
ニュージーランド	472
オランダ	448
カナダ	379

（『世界国勢図会2022/23』）

(8) 次の各文章の空欄に当てはまる語句を答えよ。

・アメリカ合衆国は日本の約（　A　）倍もの面積をもつ広大な国である。

・アメリカ合衆国に本社をおいた（　B　）企業が世界中で経済活動を行っている。

・アメリカ合衆国は資源が豊富で，石炭生産量（2019年）は世界第６位，原油生産量（2021年）・天然ガス生産量（2020年）は世界第（　C　）位である。

・アラスカのノーススロープ地方は，（　D　）海に面し，石油開発が進められている。

〈岩手県/新潟県改題〉

26 ★★☆

次の地図を見て，各問いに答えよ。

(1)　オーストラリア大陸の地形に関する記述として正しいものを選べ。

①　新期造山帯に属する山脈が西部を走り，活火山を有する火山性の地形で，大部分は高原状の台地からなっている。

②　古期造山帯に属する山脈が東部を走り，中央部から西部にかけては安定陸塊の平坦な地形が広がっている。

③　新期造山帯に属する山脈が北西部に，古期造山帯に属する山脈が南東部に走っているのを除き，ほぼ全体が卓状地を形成し，東部には大地溝帯が走っている。

④　新期造山帯に属する険しい山脈が西部を，古期造山帯に属する山脈が東部を走り，その間に安定陸塊の大平原地帯が広がっている。

(2)　次のグラフは，地図中A～Dの都市の月別平均気温と月別平均降水量をハイサーグラフに表したものである。Dの都市のハイサーグラフを選べ。

ア　イ　ウ　エ

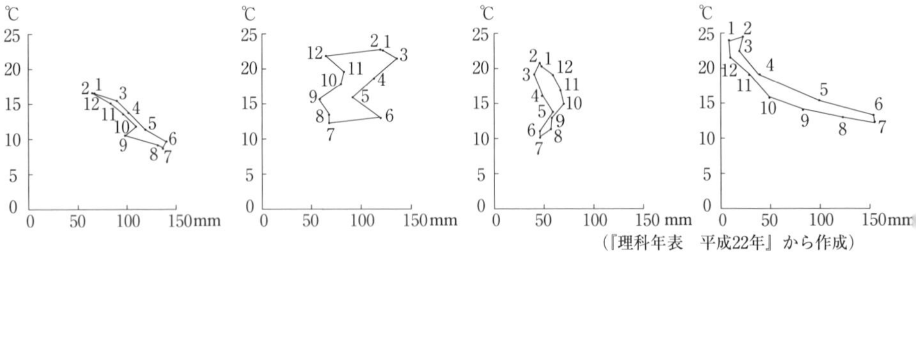

（『理科年表　平成22年』から作成）

(3)　次のグラフは，2021年における日本の主要な輸入品のうち，オーストラリアからの輸入が多い品目の国別輸入先割合（金額比）を示している。ア～エのグラフに当てはまる品目をそれぞれ答えよ。

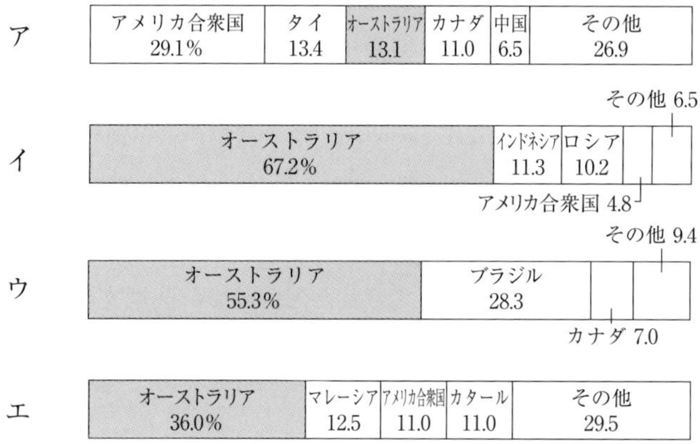

（『日本国勢図会2023/24』）

(4)　次の表は，アジア，アフリカ，中南アメリカ，オセアニアの2015年における主要宗教別の人口割合を示している。表中ア～エに当てはまる地域をそれぞれ答えよ。

（単位％）

	ア	イ	ウ	エ
キリスト教	73.2	8.6	48.5	92.3
イスラーム教	1.6	26.5	41.6	0.3
ヒンドゥー教	1.4	22.3	0.3	0.1
仏教	1.6	11.7	0.0	0.1
その他	22.2	30.9	9.6	7.2

（『地理データファイル2023年版』）

〈東京都改題〉

27 ★★☆

我が国の各時代を代表する次の①～⑥の建築物について，各問いに答えよ。

①　慈照寺銀閣　　②　室生寺金堂　　③　日光東照宮

④　円覚寺舎利殿　⑤　富貴寺大堂　　⑥　鹿苑寺金閣

⑴　①～⑥の建物に関する記述として正しいものをそれぞれ選べ。

ア．徳川家康の霊廟。将軍の権威を示す豪華な様式で，権現造とよばれる。

イ．もとは室町３代将軍が造営した北山山荘の舎利殿。1950年に焼失し，その後再建された。

ウ．屋根は現在は柿葺（こけらぶき）だが，当時は檜皮葺（ひわだぶき）。仏壇背後の壁画や翻波式の仏像も有名である。

エ．現在の大分県豊後高田市に建てられた阿弥陀堂。藤原文化の地方普及の一例である。

オ．禅宗様の代表例。小さな木材を用いた精巧な建て方や花頭窓などに特色がある。室町時代の建築との説がある。

カ．もとは室町８代将軍が造営した東山山荘の観音殿。下層は書院造，上層は禅宗の仏殿形式を取り入れている。

⑵　①～⑥の写真を，次のＡ～Ｆからそれぞれ選べ。

A

B

C

D

E

F

〈富山県〉

28 ★★☆

次の文章を読んで，各問いに答えよ。

Ⅰ．平清盛は，この地の港を整備して，（　A　）との貿易を行った。

Ⅱ．（　B　）から日本に渡ってきた鑑真は，この地に唐招提寺を建てた。

Ⅲ．フランシスコ＝ザビエルは，初めてこの地に上陸し，日本で最初のキリスト教の布教活動を始めた。

Ⅳ．フビライ＝ハンは，中国全土を支配し，国号を（　C　）と改め，さらに日本も支配しようと，この地に攻め入ってきた。

Ⅴ．アメリカ東インド艦隊司令長官ペリーは，４隻の軍艦を率いて，この地に入港した。

⑴　Ⅰ～Ⅴの表す「この地」を地図中ａ～ｊからそれぞれ選べ。

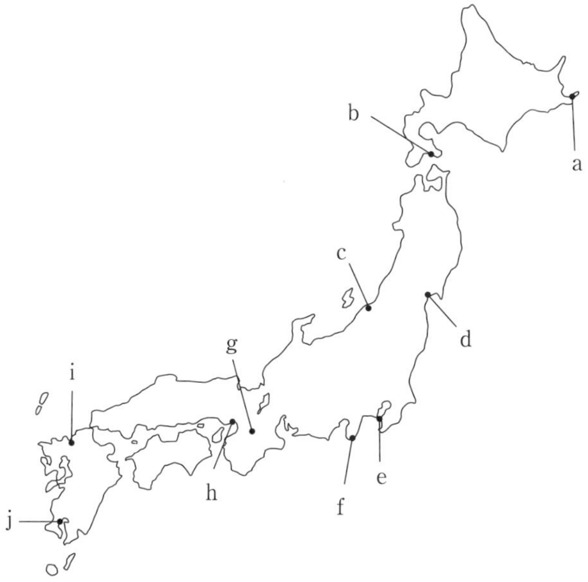

⑵　文章中の空欄に当てはまる中国の王朝名や国号を説明せよ。

⑶　文章中の空欄Ａに２度渡り，臨済禅や喫茶の習慣を日本に伝え，臨済宗の開祖となった人物名を答えよ。

⑷　文章中の空欄Ｃを訪れ，『世界の記述』の中で日本をヨーロッパに紹介したイタリア人商人名を答えよ。

⑸　Ⅲのように，宣教師たちは，なぜ日本などのアジアやアフリカに布教に向かったのか。次の２つの語句を使って，その理由を簡潔に説明せよ。

【宗教改革　　カトリック】

(6)　Ⅴの翌年幕府は，日本に再び来航したペリーとの間で，２港を開港し，アメリカ船に食料・水・石炭などを供給することを認める条約を結んだ。この条約名を答えよ。

(7)　Ⅰ～Ⅴのできごとを古い順に並べ替えよ。

〈愛媛県〉

29 ★★☆

次の各問いに答えよ。

(1)　次の文章中の空欄Ａ，Ｂに当てはまる語句の組み合わせとして正しいものをア～エから選べ。

797年征夷大将軍に任ぜられた坂上田村麻呂は，延暦20年（801年）蝦夷地に派遣され，翌年には（　Ａ　）が，翌々年にはさらに（　Ｂ　）が築かれた。

	Ａ	Ｂ
ア．	多賀城	胆沢城
イ．	胆沢城	多賀城
ウ．	伊治城	志波城
エ．	胆沢城	志波城

(2)　次の記述のうち誤っているものを選べ。

①　1221年後鳥羽上皇は北条義時追討の命令を出したが，失敗した。

②　1232年武家最初の体系的法典である御成敗式目は51ヵ条からなっている。

③　1570年長篠合戦（現在の岐阜県に当たる地域）で，武田勝頼軍が敗北した。

④　1639年のポルトガル船の来航を禁じ，1641年にはオランダ商館を出島に移した。

(3)　修学旅行生が多く訪れる中尊寺が関係する文化を次から選べ。

ア．飛鳥文化　　イ．院政期文化　　ウ．鎌倉文化　　エ．東山文化

(4)　1787年に出された改革に関する記述として正しいものを選べ。

①　風紀や出版を厳しく統制し，ぜいたくを禁じたり，物価を引き下げるため株仲間を解散させたりした。

②　農村の復興と物価引き下げに取り組み，江戸に働きに来ている者を農村に帰したり，穀物を蓄えさせたりした。

③　年貢の率を引き上げたり，町民に新田開発を請け負わせたりして，米価などの安定に努力した。

④　貨幣の質を良くしたり，長崎での貿易によって金銀が流出するのを抑えたりして，財政を立て直そうとした。

(5)　次のA～Dのグループの中で正しいものをア～エから選べ。

A．法隆寺・百済観音・北魏様式　　B．唐招提寺・鑑真和上像・塑像

C．室生寺・釈迦如来像・一木造　　D．東大寺・金剛力士像・運慶

ア．AとB　　イ．AとC　　ウ．BとD　　エ．CとD

(6)　身近なものにも歴史の教材として考えられるものがある。現在日本で使われている十円硬貨に描かれた建造物のある都道府県名を次から選べ。

ア．奈良県　　イ．京都府　　ウ．広島県　　エ．福岡県

(7)　次の外交政策と首相の組み合わせの中で，首相在任中の政策でなかったものを次から選べ。

ア．日ソ共同宣言―鳩山一郎　　イ．日米新安全保障条約調印―岸信介

ウ．日韓基本条約調印―佐藤栄作　　エ．日中平和友好条約調印―田中角栄

(8)　2023年6月現在，世界遺産に指定されているものの組み合わせとして正しいものを次から選べ。

ア．広島平和記念碑	厳島神社	姫路城	白川郷合掌造
イ．三内丸山遺跡	百舌鳥古墳群	吉野ケ里遺跡	伊勢神宮
ウ．名古屋城	金沢城	犬山城	日光東照宮
エ．中尊寺金色堂	鹿苑寺金閣	京都御所	元寇防塁

(9)　日本と中国との戦争は，満州事変から日本の降伏まで続いた。次のA～Eを年代の古い順に並べ替えたものとして正しいものをア～エから選べ。

A．日ソ中立条約の調印　　B．サンフランシスコ平和条約の調印

C．二十一カ条の要求　　D．国際連盟からの脱退

E．日独伊三国同盟の成立

ア．D→C→E　　イ．C→E→D

ウ．C→A→E　　エ．D→E→A

〈岩手県〉

30 ★★☆

次の年表を見て，各問いに答えよ。

年	できごと	
630年	遣唐使が送られる	
		①
701年	a大宝律令が制定される	
		②
1086年	b院政が始まる	
		③
1192年	源頼朝が征夷大将軍となる	
		④
1333年	鎌倉幕府の滅亡	
		⑤
1716年	c享保の改革が始まる	
		⑥
1858年	日米修好通商条約の締結	
		⑦
1919年	dヴェルサイユ条約の締結	

(1) 下線部aは，ある天皇の命を受け，刑部親王らによって編集された。ある天皇とは誰か答えよ。

(2) 下の史料は，下線部bを初めて行った人物の言葉である。史料中の下線部はどのような人たちを指しているか答えよ。

> 「賀茂川（鴨川）の水、双六の賽、山法師、これぞ朕が心に随はぬ者」
> （『源平盛衰記』）

(3) 下線部cに関する記述として誤っているものを選べ。

① 旗本・御家人の窮乏を救うために相対済し令を出し，金銭貸借の訴訟を評定所を通さず当事者間で解決させるようにした。

② 激増する訴訟や犯罪に対処できる法制の整備に力を入れ，公事方御定書を編集した。

③ 商人に物価引き下げを命じるとともに，株仲間を価格を不当につり上げている元凶とみなして解散させた。

④ 旗本には足高の制を定めて支出削減を図るとともに，官吏登用の条件をつくり，有能な人材を抜擢して改革を推進した。

(4) 下線部dの後の日本の動きについて述べた記述として正しいものを選べ。

① 満州への勢力の拡大を図るため，南満州鉄道株式会社を設立した。

② 国際協調の高まりの中で，軍縮の動きが現れ，日英同盟も廃止された。

③ 官営の八幡製鉄所が建設され軍備拡張のための重工業が発展していった。

④ 江華島事件を引きおこし，朝鮮に圧力を加え日朝修好条規を結ばせた。

⑸　④の期間に編纂された歌集を次からすべて選べ。

ア．『金槐和歌集』　イ．『万葉集』　ウ．『古今和歌集』
エ．『菟玖波集』　オ．『新古今和歌集』　カ．『閑吟集』
キ．『新撰菟玖波集』　ク．『筬の小文』

⑹　次の史料はどの期間のできごとか。年表中の番号で答えよ。

> 日本全国、当堺の町より安全なる所なく、他の諸国において動乱あるも、此の町にはかつてなく、敗者も勝者も、此の町に来住すれば皆平和に生活し、諸人相和し、他人に害を加ふる者なし。……町は甚だ堅固にして、西方は海を以て、又他の側は深き堀を以てかこまれ、常に水充満せり。
> （『耶蘇会士日本通信』）

〈山梨県改題〉

31 ★☆☆

次の文章は，各時代の政治について述べたものである。正しいものを○，誤っているものを×としたときの組み合わせとして正しいものを①～⑤から選べ。

ア．白村江の戦いで唐と新羅の連合軍に敗れたことを契機として，中大兄皇子は大宰府に水城を築くなど国防政策に取り組んだ。その一方で，近江大津宮で即位して天智天皇となり，庚午年籍を作成するなど国内制度の整備を目指した。

イ．得宗専制政治に対する御家人の反発を背景に，後醍醐天皇は鎌倉幕府を滅ぼし，天皇親政の政治を始めた。しかし，3年足らずで改革は挫折し，足利尊氏によって京を追われた天皇は吉野に北朝を立てた。

ウ．紀州藩の藩政改革で実績を残した徳川吉宗は，8代将軍として享保の改革を行った。この改革では，上げ米を実施することで財政不足を補い，足高の制によって有能な人材の確保を図るなど，幕政の建て直しに一定の成果を上げた。

エ．幕府財政の閉塞状況を打破するべく，田沼意次は株仲間を奨励することで，経済の活性化を狙った。また，国防上の観点から蝦夷地にも関心を向け，間宮林蔵を調査に派遣した。

オ．米騒動の後，立憲政友会総裁の原敬が首相に就任すると，「平民宰相」として国民から歓迎された。原内閣は国民の声に応えて普通選挙法を成立させたが，同時に治安維持法を制定した。

	ア	イ	ウ	エ	オ
①	○	×	×	○	○
②	×	○	×	×	○
③	○	×	○	○	×
④	○	×	○	×	×
⑤	×	○	○	○	×

〈大阪府・大阪市・堺市〉

32 ★★☆

次の史料とその説明文をもとにして，各問いに答えよ。

Ⅰ

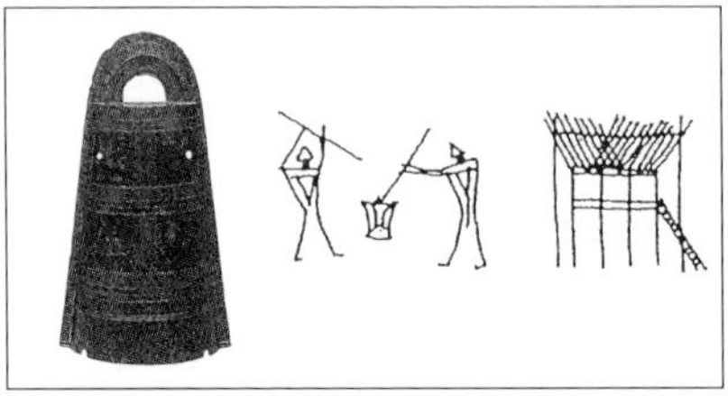

Ⅱ

Ⅲ

Ⅳ

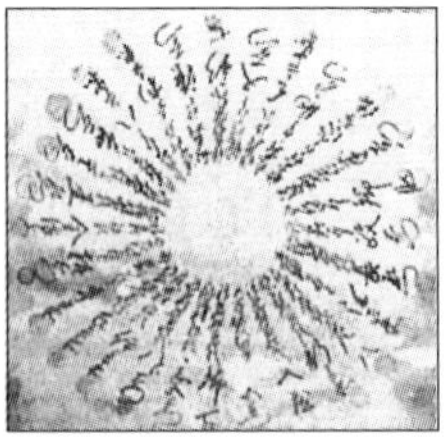

Ⅴ

Ⅵ

Ⅶ

Ⅰ．この史料は，日本で稲作が広まった頃の集落で使われた（　Ａ　）とよばれる青銅製の祭りの道具と，aその表面に描かれた当時の生活の様子を示している。

Ⅱ．この史料は聖徳太子が建てた（　B　）とよばれる寺で，金堂や五重塔などを備えている。この頃は中国の（　C　）との国交も開かれ，小野妹子などを中心とした使節が派遣され，中国の制度や文化を熱心に学んだ。

Ⅲ．この史料は（　D　）の肖像画である。彼は1549年に鹿児島へ上陸し，日本に初めて（　E　）を伝えた。以後しばらく$_{\text{b}}$ポルトガルやスペインとの貿易が盛んに行われた。

Ⅳ．この史料は$_{\text{c}}$江戸時代の傘連判状とよばれるものである。18世紀になると生活費などの支出が増え，財政難に苦しむ幕府や藩は農民の年貢を引き上げ，さまざまな税をかけた。そこで農民は団結し，領主などに対し（　F　）をおこし，抵抗した。

Ⅴ．この史料は，文政年間に描かれた（　G　）の『富嶽三十六景』とよばれる浮世絵である。この絵が描かれた当時，文学の分野では十返舎一九や曲亭（滝沢）馬琴が，俳諧の分野では与謝蕪村や小林一茶が活躍した。このような，江戸を中心とした町人文化を（　H　）という。

Ⅵ．この史料は，明治初期の頃に，土地所有の権利証として発行されたものである。ここには名前や所有地の面積，地価などが記載され，$_{\text{d}}$政府は土地所有者に地価の３％の税を現金で支払わせることとした。こうした一連の政策を（　I　）という。

Ⅶ．この史料は（　J　）らが1911年に発行した雑誌の表紙である。彼女たちが中心となって，女性を社会的差別から解放し，その地位を高めようとする運動が盛んになってきた。

⑴　文章中の空欄に当てはまる語句を答えよ。

⑵　下線部ａについて，この絵には当時のどのような生活が描かれているか，簡潔に説明せよ。

⑶　下線部ｂについて，この貿易は何とよばれていたか。次から選べ。

ア．南蛮貿易　　イ．長崎貿易　　ウ．朱印船貿易　　エ．勘合貿易

⑷　下線部ｃについて，空欄Ｆの参加者がⅣのような形式で署名する目的を，簡潔に説明せよ。

⑸　下線部ｄについて，政府がこのような制度を実施した目的を，簡潔に説明せよ。

〈鹿児島県改題〉

33 ★★★

次の史料を読んで，各問いに答えよ。

Ⅰ．一　天子諸芸能の事、第一御学問也。……
　　一　武家の官位は、公家当官の外為るべき事。
　　一　$_a$紫衣の寺、住持職、先規希有の事也。近年猥りに勅許の事、…（中略）…且は官寺を汚し、甚だ然るべからず。……

Ⅱ．十六日乙巳、今日、女御藤原威子を以て皇后に立つるの日なり。…太閤、下官を招き呼びて云く、「和歌を読まむと欲す。必ず和すべし。」者。答へて云く、「何ぞ和し奉らざらむや。」又云ふ、「誇りたる歌になむ有る。但し宿構に非ず。」者。「$_b$此の世をば我が世とぞ思ふ望月のかけたることも無しと思へば」。余申して云く、「御歌優美なり。酬答に方無し。満座只この御歌を誦すべし。…」と。…（中略）…
十一日辛卯、…$_c$天下の地悉く一家の領となり、公領は立錐の地も無き歟…。

Ⅲ．順帝の昇明二年、使を遣して上表して曰く、「封国は偏遠にして、藩を外に作す。昔より祖禰躬ら甲冑を擐き、山川を跋渉して寧処に遑あらず。東は毛人を征すること五十五国、西は衆夷を服すること六十六国、渡りて海北を平ぐること九十五国。…」と。

Ⅳ．一　寺社本所領の事　観応三・七・廿四御沙汰…次に近江・美濃・尾張三ヶ国本所領半分の事、兵粮料所として、当年一作、軍勢に預け置くべきの由、（　　　）人等に相触れ訖んぬ。半分に於いては、宜しく本所に分かち渡すべし。

Ⅴ．第一条　国体ヲ変革シ又ハ私有財産制度ヲ否認スルコトヲ目的トシテ結社ヲ組織シ又ハ情ヲ知リテ之ニ加入シタル者ハ十年以下ノ懲役又ハ禁錮に処ス。…

(1)　史料Ⅰについて，

問１　この史料名を答えよ。

問２　下線部ａについて，1627年におきた「紫衣事件」で幕府に抗議書を提出した大徳寺の僧侶名を１人答えよ。

(2)　史料Ⅱについて，

問１　下線部ｂの歌を詠んだ人物名を答えよ。

問２　下線部ｃは，当時のどのような状況を述べているか簡潔に説明せよ。

(3)　史料Ⅲについて，

問１　この史料が書かれた当時の中国の王朝名を次から選べ。

ア．漢　　イ．宋　　ウ．隋　　エ．唐

問２　この史料中に述べられている日本の王は，どのような目的で中国に使いを送ったのか。その目的を簡潔に説明せよ。

(4)　史料Ⅳについて，

問１　史料中の空欄に当てはまる語句を次から選べ。

ア．守護　　イ．地頭　　ウ．執権　　エ．管領

問２　この史料で述べられている年貢に関する取り決めを何というか答えよ。

(5)　史料Ⅴについて，

問１　この史料はある法律の一部である。この法律名を答えよ。

問２　この法律が作られたときの内閣総理大臣を次から選べ。

ア．黒田清隆　　イ．原敬　　ウ．加藤高明　　エ．犬養毅

(6)　史料Ⅰ～Ⅴを年代の古い順に並べ替えよ。

〈和歌山県〉

34 ★☆☆

次の各問いに答えよ。

(1)　大宝律令の制定や平城京遷都などに功績のあった人物を次から選べ。

ア．藤原秀衡　　イ．藤原不比等　　ウ．藤原頼通

エ．藤原冬嗣　　オ．藤原仲麻呂

(2)　次のＡ～Ｄは，執権政治が確立する過程での主なできごとである。年代の古い順に並べ替えたものをア～オから選べ。

Ａ．源実朝暗殺　　Ｂ．承久の乱

Ｃ．御成敗式目(貞永式目)の制定　　Ｄ．源頼朝死去

ア．Ｄ―Ｂ―Ａ―Ｃ　　イ．Ａ―Ｂ―Ｄ―Ｃ　　ウ．Ｄ―Ａ―Ｃ―Ｂ

エ．Ｄ―Ａ―Ｂ―Ｃ　　オ．Ｃ―Ｄ―Ａ―Ｂ

⑶　江戸時代末期に激しい攘夷運動がおこったが，1863年の薩英戦争の原因となった事件を次から選べ。

① アメリカ総領事ハリスの通訳であったオランダ人ヒュースケンが，薩摩藩の浪士に殺された。

② 品川東禅寺にあったイギリス仮公使館が，水戸藩の浪士による襲撃を受けた。

③ 江戸から帰藩途中の薩摩藩主の父島津久光の大名行列を横切ったイギリス人が，薩摩藩士に殺傷された。

④ 品川御殿山に建設中のイギリス公使館が，長州藩高杉晋作らに襲撃され，全焼した。

⑤ ロシア軍艦ポサドニック号が対馬に停泊し，租借権を要求した。

⑷　第二次世界大戦後，新選挙法のもとで最初の選挙が行われた。その結果，第一党となった保守系の日本自由党は，日本進歩党の協力によって第一次吉田内閣を成立させた。この内閣時代に関するできごとを次から選べ。

ア．日米安全保障条約調印　　イ．警察予備隊の新設

ウ．二・一ゼネスト中止指令　　エ．労働組合法の制定

オ．サンフランシスコ平和条約調印

〈三重県改題〉

35 ★★☆

我が国と外国との関わりを示した次の史料を見て，各問いに答えよ。

A

B

C

D

E

(1) 史料Aは，13世紀に現在の福岡県に築かれたものである。築かれた目的を簡潔に説明せよ。

(2) 史料Bは，東南アジア各地で貿易を行っていた船に与えられた渡航許可書である。このような許可書をもって貿易を行っていた船を何とよぶか答えよ。

(3) 史料Cは，ある屏風絵に描かれた建物である。このような建物は，当時何とよばれていたか答えよ。

(4) 史料Dは，我が国と中国との貿易に使用されていた札である。この札を何とよぶか。また，この札を使用した目的を簡潔に説明せよ。

(5) 史料Eは，西アジアの文化の影響を受けた工芸品である。これらが保管されている建築名を答えよ。

〈山口県〉

36 ★★☆

次の各問いに答えよ。

(1) 中国の王朝A～Fを古い順に並べ替えたときの組み合わせとして正しいものをア～オから選べ。

A．秦　B．唐　C．明　D．後漢　E．元　F．宋

ア．ADBFEC　イ．ADBECF　ウ．DAFBEC

エ．DBAFEC　オ．ADEBCF

(2) 唐に関する記述として誤っているものを選べ。

① 唐は建国後の約50年間が全盛期で，太宗・高宗の時代に世界的な大帝国となった。太宗の政治は貞観の治とよばれている。

② 黄巣の乱を機に唐は全く衰え，10世紀初めに朱全忠によって滅ぼされた。

③ 大帝国の出現により東西交通の障害が取り除かれ，文化は著しく国際的になりマルコ＝ポーロなどが訪れた。

④ 唐代の詩は中国文学史上最高の地位を占めており，王維・李白・杜甫・白居易などが有名である。

⑤ 唐は外征を行い，北方の西突厥を滅ぼし，さらに朝鮮にも出兵して百済・高句麗を滅ぼした。

(3) 第4回十字軍は，ヴェネツィアの商人の商権の拡大という要求により聖地回復の目的を捨て，商敵であった都市を占領してラテン帝国を建てた。この占領された都市を次から選べ。

ア．イェルサレム　イ．コンスタンティノープル

ウ．アレクサンドリア　エ．チュニス　オ．アッコン

(4) ササン朝が建国された時期とほぼ同じ時期の帝政ローマのできごとを次から選べ。

ア．軍人皇帝時代開始　イ．マラトンの戦い　ウ．西ローマ帝国滅亡

エ．スパルタクスの反乱　オ．アクティウムの海戦

(5) フランス革命に関するできごとＡ～Ｆを古い順に並べ替えたときの組み合わせとして正しいものをア～オから選べ。

Ａ．国民公会は，王政の廃止と共和政の樹立を決議した。

Ｂ．第２回対仏大同盟を機にナポレオンがクーデタをおこし，統領政府をたて自ら第一統領となり独裁権をにぎった。

Ｃ．「人間は生まれながらにして自由平等の権利を有する」とした人権宣言を採択した。

Ｄ．三部会に招集された第三身分は，自分たちが国民の代表であることを宣言し，「国民議会」と称した。

Ｅ．ジャコバン政府は，公安委員会と保安委員会を中心に独裁制をしき，いわゆる恐怖政治を行った。

Ｆ．国王の弾圧に怒ったパリの民衆は，暴動をおこしバスティーユ牢獄を襲撃した。

ア．ＤＣＦＥＡＢ　イ．ＦＤＡＣＥＢ　ウ．ＤＡＦＣＢＥ

エ．ＤＦＣＡＥＢ　オ．ＦＤＣＥＡＢ

(6) キューバにミサイル基地を建設したソ連に対抗するために，アメリカは海上封鎖を実行した。このキューバ危機に対処した大統領を次から選べ。

ア．ケネディ　イ．ジョンソン　ウ．ニクソン

エ．トルーマン　オ．フランクリン＝ローズヴェルト　〈愛知県改題〉

37 ★★☆

次の各問いについて，それぞれの選択肢から適切な語句を選べ。

(1) 右図に該当するものを答えよ。

ア．楔形文字　イ．インダス文字

ウ．神聖文字　エ．甲骨文字

オ．フェニキア文字

(2) 唐・宋以来の対外貿易港として栄え，後に南宋の都となり，マルコ＝ポーロが『世界の記述』で，紹介している都市を答えよ。

ア．カナウジ　イ．キンザイ　ウ．トルファン

エ．サマルカンド　オ．ニンポー

(3)　太陽王ルイ14世の栄光を象徴しているこの宮殿は，マンサールが設計，ルイ＝ブランが装飾した「鏡の間」が有名である。この宮殿を答えよ。
ア．サンスーシ宮殿　　イ．ヴェルサイユ宮殿　　ウ．マドリード宮殿
エ．シェーンブルン宮殿　オ．セント＝ジェームズ宮殿

(4)　フランス革命では，ジャコバン派の指導者たちが活躍した。ジャコバン派の指導者でない人物を答えよ。
ア．マラー　　イ．ダントン　　ウ．ラ＝ファイエット
エ．ロベスピエール　　オ．エベール

(5)　次の演説を行った人物を答えよ。
「いまやバルト海のシュテッティンからアドリア海のトリエステまで，一つの鉄のカーテンがヨーロッパ大陸を横切っておろされている。これらすべての有名な都市とその周辺の住民たちは，ソ連の勢力範囲内に入っている。」
ア．トルーマン　　イ．スターリン　　ウ．フルシチョフ
エ．ケネディ　　オ．チャーチル

(6)　シナイ半島，イェルサレム旧市街を含むヨルダン川西岸地区，ガザ地区などを占領し，イスラエルの領土が5倍になった戦争を答えよ。
ア．パレスチナ戦争　　イ．スエズ戦争　　ウ．第3次中東戦争
エ．十月戦争　　オ．湾岸戦争

〈神戸市改題〉

38 ★★☆

想像力豊かな高校生のAさんは教科書の「諸地域世界の交流と再編」「諸地域世界の結合と変容」の単元に出てくる次の3枚の絵と写真を見て，次のような想像をした。次の各問いに答えよ。

A．『この絵はグーテンベルクの活版印刷を描いたものだけど，確か製紙技術は中国で発明されたはずなのでどのようにしてヨーロッパに伝わったのかしら，またグーテンベルクの発明はどのような影響を与えたのかしら。』

(1) 中国からイスラーム社会に伝わった製紙技術は，12世紀頃イベリア半島とシチリア島を経てヨーロッパに伝えられたといわれている。イベリア半島の都市でイスラーム文明の西欧移入の拠点であり，「西欧への窓」とされた都市名を答えよ。

(2) ある技術革新は後の社会に影響を与えるというように，歴史は常につながっているという視点を生徒に育てたい。その点を意識した上で，あなたは活版印刷術の発明と，マルティン＝ルターの宗教改革との関係をどのように生徒に説明するか。説明する上での留意点も含めて答えよ。

B.『この絵はフランス中世のカレンダーだということだけど，この牛二頭が懸命に土地を耕している光景は，今でも東南アジアで見ることができるわ。この農法が当時のヨーロッパで導入されることによって何か社会が変わったのかしら。』

(3) 当時農民は領主に対して生産物の一部を納める貢納の他に，領主直営地での労働を義務付けられていたが，この労働のことを何というか答えよ。

(4) Aさんの疑問の通り，この農法の導入などにより，領主と農民の関係は大きく変化した。この変化について，11世紀から15世紀までのイギリスを取り上げ，次の語句を全て使用して説明せよ。

【独立自営農民　　黒死病　　貨幣】

(5) 農村の変化と同時に商業活動も活発化した。特にその動きは北イタリアで顕著であり，その中心となったアドリア海に面した海港都市名を答えよ。

C.『先日の地理の授業で東南アジアの大部分が欧米諸国によって植民地化されたと習ったけど，この写真を見るとかつて強大な国家がこの地域に存在していたことがわかるわ。そしてこの遺跡に塔（ストゥーパ）があるということはインドの影響があったということかしら。』

(6) インドネシアのジャワ島にあるこの遺跡名を答えよ。

(7)　インドネシアで大乗仏教が盛んであったことは，この遺跡建造以前にインド旅行の途中インドネシアに立ち寄った唐僧の旅行記からもわかる。この旅行記を著した唐僧名を答えよ。

(8)　インドネシアは16世紀以降，ポルトガルとそれに続くオランダの支配を20世紀まで受けた。他の多くの東南アジア諸地域も同じ道を歩むこととなったが，唯一現在のタイだけは植民地支配を受けることはなかった。その理由を説明せよ。

〈宮城県・仙台市〉

39 ★★☆

次の文章を読んで，各問いに答えよ。

現在，進行しつつあるグローバルな現実は，いわゆる「世界の一体化」と「歴史の同時化」とよばれているものの行きついた結果である。ここでいう一体化，同時化とは，むろん相対的な表現であって，その様態や度合いはさまざまである。$_a$モンゴル帝国の成立が，ユーラシア大陸を一体化させ，歴史を同時化させたとか，$_b$コロンブスらにはじまる「大航海」が世界を一体化，同時化させたと説明するときは，あくまで相対的な意味においてである。そのことは，$_c$帝国主義諸国による植民地領有などについてもいえる。ただし限定された範囲内ではあれ「世界の一体化」「歴史の同時化」を問題にするのは，それが現代のきわだった特徴であり，これの歴史的淵源と展開過程をたどるのが，現代を理解するために必要だからである。…（中略）…近年の国際政治情勢にも関連し，研究者の関心をひいているのは「ヒト」の移動である。たとえば，世界史上にあらわれた移民，$_d$難民，亡命は，文化交流をつよくうながした。…（中略）…$_e$アイルランド人のアメリカ移民は，合衆国東海岸に独特の$_f$カトリック文化を移植した。また，$_g$ナチス政権成立にともなう$_h$ユダヤ人の亡命や移民も，合衆国の学問，科学の前進に資するところ大であった。

（樺山紘一他『世界史へ－新しい歴史像を求めて』より抜粋）

(1) 下線部aについて，モンゴル帝国の最大版図を示す略地図として最も適切なものを次から選べ。

ア

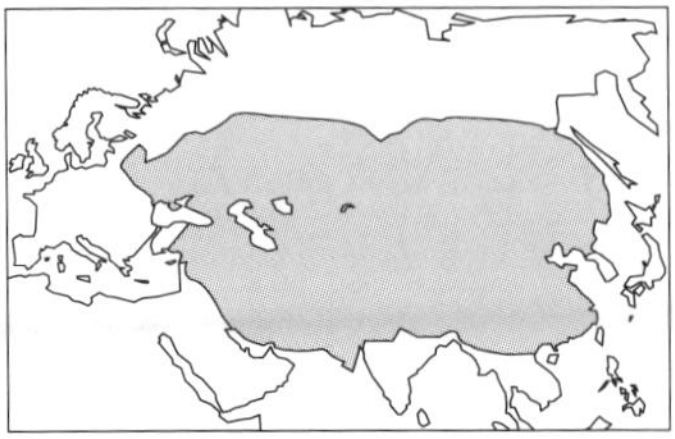

イ

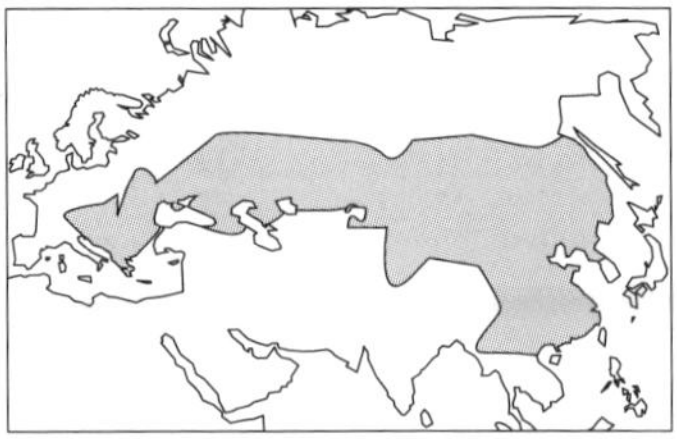

ウ

エ

(2) 下線部bについて，次のA～Cのできごとは，コロンブスのアメリカ大陸到達より前のできごとか，後のできごとか。正しい組み合わせをア～エから選べ。

A．ヴァイキングの北アメリカ到達　　B．鄭和のアフリカ東岸到達

C．イブン＝バットゥータの中国到達

ア．A―前，B―前，C―前　　イ．A―前，B―前，C―後

ウ．A―後，B―前，C―前　　エ．A―前，B―後，C―前

(3) 下線部cについて，1898年に次の地図中の●の場所でおきたできごとに関する記述として正しいものを選べ。

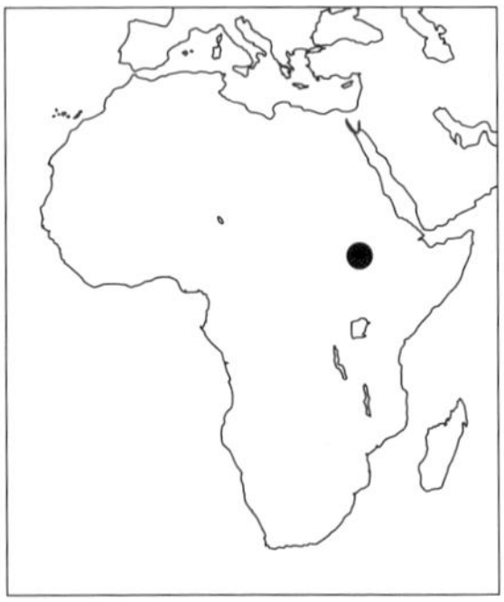

① フランス軍とドイツ軍が対峙し，緊張が高まったが，ドイツが譲歩した。

② ドイツ軍とオーストリア軍が衝突し，戦争に発展したが，ドイツが勝利した。

③ ロシア軍とトルコ軍が衝突し，戦争に発展したが，ロシアが勝利した。

④ イギリス軍とフランス軍が対峙し，緊張が高まったがフランスが譲歩した。

(4)　下線部ｄについて，パレスチナ難民の発生に至るまでの次のできごとを，年代順に古い方から並べ替えて３番目にくるものを選べ。
①　国際連合総会でパレスチナ分割案が可決された。
②　アラブ諸国連盟の反発によりパレスチナ戦争が起きた。
③　アメリカ合衆国の支援のもとイスラエルが建国された。
④　バルフォア宣言によりイギリスのユダヤ人国家建設への支持が表明された。

(5)　下線部ｅについて，ヴィクトリア女王時代の政治家で，２度にわたってアイルランド自治法案を議会に提出した自由党の党首名を次から選べ。
ア．ディズレーリ　　イ．グラッドストン
ウ．ピット　　エ．ジョゼフ＝チェンバレン

(6)　下線部ｆのカトリックに関する記述として正しいものを選べ。
①　聖書主義や義認説をとり，アウクスブルクの宗教和議でその信仰が諸侯や都市ごとに認められた。
②　聖書主義や予定説をとり，ウェストファリア条約で他の宗派の信者と同一の権利が認められた。
③　ローマ教皇至上主義をとり，トリエント公会議で宗教裁判を強化したり禁書目録を作成した。
④　信仰体験や復活祭を重視し，イコン崇拝などの特徴を持ち，原始キリスト教の精神を継承している。

(7)　下線部ｇに関する記述として正しいものを選べ。
①　国民公会の中に設置された公安委員会を中心に，反対派を多数処刑する恐怖政治を行った。
②　大恐慌を打開するために国家が経済に積極的に介入して景気の回復をはかるニューディールとよばれる政策を行った。
③　ファシズム大評議会が国家最高議決機関となって，ファシスト党による一党独裁が完成した。
④　ヴェルサイユ体制の打破，自民族の結束などを主張し，生活不安におびえる中産階級の支持を得た。

(8)　下線部ｈについて，アメリカに亡命した著名な物理学者を次から選べ。
ア．エディソン　　イ．アインシュタイン
ウ．フレミング　　エ．ノーベル

〈神奈川県・横浜市・川崎市〉

40 ★★☆

次の年表を見て，各問いに答えよ。

年	できごと
前８世紀	ギリシアでポリス社会が成立する…①
４世紀	ゲルマン人の大移動が始まる………②
７世紀	メッカにムハンマドが現れる………③
1096年	第１回目の（　　　）の遠征が始まる
14世紀	ルネサンスが始まる…………………④
15世紀	大航海時代が始まる…………………⑤
16世紀	宗教改革が始まる……………………⑥
18世紀	産業革命が始まる……………………⑦
1840年	アヘン戦争がおこる…………………⑧
1914年	第一次世界大戦が始まる
1939年	第二次世界大戦が始まる
1991年	ソ連解体………………………………⑨

(1)　年表中①について，古代ギリシアにおける主な哲学者名を３名答えよ。

(2)　年表中②について，大移動の標的となり476年に滅亡した国名を答えよ。

(3)　年表中③について，ムハンマドの後継者に選出されたカリフたちの何によって本格的な領土拡大が始まったか。カタカナで答えよ。

(4)　ローマ教皇の提案で始まった，年表中の空欄に当てはまる名称を答えよ。

(5)　年表中④が盛んになった代表的な北イタリアの都市名を答えよ。

(6)　年表中⑤について，1488年に喜望峰に達したポルトガル人名を答えよ。

(7)　年表中⑥について，ジュネーヴで活躍したカルヴァンが唱えた「予定説」について，簡潔に説明せよ。

(8)　年表中⑦について，経済上の自由主義を説いたアダム＝スミスの著書名を答えよ。

(9)　年表中⑧の戦争のきっかけになった「三角貿易」について，簡潔に説明せよ。また，この戦争の後，中国がイギリスと結んだ条約名を答えよ。

(10)　年表中⑨について，ソ連が解体するきっかけとなった，ロシア語で「建て直し」を意味するゴルバチョフの改革政策をカタカナで答えよ。

〈岡山県改題〉

41 ★☆☆

次の年表と図を見て，各問いに答えよ。

年	できごと
紀元前 221年	秦の（　　　）が中国を統一する
〃 202年	a前漢が成立する
紀元後 25年	b後漢が成立する
〃 589年	c隋の楊堅が中国を統一する
〃 907年	d唐が滅亡する

A

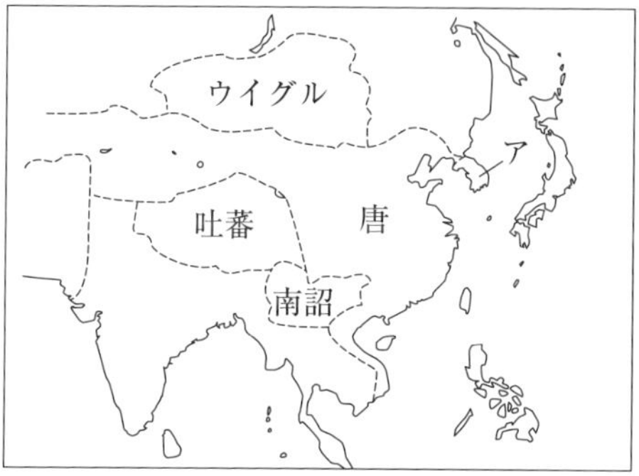

B

⑴　年表中の空欄に当てはまる人物名を答えよ。

⑵　下線部 a について，この時代に司馬遷が著した歴史書を答えよ。

⑶　下線部 b について，この時代におこった世界のできごとに関する記述として正しいものを選べ。

　①　ゲルマン人が大移動を始めた。
　②　カニシカのもとでクシャーナ朝が栄えた。
　③　ビザンツ帝国が成立した。
　④　アレクサンドロス大王がペルシアを支配した。

⑷　下線部 c について，この時代に始まった，学科試験によって広く人材を求める官吏登用法を答えよ。

⑸　下線部 d について，図Aは 8 世紀後半の東アジア世界を示した地図である。アの国名を答えよ。

⑹　図Bは，インドから経典をもち帰り，その後の中国仏教に大きな影響を与えた人物である。図Bの人物名を答え，最も関連する王朝を下線部 a ～ d から選べ。

C

D

(7) 図Cについて，

問１　１世紀にローマ市に建てられた建造物である。この中で，見世物として戦わされた奴隷を特に何とよぶか答えよ。

問２　この建造物を建てた国の歴史に関する記述として誤っているものを選べ。

① ペリクレス時代に民主政治が発展した。

② ガリア地方を征服した。

③ カルタゴとポエニ戦争を行った。

④ キリスト教を国教に定めた。

(8) 図Dについて，

問１　この資料は，18世紀にフランスでおこったできごとを示したものである。このできごとがおこった当時の国王名を答えよ。

問２　図Dにみられるような誓いを行った多くの人々の身分を明らかにして，この集まりで彼らがどのようなことを決定したか。「………までは解散しないことを決定した。」という形で答えよ。

18世紀後半以降の産業革命の進展に伴い，ヨーロッパ諸国は，原料供給地と販売市場を求めて，積極的にアジアに進出した。イギリスやフランスに遅れて$_{e}$統一国家を造り，資本主義を発展させたドイツやイタリアなども加わり，ヨーロッパ諸国は$_{f}$アジア諸地域を植民地あるいは半植民地とする傾向を急速に強めていった。

(9) 下線部ｅについて，図Eの人物が中心となって国家の統一が実現した国名を前の文章中から選べ。また，彼が推し進めた軍事力優先の政策名を答えよ。

E

⑽　下線部 f について，

問１　20世紀初頭に東南アジアのほぼ全域が植民地化されたが，東南アジアの国と植民地化した国の組み合わせとして正しいものを次から選べ。

ア．インドネシア，フランス　　イ．ビルマ，ドイツ

ウ．ベトナム，オランダ　　エ．マレーシア，イギリス

問２　イギリスによる植民地統治が進むインドでは，19世紀の中頃，民衆の大きな反乱がおこった。この反乱以後，イギリスのインド支配にはどのような変化がみられたか説明せよ。

〈鹿児島県改題〉

42 ★★☆

基本的人権に関する次の各問いに答えよ。

⑴　17世紀から18世紀にかけてヨーロッパ各国で唱えられた「王権神授説」とはどのような説か，簡潔に説明せよ。

⑵　⑴の「王権神授説」を批判し『市民政府二論』を著したイギリスの思想家を答えよ。また，その思想家が主張した人権に関する考え方を答えよ。

⑶　日本国憲法で保障されている「自由権」を３つ答えよ。

⑷　1919年に定められた，20歳以上のすべての男女に選挙権が認められ，世界初の社会権を保障するとともに，労働者の団結権も保障された憲法の名称を答えよ。

⑸　日本国憲法が保障する社会権のうちの労働三権の中で，いかなる公務員にも認められていない権利を答えよ。

〈三重県改題〉

43 ★★★

次の文章を読んで，各問いに答えよ。

法の支配という考え方は，権力者を法で拘束することにより恣意的な「人の支配」を排除しようとするもので，13世紀以降イギリスで主張され，17世紀になって確立されたものである。当時（　A　）説を信奉して独裁政治を行っていたスチュアート朝のジェームズ１世が裁判に干渉してきたため，裁判官の（　B　）は13世紀の法学者（　C　）の「王といえども神と法の下にある」という言葉を引用して国王の姿勢を批判した。

第二次世界大戦後に制定された日本国憲法も，人権保障のための法の支配の原則を幅広く採用している。すなわち，広範な人権保障規定（第３章）をおくとともに，最高法規性（第98条），公務員の（　D　）義務（第99条），法定手続の保障（第31条）などを規定している。さらに，「$_a$すべて司法権は，最高裁判所及び法律の定めるところにより設置する下級裁判所に属する。$_b$特別裁判所は，これを設置することができない。」（第76条第１・２項）と定めるとともに，「最高裁判所は，一切の法律，命令，規則又は処分が憲法に適合するかしないかを決定する権限を有する（　E　）である。」（第81条）として$_c$違憲立法審査権を明文で規定している。これは最高法規としての$_d$憲法に違反する法律・命令などが制定された場合，最高裁判所は「憲法の番人」として，それを$_e$違憲と判断することによって，国民に保障される基本的人権が国家権力，特に立法権・行政権によって侵害されることを防ぐために設けられたものである。

⑴　文章中の空欄に当てはまる語句・人名を答えよ。

⑵　下線部ａについて，司法制度改革の一環として2009年に裁判員法が施行された。同法に関する記述として誤っているものを選べ。

①　裁判員が長期間拘束されることがないよう，裁判の迅速化を図るための刑事訴訟法の改正も行われた。

②　裁判員は20歳以上の有権者から無作為抽選で選出されるが，国会議員や法曹関係者は除かれた。

③　法定刑に死刑を含む重大犯罪の裁判については，被告人の人権を守るため，裁判員が参加する事件から除かれた。

④　裁判員の任務を果たした者が解雇などの不利益な取り扱いを受けないよう保護規定が設けられた。

⑶　下線部ｂについて，大日本帝国憲法下にあった特別裁判所の例を２つ挙げよ。

(4)　下線部ｃについて，日本の違憲立法審査権に関する記述として正しいものを選べ。

①　違憲立法審査権の対象となるのは，法律，命令など国の法令に限られ，地方議会の制定する条例は該当しない。

②　法解釈の統一性を保つため，違憲立法審査権を行使できるのは最高裁判所に限られている。

③　裁判所は具体的な訴訟事件が提起された場合のみ，その事件の審査に付随して違憲立法審査権を行使できる。

④　最高裁判所が違憲判決を下した場合，その法律は直ちに効力を失う。

(5)　下線部ｄについて，憲法を改正せずに導入したとしても，憲法違反とはならない例を選べ。

①　内閣総理大臣を国民の直接選挙で選ぶ。

②　都道府県知事を都道府県議会で選出する。

③　参議院を廃止し，一院制にする。

④　選挙権を18歳以上の者に認める。

(6)　下線部ｅについて，

問１　最高裁判所が違憲判断を示した判決ではないものを次から選べ。

ア．愛媛玉串料訴訟　　イ．郵便法訴訟

ウ．薬事法距離制限訴訟　　エ．津地鎮祭訴訟

問２　裁判所の違憲審査に関連して「統治行為論」という考え方がある。その内容を，簡潔に説明せよ。

〈宮城県・仙台市改題〉

44 ★★☆

財政の役割についてまとめた次の表を見て，各問いに答えよ。

資源の適正配分	社会資本の整備 公共財の供給
所得の平均化	歳入面…$_a$所得税や相続税などの累進課税制度 歳出面…生活保護や$_b$雇用保険の給付など$_c$社会保障制度を通じた移転支出
景気調節機能	（　A　）…累進課税制度や社会保障制度などが働いて景気を自動的に調節するしくみ （　B　）…政府が政府支出や租税を操作し，意図的に景気・物価の安定化を図る補整的な$_d$財政政策

(1)　表中の空欄に当てはまる語句をカタカナで答えよ。

(2)　下線部 a について，

問 1　これら直接税が国の租税収入全体に占める割合は，現在およそ何割か答えよ。

問 2　持ち株を売るとき，その株価が購入時の株価を上回っていると，その差益に対して課税される。この差益のことをカタカナで何というか答えよ。

(3)　下線部 b に関連して，ワークシェアリングについて，簡潔に説明せよ。

(4)　下線部 c に関連して，現在，少子高齢化が問題となっている。これについて，各問いに答えよ。

問 1　合計特殊出生率とはどのような指標か，簡潔に説明せよ。

問 2　厚生労働省が発表した2021年の我が国の合計特殊出生率を次から選べ。

ア．1.91　　イ．1.75　　ウ．1.30　　エ．1.33

(5)　下線部 d について，

問 1　財政政策は経済の安定と成長を同時に実現させるなど，複数の政策目標を達成するため，金融政策や為替政策などと組み合わされて行われることが多い。このことを何というか答えよ。

問 2　景気を安定させることについてケインズはどのように主張したか。「公共事業」という語句を用い，不況期を例にして簡潔に説明せよ。

〈島根県改題〉

45 ★★☆

次の文章を読んで，各問いに答えよ。

企業は，市場での自由競争に勝つために，大量生産によって商品の生産費を下げようとし，企業の規模はしだいに大きくなってきた。それに伴い競争力のない企業が市場から消えていき，市場には少数の大企業が生き残るようになった。これを（　A　）といい，市場が１社で支配されている場合を独占という。

19世紀後半から，カルテル，トラスト，コンツェルンなどといわれる企業集中の形態が生まれ，さらに積極的に産業や業種を超えて，収益が高い企業の合併・買収を進める（　B　）とよばれる巨大企業が登場してきた。

$_a$企業は経済活動に必要な資金を主に$_b$銀行などの金融機関から調達している。また，日本の中央銀行である$_c$日本銀行は，物価や通貨価値の安定，さらに景気対策の一環として，金融引き締め，金融緩和など様々な金融政策を行っている。

⑴　文章中の空欄に当てはまる語句を答えよ。

⑵　下線部ａについて，次の各問いに答えよ。

問１　2006年の会社法施行により，新設が認められなくなった会社を，次から１つ選べ。

ア．株式会社　　イ．有限会社　　ウ．合同会社

エ．合名会社　　オ．合資会社

問２　近年，企業の社会的責任が問われるようになり，企業は利潤追求だけでなく公益活動を行うようになってきている。企業が行う様々な慈善的寄付行為などによって社会に貢献する活動を何というか。次から１つ選べ。

ア．フィランソロピー　　イ．コンプライアンス

ウ．ゼロエミッション　　エ．メセナ

⑶　下線部ｂについて，次の問いに答えよ。

問１　国際的な取引を行う銀行が破綻することを防ぐために，国際決済銀行（BIS）が定めている銀行の自己資本比率は何％か，次から選べ。

ア．３％　　イ．５％　　ウ．８％　　エ．10％　　オ．15％

問２　「ペイオフ」について説明せよ。

⑷　下線部ｃについて，景気過熱時に日本銀行は公開市場操作として売りオペレーションを行うことがある。売りオペレーションによって景気の過熱が抑えられるしくみについて説明せよ。

〈宮城県・仙台市〉

46 ★★★

次の文章を読んで，各問いに答えよ。

我が国では，日本国憲法第25条の（　A　）の保障を基本理念として，ａ社会保障制度の充実が図られてきた。現在，我が国の社会保障制度は，社会保険，公的扶助，（　B　），公衆衛生の４つの柱を中心に成り立っている。

社会保険は，医療保険・ｂ年金保険・雇用保険・労働者災害補償保険・（　C　）保険の５種類があり，疾病・老齢・失業・労働災害などに対して，医療や所得を保障しようとするものである。

公的扶助は，生活保護法に基づき生活に困窮するすべての者に対して，困窮の程度に応じて必要な保護を行う制度で，生活・教育・住宅・医療・（　C　）・出産・生業・葬祭の８つの扶助が行われている。

（　B　）では，障害者・児童・老齢者・母子世帯など，援護を必要とする人に対して，ｃ各種の法律によって，サービスを提供している。

公衆衛生とは，疾病の予防・治療・健康の増進など国民の健康を守る医療と，上下水道や清掃施設の整備，公害対策などのｄ生活環境の整備・保全をいう。

⑴　文章中の空欄に当てはまる語句を答えよ。

⑵　下線部ａについて，イギリスの社会保障制度の基礎となっている1942年に発表された報告名と，これに基づいて制度化されたイギリスの社会保障制度のスローガンを答えよ。また，この報告書の原則の１つであるナショナル＝ミニマムについて，簡潔に説明せよ。

⑶　下線部ｂについて，

問１　年金制度の財政方式である積立方式と賦課方式について，簡潔に説明せよ。

問２　我が国の現在における年金制度の財政方式について，簡潔に説明せよ。

⑷　下線部ｃの法律を４つ挙げよ。

⑸　下線部ｄについて，2000年に循環型社会形成推進基本法が制定され，循環型社会の形成に向けて様々な取り組みが進められている。この循環型社会を簡潔に説明せよ。

〈新潟県改題〉

47 ★★☆

次の年表を見て，各問いに答えよ。

年	海外事項	国内事項
1973年	a第１次石油危機勃発	高度経済成長終焉
1975年	フランスで第１回サミット開催	特例法による b特例国債（赤字国債）発行
1985年	G５によるプラザ合意によって cドル安進行	円高ドル安の進行により「産業の（　A　）」懸念
1993年	マーストリヒト条約により，ECが（　B　）に	環境基本法制定
1997年	d中国に（　C　）が返還され，「一国二制度」の方針に基づき「特別行政区」へ	独占禁止法が改正され，財閥解体以来禁止されていた（　D　）の設立が可能に
1999年	（　B　）で単一通貨ユーロ導入	e少子高齢化が徐々に進行

⑴　年表中の空欄に当てはまる語句を答えよ。

⑵　下線部aの原因を簡潔に説明せよ。

⑶　下線部bについて，財政法第４条で発行が認められている国債は何か答えよ。

⑷　下線部cについて，円やドルなど各国の通貨の交換比率のことを何というか答えよ。

⑸　下線部dについて，近年経済成長が著しいブラジル，ロシア，インド，中国，南アフリカ共和国の新興５ヵ国をさす造語で，５ヵ国の英語の頭文字をとって何とよばれるか，アルファベットで答えよ。

⑹　下線部eがもたらす問題点について，簡潔に説明せよ。

〈鹿児島県改題〉

48 ★★☆

ソクラテスに関する次の文章を読んで，各問いに答えよ。

「わたしの言葉は，いつもの言葉と変わりはしない。世にもすぐれた人よ，君は，(　　　)という，知力においても武力においても最も評判の高い偉大な国都の人でありながら，ただ金銭をできるだけ多く自分のものにしたいというようなことにばかり気をつかっていて，恥ずかしくはないのか。評判や地位のことは気にしても思慮や真実のことは気にかけず，a魂（たましい）をできるだけすぐれたものにするということに気もつかわず心配もしていないとは。…つまり，bわたしが歩き回っておこなっていることはといえば，ただ，つぎのことだけなのです。諸君のうちの若い人にも，年寄りの人にも，だれにでも，魂ができるだけすぐれたものになるよう，ずいぶん気をつかうべきであって，それよりも先に，もしくは同程度にでも，身体や金銭のことを気にしてはならない，と説くわけなのです。」

(1) この文章は『ソクラテスの弁明』であるが，著者名を答えよ。

(2) 空欄に当てはまる地名を答えよ。

(3) ソクラテスが一番の知者であると告げたデルフォイの神託が，彼の思想の出発点となっている。神託から悟ったその思想の出発点を何というか答えよ。

(4) 下線部 a について，

問 1　魂に配慮するために，ソクラテスは次のように説いた。空欄に当てはまる語句を答えよ。

「大切にしなければならないのは，ただ生きるということではなくて，(　　　)ということなのだ。」

問 2　ソクラテスは魂に配慮し，徳を追求した。徳を意味するギリシア語として正しいものを次から選べ。

ア．プシュケー　　イ．アレテー　　ウ．エイドス

エ．アナムネーシス　　オ．ヒュレー

(5) 下線部 b について，ソクラテスは真理探究のために，相手の心が真理をうみ出すのを手助けする方法をとった。この方法を何というか答えよ。

(6) ソクラテスと同時代に生きた孔子は，為政者は自らの道徳的修養を積んで民を統治すべきだとする政治論を説いた。これを何というか答えよ。

(7) ソクラテスと同時代に生きた仏陀は，他者に楽しみを与え，他者の苦しみを取りのぞく，普遍的な愛を説いた。これを何というか答えよ。

〈神戸市〉

49 ★★★

次の文章を読んで，各問いに答えよ。

西洋思想の二大源流は，ギリシア風の考え方であるヘレニズムとユダヤ・キリスト教の考え方である（　　　）だといわれる。ヘレニズムは人間性に対して肯定的であり，$_a$ロゴスによって事物の本質や真理を探究することを重んじる。一方，（　　　）は，$_b$人間を罪深い存在ととらえ，唯一神への帰依による救済を求めようとする。

一方，東洋思想の源流は，$_c$人生を苦ととらえそれからの解放を主題とする厭世的なインドの宗教思想と，$_d$生を愛しこの世での生き方を追求しようとする現実主義的な中国の政治思想とに代表される。

(1)　文章中の空欄に当てはまる語句を答えよ。

(2)　下線部aについて，古代ギリシアの哲学者たちは「万物の根源」や「事物の本質」をどのように捉えていたか。次から正しいものを選べ。

①　プラトンは，事物の本質をイデアとよび，感覚によってしか捉えることができないと考えた。

②　ヘラクレイトスは，万物の根源を「無限なるもの」とし，その運動によって万物が生じると考えた。

③　タレスは，万物の根源は数であり宇宙から人間までのすべてが数によって規定されると考えた。

④　アリストテレスは，事物の素材をヒュレー，本質をエイドスとよび，ヒュレーはエイドスを目的として運動し，エイドスを実現していく可能態であると考えた。

(3)　下線部bのような特色をもつキリスト教について，

問1　キリスト教的な神の愛をギリシア語でアガペーというが，その特色を10字程度で説明せよ。

問2　日本では明治維新後，「文明の宗教」としてキリスト教が再び広まったが，その教義と日本の伝統思想や宗教との間には矛盾点も多かった。そのような中で『武士道』を著し，日本の伝統的な道徳の上にこそキリスト教が育つと考えて矛盾の克服に努め，晩年には国際連盟事務局事務次長として国際的にも活躍した人物名を答えよ。

(4)　下線部cの代表である仏教について，

問1　仏陀は「苦から解放されるためには法を知らなければならない」と説いた。法の１つに「縁起の法」があるが，それについて50字以内で説明せよ。

問２　仏教は中国・朝鮮半島を経て日本に伝わったが，当初は国家や貴族のための宗教であった。やがて，平安時代から鎌倉時代にかけて民衆を救済する仏教が誕生したが，その代表者と思想の組み合わせとして正しいものを選べ。

ア．法然—専修念仏　　イ．親鸞—身心脱落

ウ．日蓮—悪人正機　　エ．空也—只管打坐

⑸　下線部ｄの代表である儒教について，

問１　朱子が「本然の性」を実現するための倫理として説いた在り方を漢字４字で答えよ。

問２　江戸時代中期になると，儒教とは異なる立場からものごとを究めようとする学派も現れた。次の文章は，このような学派の１つを代表する人物の著書の一節である。空欄に当てはまる語句と，著者名を答えよ。

そもそも道は，もと学問をして知ることにはあらず，生れながらの（　　）なるぞ，道には有ける。（　　）とは，よくもあしくも，うまれつきたるまゝの心をいふ。然るに，後の世の人は，おしなべて，かの漢意にのみうつりて，（　　）をばうしなひはてたれば，今は学問せざれば，道をえしらざるにこそあれ。

〈石川県改題〉

実践問題　解答・解説

1

A．見方・考え方　　B．広い視野
C．主体的　　D．形成者
E．資質・能力

2

(1)　エ　　(2)　ア　　(3)　ウ

解説

(1)　エは「2　内容」の「A　世界と日本の地域構成」で取り扱うものである。
(2)　イ，ウ，エは「公民的分野」の内容の取扱いである。
(3)　ウは「(1)人間の尊重と日本国憲法の基本的原則」で身に付ける知識である。

3

(1)　A．課題　　B．平和
　　C．公民　　D．基礎
(2)　②

解説

(2)　②は社会科の「第1　目標」の1つである。

4

A．作業的で具体的な体験
B．地図や年表
C．観察や調査

5

(1)　A．地理的分野　　B．歴史的分野
　　C．公民的分野
(2)　A．115　　B．135　　C．100

6

(1)　A．キ　　B．ア　　C．ケ
　　D．ソ　　E．イ
(2)　エ

解説

(2)　社会編第3章2(4)，3及び「学校における補助教材の適正な取扱いについて（通知）」（平成27年3月4日）参照。
エ．政治及び宗教に関する教育については教育基本法第14条，第15条の規定に基づいて，適切に行うよう特に慎重に配慮することが必要である。政治に関する教育については，党派的政治教育を行うことのないようにする必要がある。宗教に関する教育については，国・公立学校においては特定の宗教のための宗教教育その他宗教的活動を行うことのないようにする必要があるが，私立学校においては宗教教育は認められている。

7

(1)　〈図法〉　ウ
　　〈理由〉
・分布を表現するには正積図法でなければならないため。
・イのホモロサイン（グード）図法とウのモルワイデ図法が正積図法であるが，分布と流通経路を示す場合，イのような断裂図法は適当でないため。
(2)　ウ
(3)　ハザードマップ
(4)　A．公助　　B．自助
　　C．共助
(5)　ピクトグラム

解説

(1)　ア．メルカトル図法
　　エ．正距方位図法
(2)　階級区分図（コロプレスマップ）は統

計数値を階級に分け，各階級ごとに色彩や模様で分布現象を表現する。ドットマップ（点描図）は数値の分布点に一定の数量を点（dot）で表現する。流線図はあるものの移動の量や方向を線の太さや軌跡で表現する。

8

(1)　5万分の1　　(2)　0.16km²

(3)　・道路が直交し，碁盤目状の土地割がみられるから。
・三条，四条，五条，七条，五反地といった地名がみられるから。

解説

(1)　計曲線が100m（主曲線が20m）間隔で描かれているため，5万分の1地形図と判断できる。

(2)　0.8(cm)×50,000＝0.4(km)
0.4(km)×0.4(km)＝0.16(km²)

9

(1)　都市名：カイロ　　グラフ：D

(2)　A．台風　　B．ハリケーン
C．サイクロン

解説

(1)　A．温暖湿潤気候（Cfa）
B．熱帯雨林気候（Af）
C．亜寒帯（冷帯）湿潤気候（Df）
D．砂漠気候（BW）

バンコクはサバナ気候（Aw）。ローマ・ケープタウンは地中海性気候（Cs）。ロンドン・ウェリントンは西岸海洋性気候（Cfb）。ディクソンはツンドラ気候（ET）。ラパスは温暖冬季少雨気候（Cw），もしくは高山気候（H）に分類される。ブエノスアイレスとシドニーはCfaだが，Aのグラフは北半球の都市のものである。

10

(1)　リアス（式）海岸

(2)　エルニーニョ現象

(3)　プランテーション（農業）

(4)　エコツーリズム

(5)　いくつかの大都市が鉄道や道路，情報などによって密接に結ばれながら，帯状に連なっている都市群地域。

解説

(2)　これとは逆に，同じ海域で海面水温が平年に比べて低い状態が続く現象をラニーニャ現象という。ラニーニャ現象が発生すると日本では夏がより暑く，冬がより寒くなる。

(4)　その他，都市住民が農村や山村で豊かな自然に親しむことを目的とした観光スタイルをグリーンツーリズムという。

11

(1)　ウ

(2)　①　A　　②　B
③　A　　④　B

(3)　河岸段丘

(4)　ウ

(5)　富士山型（ピラミッド型）

(6)　白人のうち，アングロサクソン系，プロテスタントの人々

解説

(1)　モルワイデ図法は正積図である。

(3)　河岸段丘は河川沿いに形成される階段状の地形で，ほぼ平坦な所を段丘面，段丘面と別の段丘面を区切る崖を段丘崖とよぶ。

(4)　セメント工業は原料指向型である。市場指向型としては，ビール工業や清涼飲料水工業などがあげられる。

(5)　人口転換の過程では，人口ピラミッドは富士山型から釣鐘型やつぼ型に変化する。

12

(1)　ボーキサイト：C　　産地：エ

(2)　アルミニウムの精製には大量の電力が必要とされるため，アルミニウム工業は電力を安価で大量に得られるような国や地域に立地しやすい。

(3)　カッパーベルト（コッパーベルト）

(4)　オーストラリア

(5)　国名：ペルー　　首都名：リマ

(6)　希少金属を指し，地球上に存在する量が極めて少ないか，産出が困難であるような30数種類の地下資源をいう。「産業のビタミン」といわれ，クロム，コバルト，マンガン，ニッケル，バナジウムなどがある。

解 説

(1)　A．マンガン鉱　　B．ニッケル鉱

(4)　石炭の輸入が多いことからオーストラリアと判断できる。チリも地下資源に恵まれた国だが，石炭は輸出できるほど生産されていない。

13

(1)　A．自然（的）　B．社会（的）

(2)　出版・印刷，高級服飾品，ビール，清涼飲料，化粧品，食品加工

などから２つ

(3)　A．石灰石

B．陶磁器または美濃焼

C．苫小牧

(4)　〈人物名〉

（アルフレッド＝）ウェーバー

〈集積因子を構成するもの〉

・分業，協業化による補助産業の容易な利用。

・原料購入や製品販売における費用の節約。

・ガス，水道，道路，港湾など一般間接費の節約。

など

(5)　問１　〈有利な点〉

・雇用が増加する。

・資金や新しい技術が導入される。

・経済や工業が発展する。

・貿易収支が改善される。

など

〈不利な点〉

・利潤が外国へ流出する。

・自国の産業が衰退する。

・撤退時に受ける被害が大きい。

・環境破壊や公害問題を引きおこす。

など

問２　輸入代替型工業から輸出指向型工業への転換を図り，無税で輸入した材料や部品を加工し，再輸出するという方式で工業化を進め，経済を活性化させるとともに国際競争力をつけていく政策をとっている。また特定の地域を指定し，基盤整備を済ませてから工場を誘致するので，工業環境の悪化は少ない。

解 説

(3)　A．山口県秋吉台を中心とした長門地方や，北九州の平尾台を中心とした筑前地方でもセメント工業が盛んである。セメント生産の世界計は中国，インド，ベトナム，アメリカ合衆国，トルコの順（2020年）。

C．製紙業は他に静岡県富士市や愛媛県四国中央市で盛んである。紙・板紙生産世界計は中国，アメリカ合衆国，日本，ドイツ，インドの順。パルプ生産はアメリカ合衆国，ブラジル，中国，カナダ，スウェーデンの順（ともに2021年）。

(4)　アルフレッド＝ウェーバーは輸送費が最低になる地点に，工場は立地するとしている。

14

(1)　生産責任制（生産請負制，農家経営請負制）

(2)　A．労働　　B．土地

(3)　c．フランス　　d．タイ

(4)　域外の安い農産物に輸入課徴金をかけて域内への流入を抑え，域内では農家の最低生活を保障する統一価格で農産物を買い上げた。

(5)　国連食糧農業機関（FAO）

解説

(1)　a．中国

(2)　b．アメリカ合衆国

15

(1)　人口爆発

(2)　A．カ　　B．ウ　　C．オ

(3)　発展途上国において子どもは貴重な労働力であり，老後の生活の支えでもある。また，乳幼児死亡率が高いことも多産傾向につながる。

(4)　自給用作物より輸出用の商品作物の生産が中心であり，また，長引く内戦や政情不安によって経済は疲弊し，輸入購買力も小さいため。

(5)　③

解説

(2)　A．ロシアは人口密度が少ないことから判断できる。

B．バングラデシュは世界的に見ても，人口密度が高い国である。

C．ア～カの国のうち，タイだけ人口が1億人に満たない。

（2021年）

国名	人口（千人）	人口密度（人/km^2）
ナイジェリア	213,401	231
インドネシア	273,753	143
パキスタン	231,402	291

(5)　①　スプロール現象に関する記述である。

②　首位都市（プライメートシティ）に関する記述である。

④　スクォッター（不法占拠地区）に関する記述である。

16

(1)

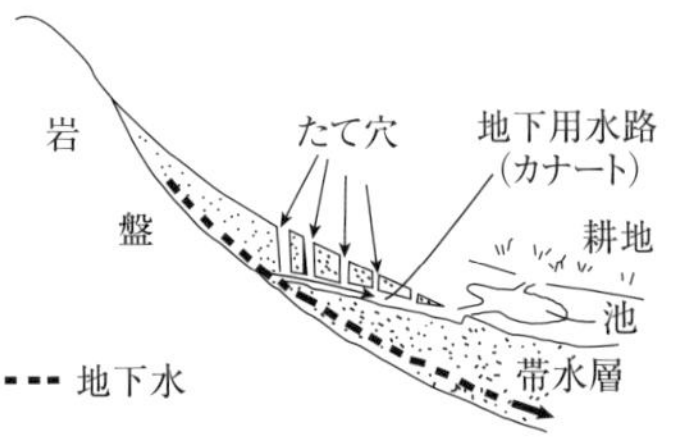

(2)　問1　ウ

問2　〈誤り〉　②

〈理由〉

イスラーム教はインドネシアやバングラデシュ，マレーシアなどモンスーンアジアでも信仰されている地域がある。また，国民のほとんどがイスラーム教徒のイラン，トルコ，アフガニスタンなどもアラビア語圏ではないから。

問3　ア　　問4　④

問5　エ

解説

(2)　問1　皮膚，毛髪，眼の色や骨格など，身体的，遺伝的特徴によって分類される集団は人種である。民族は文化的・社会的特徴によって分類される。

問3　ア．先住民族を含むマレー系の他，中国系やインド系の移民も居住する。

イ．大半が朝鮮民族（韓民族）である。

ウ．イタリア系，スペイン系などの白人が大部分を占める。少数だがメスチソや先住民も居住する。

エ．大半がイタリア人である。

問4　①　バスク独立運動（独立していない。）

②　ユーゴスラビアの解体（各国家に分裂した。）

③　クルド人独立運動（国連による保護政策はなされていない。）

④　東ティモール分離独立

問5　ア．オーストラリアで実施されていた人種差別政策。「白人だけのオーストラリア」を目指し，有色人種であるアジア系民族･先住民のアボリジニーなどが差別を受けた。1970年代に廃止。

イ．少数民族・少数文化の多数文化への同化・吸収を自明の到達目標とする考え方。これに反発して多文化主義が生まれた。

ウ．各民族は自らの責任において，政治的運命を決める権利があるという考え方。

17

(1)　エ　(2)　果実類

(3)　大阪府

(4)　①　庄内平野　②　輪島（市）

③　与那国島

(5)　a．和歌山　b．長野

c．福島

解説

(1)　半導体は輸送コストが低いため，輸送に便利な高速道路沿いや地方空港周辺に工場が多いのが特徴である。半導体工場が多く集積する東北はシリコンロード，九州はシリコンアイランドともよばれる。

ア．製鉄所は原料の鉄鉱石を輸入に依存しているため，太平洋ベルトの臨海部や室蘭などに立地されている。

イ．石油化学コンビナートも太平洋ベルト地帯に多い。

ウ．自動車工場は北関東～東京，神奈川の関東地方，浜松～愛知～鈴鹿の東海地方に多い。各工業の有名企業の本社や代表的な工場が，どこにあるかを考えれば理解しやすい。

(2)　ア．米　ウ．豆類

エ．小麦　オ．鶏卵

(3)　イ．愛知県　ウ．岐阜県

エ．東京都　オ．埼玉県

(5)　ア．キウイフルーツ　イ．りんご

ウ．ぶどう　エ．うめ

オ．かき　カ．もも

18

(1)　鉄鉱石　(2)　イ

(3)　イ　(4)　原子力

(5)　①

解説

(2)　B．エ　C．ア　D．ウ

(3)　ア．京浜工業地帯

ウ．阪神工業地帯

エ．瀬戸内工業地域

(4)　ア．水力　イ．火力

2011年3月に起きた福島第一原発の事故の影響により，原子力発電の割合が大きく下がり，火力発電の割合が大きくなっている。

19

(1)　Ⅰ．インドネシア　Ⅱ．マレーシア
Ⅲ．中国　Ⅳ．タイ

(2)　ウ　(3)　ウ

(4)　ルック・イースト（政策）

(5)　10

(6)　生産責任制（生産請負制・農家経営請負制）

(7)　緩衝　(8)　③

解説

(2)　アはタイ，イはマレーシア，エはフィリピンの島である。オはインドネシアの島だが，ヒンドゥー教徒が多いのはウのバリ島である。

(3)　ア．コーヒー豆　イ．茶
エ．米　オ．カカオ豆

(6)　1980年代に集団で農業を行う人民公社は解体され，農家が農業経営の主体となる生産責任制が導入された。また，農業だけでなく工業や商業などにおいて郷鎮企業とよばれる民間企業が出現し，農村の余剰生産力を吸収して急増した。

(8)　イラクはメソポタミア文明発祥の地である。1990年にクウェートに侵攻。多国籍軍との湾岸戦争に敗北。2003年にはアメリカ合衆国・イギリスによる武力行使を受け，フセイン政権が崩壊。2006年に正式政府がおかれるも政情は不安定である。

アフガニスタンでは，2001年，同時多発テロの報復として米軍が侵攻し，イスラム過激派のタリバン政権は崩壊した。アメリカ主導の新政権が誕生したが，その後もタリバンによる襲撃やテロが続き，政情は不安定であった。2021年には米軍の撤退を契機にタリバンが復権し，現在も国内情勢は混乱している。

20

(1)　エーヤワディー川　(2)　メコン川

(3)　ロンボク海峡

(4)　東ティモール　(5)　機械類

(6)　①　シンガポール，ケ
②　マレーシア，カ
③　タイ，イ
④　インドネシア，コ
⑤　フィリピン，ク

(7)　ドイモイ（刷新）政策

(8)　ウ，エ，オ

(9)　カ，キ，コ

(10)　イ，カ，ク，ケ，コ

(11)　機械類

解説

ア．ミャンマー　ウ．ラオス
エ．カンボジア　オ．ベトナム
キ．ブルネイ

(8)　第二次世界大戦後，ラオス・カンボジア・ベトナムがフランスから独立。ミャンマー・マレーシア・ブルネイはイギリスから，インドネシアはオランダから，フィリピンはアメリカ合衆国から，それぞれ独立した。シンガポールはマレーシアから分離独立。タイは緩衝国として欧米諸国の植民地支配を受けることはなかった。

(10)　1984年にブルネイ，95年にベトナム，97年にミャンマー・ラオス，99年にカンボジアが加盟し，2023年6月現在10ヵ国。

21

(1)　①　デンマーク　②　オランダ
③　フィンランド　④　イギリス

(2)　問1　1952年に結成されたECSC（ヨーロッパ石炭鉄鋼共同体）を出発点として，1958年にはEEC（ヨーロッパ経済共同体）

と EURATOM（ヨーロッパ原子力共同体）が発足し，経済的な統合がさらに進んだ。1967年に EC（ヨーロッパ共同体）となり，1993年からはマーストリヒト条約（ヨーロッパ連合条約）の発効で EU（ヨーロッパ連合）へと発展した。

問2　域内の農業を保護するため，農産物の統一価格を設定し，公的資金による価格支持が行われ，域外に輸出するときには，国際価格より高い農産物に補助金を出した。その結果，農業生産が順調な伸びを見せたが，EU に巨大な財政負担をもたらした。加盟国内での負担率の違いによって対立もみられる。また，域外から輸入される農産物には高い輸入課徴金をかけているため，貿易摩擦の問題もある。

(3)　郊外の駐車場に自動車をとめ，鉄道やバスに乗り換えて都心に向かうことで，都市内部の交通量を減らし，排気ガスの排出や化石燃料の使用を抑えることができるから。

22

(1)　北海　　(2)　ライン川　　(3)　④
(4)　②　　(5)　ア

解説

(1)　北海にはドッガーバンク，グレートフィッシャーバンクなどの浅堆が分布し，好漁場となっている。

(3)　Cはオランダである。
①　スイスに関する記述である。
②　ベルギーに関する記述である。
③　フランスに関する記述である。

(4)　リヨンはフランスの都市である。

(5)　ヨーロッパでは牧畜も盛んである。ドイツ，フランスなどでは混合農業，オランダ，デンマークなどでは酪農が発達している。また，スイスやイタリアなどでは移牧がみられる。

23

(1)　マーストリヒト条約（ヨーロッパ連合条約）
(2)　忘れられる権利
(3)　A．デンマーク　　D．ギリシャ

解説

(2)　EU では2018年に「忘れられる権利」が明文化され，個人に関するデータの削除を本人から要求された場合，データの管理者は削除を行うことが義務づけられた。

(3)　B．フィンランド　　C．フランス
A．デンマークは医薬品や肉類が上位に入っていることから判断できる。また，1人当たりの国民総所得が高いのも特徴の1つである。
B．紙類の輸出が多いことからフィンランドと判断できる。
C．フランスは工業が盛んであることから判断できる。特に自動車の生産は，ヨーロッパではドイツ，スペインに次いで第3位（2021年）である。
D．野菜・果実が上位に入っていることからギリシャと判断できる。また，1人当たり国民総所得がそれほど高くないのも特徴である。

24

(1)　②
(2)　問1　記号：A　　国名：メキシコ
問2　自動車（産業）
問3　USMCA
(3)　①　記号：E

国名：ベネズエラ

② 記号：B

国名：ペルー

解説

(2) 問2　アメリカ合衆国の五大湖沿岸地域では自動車産業の他にも鉄鋼，機械工業が盛んである。

問3　米国（アメリカ）・メキシコ・カナダ協定

(3) ①　ベネズエラはOPECの原加盟国で，中南米第4位の産油国（2021年）。

②　ペルーの漁業生産量は世界第3位である（2020年）。

25

(1) 適地適作

(2) シェールガス

(3) 北緯49度

(4) 土壌侵食：風雨による侵食や，森林破壊，砂漠化などによって地表の植生が破壊され，肥沃な表土が流出する現象である。

等高線耕作：傾斜地において，等高線に沿って畝を作り，土壌が流出しないよう縞状に耕作することである。

(5) 大気汚染，地盤沈下　などから1つ

(6) ニューオーリンズ

(7) オーストラリア

(8) A．26（25も可）　B．多国籍

C．1　D．北極（ボーフォート）

解説

(3) 国境には自然物（山，河川など）を利用した自然的国境と，人工物（経緯線，障壁など）を利用した人為的国境がある。人為的国境の中には，経緯線や目標となる2点間を結ぶ直線を利用した数理的国境がある。数理的国境はアフリカのエジプト，リビア，スーダンなどでもみられる。アラスカ州（アメリカ合衆国）とカナダの国境は西経141度である。

26

(1) ②　(2) エ

(3) ア．肉類　イ．石炭

ウ．鉄鉱石　エ．液化天然ガス

(4) ア．オセアニア　イ．アジア

ウ．アフリカ　エ．中南アメリカ

解説

(1) ①　メキシコに関する記述である。

③　アフリカ大陸に関する記述である。

④　北アメリカ大陸に関する記述である。

(2) ア．A，ウェリントン（Cfb）

イ．B，シドニー（Cfa）

ウ．C，メルボルン（Cfb）

エ．D，パース（Cs）

(4) ア．キリスト教が多いがその他も約22%あることから白人が多く，多文化社会を形成し，その他民族独自の宗教も多いオセアニアと判断できる。

イ．イスラーム教，ヒンドゥー教，仏教が多いことからアジアと判断できる。

ウ．キリスト教，イスラーム教が多いことから植民地時代に宗主国によってキリスト教が布教され，北部ではイスラーム教が信仰されているアフリカと判断できる。

エ．キリスト教がほとんどを占めることから，中南アメリカと判断できる。

27

(1) ① カ　② ウ　③ ア

④ オ　⑤ エ　⑥ イ
(2) ① D　② F　③ C
④ A　⑤ E　⑥ B

解説

各時代の文化を代表する建築である。これら以外に飛鳥文化の法隆寺金堂・五重塔，白鳳文化の薬師寺東塔，天平文化の唐招提寺金堂・講堂，正倉院宝庫，鎌倉文化の東大寺南大門などが写真史料としてよく問われる。

28

(1) Ⅰ．h　Ⅱ．g　Ⅲ．j
Ⅳ．i　Ⅴ．e
(2) A．宋　B．唐　C．元
(3) 栄西　(4) マルコ＝ポーロ
(5) 16世紀，ヨーロッパの各地に宗教改革の運動が広がり，カトリック教会は教義の明確化と内部革新を通じて，ヨーロッパで失った勢力を新天地で取り返そうとしたから。
(6) 日米和親条約
(7) Ⅱ→Ⅰ→Ⅳ→Ⅲ→Ⅴ

解説

(1) a．根室　b．箱館（函館）
c．新潟　d．松島
e．浦賀　f．下田
g．奈良　h．大輪田泊（神戸）
i．博多（福岡）　j．鹿児島

(3) 栄西（1141〜1215年）は建仁寺の開祖である。臨済宗とは坐禅時に与えられた公案（考える手がかりとする問題）を解決して悟りに達する禅宗の一派。鎌倉・室町幕府の保護を受け，武士の間に広まった。

(4) マルコ＝ポーロ（1254〜1324年）は元に17年間仕えた。

(6) 開港したのは下田と箱館で，幕府は同様の条約をオランダ・イギリス・ロシアとも結ばねばならなかった。

(7) Ⅰ．平清盛の日宋貿易は12世紀後半。
Ⅱ．鑑真は753年に来日。
Ⅲ．ザビエルは1549年来日。
Ⅳ．文永の役は1274年。２度目の元寇である弘安の役は1281年。
Ⅴ．ペリーの来航は1853年。

29

(1) エ　(2) ③　(3) イ　(4) ②
(5) エ　(6) イ　(7) エ　(8) ア
(9) エ

解説

(1) 坂上田村麻呂（758〜811年）は桓武天皇の命で791年より蝦夷征討を行い，族長阿弖流為を降伏させた。797年には征夷大将軍に任命された。

(2) ③　織田信長が鉄砲を大量に用いた戦法で武田勝頼の軍に大勝した。長篠合戦は1575年に三河国（現在の愛知県）で行われた。

(3) 中尊寺は奥州藤原氏の本拠地である平泉に，藤原清衡によって1105年に建立された。その遺構である金色堂は1124年建立の阿弥陀堂である。

(4) この改革は寛政の改革である。
①　天保の改革　②　寛政の改革
③　享保の改革　④　正徳の治(政治)

(5) A．法隆寺の百済観音は中国南朝の様式で造られた。北魏様式で著名なのは法隆寺金堂釈迦三尊像である。
B．唐招提寺の鑑真和上像は乾漆像である。同時代の塑像で著名なのは東大寺法華堂月光菩薩・日光菩薩像などである。

(6) 十円硬貨には宇治市にある平等院鳳凰堂が描かれている。

(7) ア．1956年　イ．1960年
ウ．1965年
エ．1978年，福田内閣のときに調印。田中内閣は1972年に日中共同声明を発表した。

(8) ア．すべて世界遺産に登録済み。

イ．百舌鳥古墳群は，2019年7月に「百舌鳥・古市古墳群」として登録が実現した。

ウ．日光東照宮のみ登録済み。

エ．「古都京都の文化財」として鹿苑寺金閣は登録済みであるが，京都御所はこれに含まれていない。また中尊寺金色堂は2011年に小笠原諸島とともに「平泉－仏国土（浄土）を表す建築・庭園及び考古学的遺跡群」として登録が実現した。

(9) A．1941年　B．1951年

C．1915年　D．1933年

E．1940年

30

(1) **文武天皇**

(2) **（比叡山）延暦寺の僧兵**

(3) ③　(4) ②　(5) **ア，オ**

(6) ⑤

解説

(1) 文武天皇（在位697～707年）は元明天皇の子で聖武天皇の父親である。

(2) 院政を初めて行ったのは，白河上皇（1053～1129年）で，子の堀河天皇に譲位すると自らは院庁で天皇を後見しながら政治の実権を握った。院政期になると，南都・北嶺（興福寺・延暦寺）の僧兵たちがしばしば強訴を行った。

(3) ③　天保の改革で水野忠邦が行った政策である。

(4) ①　南満州鉄道株式会社の設立は1906年。

②　日英同盟はワシントン会議で調印された四カ国条約（1921年）により廃棄された。

③　八幡製鉄所は1901年に操業が開始された。

④　日朝修好条規は1876年に結ばれた。

(5) ア．鎌倉時代に成立した源実朝の歌集。

イ．奈良時代に成立した歌集。

ウ．平安時代中期に紀貫之ら醍醐天皇の命で編集した日本最初の勅撰和歌集。

エ．南北朝時代に二条良基らが編集した準勅撰連歌集。

オ．鎌倉時代に藤原定家らが後鳥羽上皇の命で編集した歌集。

カ．室町時代後期の歌謡集。

キ．室町時代後期に宗祇らによって編集された準勅撰連歌集。

ク．松尾芭蕉の俳諧紀行文，江戸時代。

(6) この史料は1562年の宣教師ガスパル＝ヴィレラの書簡である。当時の堺は貿易で繁栄し，会合衆とよばれる36人の豪商によって自治が行われていた。

31

④

解説

イ．吉野は南朝である。尊氏が立てた光明天皇に対し，後醍醐天皇は吉野に逃れて正統性を主張したため，南北朝が並立することとなった。

エ．田沼意次は工藤平助の意見を取り入れ，最上徳内を蝦夷地に派遣した。

オ．普通選挙法と治安維持法を成立させたのは，1925年の加藤高明内閣。原内閣は普選法には慎重で選挙法を改正して選挙権の納税資格を引き下げたにとどまった。

32

(1) **A．銅鐸　B．法隆寺　C．隋**

D．フランシスコ＝ザビエル

E．キリスト教　F．百姓一揆

G．葛飾北斎　　H．化政文化
I．地租改正
J．平塚らいてう（雷鳥，明）
(2)　脱穀のため杵で臼の中のものをつく人や，貯蔵用高床倉庫が描かれていることから水稲耕作が生活の基盤となっていることがわかる。
(3)　ア
(4)　主謀者をわからなくするため。
(5)　税収を安定させるため。

解説

(5)　全国同一基準で豊凶に関わらず一律の貨幣で徴収されることになり近代税制の形式が整った。

33

(1)　問1　禁中並公家諸法度
　　問2　沢庵（宗彭）
(2)　問1　藤原道長
　　問2　全国の荘園の大部分が摂関家の所領となったこと。
(3)　問1　イ
　　問2　中国の官爵を得ることによって朝鮮半島南部における外交・軍事上の立場を優位にするため。
(4)　問1　ア　　問2　半済令
(5)　問1　治安維持法　　問2　ウ
(6)　Ⅲ→Ⅱ→Ⅳ→Ⅰ→Ⅴ

解説

(1)　幕府は元和年間（1615～24年）以降の紫衣着用の勅許を無効とし，これに抗議した大徳寺の僧沢庵（1573～1645年）らを流罪とした。これをきっかけに後水尾天皇（在位1611～29年）は幕府の同意を得ず譲位したが，この事件は幕府の法度が天皇の勅許に優先するということを示す結果となった。
(2)　藤原道長（966～1027年）は4人の娘を4人の天皇の中宮とし，3天皇の外戚として摂関政治の全盛期を現出した。摂政を子の頼通に譲って太政大臣になったが関白にはならなかった。
(3)　『宋書』倭国伝の「倭王武の上表文」とよばれる史料で，武は雄略天皇とされている。5世紀初めから約1世紀の間，倭の五王が相次いで中国の南朝に朝貢していた。
(4)　半済令は軍費調達のため守護に一国内の荘園や公領の年貢の半分を徴発する権限を認めたもので，1352年に発布されたときは1年限りで，尾張・美濃・近江の3国に限られていたが，やがて全国で永続的に行われるようになった。
(5)　治安維持法の成立の目的は，同年の日ソ国交樹立と普通選挙法の成立によって今後進出が予想される共産主義者・社会主義者の活動を抑えることにあった。

34

(1)　イ　　(2)　エ　　(3)　③　　(4)　ウ

解説

(1)　ア．藤原秀衡（1122～1187年）は奥州藤原氏3代目で，最盛期を現出。源義経を保護したことでも知られる。
　イ．藤原不比等（659～720年）は鎌足の子で，養老律令編纂の中心人物にもなった。
　ウ．藤原頼通（992～1074年）は道長の子で，道長とともに摂関政治の最盛期を現出。
　エ．藤原冬嗣（775～826年）は嵯峨天皇の信任を得て，蔵人頭から左大臣となった。藤原北家隆盛の基を築いた。
　オ．藤原仲麻呂（恵美押勝，706～764年）は光明皇太后の信任を得て権力をもつが，道鏡を除こうとして乱をおこし失敗した。
(2)　A．1219年　　B．1221年

C．1232年　　D．1199年

⑶　③　1862年におこった生麦事件である。イギリスはこの事件の報復として鹿児島湾に進撃してきた。

⑷　第一次吉田茂内閣は1946年5月～47年5月。ア，イ，オは，第三次吉田内閣（1949年2月～52年10月）の時。エは，弊原内閣（1945年10月～46年5月）の時。

ア．1951年　　イ．1950年
ウ．1947年1月　　エ．1945年
オ．1951年

35

⑴　元軍の襲来を防ぐため。
⑵　朱印船　　⑶　南蛮寺
⑷　札：勘合
目的：正式な貿易船かどうかを判別するため。
⑸　正倉院

解説

⑴　史料Aは元寇防塁である。文永の役（1274年）後に博多湾沿岸に延べ20kmにわたって築かれた。

⑵　史料Bは朱印状とよばれる公文書である。

⑶　史料Cは南蛮屏風である。南蛮寺とはキリスト教の教会堂のことで，史料のように仏寺風のものが多かった。キリシタン寺ともよばれた。

⑷　日明貿易（勘合貿易）は1404年から始まり，主な輸入品は銅銭・生糸・高級織物・陶磁器・書籍などで，主な輸出品は刀剣・鎧・銅・硫黄などであった。

⑸　史料Eは「紺瑠璃杯」と「漆胡瓶」で，いずれも正倉院宝物である。正倉院宝庫は校倉造の倉庫で，中には聖武天皇の遺品や大仏開眼供養のために使用した調度品などが収められていた。

36

⑴　ア　　⑵　③　　⑶　イ
⑷　ア　　⑸　エ　　⑹　ア

解説

⑵　③　元時代のことである。マルコ＝ポーロは元のフビライ＝ハンに仕えた。

⑶　こうして東ローマ（ビザンツ）帝国は一時滅亡し，亡命政府であるニケーアを造った。

⑷　ササン朝の建国は226年である。
ア．235年
イ．前490年（ギリシア）
ウ．476年
エ．前73～前71年
オ．前31年

⑸　A．1792年9月21日
B．1799年11月9日　ブリュメール18日のクーデタのことである。
C．1789年8月26日　人権宣言（人間および市民の権利の宣言）はラ＝ファイエットらが起草した。
D．1789年6月17日
E．1793年6月
F．1789年7月14日

37

⑴　ウ　　⑵　イ　　⑶　イ
⑷　ウ　　⑸　オ　　⑹　ウ

解説

⑵　イ．臨安（杭州）のことである。

⑶　それぞれの宮殿の所在国は次の通り。
ア．プロイセン（プロシア）王国
ウ．スペイン王国
エ．オーストリア
オ．イギリス

⑷　ア．マラーは左派でジロンド派の若い女性コルデに暗殺された。
イ，エ，オ．ダントンは右派，エベー

ルは最左派で，両人ともロベスピエールにより処刑された。

⑸　1946年のチャーチルのフルトン演説である。冷戦開始を象徴している。

⑹　ウ．第３次中東戦争（1967年）は六日間戦争とも言われる。

38

⑴　コルドバ

⑵〔解答例〕

マルティン＝ルターが聖書のみを信仰のよりどころにせよと提唱し，それが民衆へと浸透していったのも，活版印刷の発明によってドイツ語訳聖書が大量に印刷され，安価に入手できるようになったためである。歴史的因果関係を説明する場合は，生徒にそのつながりについてよく考察させ，生徒側からその関係を気づかせるようにしたい。

⑶　賦役

⑷　当初荘園の農民の多くは領主に対して身分的束縛を受ける農奴であった。しかし新しい農法などによって生産性が高まり，商業や都市が発達してくると自給自足の荘園は次第に崩壊して，領主は直営地を農民に貸し与え，地代を求めるようになったため，農民たちは生産物を市場で売って貨幣を蓄え，経済的にも向上していった。さらに14世紀の黒死病の大流行は農村人口を激減させ，領主は農民の確保のため身分的束縛を緩め，結果的に農奴解放を促進することとなった。農民の地位は向上し，貨幣地代が普及したイギリスではヨーマンとよばれる独立自営農民が現れた。

⑸　ヴェネツィア

⑹　ボロブドゥール（寺院）　⑺　義浄

⑻　ラーマ５世によって軍事・行政・司法などの分野で西欧的近代化政策が推進されたことと，イギリス・フランス両国の勢力緩衝地帯であったため。

解説

⑺　義浄はシュリーヴィジャヤ王国で『南海寄帰内法伝』を著した。

39

⑴　ア　⑵　ア　⑶　④　⑷　③

⑸　イ　⑹　③　⑺　④　⑻　イ

解説

⑵　コロンブスのアメリカ大陸到達は1492年である。

A．10世紀末，ヴァイキングは北アメリカに到達したが，その後消滅した。

B．1414年のできごとである。鄭和は宦官で，イスラーム教徒である。

C．1346年のできごとである。イブン＝バットゥータ（1304～68年）は『大旅行記』(『三大陸周遊記』)で有名である。

⑶　ファショダ事件に関する記述である。この事件以降，イギリスとフランスは接近し，1904年英仏協商を締結した。

⑷　①　1947年

②　1948年５月～49年３月

③　1948年５月

④　1917年

⑸　ア．ディズレーリは保守党の政治家である。

ウ．ピットはホイッグ（党)(ウィッグ〈党〉）からトーリ（党）に転じた。くり返し対仏大同盟を組織した。

エ．ジョゼフ＝チェンバレンは自由党急進派であったが，アイルランド自治法案に反対した。後にソールズベリ（保守党）内閣の植民相を勤め，南アフリカ（南ア・ブール）戦争(1899～1902年）を引きおこした。セシル＝ローズとともに代表的な帝国主義者である。

(6) ① ルター派　② カルヴァン派
④ ギリシア正教
(7) ① ロベスピエールを中心とする山岳派
② フランクリン＝ローズヴェルト
③ ムッソリーニ政権

40

(1) ソクラテス，プラトン，アリストテレス　など
(2) 西ローマ帝国　(3) ジハード
(4) 十字軍　(5) フィレンツェ
(6) バルトロメウ＝ディアス
(7) 魂が救われるか否かは，あらかじめ神によって決められているとする説。
(8) 『諸国民の富』（『国富論』）
(9) イギリスからインドへは綿製品，インドから清へはアヘン，清からイギリスへは茶などが運ばれた。アヘンの輸入増加で中国から銀が流出した。
条約名：南京条約
(10) ペレストロイカ

解説

(1) ソクラテスの弟子がプラトンで，プラトンの弟子がアリストテレス，アリストテレスが家庭教師をした相手が少年時代のアレクサンドロス大王（在位前336～前323年）である。
(2) 直接的には，ゲルマン人傭兵隊長のオドアケルによって西ローマ帝国は滅んだ。
(4) クレルモン宗教会議（公会議，1095年）で，教皇ウルバヌス２世により「聖地回復」の十字軍が提唱された。
(8) アダム＝スミス（1723～90年）から古典派経済学が始まった。
(10) ペレストロイカ（改革）は改革全般のスローガンで，同時期に提唱されたグラスノスチは情報公開を意味する。

41

(1) 始皇帝（秦王政）
(2) 『史記』　(3) ②
(4) 科挙　(5) 新羅
(6) 人物名：玄奘(三蔵法師)
王朝：d
(7) 問１　剣闘士（剣奴）　問２　①
(8) 問１　ルイ16世
問２　第三身分（平民）は真に国民を代表するものであるとして国民議会を結成し，憲法が制定されるまでは解散しないことを決定した。
(9) 国名：ドイツ　政策名：鉄血政策
(10) 問１　エ
問２　イギリスは東インド会社を解散して直接支配に乗り出し，1877年にはインド帝国を成立させ，ヴィクトリア女王（在位1837～1901年）が皇帝を兼任した。

解説

(3) 後漢は25～220年に存続した。
① 375年
② 130～170年頃
③ 395年
④ 前334～前324年
(4) 隋から清末（1905年）まで行われた。
(5) ８世紀頃の唐の周辺国家を問う問題は頻出である。ウイグル(回紇)はトルコ系の国家で安史の乱の際，唐を助けた。マニ教がこの時代のウイグルの国教である。吐蕃はチベット人の最強国家であった。南詔はビルマ系の国家である。
(7) 図Cはローマ市内のコロッセウム（円形闘技場）である。
問２　① ギリシアに関する記述。
② カエサル（前100頃～前44年）による征服。

③　共和政時代のローマ。

④　テオドシウス帝によって392年キリスト教がローマの国教となった。

(8)　図Dはダヴィド作『球戯場（テニスコート）の誓い』である。

(9)　図Eの人物はビスマルクである。

(10)　問1　ア．フランスではなく，オランダである。

イ．ドイツではなく，イギリスである。

ウ．オランダではなく，フランスである。

問2　民衆の大きな反乱とは，インド人傭兵（シパーヒー）による大反乱（1857～59年）である。近年では反乱がシパーヒー（セポイ）以外の全民族的な広がりをもったことから，インド大反乱とよばれる。反乱のさなかの1858年に東インド会社が解散となり，ムガル帝国も滅亡した。

42

(1)　**国王の権力は神から授けられたものであり，その権力は何者にも制限されないとする説。**

(2)　**思想家：ロック**

考え方：自然権思想

(3)　**精神的自由，経済的自由，人身（身体）の自由**

(4)　**ワイマール（ヴァイマル）憲法**

(5)　**団体行動権**

解説

(1)　絶対君主制を支える理論であった。

(5)　公務員は，労働三権（団結権，団体交渉権，団体行動権）について一定の制限を受け，団体行動権は一律に否定されている。これは，公務員が「全体の奉仕者」（第15条第2項）としての地位の特殊性や職務の公共性から，団体行動権を認めた場合，国民全体の共同利益に重大な影響を及ぼすおそれがあるためである。

43

(1)　**A．王権神授**

B．エドワード＝コーク（クック）

C．ブラクトン

D．憲法尊重擁護

E．終審裁判所

(2)　**③**

(3)　**軍法会議，行政裁判所，皇室裁判所から2つ**

(4)　**③**　　(5)　**④**

(6)　**問1　エ**

問2　高度な政治的判断を要する国家の行為は，司法判断にはなじまないとする考え。

解説

(2)　③　法定刑に死刑を含む重大犯罪の刑事裁判において，裁判員による裁判が行われる。

(4)　①　条例も対象となる。

②　下級裁判所も違憲立法審査権を行使することができる。

④　違憲と判断された法律は当該事件に限って適用が無効となり，その法律自体が直ちに効力を失うわけではない。法律の改廃には国会の議決が必要である。

(5)　④　公職選挙法を改正すればよい。2015年には，選挙権年齢を20歳以上から18歳以上に引き下げる改正公職選挙法案が成立した。

(6)　問1　エ．最高裁は，地方自治体による地鎮祭への公金支出は，宗教的活動にはあたらず，政教分離の原則に違反しないとした。

44

(1)　A．ビルト＝イン＝スタビライザー
B．フィスカル＝ポリシー

(2)　問１　約６割
問２　キャピタルゲイン

(3)　従業員１人当たりの労働時間を短縮することによって，雇用機会を分かち合い，全体として雇用者数の維持・拡大を図る手法。

(4)　問１　１人の女性が一生のうちに出産する子どもの数の平均値を表した指標
問２　ウ

(5)　問１　ポリシー＝ミックス
問２　不況期には，政府が公共事業を行うことにより国内の有効需要を創出し，完全雇用を実現する。

解 説

(3)　ワークシェアリングは，オランダやフランスなどで法制化されている。

(4)　合計特殊出生率は2.1（人口置き換え水準）を下回ると現在の人口を維持できないとされる。我が国では1974年にこの水準を下回り，2005年には過去最低の1.26となったが，2006年からやや持ち直した。2021年には1.30と前年の1.33より低下している。

45

(1)　A．寡占
B．コングロマリット（複合企業）

(2)　問１　イ　　問２　ア

(3)　問１　ウ
問２　金融機関が破綻した際に，預金保険機構がその金融機関に代わって，預金者の預金を保護することで，元本1,000万円までの預金とその利子が保証される制度。

(4)　日本銀行は，市場の通貨量を減少させる目的で，金融機関に国債などの有価証券を売る。通貨供給量の減少により，金融は引き締まり，総需要を抑制する効果があり，景気の過熱が抑えられる。

解 説

(2)　問２　イ．法令遵守。企業及びその従業員が法令や規範などを守ること。
ウ．廃棄物の排出をゼロにする生産のあり方を目指す構想のこと。
エ．企業が資金を提供して文化・芸術活動を支援すること。

46

(1)　A．生存権　　B．社会福祉
C．介護

(2)　報告名：ベバリッジ報告
スローガン：ゆりかごから墓場まで
ナショナル＝ミニマム：国家が国民に保障すべき最低限度の生活水準のこと。

(3)　問１　積立方式：将来の年金給付に必要な原資を，あらかじめ保険料で積み立てていく方式。
賦課方式：年金給付に必要な費用をその時々の現役加入者からの保険料で賄う方式。
問２　賦課方式を基本としながら，積立方式もとり入れ，年金給付の一部をその積立金の運用収入で賄う方式（修正賦課方式）。

(4)　身体障害者福祉法，母子及び父子並びに寡婦福祉法，老人福祉法，知的障害者福祉法，児童福祉法などから４つ

(5)　廃棄物などの発生抑制と適正な循環的利用・処分により，天然資源の消費

を抑制し，環境への負荷ができる限り低減される社会のこと。

47

(1)　A．空洞化　　B．EU（欧州連合）
　　C．香港　　　D．持株会社

(2)　1973年の第４次中東戦争勃発に際して，OAPEC（アラブ石油輸出国機構）は親イスラエルの国々への石油輸出の停止や制限の措置をとり，OPEC（石油輸出国機構）も原油価格を一挙に４倍に引き上げたため。

(3)　建設国債

(4)　為替レート

(5)　BRICS

(6)
- 生産年齢人口（15歳以上65歳未満）の減少による将来の労働力不足
- 総需要の低下による経済成長率の鈍化
- 年金・医療費などの社会保険の給付と負担に関する世代間格差
- 高齢者介護，年金，医療費などの社会保障コストの増大

など

48

(1)　プラトン

(2)　アテネ（アテナイ）

(3)　無知の知

(4)　問１　善く生きる　　問２　イ

(5)　問答法（助産術，産婆術）

(6)　徳治主義　　(7)　慈悲

解説

(2)　ソクラテスは「無知の知」を真の知にいたるための出発点とみなした。

(4)　問２　ア．魂
　ウ．アリストテレスが唱えた形相
　エ．プラトンが唱えた想起
　オ．アリストテレスが唱えた質料

49

(1)　ヘブライズム　　(2)　④

(3)　問１　無差別で平等な愛
　　問２　新渡戸稲造

(4)　問１　無条件にそれ自体として存在するものは１つとしてなく，あらゆるものは相互に依存し，支え合っていること。
　　問２　ア

(5)　問１　格物致知
　　問２　語句：真心
　　　　著者名：本居宣長

解説

(2)　①　イデアは，感覚ではなく，理性によって捉えられる真の実在のことである。
　②　アナクシマンドロスに関する記述である。ヘラクレイトスは，「万物は流転する」とし，根源的物質として火を挙げた。
　③　ピタゴラスに関する記述である。タレスは「万物の根源は水」であるとした。

(4)　問２　身心脱落・只管打坐は道元，悪人正機は親鸞の思想である。

(5)　問２　出典は『玉勝間』である。

教員採用試験対策　オープンセサミシリーズ
ステップアップ問題集②　専門教科　中学　社会

発　行　2023年10月20日　第1版第1刷

編　著　東京アカデミー
発行人　佐川泰宏
発行所　株式会社ティーエーネットワーク
〒450-6306 名古屋市中村区名駅 1-1-1
ＪＰタワー名古屋６Ｆ
電話 ：052-586-7805㈹
FAX：052-563-2109
発売元　東京アカデミー七賢出版株式会社
〒171-0021 東京都豊島区西池袋 1-11-1
メトロポリタンプラザビル 13F
電話 ：03-6852-0803
FAX：03-6852-0180

ISBN978-4-86455-620-0　C7337

●出版案内，テキストの追補等の情報については東京アカデミー七賢出版のホームページをご覧ください。

https://www.shichiken.co.jp